Manfred Zeller

DAS SOWJETISCHE FIEBER

Fußballfans
im poststalinistischen Vielvölkerreich

Mit einem Vorwort von Nikolaus Katzer

ibidem-Verlag
Stuttgart

Bibliografische Information der Deutschen Nationalbibliothek
Die Deutsche Nationalbibliothek verzeichnet diese Publikation in der Deutschen Nationalbibliografie; detaillierte bibliografische Daten sind im Internet über http://dnb.d-nb.de abrufbar.

Bibliographic information published by the Deutsche Nationalbibliothek
Die Deutsche Nationalbibliothek lists this publication in the Deutsche Nationalbibliografie; detailed bibliographic data are available in the Internet at http://dnb.d-nb.de.

Veröffentlichung als Dissertation, Helmut-Schmidt-Universität, Universität der Bundeswehr, Hamburg

Coverabbildung: © Fotoagentstvo SportЁkspress. Abdruck mit freundlicher Genehmigung.

∞

Gedruckt auf alterungsbeständigem, säurefreien Papier
Printed on acid-free paper

ISSN: 1614-3515

ISBN-13: 978-3-8382-0757-5

© *ibidem*-Verlag
Stuttgart 2015

Alle Rechte vorbehalten

Das Werk einschließlich aller seiner Teile ist urheberrechtlich geschützt. Jede Verwertung außerhalb der engen Grenzen des Urheberrechtsgesetzes ist ohne Zustimmung des Verlages unzulässig und strafbar. Dies gilt insbesondere für Vervielfältigungen, Übersetzungen, Mikroverfilmungen und elektronische Speicherformen sowie die Einspeicherung und Verarbeitung in elektronischen Systemen.

All rights reserved. No part of this publication may be reproduced, stored in or introduced into a retrieval system, or transmitted, in any form, or by any means (electronic, mechanical, photocopying, recording or otherwise) without the prior written permission of the publisher. Any person who does any unauthorized act in relation to this publication may be liable to criminal prosecution and civil claims for damages.

Printed in Germany

Soviet and Post-Soviet Politics and Society (SPPS) Vol. 136
ISSN 1614-3515

General Editor: Andreas Umland,
Kyiv-Mohyla Academy, umland@stanfordalumni.org

Commissioning Editor: Max Jakob Horstmann,
London, mjh@ibidem.eu

EDITORIAL COMMITTEE*

DOMESTIC & COMPARATIVE POLITICS
Prof. **Ellen Bos**, *Andrássy University of Budapest*
Dr. **Ingmar Bredies**, *FH Bund, Brühl*
Dr. **Andrey Kazantsev**, *MGIMO (U) MID RF, Moscow*
Prof. **Heiko Pleines**, *University of Bremen*
Prof. **Richard Sakwa**, *University of Kent at Canterbury*
Dr. **Sarah Whitmore**, *Oxford Brookes University*
Dr. **Harald Wydra**, *University of Cambridge*
SOCIETY, CLASS & ETHNICITY
Col. **David Glantz**, *"Journal of Slavic Military Studies"*
Dr. **Marlène Laruelle**, *George Washington University*
Dr. **Stephen Shulman**, *Southern Illinois University*
Prof. **Stefan Troebst**, *University of Leipzig*
POLITICAL ECONOMY & PUBLIC POLICY
Prof. em. **Marshall Goldman**, *Wellesley College, Mass.*
Dr. **Andreas Goldthau**, *Central European University*
Dr. **Robert Kravchuk**, *University of North Carolina*
Dr. **David Lane**, *University of Cambridge*
Dr. **Carol Leonard**, *University of Oxford*
Dr. **Maria Popova**, *McGill University, Montreal*

FOREIGN POLICY & INTERNATIONAL AFFAIRS
Dr. **Peter Duncan**, *University College London*
Dr. **Taras Kuzio**, *Johns Hopkins University*
Prof. **Gerhard Mangott**, *University of Innsbruck*
Dr. **Diana Schmidt-Pfister**, *University of Konstanz*
Dr. **Lisbeth Tarlow**, *Harvard University, Cambridge*
Dr. **Christian Wipperfürth**, *N-Ost Network, Berlin*
Dr. **William Zimmerman**, *University of Michigan*
HISTORY, CULTURE & THOUGHT
Dr. **Catherine Andreyev**, *University of Oxford*
Prof. **Mark Bassin**, *Södertörn University*
Prof. **Karsten Brüggemann**, *Tallinn University*
Dr. **Alexander Etkind**, *University of Cambridge*
Dr. **Gasan Gusejnov**, *Moscow State University*
Prof. em. **Walter Laqueur**, *Georgetown University*
Prof. **Leonid Luks**, *Catholic University of Eichstaett*
Dr. **Olga Malinova**, *Russian Academy of Sciences*
Prof. **Andrei Rogatchevski**, *University of Tromsø*
Dr. **Mark Tauger**, *West Virginia University*
Dr. **Stefan Wiederkehr**, *BBAW, Berlin*

ADVISORY BOARD*

Prof. **Dominique Arel**, *University of Ottawa*
Prof. **Jörg Baberowski**, *Humboldt University of Berlin*
Prof. **Margarita Balmaceda**, *Seton Hall University*
Dr. **John Barber**, *University of Cambridge*
Prof. **Timm Beichelt**, *European University Viadrina*
Dr. **Katrin Boeckh**, *University of Munich*
Prof. em. **Archie Brown**, *University of Oxford*
Dr. **Vyacheslav Bryukhovetsky**, *Kyiv-Mohyla Academy*
Prof. **Timothy Colton**, *Harvard University, Cambridge*
Prof. **Paul D'Anieri**, *University of Florida*
Dr. **Heike Dörrenbächer**, *DGO, Berlin*
Dr. **John Dunlop**, *Hoover Institution, Stanford, California*
Dr. **Sabine Fischer**, *SWP, Berlin*
Dr. **Geir Flikke**, *NUPI, Oslo*
Prof. **David Galbreath**, *University of Aberdeen*
Prof. **Alexander Galkin**, *Russian Academy of Sciences*
Prof. **Frank Golczewski**, *University of Hamburg*
Dr. **Nikolas Gvosdev**, *Naval War College, Newport, RI*
Prof. **Mark von Hagen**, *Arizona State University*
Dr. **Guido Hausmann**, *University of Freiburg i.Br.*
Prof. **Dale Herspring**, *Kansas State University*
Dr. **Stefani Hoffman**, *Hebrew University of Jerusalem*
Prof. **Mikhail Ilyin**, *MGIMO (U) MID RF, Moscow*
Prof. **Vladimir Kantor**, *Higher School of Economics*
Dr. **Ivan Katchanovski**, *University of Ottawa*
Prof. em. **Andrzej Korbonski**, *University of California*
Dr. **Iris Kempe**, *"Caucasus Analytical Digest"*
Prof. **Herbert Küpper**, *Institut für Ostrecht Regensburg*
Dr. **Rainer Lindner**, *CEEER, Berlin*
Dr. **Vladimir Malakhov**, *Russian Academy of Sciences*

Dr. **Luke March**, *University of Edinburgh*
Prof. **Michael McFaul**, *US Embassy at Moscow*
Prof. **Birgit Menzel**, *University of Mainz-Germersheim*
Prof. **Valery Mikhailenko**, *The Urals State University*
Prof. **Emil Pain**, *Higher School of Economics, Moscow*
Dr. **Oleg Podvintsev**, *Russian Academy of Sciences*
Prof. **Olga Popova**, *St. Petersburg State University*
Dr. **Alex Pravda**, *University of Oxford*
Dr. **Erik van Ree**, *University of Amsterdam*
Dr. **Joachim Rogall**, *Robert Bosch Foundation Stuttgart*
Prof. **Peter Rutland**, *Wesleyan University, Middletown*
Prof. **Marat Salikov**, *The Urals State Law Academy*
Dr. **Gwendolyn Sasse**, *University of Oxford*
Prof. **Jutta Scherrer**, *EHESS, Paris*
Prof. **Robert Service**, *University of Oxford*
Mr. **James Sherr**, *RIIA Chatham House London*
Dr. **Oxana Shevel**, *Tufts University, Medford*
Prof. **Eberhard Schneider**, *University of Siegen*
Prof. **Olexander Shnyrkov**, *Shevchenko University, Kyiv*
Prof. **Hans-Henning Schröder**, *SWP, Berlin*
Prof. **Yuri Shapoval**, *Ukrainian Academy of Sciences*
Prof. **Viktor Shnirelman**, *Russian Academy of Sciences*
Dr. **Lisa Sundstrom**, *University of British Columbia*
Dr. **Philip Walters**, *"Religion, State and Society", Oxford*
Prof. **Zenon Wasyliw**, *Ithaca College, New York State*
Dr. **Lucan Way**, *University of Toronto*
Dr. **Markus Wehner**, *"Frankfurter Allgemeine Zeitung"*
Dr. **Andrew Wilson**, *University College London*
Prof. **Jan Zielonka**, *University of Oxford*
Prof. **Andrei Zorin**, *University of Oxford*

* While the Editorial Committee and Advisory Board support the General Editor in the choice and improvement of manuscripts for publication, responsibility for remaining errors and misinterpretations in the series' volumes lies with the books' authors.

Soviet and Post-Soviet Politics and Society (SPPS)
ISSN 1614-3515

Founded in 2004 and refereed since 2007, SPPS makes available affordable English-, German-, and Russian-language studies on the history of the countries of the former Soviet bloc from the late Tsarist period to today. It publishes between 5 and 20 volumes per year and focuses on issues in transitions to and from democracy such as economic crisis, identity formation, civil society development, and constitutional reform in CEE and the NIS. SPPS also aims to highlight so far understudied themes in East European studies such as right-wing radicalism, religious life, higher education, or human rights protection. The authors and titles of all previously published volumes are listed at the end of this book. For a full description of the series and reviews of its books, see
www.ibidem-verlag.de/red/spps.

Editorial correspondence & manuscripts should be sent to: Dr. Andreas Umland, DAAD, German Embassy, vul. Bohdana Khmelnitskoho 25, UA-01901 Kyiv, Ukraine. e-mail: umland@stanfordalumni.org

Business correspondence & review copy requests should be sent to: *ibidem* Press, Leuschnerstr. 40, 30457 Hannover, Germany; tel.: +49 511 2622200; fax: +49 511 2622201; spps@ibidem.eu.

Authors, reviewers, referees, and editors for (as well as all other persons sympathetic to) SPPS are invited to join its networks at www.facebook.com/group.php?gid=52638198614
www.linkedin.com/groups?about=&gid=103012
www.xing.com/net/spps-ibidem-verlag/

Recent Volumes

127 Andrey Makarychev
Russia and the EU in a Multipolar World
Discourses, Identities, Norms
With a foreword by Klaus Segbers
ISBN 978-3-8382-0629-5

128 Roland Scharff
Kasachstan als postsowjetischer Wohlfahrtsstaat
Die Transformation des sozialen Schutzsystems
Mit einem Vorwort von Joachim Ahrens
ISBN 978-3-8382-0622-6

129 Katja Grupp
Bild Lücke Deutschland
Kaliningrader Studierende sprechen über Deutschland
Mit einem Vorwort von Martin Schulz
ISBN 978-3-8382-0552-6

130 Konstantin Sheiko, Stephen Brown
History as Therapy
Alternative History and Nationalist Imaginings
in Russia, 1991-2014
ISBN 978-3-8382-0665-3

131 Elisa Kriza
Alexander Solzhenitsyn: Cold War Icon, Gulag Author, Russian Nationalist?
A Study of the Western Reception of his Literary Writings, Historical Interpretations, and Political Ideas
With a foreword by Andrei Rogatchevski
ISBN 978-3-8382-0589-2

132 Serghei Golunov
The Elephant in the Room
Corruption and Cheating in Russian Universities
ISBN 978-3-8382-0570-0

133 Manja Hussner, Rainer Arnold (Hgg.)
Verfassungsgerichtsbarkeit in Zentralasien I
Sammlung von Verfassungstexten
ISBN 978-3-8382-0595-3

134 Nikolay Mitrokhin
Die "Russische Partei"
Die Bewegung der russischen Nationalisten in der UdSSR 1953-1985
Aus dem Russischen übertragen von einem Übersetzerteam unter der Leitung von Larisa Schippel
ISBN 978-3-8382-0024-8

135 Manja Hussner, Rainer Arnold (Hgg.)
Verfassungsgerichtsbarkeit in Zentralasien II
Sammlung von Verfassungstexten
ISBN 978-3-8382-0597-7

Meiner Familie

Zellery – èto ja
Zellery – èto my
Zellery – èto lutšie ljudi strany

Inhalt

Abbildungsverzeichnis 9

Vorwort 11

1. **Fußballfieber und sowjetische Geschichte** 15
   1.1 Gegenstand und Fragestellung: Fußballfieber in der Sowjetunion ... 18
   1.2 Forschungsstand: Fußballfieber im Lichte aktueller Debatten 28
   1.3 Methode: Fußballfieber in Quelle und Analyse 35

2 **Räuber und Gendarm. Die Ursprünge der Spartak-, Dinamo- und CDKA-Fangemeinschaften in Moskau, 1930-1950er Jahre** 47
   2.1 Dazugehören: Spartak-Euphorie im Stalinismus 49
   2.2 Siegertypen: Dinamo und CDKA in der sowjetischen Nachkriegszeit 69
   2.3 In den Höfen: Gegner in der Stadt 84
   2.4 Gemeinsamer Jubel: Die Nationalmannschaft als Identifikationsobjekt 91

3 **Schlagt diese Scheusale. Stadiongewalt, behördliche Strategien und Medien, 1950-1960er Jahre** 103
   3.1 Legitimer Zorn: Gegner im Stadion 104
   3.2 Sichern, Erziehen, Propagieren: Fußballfans als Problem sowjetischer Öffentlichkeit 121

4 **Sowjetische Pantoffelhelden. Fußballfans vor dem Fernseher, 1960-1980er Jahre** 145
   4.1 Mattscheiben: Fernsehfußball und neue Zuschauerkultur 146
   4.2 Vater, Mutter, Kind: Geschlechterrollen vor dem heimischen Fernseher 151
   4.3 Privilegierte Standpunkte: Beschwerdebriefe im Medienzeitalter ... 167

5   Unsere Internationale. Patriotismus, Nationalität und
    transnationale Fangemeinschaften um Dinamo Kiev,
    1960-1970er Jahre 181
    5.1 „Sowjetisches Ukrainertum": Dinamo-Kiev-Fans als
         republikanische Gemeinschaft 183
    5.2 Mannschaft der Völker: Dinamo-Kiev-Fans als transnationale
         Gemeinschaft 201

6   Im Hunderitt zum Auswärtsspiel. Organisierte Fankultur und
    sowjetische Herrschaft, 1970-1980er Jahre 217
    6.1 Sowjetisch, Männlich, Jung: Stadionkultur in Moskau und Kiev
         im Vergleich 219
    6.2 Steil in rot-weiß: Spartak-Schals als soziokultureller Marker 232
    6.3 Trophäen: Organisierte Fans zwischen Autorität und
         Gegnerschaft 237
    6.4 Die Katastrophe: Das Unglück im Moskauer Lenin-Stadion 1982 .. 247
    6.5 Fangewalt und Hierarchien – Gestern und Heute 259

Schlüsse: Fußballfieber, Herrschaft, Gesellschaft 273

Verstaubte Helden 279

Redaktioneller Hinweis 283

Quellenverzeichnis 285
    Archive 285
    Zeitungen und Zeitschriften 286
    Filme 287
    Internetquellen 287
    Interviews 288

Literaturverzeichnis 293

Index 319

Abbildungsverzeichnis

Abb. 1: Industrialisierung und Fußball. Dinamo Gorlovka gegen Dinamo Stalino. All-Donecker Kohle-Spartakiade. 1934 52

Abb. 2: Moskau. Dinamo-Stadion. 1933 53

Abb. 3: An der Kasse. Moskau. Dinamo-Stadion. Späte 1940er Jahre 63

Abb. 4: Vadim Sinjavskij. 1953 72

Abb. 5: Moskau. Dinamo-Stadion. 1951 75

Abb. 6: Dinamo gegen CDKA. Moskau. Dinamo-Stadion. 1952 76

Abb. 7: Als der Diktator schon tot war. Lenin und Stalin. Moskau. Dinamo-Stadion. 19.09.1953 77

Abb. 8: „Die Hofauswahl diskutiert das Spielergebnis". Der Hof als Erinnerungsort 87

Abb. 9: „Osttribüne. Fünf Rubel". Vorderseite 130

Abb. 10: „Das Betreten des Fußballplatzes [...] ist strengstens verboten". Rückseite 130

Abb. 11: „Für diese Fans steht es 3:2" 139

Abb. 12: „Bürger, bei uns werden Grobheiten nur auf dem Feld verfolgt" 139

Abb. 13: „Fans aus Nikolaev lauschen der Radioberichterstattung aus Užgorod". Der Fußball und das Radio 147

Abb. 14: *Bolel'ščica*". Kiev. Dinamo. 1957 162

Abb. 15: „Erinnerst Du Dich, Emil', wie Du mich vor der Hochzeit geliebt hast und immer versprochen hast, mich das ganze Leben auf Händen zu tragen?" 164

Abb. 16: „Gut, Papachen, ich werde für Spartak fiebern!" 167

Abb. 17: Die Tabelle der sowjetischen Fußballmeisterschaft. Moskau. Dinamo-Stadion. 1939 177

Abb. 18: *Programki*". Aus der Sammlung des Igor' Dobronravov 178

Abb. 19: Dinamo Kiev und der Pokal. Moskau. Lenin-Stadion. 1966 182

Abb. 20: Fußball von der Abraumhalde. Doneck. 1930er Jahre 194

Abb. 21: „Professor" in der sowjetischen Armee 217

Abb. 22: „Der Frost wird Torpedo nicht retten." Pokalfinale. Moskau. Lenin-Stadion. 1966 220

Abb. 23: Transparente und Miliz. Dinamo Kiev gegen Kryl'ja Sovetov. Moskau. Lenin-Stadion. 1964 222

Abb. 24: „Gebt uns ein Tor" und Soldaten. Dinamo Kiev gegen Zenit Leningrad. Kiev. 1966 222

Abb. 25: „Dinamo! Na warte!" Dinamo Kiev gegen Šachter Doneck. 1978 224

Abb. 26: „Leidenschaften um Spartak" 234

Abb. 27: „Auswärtsfahrt". Spartak-Fans in Doneck. 1981 245

Abb. 28: „Auswärtsfahrt". Spartak-Fans in Simferopol'. 1986 246

Abb. 29: *Fanaty* und Miliz. Riga. 1987 260

Abb. 30: *Fanaty* und Miliz. Riga. 1987 260

Abb. 31: *Fanaty* und Miliz. Riga. 1987 261

Abb. 32: Vor der Schlägerei: Die Gastgeber. Dinamo gegen Spartak. Moskau. Dinamo-Stadion. 2007 266

Abb. 33: Vor der Schlägerei: Die Gäste. Dinamo gegen Spartak. Moskau. Dinamo-Stadion. 2007 267

Abb. 34: Russland gegen Japan. Nach dem Public Viewing im Zentrum Moskaus. 2002 269

Abb. 35: Dinamo „D" als Tätowierung. Kiev. Gidropark. 2007 269

Vorwort

Sport und Fans sind Phänomene der modernen Massenkultur. Sie gehören untrennbar zusammen, seit aktive körperliche Betätigung von Athleten und Spielern Interesse bei Betrachtern weckte. Doch so selbstverständlich Zuschauer zum Geschehen in und außerhalb moderner Stadien gehören und das Erscheinungsbild gegenwärtiger Gesellschaften prägen, so wenig haben sie Eingang in die historisch ausgerichteten Wissenschaften gefunden. Gewiss, Medien gewähren ihnen einen festen Platz in der Berichterstattung. Kulturphilosophen und Sozialwissenschaftler sehen im Zuschauersport ein Merkmal der Standardisierung und Kommerzialisierung der Kultur, der Freizeitgestaltung und einer neuartigen Soziabilität. Sind neuerdings Hooliganismus und Militanz im Spiel, melden sich auch politische Instanzen zu Wort. Doch woher kommt die Attraktivität des passiven Dabeiseins, des leidenschaftlichen Gruppenbewusstseins, der seriellen Vervielfältigung von Verhaltens-, Denk- und Gefühlsmustern oder des Strebens nach ewiger Jugend, die allesamt ohne Bezug zum Sport zwar nicht auskommen, diesen aber zunehmend als Bühne paralleler Selbstinszenierung und demonstrativer symbolischer Praktiken nutzen?

Die historische Studie von Manfred Zeller stellt sich diesen Fragen auf originelle Weise. Sie versteht sich ausdrücklich als Beitrag zur Allgemeinen Geschichte und legt den Grundstein für ein wenig erschlossenes Themenfeld, für das einschlägige Quellen anfangs schlicht nicht bekannt waren. Dieses ambitionierte Vorhaben erforderte Kombinationsvermögen, Improvisationstalent, gestalterische Phantasie und kluge Anleihen aus unterschiedlichsten Bereichen historisch arbeitender Wissenschaften und der jüngeren kulturwissenschaftlichen Forschung. Es gewährt ungewohnte Einblicke in die Innenwelt spätsozialistischer Gesellschaften, die ohne aufwendige Zeitzeugen-Interviews kaum möglich gewesen wären. Darüber hinaus haben Recherchen in Moskauer und Kiever Archiven eine solide Materialbasis geschaffen, die durch die Auswertung einschlägiger Printerzeugnisse ergänzt wird.

Die ausgewählten Fußballfans sowjetischer Fußballmannschaften aus Moskau und Kiev zeigten zwar nach dem Zweiten Weltkrieg durchaus regionalspezifische Eigenarten. Zugleich aber stehen sie exemplarisch für transnationale und globale Wandlungsprozesse in Sport, Populärkultur und Massenmedien. Das empirische Material wird also in einer Weise erschlossen und befragt, die es für Vergleiche mit anderen regionalen und lokalen Entwicklungen öffnet. Deshalb sind wichtige Anstöße sowohl für die jüngere Geschichte des Sports als auch für die Zeitgeschichtsforschung insgesamt zu erwarten.

Erste Fan-Gemeinschaften entstanden bereits in der Sowjetunion der 1920er und 1930er Jahre. Sie wandelten sich im Zuge von Rivalitäten in der politischen Elite, der Terrorjahre, des Zweiten Weltkriegs und des Spätstalinismus, verloren aber nicht vollends ihre eigenweltliche Dynamik. Der multiethnische Charakter der sowjetischen Fußballliga erzeugte eine Spannung zwischen Anhängern der „zentralen" und der „regionalen" Mannschaften, was nicht zuletzt auch auf die Formen der Auseinandersetzung mit der jüngsten Vergangenheit ausstrahlte. Der kulturelle Wettbewerb im Kalten Krieg machte dieses innere Konfliktpotential zu einer heiklen Hypothek.

Es gehört zu den zentralen Anliegen der Arbeit nachzuweisen, dass jene Teile der sowjetischen Gesellschaft, die leidenschaftlich einer Mannschaft anhingen, zugleich symbolische Verfahren entwickelten, „Gegnerschaft" innerhalb des Systems zum Ausdruck zu bringen. Fanrituale scheinen wie rhythmischer Applaus sozial ansteckend zu sein. Sie unterlaufen staatlich postulierte „Gemeinschaften" mit ihren restriktiven Verhaltenscodes ebenso wie die von schweigenden Mehrheiten ersehnte gesellschaftliche Homogenität, weil der populäre Fußballsport projektive Energien freisetzt, die nach alternativer Identität streben. Sie besitzen das Potential, das Verhalten von Massen zu synchronisieren und sie zur Selbstorganisation zu befähigen. Im Stadion, dem Versammlungsort eigenen Rechts und Entstehungsort neuartiger Leidenschaften, und bald auch in seinem Vorfeld und entlang des Streckennetzes der Reiserouten von Fans, die ihren Lieblingsclubs zu Auswärtsspielen folgen, entstanden Räume starker Emotionalität. Aversionen konnten gezeigt werden, ohne gleich den Rahmen systemkonformen Verhaltens zu sprengen. Allmählich zeigte sich indessen, dass die symbolische Integration in eine nicht durch die politische Sphäre definierte soziale Gruppe Sondermilieus hervorbrachte, deren Mitglieder dazu neigten, sich zu profilieren.

Mit dem Sport gewannen auch die Medien rasant an gesellschaftlichem Einfluss. Insbesondere das Fernsehen erlaubte eine neuartige Teilhabe an Ereignissen, bei denen der Betrachter selbst nicht anwesend war. In der virtuellen Masse der Zuschauer vor den Bildschirmen manifestierten sich „Einheiten" (etwa bei Europa-Cup- oder Länder-Spielen), die unbestimmter verbunden waren als ihre sichtbaren Varianten im Stadion. Aus der Fanpost an Mannschaft, Trainer und Sportorganisation oder aus Leserbriefen an Sportzeitungen lässt sich herausfiltern, was der offiziellen Gemeinschaftsstiftung zuwiderlief oder sogar wie ein Antiseptikum gegen Vereinnahmung wirkte. Je mehr sich der Sportbetrieb internationalisierte und in der Television dupliziert wurde, desto stärker differenzierten sich individuelle und kollektive Ausdrucksformen der Gruppenzugehörigkeit. So standen unionsweit bekannte und beliebte

Fußballclubs wie Dinamo Kiev für durchaus ambivalente Bekenntnisse. Sie waren multiethnisch zusammengesetzt, bezeugten also die Eignung des Sports als Medium gelingender Integration. Zugleich repräsentierten sie ein regionales bzw. peripheres („ukrainisches") Gegengewicht gegen die Dominanz zentraler Moskauer Clubs. Mehr noch, Teile des sowjetischen Fernsehpublikums „fieberten" für Spieler aus ihren Republiken, die gleichsam in die Rolle von Botschaftern schlüpften.

Diese Mehrdeutigkeit förderte schließlich auch die Entstehung informell organisierter Fankultur im sowjetischen Fußballsport. Epidemisch breitete sich der Wunsch aus, die persönliche Zugehörigkeit schärfer zu kennzeichnen und sich radikaler von rivalisierenden Fangemeinschaften abzugrenzen. Die Gewaltbereitschaft nahm zu. In den zunächst formlosen Gruppen übernahmen Einzelne die Wortführerschaft, bestimmten durch frühzeitige akustische oder visuelle Zeichensetzung das kollektive Auftreten und setzten eine strenge Hierarchie durch. Sowjetischen Behörden gelang es in den frühen 1980er Jahren nicht mehr, moderate Kräfte zu stützen und eine Fankultur sowjetisch einzufangen, die in den folgenden Jahren ein Ort nationalistisch aufgeladener sozialer Aggression wurde, der vorwiegend männlich dominiert war. Der Sport verlor endgültig seine Unschuld, offenbarte, dass er niemals bloß friedliches Spiel gewesen war.

Manfred Zeller hat die Wegmarken dieses Wandlungsprozesses freigelegt und plausibel gedeutet. Seine eindrucksvolle Arbeit ist überaus lesenswert und verdient größten Respekt. Er scheut nicht die schwierige Auseinandersetzung mit dem Affektiven in der Geschichte. Über das Innenleben von Fangruppen, geteilte Leidenschaften in engen Räumen, das fragile Gemeinschaftserlebnis im Stadion oder das Rituelle und Nicht-Hinterfragte alltäglicher oder außerordentlicher Verhaltensweisen weiß er eine Fülle Neues zu sagen. Erstmals wird der Fußballsport im sowjetischen Kontext so eindringlich als Quelle von Inbrunst und Ekstase, Euphorie und Massenhingabe, Bekenntnis und Neigung beschrieben. In den Fetischen der Fans erkennen wir Gegensymbole zu den Devotionalien der offiziellen Kultur. Sie entfalten eine subversive Dynamik. „Fußballfieber" ist Indiz für ein modernes „Leiden": So sehr diejenigen, die ihm verfallen, ihren Idolen Anerkennung zollen, so ausgiebig feiern sie sich und ihr Gemeinschaftsgefühl selbst.

Nikolaus Katzer
Moskau/Hamburg im Oktober 2014

1. Fußballfieber und sowjetische Geschichte

Eisig kalt war es an jenem Abend, als Spartak Moskau im heimischen Lenin-Stadion in Lužniki auf das niederländische HFC Haarlem traf. Der späte Austragungstermin, es war der 20. Oktober 1982, war für europäische Fußballwettbewerbe nicht ungewöhnlich, aber in Moskau war Schnee gefallen und die Tribünen wurden nur unzureichend geräumt. Nach Anpfiff des UEFA-Pokalspiels hissten Fans von Spartak Moskau Flaggen und begannen zu skandieren. Die Miliz reagierte, denn koordinierte Mannschaftsunterstützung war bei Fußballspielen in Moskau und anderen sowjetischen Städten zu diesem Zeitpunkt untersagt.[1] Augenzeugen und Ermittlungsbericht beschreiben übereinstimmend, dass ein „Schneeballhagel" der Fans die Miliz zeitweise zum Rückzug zwang, ehe es zu ersten Festnahmen kam. Viele Zuschauer der „oberen Sektoren" wollten die Tribüne kurz vor Spielende, Spartak führte zu diesem Zeitpunkt mit 1:0, über den Ausgangstunnel zwischen „der ersten und zweiten Etage" verlassen.[2] Jurij Michailov,[3] der ebenfalls bereits auf dem Weg nach Hause war, drang nicht bis zum Ausgang vor. Als das 2:0 für Spartak fiel erreichte er gerade erst die Treppe. Dort stand er mitten in einer Menschenmenge, von hinten drängten Menschen nach, nach unten ging es nicht weiter. Jurij Michailov befand sich in einem „stehenden Menschenfluss". Es wurde enger, und bald, so war ihm klar, würde es soweit sein, bald würde er keine Luft mehr bekommen.[4]

Im Treppenhaus von Lužniki starben an diesem Abend mindestens 67 Fußballfans.[5] Die meisten von ihnen waren jugendliche Anhänger Spartak Moskaus. Die Katastrophe könne nur verstehen, da ist sich Jurij sicher, wer um die gegenseitigen Provokationen zwischen der damals jungen informellen Spartak-Fanbewegung (*fanatskoe dviženie*) und der Miliz wisse. Denn unten am Ausgang hätten Milizionäre von drei möglichen Ausgängen nur einen geöffnet, der zudem noch mit einem Ausziehgitter so verkleinert worden sei, dass

---

1 Zu Maßnahmen der Miliz in sowjetischen Fußballstadien der frühen 1980er Jahre siehe ausführlich Kapitel 6.4.
2 *Sovetskij Sport*, 08.07.1989, S. 2.
3 Jurij Michailov, Name geändert, Interview mit dem Autor, *Evropejskij Torgovij Centr* am Kiever Bahnhof, 30.03.2008. Aus forschungsethischen Gründen werden Namen all jener Interviewpartner anonymisiert, die keine Personen des öffentlichen Lebens sind. Zur Anonymisierung von Oral History Dokumenten siehe Leh 2000.
4 Jurij Michailov, Interview mit dem Autor, 30.03.2008.
5 Die offizielle Ermittlung sprach von 66 Toten. Siehe V. Zaikin, Tragedija v Lužnikach. Fakty i vymysel, Izvestija, 21.07.1989, S. 6. 20oe čislo nennt 67 Opfer. Siehe http://october20.ru/ (15.12.2014). Zu einer ausführlichen Diskussion der Opferzahlen siehe Kapitel 6.4.

nur „drei Menschen gleichzeitig hindurchgehen konnten"[6]. Moskauer Jugend und sowjetische Miliz bilden in Jurij Michailovs Erinnerung, aber auch in den meisten anderen Narrativen zur Tragödie in Lužniki, einen deutlichen Gegensatz.[7]

Drei Jahrzehnte zuvor saß eine Familie mit ihren Gästen im Moskauer Umland vor dem Schwarzweißfernseher. Es war der 21. August 1955. Der Fußballweltmeister aus Deutschland war zum Freundschaftsspiel nach Moskau gekommen und lieferte sich mit der sowjetischen Nationalmannschaft eine packende Partie. Gemeinsam mit den Fans im Stadion hielt die kleine Fernsehrunde den Atem an, als die sowjetische Mannschaft durch ein Tor des Kölner Spielers Hans Schäfer mit 1:2 in Rückstand geriet.[8] Doch nach dem Ausgleich ihrer Nationalmannschaft und erst recht nach dem erlösenden Siegtreffer zum 3:2 kannte ihre Begeisterung keine Grenzen mehr. Der Gastgeber umfasste mit beiden Händen den Kopf des Jungen, der mit seinen Großeltern zu Besuch war. Er „packte und zerrte daran" und riss dem Jungen dabei „fast die Ohren ab." Dieser glaubt sich ein halbes Jahrhundert später, im Interview, an jenen denkwürdigen Satz des Gastgebers zu erinnern: „Jetzt haben sie den Deutschen ihr zweites Stalingrad gezeigt."[9] Sowjetische Bürger imaginieren sich und ihr Land in diesem Erinnerungsbild als symbolische Einheit gegen *den* äußeren Gegner schlechthin.

Doch dabei blieb es nicht. Ein Jahr später, am 4. September 1956, stürmten bei der Partie Dinamo Kievs gegen Torpedo Moskau Teile des Kiever Publikums „in hoher Anzahl" und „scharfer Empörung" den Platz, nachdem der Schiedsrichter „grobe Regelverstöße" zugunsten der Moskauer Mannschaft einfach „durchgehen lassen" habe.[10] 1960 fand dieser Vorfall seine Entsprechung in Moskau, als empörte Zuschauer den Rasen des Lenin-Stadions in Lužniki stürmten und etwa zwanzig Minuten vor Ende der Partie zwischen CSKA Moskau und Dinamo Kiev begannen, den baltischen Schiedsrichter zu verprügeln. Sie unterstellten ihm ihrerseits, die Gäste aus Kiev zu bevorteilen.[11] Phy-

---

6 Jurij Michailov, Interview mit dem Autor, 30.03.2008.
7 Jurij Michailov, Interview mit dem Autor, 30.03.2008. Zum relativ geringen Vertrauen in die Arbeit der russländischen Miliz zum Zeitpunkt der Recherchen zu dieser Arbeit siehe etwa in den *Russland-Analysen* veröffentlichte Umfragen des WZIOM vom 19.-20. Juni 2010. *Russland-Analysen* 206, 24.09.2010, S. 7.
8 *Sovetskij Sport*, 23.08.1955, S. 4-5.
9 Fedor Ivanov, Name geändert, Interview mit dem Autor in der Küche seiner Wohnung in Moskau, 11.03.2007.
10 Central'nyj deržavnyj archiv hromads'kych ob'ednan Ukraïny (CDAGO), f. 1, op. 24, spr. 4262, ark. 214.
11 Wie in vergleichbaren Fällen spielt die Nationalität des Schiedsrichters in den Akten des Sportkomitees, wie hier in der Rede des berühmten sowjetischen Schiedsrichters

sisch agierende sowjetische Massen positionierten sich unter nationalen Vorzeichen gegen die gegnerische Mannschaft und den Schiedsrichter und stellten sich in einer Zeit in Opposition zueinander, in der Fans noch keine Mannschaftsfarben trugen, sich nicht in Blöcken gegenüberstanden und sich auch angesichts großer Entfernungen innerhalb der Sowjetunion selten trafen.

Diese einführenden Beispiele weisen dem sowjetischen Fußball ganz unterschiedliche Bedeutungen zu. Die Anekdote des „zweiten Stalingrads" rückt den Fußball in die Nähe des Kriegserinnerns. Er bietet einer zerrütteten und traumatisierten Bevölkerung über die Abgrenzung nach Außen die Möglichkeit, sich „zur sowjetischen Ordnung zu bekennen", der doch so viele in der Generation ihrer Eltern und Großeltern die „Knechtung zu verdanken hatten".[12] In den anderen Bildern scheinen Gegensätze zwischen verschiedenen Bevölkerungsgruppen des multiethnischen Imperiums auf, und auch zwischen Teilen der Bevölkerung und sowjetischen Offiziellen wie bei der Stadionkatastrophe 1982 in Lužniki. Fangemeinschaften konstituieren sich aus der Perspektive postsowjetischer Erinnerungen und sowjetischer Archivquellen in Abgrenzung von einem äußeren Antagonisten (Moskau 1955), sie richteten sich gegen innere Gegner (Kiev 1956 und Moskau 1960) und gegen sowjetische Autoritäten (Moskau 1982).[13]

Ich möchte solche Narrative über den sowjetischen Fußball zum Anlass nehmen, am Beispiel der Fußballfans sowjetischer Mannschaften aus Kiev (Dinamo) und Moskau (Spartak, CSKA, Dinamo) eine Geschichte von Gemeinschaft und Gegnerschaft im poststalinistischen Vielvölkerreich zu schreiben. Angesichts dreier Jahrzehnte der Gewalt, angesichts von Weltkrieg, Revolution, Bürgerkrieg, Hungersnöten, Terror, erneutem Weltkrieg und einer Ordnung, welche die Bevölkerung brachial mobilisierte und massakrierte, stellte sich nach dem Ende des Stalinismus die Frage, was überhaupt blieb außer dem Gegensatz der Bevölkerungsgruppen und Völker im autoritär strukturierten Vielvölkerreich.[14] Häufig wird auf die integrative Bedeutung des Sieges im

---

Nikolaj Gavrilovič Latyšev vor dem Allunionstreffen der Schiedsrichter, keine Rolle. Siehe Gosudarstvennyj Archiv Rossijskoj Federacii (GARF), f. 7576, op. 1, d. 2933, ll. 6-44. Im Spielprotokoll ist ebenfalls nichts zu den Motiven der Zuschauer vermerkt. Siehe GARF, f. 9570, op. 2, d. 2935. Zu Sprechweisen im Sportkomitee siehe Kapitel 3.2.
12 Baberowski 2009.
13 Zur Körpergeschichte siehe einführend Duden 1995; Lorenz 2000; Zlydneva 2005. Zur Bandbreite der sowjetischen Körpergeschichte siehe vergleichend Conze 1999; Degot 2000.
14 Zur Anwendung des Imperiumsbegriffs auf die sowjetische Geschichte siehe etwa Beissinger 2006.

„Großen Vaterländischen Krieg" hingewiesen.[15] Doch als die Sowjetunion nach dem Tod Iosif Vissarionovič Stalins (1878-1953) aus einer langen Epoche der „Gewaltverbreitung" in eine Phase der „Gewalteinhegung" eintrat[16] entwickelte sich gerade der Sport, und dabei insbesondere das multinationale Medienspektakel Fußball, zu einem wesentlich vielseitigeren Reflektions- und Aushandlungsfeld, als es das Kriegserinnern je sein konnte.[17] Der Fernsehfußball wurde ein Gut, über das Vorstellungen sowjetischer Gemeinschaft ebenso imaginiert werden konnten wie innersowjetische Gegnerschaft; und er war ein Gut, das nie zur Mangelware wurde.

Das Ziel dieser Studie ist, binäre Vorstellungen über die sowjetische Bevölkerung zwischen „Konformität" und „Widerstand" zu überwinden und „das Klischee der russischen Masse"[18] durch konkrete Konfigurationen sowjetischer Gemeinschaft zu ersetzen. Das Fußballfieber scheint mir ein besonders geeignetes Thema für solch eine Geschichte der sowjetischen „Mitmach-Gesellschaft"[19] zu sein, denn es wimmelt hier von Kollektiven, die in Opposition zueinander stehen. Es ist bedeutsamer als der eigentliche Spielbetrieb,[20] denn auf Stadionrängen, in Fanpost und in Fußballgesprächen zeigten sich Loyalitäten und Abneigungen, die kaum in die veröffentlichten Diskurse der sowjetischen Sportmedien Eingang fanden. Diese Geschichte handelt von den Komplexitäten spätsowjetischer Öffentlichkeit im Vielvölkerreich.

1.1 Gegenstand und Fragestellung: Fußballfieber in der Sowjetunion

Der Fußball bringt Menschen dazu, sich zu identifizieren, Partei zu werden, sich abzugrenzen, zu rufen, zu kämpfen, zu hassen, zu lieben. In der Sowjetunion nannten sich Fußballfans, wie im heutigen Russland auch, *bolel'ščiki*, wobei das russische Verb für leiden, *bolet'* in diesem Wort enthalten ist. Das ursprünglich aus dem Englischen entlehnte *fanat/fanaty* fand erst im Entstehungskontext organisierter Fanbewegungen der späten 1970er und frühen 1980er Jahre Verwendung und bezeichnet neben der besonderen Expressivität konkreter Fanpraktiken vorwiegend organisierte Fußballfans. Doch auch für diese kleinere Gruppe galt, wie für alle anderen: Fußballfans litten am

---

15 Zur sowjetischen und postsowjetischen Geschichts- und Erinnerungskultur siehe etwa Altrichter 2004; Arnold 1998; Petrone 2011.
16 Dinges 1998, S. 189.
17 Zum Zusammenhang zwischen nationalem Selbstbewusstsein, internationalen Begegnungen und einer Kultur des Internationalismus siehe Simon 1986, S. 318.
18 Schmidt 2007, S. 10.
19 Gestwa 2003, S. 41.
20 Siehe ähnlich Hornby 2000, S. 178.

Fußballfieber. So sah es die sowjetische Presse der späten 1950er bis frühen 1980er Jahre, und so sahen sie es auch selbst.

Fußballfans verfolgen auch einen Sport, der allerlei Anlass zum Leiden gibt. Der Fußball ist arm an Toren, und doch konfrontierte sein im 20. Jahrhundert bereits universell gültiges Regelwerk die Zuschauer durch die Tatsachenentscheidung des Schiedsrichters mit der Zumutung, dass „noch nicht einmal [...] jedes dieser seltenen Tore auch zählt".[21] In vielen Fällen leisten Schiedsrichter bemerkenswerte Arbeit. Doch dies ändert nichts daran, dass der Fußball ein körperbetontes Spiel war und ist, bei dem stets akzeptiert wurde, dass Fouls übersehen, regulär erzielte Treffer nicht anerkannt, nicht regulär erzielte Treffer gewertet oder überhaupt keine Treffer erzielt wurden. Die Grenzen zwischen gutem Spiel und Foul sind dabei eine Frage von Sekundenbruchteilen. Nicht jeder Schiedsrichter wird sich bei einem Platzverweis fühlen „wie ein Bolschewik bei der Erschießung des Zaren".[22] Für die Anhänger der betroffenen Mannschaft wird es aber häufig so wirken. Sowjetische Bürger partizipierten als Fußballfans an Ereignissen, die sich im Kern um ein „Spiel mit offenem Ausgang"[23], und häufig ungerechten Entscheidungen drehten und erst in zweiter Hinsicht eingerahmt waren von architektonischen, polizeilichen, soziokulturellen, diskursiven und (je weiter das 20. Jahrhundert fortschritt) zunehmend medialisierten Ordnungen, die ihrerseits von kulturellen Transfers globaler Medientrends befeuert, keineswegs universell gültigen Regeln folgten und folgen.

Doch selbst nach einem Unentschieden, und auch und gerade nach einer Niederlage, gingen sowjetische Bürger nicht mit leeren Händen nach Hause. Sie hatten starke Zugehörigkeit gespürt und Ablehnung, Freude und Ärger, Ekel und Stolz. Sowjetische Bürger wussten – häufig – zu wem sie gehörten, wenn sie zum Fußball gingen und vom Fußball kamen, zu wem sie gehören wollten, und wen oder was sie ablehnten. Denn „Vorstellungen über Gefühle" waren auch hier, wie Martina Kessel dies ausdrückt, „elementare Bestandteile" derjenigen „Prozesse [...], mit denen Menschen sich und andere als Angehörige bestimmter Glaubensgemeinschaften, Ethnien, Klassen, Geschlechter oder politischer Gruppierungen entwerfen"[24]. Das Fußballfieber war wie Emotionen und ihr affektiver Ausdruck allgemein „geschichtsmächtig" und „geschichtsträchtig".[25] Das fröhliche, chaotische, karnevaleske und bisweilen gewalttäti-

---

21 Johannes Aumüller, Ballaballa, in *Süddeutsche Zeitung*, 21.06.2012, S. 3.
22 Brussig 2007, S. 11-2.
23 Schlögel 2009, S. 331.
24 Kessel 2006, S. 31.
25 Frevert 2009, S. 202.

ge Treiben von Fußballfans war auch in der Sowjetunion einer der zentralen Orte, an denen Vorstellungen von Gemeinschaft und Gegnerschaft entstanden, sich verstärkten, verformten und verzerrten, etwa bei der Unterstützung der Nationalmannschaft oder von Mannschaften aus unterschiedlichen Sowjetrepubliken. Der agonale Charakter des modernen Mannschaftssports versetzte sowjetische Fußballfans in die Lage, sich in immer neue Dichotomien anzuordnen. Fußballspiele waren auch im Sozialismus Treibhäuser binären Denkens.

Nicht zuletzt deshalb galt der Fußball seit den 1930er Jahren als „beliebteste[r] Sport des [sowjetischen] Volkes".[26] Kein anderer Sport erfreute sich von der Westukraine bis nach Sibirien, vom Kaukasus bis ins Baltikum, von Zentralasien bis in den russischen Norden solch großer Beliebtheit wie der Fußball im Medienzeitalter. Am ehesten näherte sich das Eishockey an, das sich zur sowjetischen Paradedisziplin im sportkulturellen Kalten Krieg entwickelte.[27] Doch als Prisma für Gemeinschaft und Gegnerschaft innerhalb der Sowjetunion ist das Eishockey nicht allzu geeignet. Bei internationalen Begegnungen stellte sich auch hier die Frage, wer für die sowjetische Nationalmannschaft war und wer für ihre Gegner.[28] Doch gerade wegen seines Fokus auf internationale Erfolge war es innerhalb der Sowjetunion, wie Robert Edelman dies ausdrückt, von „Vorhersagbarkeit und Stabilität"[29] und von einer „absurden Dominanz"[30] durch die Armeemannschaft CSKA Moskau geprägt: Im Unterschied zum Fußball bot sich hier ein Kräftemessen mit den Vereinigten Staaten an. Zudem begünstigte der besondere Spielplan der sowjetischen Fußballliga angesichts sich abwechselnder Fußball- und Eishockeyphasen die ‚friedliche Koexistenz' der beiden Sportarten in den Köpfen vieler Fans.

Den sowjetischen Fußball dominierten seit Gründung der Fußballliga 1936 zunächst Moskauer Mannschaften.[31] Dinamo Moskau, die Mannschaft der Geheimpolizei und später des Innenministeriums, lieferte sich in den Vorkriegsjahren packende Duelle mit Spartak Moskau um die sowjetische

---

26 Russ.: „[...] stal narodnoj ljubimoj igroj". Die Einschätzung traf ein Sprecher auf dem Allunionsplenum der Schiedsrichterkollegien vom 26. Juli 1937. Siehe GARF f. 7576, op. 13, d. 112, l. 58. Sie deckt sich mit Aussagen von Interviewpartnern und der Forschungsliteratur.
27 Leonid Brežnevs Liebe zum Eishockey ist Sinnbild der Bedeutung dieses Sports für die Auseinandersetzung der Blöcke. Edelman 1993, S. 163.
28 Hierzu und zur Rolle des Eishockeys im kulturellen Kalten Krieg siehe Ganzenmüller 2007.
29 Edelman 1993, S. 182.
30 Edelman 1993, S. 186.
31 Auf einem Poster aus dem Jahr 1949 ist etwa vom „Lieblingsspiel des Volkes" die Rede. Es zeigt einen Ball führenden Dinamospieler, der von einem Spieler Spartak Moskaus gestört wird. Siehe Lafont 2007, S. 131.

Meisterschaft. Spartak ist eine der ältesten Mannschaften Moskaus aus dem ursprünglichen Arbeiterviertel Krasnaja Presnja.[32] Die Mannschaft war, zunächst unter anderem Namen, bereits in den 1920er und 1930er Jahren Kristallisationspunkt eines Moskauer Lokalpatriotismus und wurde von diversen Organisationen, von Gewerkschaften bis hin zum Komsomol gestützt. Wenn Spartak auch in den 1980er Jahren unter Jugendlichen sehr beliebt war, die ihrerseits zumeist Mitglieder des Komsomol waren, lässt sich die Anhängerschaft Spartaks im gesamten Untersuchungszeitraum dennoch nicht eindeutig behördlich oder sozial zuordnen. Spartak war weder die Mannschaft ‚der Arbeiter' noch ‚der Intellektuellen' noch ‚der Komsomolzen'. Eher fühlten sich Menschen ganz unterschiedlicher sozialer Hintergründe dem Team zugehörig. Vor dem Krieg galt dies zunächst in erster Linie für urbanisierte Einwohner Moskaus (also nicht für jene bäuerlich geprägten Arbeiter, die in der Zwischenkriegszeit millionenfach nach Moskau migrierten).[33]

Bevölkerungsschichten jenseits eines engeren urbanen Settings erreichte die Mannschaft erst in den Jahren und Jahrzehnten nach dem Ende des Zweiten Weltkriegs, als auch die Popularität der anderen Moskauer Mannschaften deutlich zunahm: der Polizeimannschaft Dinamo Moskau, vor allem aber die der Moskauer Zentrale der Sportorganisation der Armee, *Central'nyj Dom Krasnoj Armii* (CDKA), seit 1960 *Central'nyj Sportivnyj Klub Armii* (CSKA).[34] Dies ist eine Geschichte, in der Spartak nicht immer ‚gut' ist; und Dinamo nicht ‚böse' bis in alle Ewigkeit.[35]

Ich verwende hier „Popularität" in Ermangelung repräsentativer Umfragen nicht als quantifizierende Kategorie, sondern als qualitative Zuschreibung. Moskauer Fußballfans der 1950er bis 1980er Jahre wussten, dass Spartak die populärste Mannschaft war, dass aber auch die Fußballabteilung der im Zweiten Weltkrieg siegreichen Roten Armee über eine große Anhängerschaft verfügte.[36] Ähnliches gilt für einzelne Spieler. Solch unterschiedliche Figuren wie Dinamos Startorhüter Lev Ivanovič Jašin (1929-1990) oder Torpedo Moskaus Starstürmer Éduard Anatol'evič Strel'cov (1937-1990) erreichten beide eine

---

32 Vgl. Schlögel 2000, S. 257.
33 Vgl. Edelman 2009, S. 123f.
34 Die Armeemannschaft wurde mehrfach umbenannt: Central'nyj Dom Krasnoj Armii (CDKA, 1928-1952), Central'nyj Dom Sovetskoj Armii (CDSA, 1954-1957), Central'nyj Sportivnyj Klub Ministerstva Oborony (CSK MO, 1957-1959), Central'nyj Sportivnyj Klub Armii (CSKA, seit 1960). Vgl. Esenin 1974, S. 177-85; Edelman 1993, S. 170.
35 Insbesondere im Falle des DDR-Fußballs scheinen die Rollen in der Literatur viel klarer verteilt, als dies für die Sowjetunion gesagt werden könnte. Zur Zuschauerkultur in der DDR siehe Willmann 2007.
36 Siehe hierzu Kapitel 1.2 und 2.1.

ungeheure Popularität, die sich bis heute in Denkmälern und Legendenbildungen zeigt.[37]

Im Medienzeitalter entwickelte sich der Fußball dann zum Spiel der Völker. Für die späte Sowjetunion ist geschrieben worden, es sei ein Fehler, „Strukturen als Norm aus[zu]geben, während tatsächlich die Umgehung der Struktur die Norm war".[38] Für Fanmassen im Fußballfieber gilt dies zwar ebenfalls, wie die erwähnten Platzstürme zeigen. Doch das Fußballfieber übte als offizielles Freizeitangebot auch einen Sog aus, dem viele Millionen folgten. Die Verbreitung neuer Medien (Radio und Fernsehen) verstärkte diese Sogwirkung. Insbesondere das Fernsehen verlängerte, in Anlehnung an Elias Canetti, die „geschlossenen Massen" im Stadion, begrenzt durch Sicherheitsregime, Zugangsbeschränkungen und Architektur, zu „offenen Massen", die bei Spielen der sowjetischen Liga und internationalen Begegnungen keinerlei räumlichen und grundsätzlich auch keiner geschlechts- oder milieuspezifischen Einschränkung mehr unterlagen und potentiell jeden in der Sowjetunion in seinen Bann ziehen konnten.

Der Zugang zu solchen „offenen Massen"[39] oder „virtuellen Gemeinschaften"[40] erweiterte sich im poststalinistischen Vielvölkerreich sukzessive. In den 1930er Jahren gab es keine Fernsehübertragungen, und auch andere Medien steckten, im Vergleich zu späteren Jahrzehnten, noch in den Kinderschuhen. Das Radio entwickelte sich mittels fester „Empfängerpunkte (*točki*)"[41] zunächst einmal zu einem „kollektiven" Hörerlebnis.[42] Die Sportzeitung *Krasnyj Sport* erschien gerade einmal mit einer Auflage von 50.000 Exemplaren.[43] Anfang der 1960er Jahre dagegen war der Empfang über mobile Radiogeräte Standard,[44] *Sovetskij Sport* erschien in Millionenauflage und die Reichweite von Fernsehübertragungen begann sich dramatisch zu erweitern. Aus rund einer Million Fernsehhaushalten 1955, vor allem in Moskau, wurden fünf Millionen

---

37 Zum Fall des wegen Vergewaltigung verurteilten und zwischen 1958 und 1963 im Gefängnis sitzenden Éduard Strel'cov siehe Suchomlinov 1998; Vartanjan 2001. Zu Jašin als Gegenstand von Ruhm und Legendenbildung in der postsowjetischen Fußballerinnerungskultur siehe Soskin 2007; Asaulov 2008.
38 Schattenberg 2010, S. 257.
39 Canetti 1960, S. 12-4.
40 Brüggemeier 2005.
41 Lovell 2011, S. 601. Zum sowjetischen Radio siehe ebenfalls Gorjaeva 2007, 2000; Šerel' 2004.
42 Lovell 2011, S. 602.
43 Zahl für 1935. Vgl. Keys 2006, S. 166.
44 Siehe etwa zum Empfang ausländischer Radiosender in der UdSSR Roth-Ey 2011, S. 131-75.

1960, 10,5 Millionen 1963 und 25 Millionen Ende der 1960er Jahre,[45] bis hin zur Vollversorgung der Bevölkerung in den 1970er und 1980er Jahren.[46] Wenn mit Blick auf sinkende Zuschauerzahlen im Stadion auch von einem Höhepunkt der Fußballbegeisterung in den späten 1960er Jahren gesprochen wurde, so gilt doch auf die ganze Sowjetunion bezogen für die Fußballkultur dasselbe, wie für das sowjetische Kino jener Zeit: Beide Kulturbereiche profitierten von der erheblichen Erweiterung ihrer Reichweite durch das Fernsehen.[47]

Anders als für den Stalinismus, kann die Bedeutung des Fußballfiebers für die späte Sowjetunion kaum überbetont werden. Der Zuschauersport hatte nun eine vielfach größere Reichweite und war auch völlig anders eingerahmt. Bald schon veränderten Erfolge von Mannschaften aus anderen Sowjetrepubliken, allen voran von Dinamo Kiev, Ararat Erevan, Šachter Doneck und Dinamo Tbilisi, in den 1960er bis 1980er Jahren den Charakter der höchsten sowjetischen Fußballliga. Vadim Kovalenko beschreibt im Interview die sowjetische Fußballliga auf folgende Weise: „Wir hatten damals unsere eigene (svoja) Champions League. Unsere. Mit der besten Mannschaft aus jeder Republik [...]. Das war eine kleine Meisterschaft [...] Osteuropas und Asiens."[48] Nicht jede Republik war stets in der Liga vertreten. Im Vordergrund standen in erster Linie Mannschaften aus der RSFSR, der Ukraine sowie dem Kaukasus. Die Benennung der sowjetischen Liga als Champions League ist auch anachronistisch. Das Faktum des Wettstreites von Republiken und Nationen im Vielvölkerreich über den Fußball ist es davon unbenommen aber nicht.

Der Fußball entwickelte sich im Medienzeitalter auch zum Spiel der Generationen. Im Unterschied zu bestimmten Musikstilen und Jugendbewegungen, zogen die Spiele der sowjetischen Fußballliga ganz unterschiedliche Generationen in ihren Bann. Anders als Begriffe wie „Sputnik-", „Soviet Baby Boomer-" oder „1960er-Generation" implizieren, ist generationelle Zugehörigkeit nicht ausschließlich eine Frage des Jahrzehnts und Generation keine statische Angelegenheit. Ausgehend von Stephen Lovells Gegenüberstellung möglicher Ansätze möchte ich mich nicht „auf die einzigartigen Erfahrungen einer bestimmten Kohorte" beschränken. Eher ist Generation für mich „ein diskursives

---

45 Vgl. Roth-Ey 2011, S. 181. Der Vorsitzende der sowjetischen Fußballföderation V. Granatkin, in dessen Interesse die Popularität des Sports auch liegen musste, spricht für 1960 von „100 Millionen" Sowjetbürgern, die über das Jahr verteilt bereits an Fernsehübertragungen Anteil gehabt hätten. *Futbol* 1960, Nr. 1, S. 2.
46 Robert Edelman führt dies etwa auf das gute Abschneiden der sowjetischen Nationalmannschaft bei der Weltmeisterschaft 1966 zurück. Vgl. Edelman 1993, S. 160f.
47 Siehe diesbezügliche Ausführungen zum sowjetischen Kino bei Roth-Ey 2011, S. 122.
48 Vadim Kovalenko, Name geändert, Interview mit dem Autor, Büchermarkt an der Petrivka Metrostation in Kiev, 26.04.2007.

Phänomen, das durch [...] die Untersuchung der ‚Erinnerungskriege' einer gegebenen Gesellschaft"[49] verstanden werden kann. Denn Fangemeinschaften entstehen als generationelle Zusammenhänge langfristig, wie sich auch populäre Moden wie das Fußballfieber entlang technologischer Infrastruktur in Wellen verbreiteten, deren Ausläufer manche früher erreichten als andere. Jene jugendlichen Spartak-Fans, die 1982 Schneebälle auf die Miliz warfen, drückten mit ihrer Fankultur jedenfalls auch einen generationellen Gegensatz zu älteren Fußballfans aus. Im Medienzeitalter entwickelte sich der Fußball zu einem Aushandlungsfeld sowjetischer Generationen, was sich in einem komplexen Set kultureller Praktiken ausdrückte.[50]

Dies war nicht mehr derselbe Kontext, nicht mehr dasselbe Spiel. Der Fernsehfußball zog nun Bevölkerungsgruppen an, die zuvor der urbanen Sportkultur fern gestanden hatten: die Dorfbevölkerung etwa, aber auch Frauen.[51] Sowjetische Bürger starrten an den entlegensten Ecken des Vielvölkerreiches, häufig im Kreis der Familie oder Nachbarschaft, auf kleine Mattscheiben und verschmolzen ebenfalls, gemeinsam mit den Zuschauern im Stadion, zu Massen der Empörung und des Jubels. Fußballfans konnten weiterhin die Mannschaften ihrer Städte anfeuern oder sich milieuspezifisch an die jeweilige Mannschaft binden. Doch sie mussten es nicht. Denn im Medienzeitalter nahm die Bedeutung übergeordneter Identifikationsebenen zunächst der ganzen Sowjetunion (bei Länderspielen und im Europapokal), dann aber auch verstärkt der Unionsrepubliken, der eigenen Nationalität oder der multiethnischen Peripherie zu (letztere vor allem bei Ligaspielen).[52] Wenn die früheren Identifikationsebenen der Sportorganisation, der Stadt und des Stadtteils auch teilweise erhalten blieben, ermöglichten Bilder von fernen Sportereignissen innerhalb der Sowjetunion neue Allianzen und das Überschreiten alter Gegensätze. Gewerkschafter konnten weiterhin über Geheimpolizisten triumphieren, Geheimpolizisten über Eisenbahner, und Armeeangehörige über alle anderen; doch nun triumphierte auch die Peripherie über das

---

49 Lovell 2007, S. 1.
50 Zu Generationen in der späten Sowjetunion siehe etwa Yurchak 2005; Raleigh 2006. Zum Generationenbegriff allgemein siehe einführend Corsten 2001. Siehe auch Autsch 2000; Kreher und Vierzigmann 1998.
51 Zur sozialen Basis des sowjetischen Sports siehe Riordan 1977, S. 288-347.
52 Wie im Fall der Nation bildet die Vorstellung des Einzelnen die Grundlage für die Existenz der beschriebenen Massengemeinschaft. Siehe Anderson 1987, S. 15; Baberowski 2003b, S. 20. Zur Kritik und Verteidigung von „Identifikation" als analytischer Kategorie siehe Guttmann 2006, S. 131. Ich folge hierbei Allen Guttmanns Vorstellung der „representational sports", derzufolge „Sportzuschauer fühlen, dass sie von den Athleten auf dem Feld repräsentiert werden". Dies macht die Suche nach Identifikationsebenen unerlässlich.

Zentrum, Republiken übereinander, oder bald schon, mit der zweiten sowjetischen Fernsehgeneration, die Jungen über die Alten. In all diesen Beispielen spielte die klassische „soziale" Berufszugehörigkeit kaum noch eine Rolle, da Anhängerschaft über räumlich und organisatorisch abgrenzbare soziokulturelle Dimensionen weit hinausging.[53]

In diesem Kontext des spätsowjetischen Fernsehfußballs hielten bald schon zivilreligiöse Praktiken Einzug. Sicherlich ist Heiligsprechung im Sport eine Frage der Subjektivität und nicht der Theologie, sie bezieht sich auch stets auf das Hier und Jetzt, nicht auf das Leben nach dem Tod.[54] Doch die Sowjets akzeptierten im Untersuchungszeitraum, dass die Leidenschaften von Fans im Fußballfieber sich nicht allein aus der sozialistischen Ideologie ableiteten, sondern von dieser erst wieder eingefangen werden mussten und sie damit permanent zu transzendieren drohten. Gleichzeitig partizipierte, vergleichbar zur Orthodoxie im späten Zarenreich,[55] das gesamte gesellschaftliche Spektrum. Anders als bei der Orthodoxie war es eine geteilte Leidenschaft der gesamten multiethnischen Bevölkerung.[56] Sowjetische Bürger, Männer wie Frauen, partizipierten an emotional expressiven, männlich-codierten Fanmassen, die von sowjetischen Institutionen und Medien sanktioniert und eingerahmt worden waren.[57] Der Zuschauersport lässt sich wie die sowjetische Populärkultur allgemein nicht als das Gegenteil von Hochkultur definieren; und er zog ritualisierte Praktiken, von gemeinsamen Stadionbesuchen bis zu koordinierter Mannschaftsunterstützung, sowie Devotionalienkulte, vom Sammeln von Programmheften[58] bis zur mehrdeutigen Aneignung westlicher Fansymboliken[59] nach sich.

Die anderen „großen europäischen Kolonialmächte"[60] steckten bereits im „langen, traumatischen Prozess" der „Dekolonisation"[61], der „Demütigung[en]"

---

53 Vgl. Latour 2007, S. 17.
54 Zu religiösen Dimensionen des modernen Fußballs siehe Herzog und Berg 2002, S. 23-32.
55 Vgl. Kelly 2007a, S. 132.
56 Für einen gegenläufigen Kontext, in dem von Medien konstruierte Vorstellungen der Nation teilweise durch den transnationalen Katholizismus herausgefordert wurden siehe Baxmann 2007.
57 Zu Gender und sowjetischem Sport siehe Gilmour und Clements 2002; Hilbrenner 2010, 2006. Zu Gender und Sport allgemein und im deutschen Kontext siehe Kreisky und Spitaler 2006; Selmer 2004. Zur Konstruktion essentialistischer Geschlechterdifferenzen und zum Geschlecht als historischer Kategorie siehe Butler 1991; Lauretis 1987; Lundt 1998.
58 Siehe Kapitel 4.3.
59 Siehe Kapitel 6.
60 Canfora und Herterich 2012, S. 9.
61 Sessions 2011, S. 2.

und „des langen Kampfes"[62], an dessen Ende sie die „Juwel[en]" ihrer „Imperi[en]" verloren,[63] als der multinationale Charakter der sowjetischen Populär- und Medienkultur erst voll zur Entfaltung kam. Scharfe Gegensätze zwischen sowjetischen Nationalitäten entstanden in den letzten Jahren der Sowjetunion und im postsowjetischen Raum nicht aus dem Nichts. Die „Völkerfreundschaft" mag seit den 1930er Jahren die „imaginierte Gemeinschaft" der Sowjetunion gewesen sein.[64] Für große Teile der Bevölkerung spielte dieser (multi-)nationale Bezugsrahmen jedoch erst im Fernsehzeitalter eine größere Rolle. Sowjetische Bürger unterschiedlicher Nationalität und Herkunft mochten sich kaum verstehen oder kaum etwas gemeinsam haben. Sie mochten sich auch nicht einmal begegnen. Doch der Fernsehfußball verband sie auf eine Weise, die Imaginationen sowjetischer Gemeinschaft und Gegnerschaft ebenso wie Vorstellungen heterogener Allianzen im Vielvölkerreich ermöglichte. Die multinationale sowjetische Fußballliga lud gerade in der öffentlich sichtbaren „Form" oder „Struktur" dazu ein, sich lustvoll gemeinschaftlich und auch als wetteifernde sowjetische Nationen anzuordnen und Gegnerschaft auszudrücken.[65]

Doch wie genau drückten nun sowjetische Bürger Vorstellungen von Gemeinschaft und Gegnerschaft als Fußballfans aus? Wem oder was fühlten sich Bürger der poststalinistischen Sowjetunion nach Jahrzehnten des Terrors, des Hungers, der Gewalt, der scharfen Exklusionsmechanismen und nationalen Gegensätze noch zugehörig? Empfanden Fußballfans ihre Gemeinschaften als Männerbünde, die „Männlichkeit im Modus der Hegemonie konstruiert[en]"[66]; als Jugendkultur; als Selbstvergewisserungsort ihrer Nationalität? In welchem Verhältnis standen die Bezugspunkte Männlichkeit, Generation und Nationalität zueinander? Bildeten sich über das Fußballfieber eher egalitäre oder hierarchische Vorstellungen gemeinschaftlichen Zusammenhalts heraus? Wie positionierten sich Fangemeinschaften in Bezug auf die sowjetische Ordnung? Bildeten sich vorrangig Gemeinschaften, die gegen sowjetische Autoritäten gerichtet waren? Waren Fankultur und Fangewalt Schreie wider das herrschende System und ein Überdruckventil für gesellschaftlichen Frust? Oder fanden sich Parteikader, Sportbürokraten, Spieler und Fans auf derselben Seite und setzten sich in Opposition zu anderen Parteikadern, Sportbürokraten,

---

62 Canfora und Herterich 2012, S. 9.
63 Sessions 2011, S. 1.
64 Martin 2001, S. 461.
65 Zu nationalen Identitäten in diesem Kontext allgemein siehe etwa Yekelchyk 2007; Suny 1988; Lehmann 2012.
66 Meuser und Scholz 2005, S. 218.

Spielern und Fans? Blieb es dabei, wie die Platzstürme 1956 und 1960 suggerieren, dass Gegnerschaft in der Fußballkultur nur im Widerspruch zu den Grundparametern sowjetischer Medienöffentlichkeit, zur Völkerfreundschaft etwa oder zur *kul'turnost'* sowjetischer Menschen, ausgedrückt werden konnte? Oder aktualisierten sowjetische Bürger Vorstellungen von Gegnerschaft in der besonderen Logik von Fußballfanmassen nun auch auf eine Art, die sich von früheren Erfahrungen scharfer Exklusion unterschied, und so die Allgegenwart von Gewalt vergessen machte, beiseite drängte oder sublimierte?

Die Anhänger der weithin rezipierten Mannschaften aus Moskau und Kiev sind eine besonders geeignete Akteursgruppe zur Beantwortung dieser Fragen. Diese Mannschaften stellten im Untersuchungszeitraum das Gros und die Basis der sowjetischen Nationalmannschaft. Auf die ihrerseits keineswegs mononationalen Städte Moskau und Kiev blickten zudem bei Ligaspielen Menschen aller Nationalität, denn diese Teams dominierten auch den sowjetischen Fußball über weite Strecken. Es war Dinamo Kiev, das als erster und nachhaltigster Herausforderer der Moskauer Dominanz Aufsehen erregte. Sowjetische Fußballfans beobachteten diesen Zweikampf sehr aufmerksam. Er lud Menschen jedweder Republik ein, über Zugehörigkeit und Gegnerschaft im Vielvölkerreich nachzudenken und im Fußballfieber auch darüber zu sprechen. Der Fokus auf die Anhänger Moskauer und Kiever Mannschaften zeigt, dass sportliche Auseinandersetzungen dieser Mannschaften durch Radio- und Fernsehübertragungen auch in fernen Republiken, wie etwa im Kaukasus, rezipiert wurden, und Sowjetbürger aus diesen Republiken die eine oder die andere Seite unterstützten.

Ich möchte mit dieser Arbeit zu folgenden Forschungsfeldern beitragen: zur Geschichte der Männlichkeit zwischen Medien, Körper, Massen, Raum und Gewalt; zur Geschichte von Nationalität und Transnationalismus zwischen innersowjetischer Dynamik und Globalisierungseinflüssen; zur Geschichte sowjetischer Generationen; vor allem aber zur Geschichte der sowjetischen Populärkultur nach Stalins Tod. Diese Studie untersucht, wie sowjetische Bürger erstmals seit den Wirren des Stalinismus der „fundamentalen" Frage der russischen und sowjetischen Populärkultur überhaupt in einem multinationalen Medienkontext Ausdruck verliehen: wer gehört zu uns und wer gehört zu den Anderen, den Fremden? (svoj/čužoj).[67]

---

67 Vgl. Kelly 2003, S. 125; Katzer 2007, S. 352.

1.2 Forschungsstand: Fußballfieber im Lichte aktueller Debatten

Die Geschichte des Fußballfiebers in der späten Sowjetunion ist unerforscht. Es liegen weder Studien zu Fußballfans allgemein noch zu Zuschauerkulturen anderer Sportarten vor, ganz zu schweigen von den jeweiligen regionalen Ausprägungen im Vielvölkerreich.[68] Aktuelle Forschungen zum sowjetischen Sport beschäftigen sich, nach älteren Gesamtdarstellungen,[69] mit den offiziellen Sphären der Politik[70] und der Sportbürokratie.[71] Sie analysieren seine Repräsentationen in Medien[72] und Kunst,[73] oder seine architektonischen,[74] technologischen und wissenschaftlichen[75] Einrahmungen. Selbst die Sportpraxis als solche ist sowohl für die Breite, als auch für die Leistungselite weiterhin schlecht erforscht.[76]

Die wenigen bisherigen Ausführungen zum Thema zeigen, dass der Gegenstand Einsichten zu allgemeinen Praktiken von Gemeinschaft und Gegnerschaft in der späten Sowjetunion erwarten lässt. Robert Edelmans *Serious Fun* deutet den Fußballkonsum als subtile Form des Widerstands. Aus Zuschauerzahlen leitet er ab, dass sowjetische Bürger den Sport als „lustiges" Unterhaltungsprogramm und nicht so sehr als „ernste" Angelegenheit ‚Neuer Menschen' betrachtet hätten.[77] Dieser Deutung liegen ein binäres Verständnis der sowjetischen Ordnung und die Vorstellung „liberaler Subjekte" zu Grunde, die aufbegehrten, wann immer sie dazu Gelegenheit bekamen.[78] In *A small way of saying no* erscheint die Vorstellung von „Wir gegen die Anderen" als Selbstver-

---

68 Besonders interessante Lokalstudien böten sich für multinationale Republiken wie etwa Georgien an. Ähnliches gilt für die Kaukasusregion insgesamt. Kaum etwas wissen wir auch über die russische und die ukrainische Provinz.
69 Am prominentesten: Riordan 1977; Ruffmann 1980.
70 Vgl. Prozumenščikov 2004; Exner-Carl 1997.
71 Vgl. Parks 2009.
72 Vgl. Budy 2010; Gilmour und Clements 2002.
73 Vgl. O'Mahony 2006; Kiaer 2010.
74 Vgl. Köhring 2010.
75 Etwa: Braun und Katzer 2010.
76 Arbeiten beschränken sich meist auf bestimmte Sportorganisationen (etwa Spartak), bestimmte Persönlichkeiten (etwa Jašin, Strel'cov oder die Vtorova-Schwestern), bestimmte Ereignisse (Melbourne 1956) oder bestimmte Sportarten (neben dem Fußball in erster Linie der Alpinismus). Vgl. Borrero, Mauricio (2011): Lev Yashin: Soviet Football Icon on a World Stage. AAASS, 41st National Convention (Panel: Of Cosmonauts, Athletes, and Rock Stars: Official Celebrity and Popular Celebrity in the USSR after Stalin). Boston, 12.11.2011; Edelman 2009, 2010; Keys 2007; Kiaer 2010; Maurer 2010; Suchomlinov 1998.
77 Edelman 1993. Zur Sportorganisation der Armee siehe Baumann 1988.
78 Vgl. Krylova 2000.

gewisserungsmantra von Anhängern Spartak Moskaus.[79] In der Kollektivbiographie *Spartak Moscow* wird der *spartakovskij duch*, der „oppositionelle" oder „alternative" Charakter Spartaks, dagegen klar als Erfindung der Nachkriegszeit benannt.[80] Der alleinige Fokus auf Spartak und auf Moskau ist äußerst instruktiv, wenn es darum geht, das Ringen sportlicher Eliten um Teilhabe am Sport der Stalinjahre zu rekonstruieren. Insbesondere für den Fernsehfußball im poststalinistischen Vielvölkerreich übersieht solch ein Fokus allerdings Stimmen und Stimmungen sowie Querverbindungen, Gemeinsamkeiten und Unterschiede zwischen Fans unterschiedlicher Mannschaften der multinationalen sowjetischen Fußballliga.

Weitere Arbeiten streifen das Thema am Rande. William Risch beschreibt auf wenigen Seiten eine multinationale Fankultur von Jugendlichen in L'vov (heute: L'viv)[81], die sich gegen Moskau positionierte.[82] Basketball-Begegnungen zwischen Žalgiris Vilnius und CSKA Moskau sehen Vilma Cingiene und Skaiste Laskiene als Motoren einer litauischen Identität.[83] John Bushnell dechiffriert die Semantik von Fangraffiti eines engen Personenkreises (junger *fanaty*, informell organisierter Fußballfans der späten 1970er und frühen 1980er Jahre), dem er die Anfänge der Graffiti-Kultur in Moskau überhaupt zuspricht.[84] Kristin Roth-Ey kann zeigen, dass die Fußballkultur in andere Bereiche des politischen und kulturellen Lebens der Sowjetunion hineinwirkte. In der Fernsehsendung KVN (*klub veselych i nachodčivych*) traten in ihren letzten Jahren vor 1972 republikanische Mannschaften an, um die Ehre ihrer Republik auf sowjetische Weise zu verteidigen. Auch hohe Parteikader nutzten Fußballgegnerschaft, in dem sie die Mannschaft ihrer Stadt, Republik oder Organisation unterstützten.[85] Die Absetzung Nikita Sergeevič Chruščevs (1894-1971) schließlich soll, wie in Memoiren gemunkelt wird, „hauptsächlich im Stadion während Fußballspielen" vorbereitet worden sein.[86]

Die internationale Sportsoziologie und Sportgeschichtsschreibung haben das Potential des Sports zur Analyse von Genderkonzepten,[87] von transnatio-

---

79 Vgl. Edelman 2002.
80 Edelman 2009, S. 156.
81 Ortsnamen werden entsprechend der üblichen zeitgenössischen Verwendung in den Quellen wiedergegeben: in diesem Fall L'vov anstelle von L'viv.
82 Vgl. Risch 2011, S. 232-7.
83 Vgl. Cingiene und Laskiene 2004.
84 Vgl. Bushnell 1990, S. 29-65.
85 Siehe hierzu Kapitel 2.1 und 5.1.
86 Burlackij 1991, S. 207.
87 Vgl. Kreisky und Spitaler 2006.

nalen Verflechtungen im Zuge globaler Trends[88] und zwischenstaatlicher Begegnungen[89] längst erkannt. Die Historiographie von Fankultur und Zuschauersport steckt allerdings auch international noch in ihren Kinderschuhen.[90] Das zentrale Anliegen der deutschen Sportgeschichtsschreibung besteht weiterhin in der Aufarbeitung der NS-Geschichte des deutschen Sports.[91] Generell analysieren Arbeiten einzelne Fußballspiele als Erlebnis- und Erinnerungsorte,[92] eruieren hermeneutische Verfahren[93] und interessieren sich damit für Vergemeinschaftungsformen auf der Ebene der Generation,[94] der Nation[95] oder auch im Kontext von Industrialisierungs- und Migrationsbewegungen.[96] Der Blick von Sportsoziologie und Sportgeschichte bleibt aber in Hinblick auf die Zuschauer stark auf den engeren Gegenstand der Fangewalt und ihrer Netzwerke beschränkt.[97] Dies gilt auch für Osteuropa, für das Autoren eine „ernste Eskalation von Fußballhooliganismus"[98] im Rahmen informeller Fußballjugendkultur der 1970er und 1980er Jahre in der Sowjetunion,[99] in Polen,[100] in der Tschechoslowakei,[101] in Jugoslawien[102] und in der DDR[103] konstatieren.

Eine Geschichte des sowjetischen Fußballfiebers, die sich im Sinne obiger Impulse der internationalen Sportgeschichte breiter für Vergemeinschaftungsformen im poststalinistischen Vielvölkerreich interessiert, trifft im Kontext der sowjetischen Geschichte auf ein dynamisches junges Forschungsfeld. Studien zum „Tauwetter" setzen sich mit der Entstehung einer poststalinistischen Populärkultur in einer „Zeit des Aufbruchs oder der Erschütterung"[104]

---

88 Vgl. Giulianotti und Robertson 2007; Keys 2006; Kelly 2007b. Für eine systemtheoretische Annäherung siehe Werron 2005.
89 Vgl. Balbier 2007.
90 Die meisten bereits existierenden Ansätze beschäftigen sich naturgemäß mit Fußball und Zuschauerkultur in Großbritannien. Siehe etwa Kelly 2009; King 2003, 1998; Lo 2011.
91 Dieser Forschungsstrang kann hier nicht angemessen dargestellt werden. Siehe Backes 2010; Herzog 2006; Peiffer und Wahlig 2012; Schulze-Marmeling 2011.
92 Etwa: Brüggemeier 2005, 2004.
93 Vgl. Pyta 2009.
94 Vgl. Pyta 2009, S. 16-7.
95 Vgl. Blecking 1991.
96 Etwa: Lenz 2005.
97 Etwa: Armstrong 2003; Dunning 2002, 1984; Giulianotti et al. 1994; Spaaija 2007. Vgl. etwa Harrington und Bielby 2007; Sandvoss 2003.
98 Duke und Slebička 2002.
99 Vgl. Bushnell 1990.
100 Vgl. Prokopf 2008.
101 Vgl. Duke und Slebička 2002.
102 Vgl. Mills 2010, 2009.
103 Vgl. Hauswald und Willmann 2008; Willmann 2007.
104 Schattenberg 2010, S. 273.

auseinander. Vladimir Kozlov skizziert eine struktur- und orientierungslose sowjetische Gesellschaft nach Stalins Tod, bedroht von ehemaligen Lagerhäftlingen, Waisen, Invaliden und all der „tatsächlich oder potentiell asozialen" oder zumindest „sozial orientierungslosen" Menschen, die aus ihrem traditionellen Umfeld gerissen worden waren.[105] Miriam Dobson beschreibt „Begegnungen zwischen zwei Russlands" nach der Öffnung der sowjetischen Straflager als „komplizierte und chaotische" Angelegenheit. Sie weist stalinistisch gefärbte Vorstellungen und Beharrungskräfte im Denken vieler Sowjetbürger über Beschwerdebriefe nach. Aus früheren stalinistischen „Kampagnen", die angelegt gewesen seien, „der Sowjetunion *kul'turnost'* zu bringen und alles ‚Unkultivierte' [...] zu zerstören", habe Nikita Chruščev zunächst einen Erziehungsimperativ entwickelt, demzufolge „jedes Individuum [...] in einen gesunden Bürger verwandelt werden" könne.[106] In den frühen 1960er Jahren allerdings, so Dobson weiter, hätte das wieder erstarkte Straflagersystem Gulag als „Spiegel [gedient], der der sowjetischen Gemeinschaft versicherte, dass sie tatsächlich ordentlich, kultiviert und anständig war."[107] Hier stellt sich die Frage, inwieweit sowjetische Bürger diesen *kul'turnost'*-Diskurs in der Populärkultur, etwa am Rande von Sportveranstaltungen, aufgriffen, und inwiefern dieser dort multiple Aktualisierungen sowjetischer Gemeinschaft und Gegnerschaft zuließ.

Auch Erinnerungskultur und „historisches Bewusstsein" sind als geeignete Gegenstände erkannt worden, um sich der Frage nach Kontinuitäten und Diskontinuitäten nach Stalins Tod zu stellen. Polly Jones untersucht wie literarische Erinnerungspraktiken der frühen 1960er Jahre traumatische Erfahrungen der stalinistischen Vergangenheit zwischen „aktivem" Erinnern und Vergessen bearbeiteten.[108] Denis Kozlov bescheinigt dem „historischen Bewusstsein" der spätsowjetischen Gesellschaft ein „obsessives" Verlangen nach „faktographischer" Detailliertheit und sieht darin eine „kollektive Suche nach Ursprüngen und Identität" einer „Gesellschaft im Zweifel".[109] Alexei Yurchak weist dagegen in seiner Analyse der Kulturtechniken der „letzten sowjetischen Generation" auf performative Praktiken hin, mittels derer sowjetische Gemeinschaft hergestellt worden sei. Sowjetische Bürger seien darin „geübt" gewesen,

---

105 Kozlov 2002, S. 137. Zu Hooliganismus und Parasitentum siehe ferner Fitzpatrick 2006; Lapierre 2006; Roth-Ey 2004.
106 Dobson 2009, S. 239-40.
107 Dobson 2009, S. 239-40. Zur Relevanz von *kul'turnost'* im Zusammenhang mit Gulag-Häftlingen siehe zudem Barnes 2005. Zum Ideal sowjetischer Anständigkeit siehe Roth-Ey 2004.
108 Jones 2008.
109 Kozlov 2001, S. 578-81.

„Formen des autoritativen Diskurses performativ zu reproduzieren."[110] „Wichtig war das Mitmachen an sich", so lässt sich mit Susanne Schattenberg übersetzen, „es ging nicht um geteilte Ideen und Glaubenssätze, sondern um gemeinsame Rituale, die die Gemeinschaft beschworen und festlegten, wer dazu gehörte und wer außen vorstand".[111] Es ging also durchaus noch darum, „das Wort Ich in einem Zeitalter eines größeren Wir auf[zu]schreiben",[112] doch die Bedeutungen, die diesem „Wir" zugeschrieben werden konnten, vervielfachten sich. Antrieb war auch nicht mehr der Überlebenskampf bedrohter Eliten, wie dies Eva Maurer für sowjetische Alpinisten im Stalinismus beschreibt, die ihr Bergsteigen zur „Legitimation persönlicher Mobilität" öffentlich mit diversen Diskursen der *massovost'*, der *kul'turnost'* und mit dem Personenkult um Stalin verflochten.[113] Damit ist allerdings auch eine Vervielfachung möglicher Gegensätze und Oppositionen wahrscheinlich, sodass es ganz im Sinne Yurchaks als lohnenswert erscheint, sich von älteren, binären Vorstellungen von „Unterdrückung und Widerstand, Repression und Freiheit, Staat und Bevölkerung, Wirtschaft und Schattenwirtschaft, offizielle Kultur und Gegenkultur [...]" zu lösen.[114]

Ausführlich widmet sich die Forschung in den letzten Jahren den Räumen, soziokulturellen Modi und Verflechtungen, innerhalb und mittels derer solch eine Vervielfachung sowjetischer Vergemeinschaftung möglich wurde.[115] Studien zur sowjetischen Medienkultur,[116] zur sowjetischen Kulturpolitik[117] und zum sowjetischen Sport[118] weisen hierbei auf Begegnungen, mediale Verflechtungen, kulturelle Transfers und westeuropäische, wenn nicht gar globale Bezüge hin. Diese wurden teilweise bereits vor Stalins Tod etabliert, erweiterten

---

110 Yurchak 2005, S. 37. Zu postsowjetischen Gemeinschaften nach dem Zusammenbruch siehe dagegen Oushakine 2009
111 Schattenberg 2010, S. 271.
112 Polian 2004, Vorwort, S. 11.
113 Maurer 2010, S. 325.
114 Yurchak 2005, S. 5.
115 Es ist nicht möglich, die Literatur hierzu umfassend aufzuführen. Siehe einführend Crowley und Reid 2002; Smith 2010. Zu Begegnungen siehe etwa Matusevich 2007.
116 Vgl. Roth-Ey 2011, 2007.
117 Siehe etwa Mauricio Borreros Projekt zu Lev Jašin oder Tobias Rupprechts Arbeiten zu sowjetisch-lateinamerikanischen Begegnungen. Borrero, Mauricio (2011): Lev Yashin: Soviet Football Icon on a World Stage. AAASS, 41st National Convention (Panel: Of Cosmonauts, Athletes, and Rock Stars: Official Celebrity and Popular Celebrity in the USSR after Stalin). Boston, 12.11.2011; Rupprecht, Tobias (2013): Moscow Mambo. Die Kubanische Revolution und ihre Auswirkungen auf die sowjetische Politik, Kultur und Öffentlichkeit. Workshop: Sozialistische Sechziger. Transnationale Perspektiven auf die Sowjetunion & Jugoslawien. Hamburg, 07.02.2013.
118 Vgl. Keys 2006, 2003, 2001.

sich danach allerdings erheblich. Barbara Keys etwa betont, dass die Sowjetunion ausgerechnet im „xenophoben" Klima der 1930er Jahre in eine entstehende „globale Sportkultur mit transnationalen Verbindungen" eingetreten sei.[119] In den 1950er Jahren sei das „sowjetische Regime" zwar durch die Teilnahme an internationalen Sportveranstaltungen einerseits „gestärkt" worden, als sowjetische Sportler Medaillen bei Olympischen Spielen einzusammeln begannen. Andererseits hätten Kontakte sowjetischer Sportler mit Sportlern aus dem Westen „die Unterdrückungsmacht des sowjetischen Staates [unterminiert]".[120] Kristin Roth-Ey deutet die großen Kassenerfolge sowjetischer, aber auch importierter Filmproduktionen auf ähnliche Weise als „erfolgreichen Misserfolg".[121] Sie seien um den Preis erreicht worden, dass viele dieser Filme „fast jeden Standard" sowjetischer Kunst- und Bildungsideale verletzten.[122] Das sowjetische Kino sei damit weit von „seinem ideologischen Rahmen" abgerückt.[123] Doch hier besteht, ebenso wie bei Barbara Keys, die Gefahr, die Geschichte der *vier* poststalinistischen Jahrzehnte nur auf den folgenden Untergang hin auszurichten. Solch eine Teleologie verdeckt den Wahrnehmungshorizont insbesondere der Zuschauer und bereitet jenen das Feld, die immer nur von neuem die Geschichte westlicher Überlegenheit hören möchten.[124] Auch angesichts einer Epoche sowjetischer Siege bei Olympia im Allgemeinen und einer aufregenden innersowjetischen Fußballkultur im Besonderen erscheint mir die Frage gewinnbringender, inwieweit es sowjetischen Fußballfans ebenso wie jugendlichen Komsomolzen in Leningrad „gelang, kulturelle Symbole und ästhetische Formen ihres imaginierten Westens mit den Werten, Idealen und der Rhetorik des Kommunismus in Einklang zu bringen", um „eine Imagination der kommunistischen Zukunft [zu] kreier[en][...], die sich von jener unterschied, die in der autoritativen Rhetorik der Partei beschrieben wurde".[125]

Andererseits weisen Autoren zu Recht darauf hin, dass die Überbetonung von Diskurs, von „ästhetischer Form" und von performativen Ritualen sowjetischer Gemeinschaften ihrerseits die Gefahr birgt, den „polyethnischen Ge-

---

119 Keys 2006, S. 158.
120 Keys 2007, S. 145.
121 Roth-Ey 2011.
122 Roth-Ey 2011, S. 72.
123 Roth-Ey 2011, S. 130.
124 Zur Kritik am Etikett der „Individualität" als „Kennzeichen westlicher Neuzeit" siehe auch Schmidt 2007, S. 9. Analysekategorien wie „Ambivalenz" oder „Hybridität" sind nur von untergeordneter Bedeutung. Denn für Fußballfans ist eine zweideutige Herkunft kultureller Symbole meist kein Ausschlusskriterium für einen eindeutigen Ausdruck von Gemeinschaft und Gegnerschaft. Vgl. am Beispiel der Filmkultur Roth-Ey 2011, S. 118.
125 Yurchak 2005, S. 209.

samtzusammenhang [...]"[126] aus dem Blick zu verlieren. Wegen äußerer Bezüge, aber auch aufgrund von innersowjetischen Wirkmechanismen ist eine Geschichte von Gemeinschaft und Gegnerschaft in der Sowjetunion fast zwangsläufig eine Frage der Transnationalität.[127] Sergej Zhuk etwa möchte über den „kulturellen Konsum" von westlicher Musik in der geschlossenen Raketenstadt Dnepropetrovsk eine Geschichte der „Beseitigung der sowjetischen Zivilisation vor der Perestrojka" beschreiben.[128] In Abgrenzung von Yurchaks „konsensual/konformistischer Interpretation" legt Zhuk unter Berücksichtigung lokaler Alltagssinnwelten im Vielvölkerreich eine „eher gegenkulturelle Interpretation" vor.[129] Allerdings birgt diese Betonung von *counterculture* ihrerseits die Gefahr, die Anziehungskraft zu unterschätzen, die diverse dezidiert sowjetische Elemente der Populärkultur auf Millionen von Sowjetbürgern ausübten.[130] „Warum verloren sowjetische Ideologen", fragt Zhuk, „ihren ideologischen Krieg gegen den Westen in Dnepropetrovsk, der sowjetischen Stadt, die für Ausländer geschlossen war?"[131] Die Frage ist raffiniert gestellt, doch auch sie trägt jene Teleologie vom Zusammenbruch bereits in sich, die den Blick auf die Aneignung sowjetischer Diskurse durch lokale oder translokale Gemeinschaften von vornherein verstellt. Wer Heterogenität und lokale Adaptionen westlicher Kulturprodukte betont, der mag an sowjetische Gemeinschaft nicht so recht glauben.

Dabei liefert Mark Edele für den Spätstalinismus ein ausgezeichnetes Beispiel dafür, wie eine „innere" Geschichte sowjetischer Populärkultur aussehen müsste, die kulturelle Einflüsse von außen berücksichtigt, gleichzeitig aber die Wirkmächtigkeit innerer Abgrenzungsprozesse im Blick behält. Er zeigt am Beispiel der *stiljagi*, dass selbst in der stalinistischen Sowjetunion Formen alternativer Identitätskonstruktion möglich waren, die als Produkt des Stalinismus begriffen werden müssen. Indem männliche Jugendliche der Ober- und Mittelschicht sich mit westlicher Mode und Musik versorgten und das Nachtleben genossen, hätten sie dem vorherrschenden Ideal der Kriegshelden und Veteranen ein alternatives Männlichkeitsbild gegenübergestellt. Damit setzt er *stiljagi* und Kriegsveteranen in Bezug zueinander und zeigt für eine gesell-

---

126 Kappeler 2001, S. 10. Siehe auch Slezkine 1994, S. 415.
127 Zur Erforschung des russischen Imperiums in seiner transnationalen Einbettung und im Vergleich siehe etwa Osterhammel 2008, 2001. Zur Vorstellung multipler Identitäten im Vielvölkerreich siehe etwa Jobst et al. 2008, S. 28.
128 Zhuk 2010, S. 6. Siehe auch Risch 2011.
129 Zhuk 2010, S. 13.
130 Michel Abeßer: Rezension zu: *Zhuk, Sergei I.: Rock and Roll in the Rocket City. The West, Identity, and Ideology in Soviet Dniepropetrovsk, 1960–1985. Baltimore 2010*, in: H-Soz-u-Kult, 14.12.2010, http://hsozkult.geschichte.hu-berlin.de/rezensionen/2010-4-188 (15.12.2014).
131 Zhuk 2010, S. 4.

schaftliche Elite, wie populärkulturelle Dynamik von Abgrenzungswünschen angetrieben ist, die in Gegnerschaft münden kann.[132]

In diesem Sinne möchte ich das Potential des sowjetischen Fußballfiebers untersuchen, Bürgern die Teilhabe an dezidiert sowjetischen Gemeinschaften als lustvolles Ereignis zu verkaufen; sowie das von sowjetischen Sicherheitsregimen und Medienzensur eingerahmte Potential, die Normen sowjetischer Öffentlichkeit im Überschwang, aber auch in der Empörung etwa über als skandalös empfundene Schiedsrichterentscheidungen gleich wieder über Bord zu werfen; aber eben schließlich zudem: die Möglichkeit, beides zu kombinieren, um Gemeinschaft und Gegnerschaft auf sowjetische Weise auszudrücken.

1.3 Methode: Fußballfieber in Quelle und Analyse

Das methodische Vorgehen dieser Studie basiert auf der Beobachtung, dass von den Perspektiven der historischen Akteure ausgehen muss, wer die gesellschaftliche Reichweite von Vorstellungen, Zugehörigkeiten und Abgrenzungen ermessen möchte. Diskurse werden von unterschiedlichsten Akteuren geformt, die dadurch Einfluss auf die Sprechweisen einzelner Fans erhalten. Relevante Akteure sind hierbei in erster Linie: die sowjetische Sportpresse, das Fernsehen, Partei- und Komsomoloffizielle, die Miliz, die Sportbürokratie, sowjetische Sportler, aber auch einfache sowjetische Bürger. Den offiziellen Stimmen des „autoritativen Diskurses" kommt dabei zwar angesichts sowjetischer Pressezensur eine übermäßig große Deutungs- und Prägemacht zu. Man sollte sich jedoch von der vermeintlichen „Standardisierung und Vorhersagbarkeit des sowjetischen Lebens der 1970er Jahre"[133] nicht täuschen lassen. Diskurse konnten sich auch unter uniformen Oberflächen wandeln; „staatliche" Akteure konnten sich gerade auch in Diktaturen uneins sein; und Fehler erreichten bei Live-Übertragungen im Fernsehen eine Sichtbarkeit wie niemals zuvor.[134]

Deshalb scheint es mir wesentlich, den diskursiven Spuren in Narrativen einzelner (ehemaliger) Sowjetbürger im Fußballfieber zu folgen, um die qualitative Bandbreite populärer Einstellungen zu rekonstruieren. Konkrete kulturelle Vorstellungen und soziale Verbindungen sind für eine Sozial- und Kultur-

---

132 Vgl. Edele 2002. Zu sowjetischer Jugend siehe ferner Kelly 2007a; Kuhr-Korolev 2005.
133 Yurchak 2005, S. 36-7.
134 Für ein frühes Beispiel siehe den Skandal bei der interaktiven Fernsehsendung *Večer veselych voprosov*, am 29. September 1957, als „sechs- bis siebenhundert" teilweise „betrunkene, renitente" Sowjetbürger die Live-Sendung stürmten. Roth-Ey 2011, S. 246-53. Als späteres Beispiel lässt sich das Europapokalfinale zwischen den Glasgow Rangers und Dinamo Moskau vom 24.05.1972 anführen, bei dem das sowjetische Fernsehen ebenfalls live zeigte, wie schottische Fußballfans das Feld stürmten. Siehe Edelman 1993, S. 192.

geschichte der späten Sowjetunion viel wertvoller als vage geschätzte gesellschaftliche Mittelwerte, deren „Abstraktion", nach Susanne Schattenberg, „nicht zu einer größeren Wissenschaftlichkeit, sondern im Gegenteil zum Verlust von Präzision und Aussagewert" führt.[135] Neue Studien zur späten Sowjetunion zeichnen sich generell durch eine Kombination von publizierten Quellen, Archivalien und leitfadengestützten Erinnerungsinterviews aus. Dies gilt für Forschungen, die sich mit sowjetischer Herrschaftspraxis beschäftigen; die Geschichte sowjetischer Dissidenten erkunden; eine bestimmte Organisation oder Behörde untersuchen; aber auch für Arbeiten, die Einstellungen in der Mehrheitsbevölkerung zu verstehen trachten.[136]

Neben publizierten Texten bilden Interviews in vielen Fällen den ersten Zugang bei der Quellensuche. Dies gilt insbesondere für Studien, die sich für kulturelle Praktiken und „symbolische Realitäten" interessieren, für die es schriftliche Vermerke nicht gibt. Für die Leidenschaften, kulturellen Praktiken und Narrative von Fußballfans gilt dies in besonderer Weise. Ohne Interviews hätte ich selbst viele der archivierten Quellen, Berichte über Vorfälle im Stadion, Beschwerdebriefe von Fußballfans und Fanpost, nicht gefunden. Denn sowjetische Behörden interessierten sich zwar bisweilen für die Praktiken der Zuschauer, doch nur selten für deren Sicht auf die Dinge. Dies schlägt sich in der Anzahl der erhaltenen Selbstzeugnisse, aber auch in der Sortierung der sowjetischen Archive nieder. Aus ihren Findbüchern, aber auch aus der Berichterstattung der sowjetischen Sportpresse gehen wesentliche Ereignisse der sowjetischen Zuschauerkultur, wie etwa die Stadionkatastrophe von 1982, kaum hervor.

Interviews sind für eine Geschichte des Fußballfiebers auch deshalb wesentlich, da Zuschauerkultur Erinnerungskultur ist. Fußballfans vollführen zwar bei Stadionbesuchen und bei Fernsehübertragungen, wie Bruno Latour dies nennen würde, eine „Bewegung des Wiederversammelns und erneuten Assoziierens".[137] Ihre Gemeinschaft entsteht in performativen Momenten des Jubels und der Empörung erst oder erneuert sich. Als „rudimentär strukturierte und relativ undifferenzierte Gemeinschaft"[138] formieren sich Fangruppen im „Schwellenzustand" des Fußballfiebers und zerfallen im nächsten Moment wieder. Einmal gefundene und empfundene Zugehörigkeiten und Abgrenzungen können sich aber auch in einer Gedächtnisgemeinschaft kommu-

---

135 Schattenberg 2010, S. 257.
136 Siehe etwa Lehmann 2012; Obertreis und Stephan 2009; Raleigh 2006.
137 Latour 2007, S. 19.
138 Turner 1989, S. 96. Siehe auch Edelman 2009, S. 99.

nikativ stabilisieren.[139] Insbesondere Erinnerungen sind der Kitt, der eine einst neue „Assoziation" als Gefühlsgemeinschaft stabilisieren kann. Es ist deshalb fruchtbar, Bruno Latours Soziologie und das Konzept der Gefühlsgemeinschaft von Ute Frevert und anderen mit Erkenntnissen aus der Erinnerungsforschung zu verknüpfen.[140] Interviews wird ihr Konstruktionscharakter vorgeworfen, ihre Anekdotenhaftigkeit, ihr Hang zur retrospektiven Überzeichnung. Eben darüber stabilisieren sich aber auch jene Emotionsgemeinschaften, die sich im Laufe der Jahrzehnte gegeneinander in Position brachten und deren Gegensatz sich ein ums andere Mal, und ohne dass die große Mehrheit sowjetischer Fußballfans dies im Einzelfall mitbekommen musste, im Stadion entlud. Interviews sind der beste Zugang zu einer Kultur, die hauptsächlich mündlich funktionierte und funktioniert.

Die etwa dreißig Interviews, die ich von 2007-2009 in Moskau und Kiev durchführte, zielten auf ein möglichst breites Deutungsspektrum, weshalb das Sample Gesprächspartner unterschiedlicher sozialer Herkunft und Nationalität, unterschiedlichen Alters und Geschlechts, sowie unterschiedlicher Mannschaftsbindung (in Bezug auf die drei großen Moskauer Mannschaften Spartak, Dinamo und CSKA, sowie auf Dinamo Kiev) beinhalten sollte. Diesen Kategorien entsprechend heterogen lassen sich die Interviewpartner hinsichtlich der Wege, über die ich sie fand, und des Selbstverständnisses, mit dem sie in das Gespräch kamen, in zwei Gruppen einteilen.

Zunächst stellten Sportjournalisten von *Sport-Ėkspress* in Moskau und *Komanda* in Kiev Kontakte zu Experten her: zu Fußballautoren, zum Mitbegründer eines offiziellen Dinamo Moskau Fanklubs in den 1960er Jahren, zu anderen Sportjournalisten, zu Kollektionären von Programmheften, zu einem Stadiondirektor und vor allem zu maßgeblichen Figuren der informell organisierten Fanbewegung *fanatskoe dviženie*. Um die Interviewsituation so wenig invasiv wie möglich zu gestalten überließ ich die Wahl des Treffpunktes grundsächlich den Gesprächspartnern. In einigen Situationen, speziell bei Treffen mit organisierten Fußballfans, erschienen mehrere, mir nicht bekannte und benannte Personen zum Interview. Üblicherweise kannte ich vor einem Interview in der Fanbewegung nur einen Vornamen, eventuell einen Spitznamen, eine Telefonnummer, die Mannschaftszugehörigkeit, sowie den Treffpunkt. Solch eine Vorgehensweise macht Narrative wahrscheinlicher, die in der Subkultur üblich

---

139 Zum Begriff der Gedächtnisgemeinschaft siehe Stephan 2004, S. 20. Zum kommunikativen Charakter von Erinnerungskultur siehe Welzer 2008.
140 Zu den psychosozialen Grundlagen des Erinnerns und den Chancen und Grenzen von Oral History siehe einführend Halbwachs 1985; Niethammer 1983; Thompson 1989; Welzer 2008, 2000.

sind. Denn insbesondere in solchen Gesprächen rückt der Interviewer bisweilen völlig in den Hintergrund, wenn „kommunikatives Gedächtnis" untereinander ausgehandelt wird.[141] Dabei ist das Wissen einzelner Zeitzeugen, die sich selbst als Experten sehen, von früheren Gesprächen trainiert. Es produziert in der Regel stabile Interviewnarrative, die wesentlich geringeren Schwankungen ausgesetzt sind als andere Erinnerungsgespräche. Das bedeutet aber nicht, dass hier wertlose Narrative entstünden. Sie beinhalten nur kaum mehr Fetzen ehemaliger Selbstverständnisse, sondern müssen als kohärent konstruiertes Selbstbild betrachtet werden, das häufig mit eigenen Recherchen der Interviewpartner unterfüttert ist.

Es geraten aber nicht nur Menschen in den Bann des Fußballfiebers, die darin zu Spezialisten werden. Jeder und jede konnte in der späten Sowjetunion von sich behaupten, vom Fußball mitgerissen zu werden. Jede und jeder konnte vom einen auf den anderen Moment behaupten, nun *bolel'ščica* oder *bolel'ščik* zu sein. Wer die russische und ukrainische Fankultur der Gegenwart in konzentrischen Kreisen beschreiben wollte, der würde diese Personen dem äußersten Kreis zuordnen, ohne jeden Kontakt zum Herzen heutiger Fanaty-, Ul'tra- und Hooligankulturen. Fußballfans, die seit den frühen 1980er Jahren in der Fanbewegung aktiv sind, wären weiter innen anzusiedeln; die meisten von ihnen nicht mehr im innersten Kreis, wie noch in den 1990er Jahren, aber doch im zweiten darauf folgenden Kreis ehemaliger Aktivisten: altes Eisen, aber immerhin Eisen. Da der Fokus der Studie aber auf gesellschaftlichen Tendenzen in ihrer Breite liegt, war der äußerste Kreis von besonderer Wichtigkeit. Ihn versuchte ich über persönliche Kontakte und über Gespräche auf der Straße zu bedienen.

Die kurzen Interviews auf der Straße entsprachen dabei dem Charakter vieler Gespräche zwischen Fußballfans: sie waren kurz und oberflächlich. Interviews, die über persönliche Kontakte zustande gekommen waren, fanden entweder ebenfalls an öffentlichen Treffpunkten oder bei den Zeitzeugen zu Hause statt und konnten über mehrere Stunden andauern. Das Fußballthema als solches erzeugte dabei ganz besondere Interviewsituationen. Sowjetische Fußballfans „flüsterten" und „flüstern" nicht.[142] Ihr heutiges Erinnern ist kein „Schmerz, der aufzuerstehen versucht"[143], es ist in der Regel ein lustvolles Ereignis. Zeitzeugen wurden auch nicht misstrauisch, unterstellten sicherlich keine geheimdienstliche Aktivität.[144] Die Anwesenheit eines deutschen Dokto-

---

141 Welzer 2008.
142 Figes 2008.
143 D'Aguiar 1995, S. 160.
144 Vgl. Figes 2008, S. 34.

randen beeinflusste die Interviews gleichwohl.[145] Insbesondere bei älteren Gesprächspartnern entstand durch meine Anwesenheit und das laufende Tonbandgerät kein intimer Moment der Wahrheit sondern ein halböffentliches Gespräch, bei dem Gemeinschaft und Gegnerschaft auf behutsame Weise ausgedrückt wurden, wie es auch in einem Brief an eine sowjetische Sportorganisation oder die Presse angemessen gewesen wäre.[146] Stimmen unterschiedlicher Herkunft unterschieden sich nur selten grundlegend. Viele enthielten als nostalgische Referenz die Vorstellung eines generationellen Zusammenhangs ganz unterschiedlicher Menschen. Sie enthielten aber auch sowjetische Sprechweisen in großer Bandbreite.

Mehrere Jahrzehnte des fortwährenden Erinnerns, die Forschungsliteratur ist sich hierbei einig, lassen sich allerdings nicht mit einer couragierten Frage und einer einfühlsamen Beobachtung überwinden. Die Vorstellung einer jahrzehntealten Wahrheit, die umgeben wäre von einem Mantel des Schweigens, ist romantisierend und irreführend. Invasives Interviewen führte auch bei diesen Interviews nicht zur Wahrheit, sondern unterbrach Narrative.[147] In den Narrativen verbirgt sich keine verborgene und über die Jahre gehegte Wahrheit, die von der Erinnerungskultur der ganzen Jahre nicht beeinträchtigt wäre und nur darauf wartete, von einem Interview-Schatzsucher gehoben zu werden. Die neurologische Entstehung von Erinnerung selbst unterstreicht ihren Konstruktionscharakter in der Gegenwart, wie Harald Welzer zusammenfasst: „Erinnerungsspuren [...] sind nun nicht [...] an bestimmten Stellen des Gehirns zu finden, sondern als Muster neuronaler Verbindungen über verschiedene Bereiche des Gehirns verteilt. Sich zu erinnern bedeutet, ein Muster zu bilden [...] und bei diesem komplexen Vorgang werden die Bestandteile des Erinnerten, zum Beispiel also ihre zeitlichen, situativen, emotionalen Merkmale in dieser oder jener Weise neu figuriert."[148] Alexei Yurchak flankiert aus ethnologischer Perspektive, indem er auf den „Wandel in Stimme und Klang" hinweist, der sich im Zuge des sozialen Wandels der Perestrojka in den darauffolgenden Jahren vollzogen habe.[149] Auch im Übergang zum poststalinistischen Medienzeitalter veränderten sich Stimme und Klang schon einmal stark und beeinflussten die Narrative älterer Zeitzeugen. Nichts führt so nah ans

---

145 Siehe zur Interviewsituation allgemein Anderson und Jack 2006; Niethammer 1983; Slim und Thompson 2006; Stephan 2004; Welzer 2000.
146 Zum Begriff der Halböffentlichkeit in der sowjetischen Geschichte siehe Kucher 2003; Schlögel 1998.
147 Zur Technik des Zuhörens siehe Anderson und Jack 2006; Slim und Thompson 2006.
148 Welzer 2000, S. 52.
149 Yurchak 2005, S. 29.

Fangeschehen wie Befragungen, doch keine andere Quelle hält Historiker auch so auf Distanz.

Doch als Generalattacke auf Interviews als Quelle für die Zeitgeschichte läuft diese Kritik gleichwohl ins Leere. Aller Kritik zum Trotz ermöglicht schon die Vielschichtigkeit von Interviewnarrativen eine nähere Eingrenzung der Entstehungszeit der in den Geschichten mitgeteilten Erfahrungen und Sinnbezüge.[150] Narrative untrainierter Zeitzeugen sind komplex und inkohärent. Sie sind Schnittpunkte von (Herrschafts-)Diskursen unterschiedlicher Zeiten. Erinnerungen sind kreative Akte, getrieben von gegenwärtigen Selbstverständnissen. Doch sie verweisen auf Diskurse in der Vergangenheit, die mit der Datierung des Ereignisses, das erinnert wird, zusammenfallen können, aber nicht müssen. Was einzelne Gesprächspartner zu bestimmten Zeitpunkten der Vergangenheit wirklich dachten und fühlten wird im Dunkel bleiben. Es lassen sich aber sehr wohl Aussagen darüber treffen, welche Möglichkeiten diese Einzelnen zu unterschiedlichen Zeiten hatten, Vorstellungen von Gemeinschaft und Gegnerschaft zu artikulieren.

Zur Datierung einzelner Aussagen von Interviewpartnern suchte ich in diesem Sinne nach unterscheidbaren Erinnerungsschichten, nach internen Widersprüchen, Lücken, Ein- und Auslassungen und intertextuellen Bezügen. Diese Suche zielte auf die Frage, wie gegenwärtiges Erinnern an den sowjetischen Fußball zu dem wurde, was es heute ist; und welche „frühere[n] Wahrnehmungsmuster"[151] nachweisbar sind, ohne dass sie von den Rednern selbst zwangsläufig als solche identifiziert werden würden. Kritische Nachfragen, idealerweise zu einem späteren Zeitpunkt der „mit einer offenen Frage"[152] eingeführten Gespräche, erwiesen sich hierbei als wichtig, da unmittelbar wahrgenommene Widersprüche Hinweise auf unterscheidbare Erinnerungsschichten[153] geben konnten. Zeitzeugengespräche können ganz wesentlich durch dieses Spannungsverhältnis aus Zuhören und Wundern charakterisiert werden. In der weiteren Bearbeitung der Quellen lassen sich einzelne Erinnerungsbilder durch Konfrontation mit eindeutig datierbaren Diskursen aus anderen Quellen wieder in den Rahmen vergangener Sinnhorizonte einfügen, da es dieser Rahmen war, der diese Erinnerungen in ihrer Entstehung geprägt hatte.[154]

---

150 Vgl. Niethammer 1983, S. 413.
151 Für Erinnerungsschichten und die Arbeit an Zeitzeugennarrativen siehe Stephan 2004, S. 20.
152 Stephan 2004, S. 16.
153 Vgl. Stephan 2004, S. 20. Siehe ähnlich Niethammer 1983.
154 Vgl. Halbwachs 1991, S. 41.

Konkret verknüpft diese Studie Interviewnarrative mit der jeweiligen Presseberichterstattung, mit Fanpost und mit diversen Archivdokumenten.[155] Denn sowjetische Fußballfans der 1960er bis 1980er Jahre hörten Radio, sie sahen fern und lasen Zeitung. Sie wuchsen in einen geteilten Kosmos der sowjetischen Fernsehgesellschaft hinein, der von der potentiellen Brutalität der Stadien und der Straße erstmals entkoppelt war. Was sowjetische Bürger zu Hause an Vorstellungen und Zuschreibungen entwickelten entstand nicht im luftleeren Raum. Wer Sportzeitungen liest oder alte Kinowochenschauen betrachtet, der sieht noch nicht, welchen Reim sich sowjetische Fußballfans machten, aber er sichtet bereits auszugsweise das Material, das sie, im Bereich der Sportkultur, zu ihren Reimen anregte.

Neben Photographien, Filmmaterial und weiteren Publikationen zur sowjetischen Fußballkultur stütze ich mich zur Rekonstruktion des Wahrnehmungshorizonts sowjetischer Fußballfans in erster Linie auf die in hoher Auflage und Reichweite erschienene Sportzeitung *Sovetskij Sport* und den ab 1960 einmal wöchentlich beigefügten *Futbol*,[156] um Interviewnarrative und auch Archivquellen im Lichte veröffentlichter Quellen der jeweiligen Zeit zu betrachten.[157] Erst die kombinierte Lektüre von Interviewnarrativen, Presseberichten und Archivalien machte etwa deutlich, weshalb Zeitzeugen für die 1950er und 1960er Jahre so beharrlich von friedlicher Stadionkultur sprachen, wenngleich insbesondere für diesen Zeitraum besonders viele Dokumente zu Stadiongewalt archivarisch erhalten sind. Erst die Presselektüre ermöglichte hier die Rekonstruktion eines Wahrnehmungshorizonts, der Stadiongewalt als Realität für Sowjetbürger – gerade auch angesichts der Bildmächtigkeit neuer Medien – tatsächlich zu einem seltenen Ereignis machte. Besonders eindrücklich ist Presselektüre in Fällen, in denen Geschehenes ungeschehen gemacht werden sollte. Der Pressebericht, der nach der Stadionkatastrophe 1982 in *Sovetskij Sport* erschien, ist nur ein besonders eindrückliches Beispiel. Unter dem Titel „kaltes Wetter, heißes Spiel" lässt er völlig unerwähnt, dass

---

155 Finden sich im Einzelfall keine Referenzquellen so erscheint mir die Verwendung zwar selbst zur Rekonstruktion konkreter Ereignisse legitim. Besonders betont werden sollte dann aber der Annäherungscharakter der Quelle.

156 Ab Dezember 1967: *Futbol-Chokkej*. In Bezug auf Photographien und Filmmaterial stütze ich mich insbesondere auf das ukrainische Film-, Photo- und Tonarchiv in Kiev (Central'nyj deržavnyj kinofotofonoarchiv Ukraïny imeni G. S. Pšeničnogo, CDKU); das Photoarchiv von Sport-Ėkspress in Moskau. (Fotoagentstvo Sport-Ėkspress Moskau); und auf private Photographien von Zeitzeugen.

157 Da Medieninhalte nicht im Zentrum der Analyse stehen, konnten Fernsehbilder nicht systematisch ausgewertet werden. Die Analyse sowjetischer Fernsehinhalte insgesamt steckt noch in den Kinderschuhen. Ansätze finden sich bei Roth-Ey 2011. Siehe insbesondere auch Evans 2010, 2011.

Dutzende Menschen an jenem Abend in Lužniki starben.[158] Sowjetische Fußballspiele waren, von Ausnahmen abgesehen, in die heile Welt sowjetischer Medienzensur einwattiert.[159]

Im Lichte dieses Wahrnehmungshorizonts war die archivarische Überprüfung erinnerter Ereignisse unabdingbar. Doch zunächst sind auch sowjetische Archive hochkomplexe symbolische Orte, keine einfachen Behältnisse vergangener Realität.[160] Sie sind, zumindest bezogen auf den Zuschauersport, hervorragende Orte für Forscher, die sich für die Perspektiven der sowjetischen Bürokratie auf gesellschaftliche Vorgänge interessieren. Anordnungen, Protokolle oder Berichte des Sportkomitees sind häufig in einer Sprache verfasst, mit der sich die Behörde im Wettstreit mit anderen Behörden positionierte. Sie sind „von Herrschaft verunreinigt"[161], was eine ganz eigene ‚Interviewsituation' zwischen Historiker und Archiv erfordert: „Dokumente [verwandeln sich] erst durch ihre Befragung in eine Quelle und damit zu einem Gegenstand für den Historiker".[162] Die selbstselektive Dynamik des sowjetischen Archivwesens wird bei bestimmten Quellenarten, dazu gehören Beschwerdebriefe von Fernsehzuschauern und Fanpost, besonders deutlich. Sowjetische Bürger wussten, wie sie sprechen mussten, um gehört zu werden. Allerdings interessiere ich mich in dieser Arbeit auch gerade dafür, welche Einstellungen einzelne Bürger in der Kommunikation mit ihrer Mannschaft, aber auch mit sowjetischen Medien und Behörden zu äußern wagten.

Sowjetische Fußballfans finden sich in Archivakten, da sowjetische Institutionen und Sportorganisationen von den späten 1950er und frühen 1960er Jahren an mit Beschwerdebriefen und Fanpost geflutet wurden, deren überwiegender Teil heute nicht mehr erhalten ist.[163] Sowjetische Bürger beschwerten sich als „mitfiebernde Fans" (*bolel'ščiki*) oder als „Fußballliebhaber" (*ljubitel' futbola*) bei Schiedsrichterversammlungen über Fehlentscheidungen von

---

158 *Sovetskij Sport*, 21.10.1982, S. 1.
159 Zu Erzählstrategien der sowjetischen Sportpresse siehe beispielsweise Gilmour und Clements 2002.
160 Vgl. Baberowski 2003a, S. 17.
161 Robertson 2005, S. 162.
162 Baberowski 2003a, S. 17.
163 Éduard Nikolaevič Mudrik (*1939) zufolge, dem früheren sowjetischen Nationalspieler und Verteidiger von Dinamo Moskau, interessierten sich Fußballspieler nicht für solche Fanbriefe. Éduard Mudrik, Interview mit dem Autor in seinem Büro auf dem Gelände von Dinamo Moskau, 06.03.2007. Ähnliches gilt für die Archive von Sportzeitungen, da Briefe an Redaktionen, gemeinsam mit anderen Beständen, spätestens nach dem Zusammenbruch der Sowjetunion weggeworfen wurden. Die sowjetische Zuschauerkultur ist außerhalb Moskaus und Kievs bislang unerforscht. Archivierte Fanbriefe könnten daher anderenorts, in Tbilisi etwa oder in Erevan, erhalten sein, die jenes Bild sowjetischer Zuschauerkultur im Fernsehzeitalter herausfordern oder komplettieren, das in dieser Arbeit gezeichnet wird.

Schiedsrichtern.[164] Sie beklagten sich beim Radio- und Fernsehministerium,[165] aber auch beim Ministerrat der Ukrainischen Sowjetrepublik über die Übertragungszeiten für Fußballspiele.[166] Sie moserten an Fernsehkommentatoren herum.[167] Sie baten Sportbehörden, diese oder jene Spezialfrage zu klären, etwa die Nationalität eines von ihnen verehrten Spielers.[168] Sie baten um Autogramme.[169] Sie gratulierten ihren Mannschaften. Sie unterschrieben Petitionen, die flankiert von Telegrammen und den Bittschriften lokaler Kader den Aufstieg ihrer lokalen Mannschaft in eine höhere Liga forderten.[170]

Sowjetische Fußballfans wurden zudem aktenkundig, wenn sie sich nicht an die Regeln hielten. Über Schiedsrichterberichte lässt sich über die Jahrzehnte hinweg ein Panorama der Stadiongewalt im Vielvölkerreich rekonstruieren.[171] Dieses hilft zu verstehen, wie Stadiongewalt aus behördlicher Sicht funktionierte, welche Deutungen Behörden daraus entwickelten und wie sie diese für ihre Zwecke nutzten. Es erlaubt auch Einblicke dahingehend, wie empörte Fanmassen Gegnerschaft im poststalinistischen Vielvölkerreich performativ aktualisieren konnten. Über Stadiongewalt diskutierten auch Schiedsrichterversammlungen und Offizielle der Fußballföderationen. Insbesondere in den späten 1950er und frühen 1960er Jahren ließen sich Unruhen im Stadion und daraus resultierende Aktivitäten der Sportbehörden zur ‚Zuschauererziehung' gut in den allgemeinen Kontext des Kampfes gegen *chuliganstvo* einordnen. Sportbehörden entwickelten Strategien, um die ‚Erziehungsarbeit mit dem Zuschauer' anzugehen und schrieben diese Strategien auch auf. Angesichts der unspezifischen Kategorisierung und Katalogisierung sowjetischer Archivakten der Sportbehörden war aber der Rechercheweg

---

164 Etwa: Central'nyj deržavnyj archiv vyščych orhaniv vlady ta upravlinnja Ukraïny (CDAVO), f. 5091, op. 1, d. 197, l. 10.
165 Vgl. CDAVO, f. 4915, op. 1, d. 2729, ll. 34, 36.
166 Vgl. CDAVO, f. 2, op. 13, d. 3878, l. 49.
167 Vgl. GARF, f. P-6903, op. 10, d. 24, l. 23.
168 Vgl. CDAVO, f. 5091, op. 1, d. 3166, ll. 24, 106, 113, 116, 117, 118, 119, 120, 122, 123, 124, 135, 137, 138, 143, 144, 146, 147, 148, 254; Telegramm, l. 145.
169 Vgl. CDAVO, f. 5091, op. 1, d. 3166, l. 253.
170 Petitionen und Briefe von „Fußball-Enthusiasten" finden sich in folgenden Beständen des ukrainischen Staatsarchivs: CDAVO, f. 5091, op. 1, d. 202, d. 970, d. 1323, d. 1324, d. 1865, d. 3158, d. 3162, d. 3166.
171 Siehe Kapitel 3. Für diese Studie sichtete ich einige Tausend Spielberichte. Sie finden sich für diverse administrative Ebenen (oberste Liga auf Unionsebene, bis hin zu inner-republikanischen Begegnungen) beispielsweise in folgenden Beständen der Sportbehörden: Vsesojuznyj Komitet po delam Fizičeskoj Kul'tury i Sporta pri Sovete Ministrov SSSR, GARF, f. 7576, op. 31; Sojuz Sportivnych Obščestv i Organizacij RSFSR, 1959-1968, GARF, f. A-503, op. 1; Komitet z Fizičnoj Kul'tury i Sportu pri Radi Ministriv URSR (Sportkomitee URSR), 1940-1986, CDAVO, f. 5090, op. 1 und 3; Rada Spilok Sportivnych Tovaristv i Organizacij URSR, 1959-1968, CDAVO, f. 5091, op.1.

selbst in diesen Fällen äußerst aufwändig.[172] Im Unterschied zu Interviews sind diesen Quellen auch kaum Aussagen über die Motivlage etwa bei Platzstürmen zu entnehmen. Denn solche Motive hätten der veröffentlichten Vorstellung friedlicher sowjetischer Fanmassen nicht entsprochen.

Die hauptsächliche Konzentration auf die Akten des Sportkomitees war neben recherchepragmatischen Überlegungen dem Erkenntnisinteresse dieser Studie geschuldet, das nicht auf eine Erforschung zwischenbehördlicher Interaktion abzielte. Es zielt auf die Frage nach Vergemeinschaftung in der Sowjetunion, und möchte sich daher die Organisationslogik sowjetischer Behörden gerade nicht zu eigen machen. Einzelnen Organisationen darf gleichwohl ein besonderes Interesse an Sportzuschauern unterstellt werden. Der Komsomol versuchte etwa mitzumischen, wenn es etwa um die Beschaffenheit der Stadien ging[173]. Weitere Forschungsarbeiten zur Organisation von Sportereignissen müssten Aktivitäten des Komsomol, aber auch anderer Akteure, wie der Dinamo-Sportorganisation des Innenministeriums oder der Sportabteilungen der Armee, in den Blick nehmen. Der generellen Zuständigkeit der Miliz für die Sicherheit der Zuschauer im Stadion konnte recherchetechnisch nicht systematisch, sondern nur punktuell Rechenschaft getragen werden.[174]

Insgesamt sind jene Kapitel, die sich stärker auf leitfadengestützte Interviews stützen, mit anderen Quellen ausbalanciert, mit archivierter Fanpost, mit Petitionen, Spielberichten, Stenogrammen und Protokollen, sowie mit Darstellungen in publizierten Quellen wie der Sportpresse. Umgekehrt werden aber auch jene Abschnitte, die hauptsächlich auf zeitgenössischen Quellen basieren, durch mündliche Überlieferung überprüft. Es zeigt sich, dass archi-

---

172 Die „Protokolle der Sitzungen des Präsidiums der Fußballföderation, Band 2, 17. Juni – 23. Dezember 1960" versinken etwa in einer Flut ähnlich klingender Einträge im Findbuch. Siehe GARF, f. 9570, op. 2, d. 2929. Erst als mich Zeitzeugen auf einen Vorfall im Moskauer Lenin-Stadion im Jahr 1960 hinwiesen, bestellte ich diese Akte und bekam so Einblick in die Reaktion der sowjetischen Fußballföderation auf Stadiongewalt im bedeutsamsten Stadion der Sowjetunion. Neben Interviews hätten in diesem speziellen Fall auch Presseberichte als Einstieg dienen können, da die Sportpresse diesen Vorfall ausnahmsweise behandelte. Siehe Futbol, 21.08.1960, S. 12f.
173 Etwa Central'nyj Archiv Goroda Moskvy (CAGM), f. 758 (Komitet po Fizičeskoj Kul'ture i Sportu pri Mosgorispolkome, 1939-1993), op. 1, d. 64.
174 So gelang es mir etwa nicht, Zugang zum Staatsarchiv für Innere Angelegenheiten der Ukraine (Deržavnyj archiv ministerstva vnutrišnich sprav Ukraïny, DAMVSU) zu erhalten. Mein Dank gilt Volodymyr Ginda, der für mich einige Recherchen anstellte. Berichte der Miliz fanden sich allerdings auch bisweilen in Akten der Sportbehörden, wenn diese Untersuchungen über Vorfälle von Stadiongewalt anstellten. Es zeigt sich an Einzelfällen, wie sehr auch Polizeiberichte von taktischen Erwägungen geleitet sein konnten. Siehe hierzu das Beispiel eines Zwischenfalls in Černovcy in der Bukovina in Kapitel 3.4.

vierte Beschwerdebriefe, Eingaben und Fanpost im russischen, vor allem aber im ukrainischen Staatsarchiv weit mehr als eine von sowjetischen Bürokraten durch selektive Archivierungspraxis erzeugte Illusion sind. Der Abgleich von zeitgenössischer Fanpost und Erinnerungsinterviews zeigt bisweilen frappierend ähnliche Deutungen, narrative Muster und diskursive Bezüge, die auch umgekehrt jene Vorstellung als Zerrbild entlarven, in Erinnerungsinterviews würden sich ausschließlich gegenwärtige Wertvorstellungen spiegeln. Die Texte von Harald Welzer könnten so manchen Historiker abhalten, sich überhaupt mit Interviews zu beschäftigen.[175] Dabei ermöglicht gerade die Kombination aus zeitgenössischen Fanbriefen und Erinnerungsinterviews eine mehrperspektivisch belegte Rekonstruktion bestimmter schreibender und sprechender Formen sowjetischer Gemeinschaft.

Kapitel 2 ist der Entstehung des zentralen Moskauer Fangegensatzes zwischen Spartak Moskau und den Polizei- und Armeemannschaften Dinamo und CSKA gewidmet. Es zeigt wie sich einzelne Momente des Jubels von den 1930er bis zu den 1950er Jahren zu zwei einander entgegengesetzten Erinnerungsgemeinschaften Moskauer Fußballfans verdichteten. Kapitel 3 beschreibt Stadiongewalt in sowjetischen Stadien der 1950er und 1960er Jahre, sowie polizeiliche, behördliche und mediale Gegenmaßnahmen. Im Fernsehzeitalter entstand eine neue sowjetische Zuschauerkultur, deren Bespielung durch einzelne Fans das Thema der weiteren Kapitel darstellt. Kapitel 4 beschreibt die neue Fußballfernsehkultur der 1960er bis 1980er Jahre und die Geschlechterrollen, die dabei ins Spiel kamen. Kapitel 5 rekonstruiert anhand von Fanpost und Interviews multi- und transnationale Fangemeinschaften, die in dieser Fernsehkultur entstanden und zeigt, wie sich Fußballfans darüber mit ihrer Nationalität und Republik identifizierten. Kapitel 6 schließlich handelt von der informellen Fanbewegung *fanatskoe dviženie*, die im Kontext dieser Fernsehkultur entstand, sich über neue Formen der Mannschaftsunterstützung im Stadion, über Auswärtsfahrten, Gewalt und behördliche Reaktionen sukzessive radikalisierte und die meisten dieser Entwicklungen bündelte: die Verflechtung von Zuschauerkulturen im Medienzeitalter; die gewachsene Bedeutung von Nationalität und Republik; und das transgressive Potential von Menschen im Fußballfieber.

Das sowjetische Fußballfieber oszillierte zwischen Prügelei und *kul'turnost'*. Es funktionierte nicht unabhängig von den Strategien und Normsetzungen sowjetischer Behörden, Medien und Sicherheitskräfte, die Dinge zuließen oder untersagten und bisweilen bekämpften, was sie oder andere Be-

---

175 Besonders eindrücklich: Welzer 2000.

hörden zuvor gefördert hatten. Die Aufregungen des unvorhersehbaren Spiels bedeuteten in den berechenbaren 1970er Jahren etwas völlig anderes als in der unberechenbaren Umbruchszeit nach Stalins Tod oder gar während des großen Terrors in den späten 1930er Jahren. In Abhängigkeit von der jeweiligen behördlichen Rahmung bot die sowjetische Zuschauerkultur Raum, sich in Momenten des Jubels und der Empörung zu fluiden Gemeinschaften zusammenzuschließen, in denen Vorstellungen und Praktiken sowjetischer Einheit und innersowjetischer Gegnerschaft überhaupt erst entstanden.

2 Räuber und Gendarm
Die Ursprünge der Spartak-, Dinamo- und CDKA-Fangemeinschaften in Moskau, 1930-1950er Jahre

Am 4. September 1956 lockte der Klassiker Dinamo gegen Spartak Moskau über 100.000 Zuschauer in das nagelneue Moskauer Lenin-Stadion in Lužniki. Seitdem die sowjetische Fußballliga 1936 mit einem Spielbetrieb, der zunächst nur sieben Mannschaften umfasste, an die Stelle der früheren Begegnungen von Stadtauswahlmannschaften getreten war,[176] gab es kein bedeutsameres Derby in der Sowjetunion als dieses: Dinamo gegen Spartak. In der Saison 1956, die Liga fächerte sich zu diesem Zeitpunkt bereits in zwei Klassen auf, kämpften eben diese beiden Mannschaften um die Meisterschaft. Dinamo erreichte schließlich den zweiten Platz, Spartak wurde Meister.[177]

Das Ereignis selbst endete im Desaster. Eigentlich galt das Stadion in den sowjetischen Architekturdiskursen seiner Entstehungszeit als Inbegriff einer neuen konsumentenorientierten und auf „Bequemlichkeit" (udobvstvo) ausgerichteten Architektur.[178] Doch bereits in der Pause kam es wegen falsch konzipierter Zugänge zu den Toiletten zu teils schweren Verletzungen. Dies berichtete zumindest Stadiondirektor V. Napastnikov in einem Schreiben vom 7. September 1956 an das Moskauer Stadtkomitee der KPdSU, das Exekutivkomitee des Moskauer Stadtsowjets und die Sportbehörden. Es gebe im Stadion zu wenige Toiletten und sicherlich sei es auch ein Fehler gewesen, „dem Verkauf alkoholischer Getränke in allen *bufety* zuzustimmen".[179] Die folgenden Unruhen seien aber gerade nicht auf Planungsfehler zurückzuführen. Gegen Spielende und nach dem Schlusspfiff hätten einzelne Hooligans (*chuliganstvujuščie lica*) von den oberen Rängen mit Flaschen geworfen.[180] Viele Opfer seien zu beklagen. Zwei von ihnen lägen mit schweren Verletzungen im Krankenhaus. Im Stadion ebenso wie außerhalb hätte sich eine „beträchtliche Anzahl Schlägereien" entwickelt.[181]

Der Stadiondirektor machte nicht nur Zuschauer und unzureichende sanitäre Verhältnisse verantwortlich, sondern auch die Spieler auf dem Platz: „Sollte in Zukunft kein würdiges Verhalten sowjetischer Sportler [*dostojnoe*

---

176 Vgl. Edelman 1993, S. 60.
177 Vgl. Esenin 1974, S. 154.
178 Köhring 2010, S. 268.
179 GARF, f. 7576, op. 1, d. 1143, ll. 51-3. Siehe auch Köhring 2010, S. 268ff.
180 Zu Hooliganismus im Kontext der sowjetischen Stadionkultur und ihrer medialen Aufbereitung siehe ausführlich Kapitel 3.2.
181 GARF, f. 7576, op. 1, d. 1143, ll. 51-3.

sovetskich sportsmenov povedenie] [...] sichergestellt werden können, wird es Direktion und Miliz große Mühe bereiten, die Ordnung im Stadion aufrechtzuerhalten."[182] Konkret seien einige Spieler Spartak Moskaus für die Unruhen im Publikum im Spiel gegen Dinamo verantwortlich zu machen: „Insbesondere [...] Netto, Sal'nikov, Simonjan und andere" hätten „die Zuschauer" durch ihr Verhalten „offenkundig provoziert".[183] Der hier implizit aufscheinende inner-Moskauer Gegensatz zwischen Spartak und den Behördenmannschaften von Innenministerium und Armee, Dinamo und CDKA, ist der Gegenstand dieses Kapitels.

Dieser Gegensatz spitzte sich seit den späten 1930er Jahren zu, nachdem der politische Patron Spartak Moskaus, der Erste Sekretär des Komsomol, Aleksandr Vasil'evič Kosarev (1903-1939) dem stalinistischen Terror zum Opfer gefallen war. Spartak, neben Dinamo Moskau die erfolgreichste Mannschaft dieser Zeit, geriet damit zunehmend in die Defensive, ehe Spartakgründer Nikolaj Petrovič Starostin (1902-1996) und seine ebenfalls für das Team spielenden Brüder,[184] 1942 verhaftet wurden.[185] Nach zwei Jahren Haft, mehrjährigem Lageraufenthalt in Sibirien und kasachischer Verbannung kehrte Nikolaj Starostin erst 1954, zwei Jahre vor besagtem Spitzenspiel im Lenin-Stadion, nach Moskau zurück, um die Geschäfte Spartak Moskaus erneut zu lenken.[186] In einer seiner ersten Amtshandlungen holte er den vom Stadiondirektor erwähnten Sergej Sergeevič Sal'nikov (1925-1984) zu Spartak zurück.[187] Sal'nikov hatte die vergangenen fünf Spielzeiten ausgerechnet beim Erzrivalen Dinamo gespielt. Nikita Pavlovič Simonjan (*1926), neben Igor' Aleksandrovič Netto (1930-1999) ein weiterer der 1956 vom Stadiondirektor als Aufwiegler bezichtigten Spartak-Stars, erklärt in seinen Memoiren, Sal'nikov habe dem früheren Wechsel von Spartak zu Dinamo nur zugestimmt, da sein Stiefvater im Gegenzug von einem Lager in ein Gefängnis in der Nähe von Moskau transferiert worden sei.[188] Vieles spricht daher dafür, dass für die meisten Augenzeugen im Stadion allein schon über die Personalien Sal'nikov

---

182 GARF, f. 7576, op. 1, d. 1143, ll. 51-3.
183 GARF, f. 7576, op. 1, d. 1143, ll. 51-3
184 Neben Nikolaj waren dies Aleksandr (1903-1981), Andrej (1906-1987) und Petr (1909-1993). Siehe Duchon und Morozov 2012, S. 271-4.
185 Vgl. Edelman 2009, S. 42-135. Hier: S. 130.
186 Vgl. Edelman 2009, S. 3. Bereits 1948 hatte Stalins Sohn Vasilij versucht, Starostin als Trainer für sein Luftwaffenteam zurück nach Moskau zu holen. Er soll unter Vasilij Stalins Schutz drei Monate in Moskau gewohnt haben, sei dann aber verhaftet und nach Alma Ata verbracht worden. Siehe hierzu Edelman 1993, S. 85.
187 Vgl. Edelman 2010.
188 Vgl. Edelman 2010, S. 241. Edelman beruft sich auf Nikita Simonjans 1989 erstmals veröffentlichte Memoiren. Simonjan 1995.

und Starostin der stalinistische Kontext dieser Gegnerschaft zwischen Dinamo und Spartak aufschien, als es 1956 auf den Rängen des Lenin-Stadions in Lužniki zu Tumulten kam.

Ich rekonstruiere in diesem Kapitel aus der Perspektive von Dinamo- und CSKA-Fans, und unter Zuhilfenahme von Robert Edelmans Arbeiten zu Spartak Moskau, einzelne gemeinschaftsstiftende Momente, die sich langfristig zu Motiven zweier Erinnerungsgemeinschaften und damit zu besagtem Gegensatz Spartak versus Dinamo und CSKA stabilisierten. Denn bevor der sowjetische Fußball zum multinationalen Spektakel innerhalb der Sowjetunion wurde, entwickelte er sich zum Spektakel einer Stadt, das sich zunächst zentral um den Gegensatz dieser drei Mannschaften drehte. Unter ihnen erregte seit den 1920er Jahren zunächst eine Mannschaft aus der Krasnaja Presnja Aufsehen, die erst seit Mitte der 1930er Jahre den Namen „Spartak Moskau" trug.

2.1 Dazugehören: Spartak-Euphorie im Stalinismus

Schuld waren – wie so oft – die Briten. Wie in anderen Teilen Europas und der Welt führten britische Fachkräfte das Fußballspiel an den Industriestandorten im Moskau und St. Petersburg der 1870er Jahre ein.[189] Zunächst spielten sie untereinander, bis 1888 ein „inoffizieller Kreis von Gymnasiasten, Studenten und kleineren Angestellten" die erste „nicht-englische" Mannschaft bildete. Zu ihr kamen sukzessive „gut situierte Bürger" hinzu, bis unter dem Namen Sankt Petersburger Kreis der Sportliebhaber (*Sankt Peterburgskij Kružok Ljubitelej Sporta*) nun ganz offiziell der erste russische Fußballverein das Licht der Welt erblickte.

Der Fußball dieser frühen Jahre war beileibe kein Arbeitersport. Fußballkultur war „bürgerliche Vereinskultur".[190] Doch Bürger versicherten sich beim Fußball nicht nur ihrer Bürgerlichkeit. Die Eigenlogik des Fußballs und des Fußballfiebers brachte die zarische Presse dazu, über eine „Verrohung der Sitten" auf dem Platz und „‚unkultiviertes' Verhalten des Publikums" zu berichten: „Zurufe wie ‚Töte ihn', ‚Stoß ihn um', ‚Schubs ihn' [...]" kamen Presseberichten zufolge nicht von „irgendwelche[n] unwissenden Zuschauer[n] aus unteren Schichten [...], sondern in der Regel" von „Mitglieder[n] der bürgerlichen Petersburger Sportklubs."[191]

Außerhalb des formalen Spielbetriebs entstanden zudem zu diesem Zeitpunkt bereits Verbindungen zwischen Jugendlichen aus offiziellen Fußball-

---

189 Vgl. Dahlmann 2006; Emeliantseva 2008; Eisenberg 1999.
190 Emeliantseva 2008, S. 15.
191 *Sportivnaja žizn'*, Nr. 38, 1907, S. 4f. Zitiert nach Emeliantseva 2008, S. 25.

klubs und „wilden Vereinen", von denen die Presse ab 1903 sporadisch sprach.[192] Der Fußball verbreitete sich anders als infrastrukturell aufwändigere Sportarten (wie Turnen) schnell unter vermeintlich „rückständigen" Bevölkerungsgruppen.[193] Er erzeugte in urbanen Zusammenhängen bereits in den späten Zarenjahren neue Kulturpraktiken und Sprechweisen, und damit einhergehend „neue Assoziationen"[194] und soziale Kontakte eigener, fußballerischer Qualität. Dieses Fundament der Fußball- und Zuschauerkultur war bereits im späten Zarenreich gelegt.

Nach Weltkrieg, Revolution und Bürgerkrieg entwickelte sich der Fußball im offeneren Klima der Neuen Ökonomischen Politik zum unterhaltsamen urbanen Massenereignis. In Moskau, das als „Zentrum der NĖP-Konsumkultur" wieder „in Kontakt mit dynamischen globalen Kultureinflüssen der frühen 1920er Jahre"[195] gekommen war, fanden jene Menschen über den Fußball und über andere Kulturangebote zu neuen Gemeinschaften, deren Eltern oder Großeltern bereits die ländliche Lebenswelt verlassen und Weltkrieg, Revolution und Bürgerkrieg überlebt hatten.[196] Robert Edelman zufolge waren die meisten von ihnen männlich, innerstädtisch beheimatet und Arbeiter.[197] Der Fußball sei auch für „andere, insbesondere für Büroangestellte [*white-collar workers*]" von Interesse gewesen, „aber im Kern war die Öffentlichkeit dieses Spiels proletarisch."[198]

Damit interessierte sich für den Fußball, wie Stephen Lovell dies in anderem Zusammenhang pointiert formuliert, „die angesehenste Bevölkerungsgruppe im Russland der frühen Sowjetunion."[199] Der im Zarenreich noch bürgerlich geprägte Fußball hatte sich im Moskau der 1920er Jahre zu einem proletarischen Massenereignis urbaner Männer entwickelt.[200]

Die Mannschaft von *Krasnaja Presnja*, die ab 1935 in den Farben der neu gegründeten Spartak-Sportorganisation auflief, war zunächst nur ein Team unter vielen. Mit Unterstützung des lokalen Komsomols gründeten Ivan Artem'ev und andere 1921 den *Moskovskij Kružok Sporta (MKS, Moskauer Kreis des Sports)*,[201] eine Sportorganisation für „sportliebende Arbeiter des

---

192 Emeliantseva 2008, S. 31.
193 Vgl. Hilbrenner 2008.
194 Latour 2007, S. 19.
195 Edelman 2009, S. 47.
196 Vgl. Edelman 2009, S. 123-4.
197 Vgl. Edelman 2009, S. 49, 61.
198 Edelman 2009, S. 49.
199 Lovell 2011, S. 598.
200 Vgl. Edelman 2009, S. 49.
201 Vgl. Edelman 2002, S. 1450; Edelman 2009, S. 50.

revolutionären Bezirks *Krasnaja Presnja*", wie Komsomolmitglied Artem'ev gegenüber der Jugendorganisation argumentiert haben soll.[202] Das generelle Engagement der sowjetischen Jugendorganisation war zu diesem Zeitpunkt allerdings längst beschlossene Sache. Vladimir Il'ič Lenin (1870-1924) persönlich hatte auf dem III. Kongress des Komsomol angemahnt, mittels verschiedener Maßnahmen „die ganze Masse junger Arbeiter und Bauern für den Aufbau des Kommunismus zu begeistern".[203] Dies wurde bereits zwei Jahre später unter anderem über „die Gründung sowjetischer Sportgruppen (*kružki*) innerhalb der Jugendorganisation selbst" umgesetzt.[204]

Im Sportkreis in *Krasnaja Presnja* fand sich eine Mannschaft, die in den 1920er und 1930er Jahren für diverse Organisationen spielte, sich seit 1935 Spartak Moskau nannte und spätestens 1937 vielen als populärste Fußballmannschaft des Landes galt. Diese Popularität lässt sich auf verschiedene Faktoren zurückführen. Zunächst einmal ist kaum zu belegen, erscheint aber plausibel, dass die Fußballmannschaft des Sportkreises aus der *Presnja* für viele Zuschauer bereits bei den ersten Spielen den Stadtteil repräsentierte, in dem sie beheimatet war.[205] Denn ihre Spieler stammten, der damaligen Vorschrift entsprechend, aus der Region, in der die Sportorganisation angesiedelt war.[206] Die Mannschaft erfreute sich bald schon zunehmender Beliebtheit. 1924 etwa war das frühere Zamoskvorecker Stadion völlig überfüllt. Weit mehr als 5.000 Menschen, die das Stadion eigentlich fasste, waren zum Spiel *Krasnaja Presnjas* gekommen.[207]

---

202 Vgl. Edelman 2009, S. 45.
203 Read 1996, S. 59.
204 Read 1996, S. 66.
205 Vgl. Edelman 2009, S. 52.
206 Vgl. Edelman 2009, S. 53.
207 Edelman 1993, S. 46.

Abb. 1: Industrialisierung und Fußball. Dinamo Gorlovka gegen Dinamo Stalino. All-Donecker Kohle-Spartakiade. 1934. © Central'nyj deržavnyj kinofotofonoarchiv Ukraïny imeni G. S. Pšeničnogo, CDKU, 2-1707.

Die baldige Beliebtheit mag auch der Tatsache geschuldet sein, dass die Mannschaft mit Offensivfußball begeisterte. Mit Pavel Kanunnikov, Petr Isakov und Nikolaj Starostin verfügte sie, so jedenfalls Esenin 1974, über „fast die gesamte Angriffslinie der Moskauer Stadtauswahl".[208] Zusätzlich geöffnete Eintrittskartenverkaufsstände begegneten der wachsenden Nachfrage.[209]

Indes nahm die Popularität des Fußballs allgemein in Moskau immer weiter zu. 1927 waren die Eintrittspreise derart gestiegen, dass sich ein durchschnittlicher Arbeiter den Besuch eines Spiels nicht mehr leisten konnte. Gewerkschaftsmannschaften reduzierten daraufhin die Preise auf fünfzehn und dreißig Kopeken. Für Spitzenbegegnungen konnten sich zu diesem Zeitpunkt schon 10.000 Zuschauer interessieren.[210] Als sich 1928 die Tore des zunächst auf 35.000 Zuschauer ausgelegten, brandneuen Dinamo-Stadions für die große Spartakiade, der sozialistischen Konkurrenzveranstaltung zu den Olympischen

---

208 Esenin 1974, S. 149.
209 Vgl. *Krasnyj Sport*, 28.09.1924. Zitiert nach Edelman 1993, S. 46.
210 Vgl. Edelman 1993, S. 47.

Spielen,[211] erstmals öffneten, bekamen Arbeiter und Soldaten die Eintrittskarten von 50-75 Kopeken zum halben Preis.[212] Bis zu 50.000 Zuschauer strömten zu diesem Anlass ins Stadion, standen auf dem Feld, der Fahrradstrecke und der Aschenbahn.[213] Nach Umbauarbeiten 1935 war das Stadion für 55.000 Zuschauer ausgewiesen. Der Sport war nun ein Spektakel für Zehntausende. Mitte der 1930er Jahre hatte sich der Fußball zu einer Körperpraxis großer Menschenmassen entwickelt, deren Mitglieder Vorstellungen von Gemeinschaft und Gegnerschaft physisch empfinden konnten (siehe Abb. 2).[214]

Abb. 2: Moskau. Dinamo-Stadion. 1933. © *Fotoagentstvo Sport-Ėkspress*

Weiterhin erschließt sich die stadtweite Popularität der Mannschaft über die von Nikolaj Starostin orchestrierten Strategien, mit denen die Mannschaft während wilder Umstrukturierungen in der frühen Sowjetzeit ihr Überleben sicherte. Während der Fußball als solches immer populärer wurde, rangen widerstrebende Netzwerke darum, wie die Welt des noch jungen sowjetischen Sports organisiert werden sollte. Viele Mannschaften aus den Vorrevolutionsjahren hatten zunächst weitergespielt, wurden jedoch 1923, im Jahr der Grün-

---

211 Vgl. Riordan 1977, S. 110.
212 Vgl. Edelman 1993, S. 39.
213 Vgl. Edelman 1993, S. 47.
214 Solche sozialen Konstruktionen sind auch von der Masse aus zu denken, nicht allein vom Individuum. Kulturhistorische Arbeiten mit Fokus auf individuelle Vorstellungswelten übersehen soziale Räume, die mit diesen Vorstellungen in einer Wechselwirkung gedacht werden müssen. Siehe die theoretischen Ausführungen in Kapitel 1. Zu gewalttätigen Affektentladungen solcher Massen siehe Kapitel 3.1.

dung der Sportorganisation der Geheimpolizei *Dinamo*, aufgelöst oder umbenannt.[215]

Doch auch junge Neugründungen waren gefährdet. Einem Beschluss des Moskauer Stadtsowjets für Körperkultur im April 1926 zufolge sollten Mannschaften stets einer bestimmten Fabrik, Gewerkschaft oder anderweitigen Organisation zugeordnet sein.[216] Dies bedrohte das Fußballteam des Sportkreises aus der *Presnja* unmittelbar. Es gelang ihr jedoch, unter das Dach der Gewerkschaft *Piščevik*, der Gewerkschaft für Arbeiter der Lebensmittelindustrie, zu schlüpfen,[217] da Nikolaj Pašincev,[218] der den Sportkreis bereits als Vorsitzender des Exekutivkomitees der Kommunistischen Partei *Krasnaja Presnja* unterstützt hatte, zwischenzeitlich Vorsitzender von *Piščevik* geworden war.[219] Auch 1931, nach der Auflösung *Piščeviks*, fand sich mit der dem Handelsministerium unterstellten *Promkooperacija*, einer Vertretung diverser Dienstleistungsberufe,[220] eine Organisation, die den Fortbestand der Mannschaft sicherte,[221] bevor der Erste Sekretär des Komsomol, Aleksandr Kosarev, als Patron gewonnen werden konnte.[222] Aus diesen Wechseln alleine ergab sich eine region- und milieuunabhängige Anhängerschaft.

Das Team hatte seit den 1920er Jahren darum gekämpft, im Kontext politischer Umwälzungen seinen Platz im sowjetischen Sportsystem immer wieder aufs Neue zu finden. Mit Kosarev als Patron schienen sich Starostin und seine Mannschaft ihre zentrale Stellung in der Welt des sowjetischen Sports endgültig erkämpft zu haben. Die 1935 nach Spartakus benannte Sportorganisation, deren Gründung Nikolaj Starostin gemeinsam mit dem Direktor der *Promkooperacija*, Ivan Epifanovič Pavlov, ab 1934 vorantrieb,[223] war kaum auf eine Branche festgelegt: Für andere Neugründungen, etwa „*Trud* (für Industrie und Baugewerbe), *Lokomotiv* (Eisenbahnsektor) oder *Zenit* (Kriegs-

---

215 Vgl. Edelman 2009, S. 53.
216 Vgl. Edelman 2009, S. 63.
217 Vgl. Esenin 1974, S. 148.
218 Vgl. Edelman 2009, S. 58.
219 Vgl. Edelman 2009, S. 63.
220 Vgl. Edelman 2009, S. 70. In den Jahren bis 1934 spielte ein Teil der Mannschaft für die Tabakfabrik *Dukat*, nachdem Pašincev dorthin gewechselt war. 1934 kehrten sie zur Promkooperacija zurück. Edelman 2009, S. 72.
221 Vgl. Esenin 1974, S. 148.
222 Vgl. Edelman 2009, S. 72. Bereits gegen Ende des Bürgerkriegs hatte es erste Gespräche zwischen Fußballenthusiasten der *Presnja* und dem lokalen Komsomol gegeben. Edelman 2009, S. 45.
223 Der Ministerrat beschloss die Gründung am 28. Januar 1935. Siehe Edelman 2009, S. 73-4.

materialindustrie)" aber auch die bereits etablierten Armee- und Polizeiorganisationen (CDKA und Dinamo) galt dies nicht.[224]

Diese Alleinstellungsposition Spartaks stand schon fest, bevor Starostin unterstützt von Kosarev die Gründung einer sowjetischen Fußballliga vorschlug, die 1936 ihren Spielbetrieb auch tatsächlich aufnahm.[225] Zu diesem Zeitpunkt stand bereits fest, dass eine Moskauer Mannschaft Anhänger unabhängig ihrer organisatorischer Zugehörigkeit als Eisenbahner, Geheimpolizisten oder Armeeangehörige mobilisieren konnte: Spartak.

Hinzu kamen große Erfolge in nationalen und internationalen Begegnungen. Die Mannschaft lieferte sich in den späten 1930er Jahren packende Duelle mit Dinamo Moskau, der bis dato stärksten Mannschaft der Stadt,[226] um Meisterschaft und Pokal. Im ersten Jahr der Liga wurden eine Frühjahrs- und eine Herbstmeisterschaft ausgespielt. Frühjahrsmeister wurde Dinamo,[227] Herbstmeister Spartak.[228] 1937 holte Dinamo das „Double", gewann beide Wettbewerbe.[229] 1938 und 1939 gewann Spartak jeweils Meisterschaft und Pokal.[230] Das Derby der beiden Mannschaften verfolgten in diesen Jahren jeweils mindestens 60.000 Zuschauer im Dinamo-Stadion.[231]

Einen ersten Höhepunkt erfuhr der Hype um die Mannschaft bereits im Frühsommer 1937, als eine baskische Auswahlmannschaft durch die Sowjetunion tourte, um Geld für Hinterbliebene der Opfer des spanischen Bürgerkriegs einzuspielen. Moskau erlebte in dieser Zeit eine Reihe von Solidaritätsbekundungen mit der republikanischen Seite im spanischen Bürgerkrieg. Das Politbüro hatte zwar erst am Tag der Ankunft der Spieler seine finanzielle Zustimmung gegeben,[232] doch bereits im Jahr zuvor war eine Großdemonstration für die republikanische Seite auf dem Roten Platz in Moskau abgehalten worden.[233]

---

224 Maurer 2010, S. 170.
225 Vgl. Edelman 2009, S. 84-7.
226 Vgl. Edelman 2009, S. 88.
227 Vgl. Esenin 1974, S. 112.
228 Vgl. Esenin 1974, S. 149.
229 Vgl. Esenin 1974, S. 112.
230 Vgl. Esenin 1974, S. 150.
231 Die Begegnung Dinamo gegen Spartak Moskau sahen offiziellen Angaben zufolge am 03.09.1936 rund 60.000, am 11.09.1937 rund 60.000, am 23.08.1938 rund 60.000, am 21.06.1939 rund 75.000, am 18.09.1939 rund 75.000 und am 10.06.1940 rund 70.000 Zuschauer. Es ist nicht zu rekonstruieren, wie viele Zuschauer jeweils tatsächlich im Stadion waren. Vgl. Dobronravov 2006, S. 10-20.
232 Vgl. Edelman 2009, S. 105.
233 Vgl. Schlögel 2009, S. 140.

Die Reichweite der Baskentour durch die Sowjetunion wurde durch das neue Medium Radio vergrößert. In den 1920er Jahren trieben Technikenthusiasten die Entwicklung des Radios zunächst dezentral voran. In der zweiten Hälfte der 1920er Jahre begannen dann aber Behörden damit, „Empfängerpunkte (*točki*)"[234] einzurichten, die mit Lautsprechern und einem Kabelnetz Live-Berichterstattungen bewerkstelligten. Am 26. Mai 1929 wurde erstmals ein Live-Bericht eines Fußballspiels im Radio übertragen.[235] Diese Innovation erwies sich als wesentlich, denn der Ausbau von Medien multiplizierte langfristig Imaginationen sowjetischer Bürger. Sie konnten sich in den Jahrzehnten, die folgten, ganz bequem von zu Hause aus vorstellen, zu wem sie gehören wollten.

Zunächst beschränkte sich der Fußball als Medienereignis aber ebenfalls auf urbane Bereiche. Mitte der 1930er Jahre hatte sich etwa in Nižnyj Novgorod die Anzahl der Radiopunkte innerhalb weniger Jahre auf nun rund 44.000 *točki* verzehnfacht.[236] Diese Punkte stellten noch am Vorabend des Überfalls Nazideutschlands auf die Sowjetunion am 22. Juni 1941 rund „80% der verfügbaren Radios (5,5 Millionen Geräte)". Radiohören war in den 1930er Jahren hauptsächlich ein kollektives Erlebnis, das sich nicht ausschließlich, aber doch vorwiegend in urbanen Zentren abspielte. Kollektive Hörerschaften entstanden unter anderem in „dörflichen Leseräumen, Arbeiterklubs, Armeebaracken, oder auf den Straßen und Plätzen der Städte".[237]

Erst Entwicklungen in der Radio- und Fernsehtechnologie der Nachkriegszeit machten den Fußball zu einem Zuhörer- und Zuschauersport für jedermann. Erst dann konsumierten ihn auch kleinere Gruppen, Familien oder Einzelpersonen.[238] Doch die Entstehung neuer Räume für den Zuschauersport deutete sich gleichwohl bereits in dieser frühen Phase an: Fußballereignisse erzeugten nun „Gefühls- und Hassgemeinschaften"[239] erstmals auch außerhalb der (ebenfalls noch jungen) Stadien. Die Beliebtheit des Spiels korrelierte stark mit dem Ausbau neuer Medien,[240] während ihre Zunahme auch von zeitgenössischen Beobachtern bemerkt wurde. So sprach etwa ein Wortbeiträger auf einer Versammlung der Instrukteure des Sportkomitees

---

234 Lovell 2011, S. 601. Zum sowjetischen Radio siehe ferner Gorjaeva 2007, 2000.
235 Vgl. Kuz'min 2010.
236 Vgl. Lovell 2011, S. 601.
237 Lovell 2011, S. 602.
238 Vgl. Lovell 2011, S. 614. Kristin Roth-Ey führt zahlreiche Faktoren an, die zum massiven Ausbau kurzwellenfähiger Radiogeräte führten. Vgl. Roth-Ey 2011, S. 138f.
239 Schlögel 2009, S. 288.
240 Das Spiel der Basken in Kiev kommentierte Vadim Sinjavskij. Siehe Kuz'min 2010, S. 242.

1938 davon, dass die Menschen den Fußball inzwischen nicht nur in „Moskau, in Kiev und in Tbilisi" angetan seien, sondern eben auch „in Kolomna [zwischen Moskau und Rjazan'] und in Vyšnij Voloček [im Tverer *oblast*'] und an allen anderen Orten der Sowjetunion".[241]

Nachdem internationale Begegnungen bereits zuvor im Radio übertragen worden waren,[242] konnten sich auch über die Moskauer Gastauftritte der baskischen Auswahl Gemeinschaften an den Radiopunkten sowjetischer Städte formieren.[243] „Zwei Millionen Kartenanfragen" sollen im Vorfeld eingegangen sein; „Tausende" die Mannschaft bei ihrer Ankunft am Bahnhof begrüßt;[244] und „90.000" das Spiel gegen Lokomotiv im Moskauer Dinamo-Stadion verfolgt haben.

Die Basken begeisterten. Sie gewannen das Spiel gegen Lokomotiv, sie gewannen gegen Dinamo Moskau, spielten Unentschieden gegen eine Leningrader Auswahlmannschaft und besiegten in einem zusätzlich angesetzten Spiel ein verstärktes Dinamo Moskau erneut.[245] Doch auf die doppelte Demütigung Dinamos folgte Spartaks Triumph. Die unter anderem mit dem berühmten Grigorij Ivanovič Fedotov (1916-1957) verstärkte Mannschaft gewann das Spiel gegen erschöpfte Basken mit 6:2.[246]

Spartak war erfolgreich, die Mannschaft war auch populär, doch im Kontext des Großen Terrors war etwas anderes viel wichtiger: Spartak schien endgültig etabliert. Spartak war mit dem Erfolg gegen die baskische Auswahl zu einem Zeitpunkt oben auf, als sich Moskau endgültig in eine Welt des Hauen und Stechens verwandelt hatte. Auch Funktionsträger des sowjetischen Sports gehörten zu Opfern des Terrors. Die vier Vorsitzenden des sowjetischen Sportkomitees traf es zwischen 1930 und 1938 allesamt: Antipov (1934), Mancev (1936), Charčenko (1937) und Celikov (1938).[247] Für Sportzuschauer deutlicher wahrnehmbar, lichteten sich auch auf den Spielfeldern zahlreicher Sportarten die Reihen der Protagonisten. Der Terror machte weder vor Rekordhaltern, noch vor beliebten Spielern halt.[248] In Archivdokumenten zeigt sich, wie Sportpatrone ihre Spieler bereits 1935 zu verteidigen suchten. So nahm der

---

241 GARF, f. 7576, op. 1, d. 364, l. 45.
242 Vgl. Edelman 1993, S. 50.
243 Vgl. Edelman 1993, S. 64.
244 Edelman 2009, S. 105.
245 Für die politische Lobbyarbeit im Hintergrund dieser Spiele und Versuche, das baskische Team mürbe zu machen und zu erneuten Begegnungen mit Dinamo und Spartak zu bewegen, siehe ausführlich Edelman 2009, S. 105-7.
246 Vgl. Edelman 2009, S. 107.
247 Vgl. Maurer 2010, S. 196; Edelman 1993, S. 65.
248 Vgl. Edelman 2009, S. 111.

Vorsitzende des ukrainischen Sportkomitees, S. Andreev, den Dinamo Kiev Spieler Konstantin Vasilevič Fomin (1903-1967) in einem Brief an den Vorsitzenden des sowjetischen Sportkomitees, Mancev, in Schutz:

> „Vasilij Nikolaevič. Ich verteidige grobes Spiel nicht. Gegen Grobheiten muss man vorgehen, aber niemals sollte man es zulassen, wenn gegen Leute gehetzt wird. Deshalb fordern wir, [...] die Redaktion der Zeitung [*Krasnyj Sport*] unverzüglich zur Verantwortung zu ziehen. [...] Sollten Sie keine Maßnahmen ergreifen, werde ich gezwungen sein, mich an die geeigneten Organe zu wenden [...]".[249]

In den folgenden Jahren verschwanden Spieler, wie Robert Edelman schreibt, „zu Hunderten".[250] Spartak Moskau schien dagegen nach jahrelanger Odyssee um politische Anbindung nicht nur im Herzen der Fußballanhänger in Moskau, sondern auch im Herzen des sowjetischen Sportsystems angekommen zu sein. Nach der Spielserie gegen die baskische Auswahlmannschaft erhielten die Sportgesellschaften von Spartak und Dinamo am 22. Juni 1937 den Leninorden. Neben anderen Orden für weitere Spieler wurde auch Nikolaj Starostin diese Ehre zuteil.[251] Er verwies in der Nachbetrachtung in *Krasnyj Sport* auf die politische Unterstützung des Komsomolchefs Kosarev und des Vorsitzenden des Sportkomitees Charčenko.[252]

Zumindest aus der Perspektive dieses Rahmens betrachtet versammelte sich im Moment des großen Erfolges gegen die baskische Auswahlmannschaft um Spartak im Kontext des Terrors eine fluide und heterogene Gemeinschaft derer, die sich dank dieses Ereignisses für die Winzigkeit eines Fußballspiels als Teil einer euphorisierten sowjetischen Gemeinschaft fühlen konnte. Mit Spartak konnten sich wie erwähnt aufgrund seines Weges durch verschiedene Institutionen ganz unterschiedliche Menschen identifizieren. Wegen Spartaks früherer Zugehörigkeit zur *Promkooperacija* speiste sich seine Beliebtheit nicht zuletzt aus Berufsgruppen und Milieus, die ebenso um Anerkennung und Teilhabe ringen mussten, wie die Spartakgründer um Nähe zur Macht und politische Patrone rangen.

Als Fußballfans strömten sowjetische Bürger in einer Zeit der Verknappung aller Lebensräume der anderen Seite der Medaille stalinistischer Herrschaft entgegen: den neu angelegten sozialistischen Stadträumen für neue Menschen. Sie blieben von dort ausgeschlossen oder landeten im Glück: in der Enge und der Hitze des Dinamo-Stadions. Dies ist der Kontext, in dem sich

---

249 GARF, f.7576, op.1, d. 275, ll. 43-4.
250 Edelman 1993, S. 65.
251 Vgl. Edelman 2009, S. 92.
252 Für Details zum Spielverlauf und dem umstrittenen Elfmeterpfiff des Spartak nahestehenden Schiedsrichters Kosmačev siehe Edelman 2009, S. 108.

Spartak Moskau zur Projektionsfläche urbaner Moskauer Identität entwickelte. Es eröffnete urbanisierten Bevölkerungsgruppen die einfache Teilhabe an kurzen privilegierten Momenten sowjetischer Einheit; und dies zu einer Zeit, in der niemand wusste, wie lange er noch zur sozialistischen Gemeinschaft neuer Menschen gehören sollte.

Diese Beschreibung des Rahmens unterscheidet sich deutlich von verfügbaren Erinnerungen an die Stadionkultur der 1930er Jahre. Zeitzeugen erinnern sich auf der einen Seite weniger an den stalinistischen Rahmen, denn an die Emotionsgemeinschaft im Stadion. Der Literaturwissenschaftler und Kulturhistoriker Leonid Matveevič Arinštejn (geb.1926) etwa bringt einen möglichen Deutungskontext der Zeit ins Spiel, indem er das Stadion der 1930er Jahre mit der Darstellung im Kinofilm *Der Torhüter* (*vratar'*) von 1936 vergleicht. Am Ende dieses Films bejubeln Zuschauer den Sieg der sowjetischen Mannschaft gegen die Mannschaft der „schwarzen Bullen, die deutlich den Faschismus symbolisierten".[253] Im Kinofilm ist die Aufladung des Sports mit Symboliken der Verteidigung des Vaterlandes mit Händen zu greifen. Arinštejn, der seit den frühen 1930er Jahren im Alter von fünf oder sechs Jahren ins Stadion mitgenommen wurde, erinnert sich an eine *„edinaja massa"*, ohne dabei aber den offensichtlichen Kontext des äußeren Feindes zu meinen.[254]

Auf der anderen Seite betonen Stimmen aus dem Spartaklager aus poststalinistischer und postsowjetischer Retrospektive die „Freiheit", die auf den Rängen zu spüren gewesen sei. Einzelne Platzstürme und Schmährufe, von denen im dritten Kapitel dieser Arbeit noch die Rede sein wird, werden als Beleg ins Feld geführt, dass Spartak-Fans ihr Unbehagen gegenüber Miliz und damit der stalinistischen Ordnung zum Ausdruck gebracht hätten.[255]

Dieser Sichtweise ist zunächst entgegenzuhalten, dass der Zugang zum Stadion in vielfacher Weise limitiert war. Andrang und Enge führten in den späten 1930er Jahren zu einer ähnlichen Ambivalenz zwischen allgemeiner Teilhabe und Exklusivität wie bei den Fußballspielen etablierter und „wilder" Vereine im späten Zarenreich. Bei Spielen der Fußballliga scharten sich jene Menschen um ihre Mannschaften, die sich die mittlerweile teuren Fußballspiele noch leisten konnten.[256] Das Fußballspiel selbst war auch im Stalinismus ein Ort, an dem Gemeinschaft und Gegnerschaft ausgedrückt werden

---

253 O'Mahony 2006, S. 141; Semen Timoshenko, *Vratar'*, Lenfil'm, 1936.
254 Leonid Arinštejn, E-Mail an den Autor, 09.02.2011.
255 Robert Edelman weist inzwischen deutlich auf den poststalinistischen Kontext dieses Mythos hin, in dem „Spartak zu einer Mannschaft der Demokratie und der Freiheit" wurde. Edelman 2009, S. 156.
256 Siehe hierzu auch Kapitel 2.1.

konnte. Bolschewistische Mäzene unterstützten ihre Mannschaften und scharten so sowjetische Massen um sich. In absoluten Zahlen wuchsen die Massen bei Fußballereignissen (insbesondere wenn man Radioübertragungen berücksichtigt), doch nicht jeder hatte im Laufe der 1930er Jahre noch die Möglichkeit dazuzugehören.

Die Bedeutung des Fußballs sollte auch für eine Zeit nicht überbewertet werden, in der Gemeinschaft und Gegnerschaft generell eine Frage der Überlebensstrategien und des Zufalls, eine Frage um Leben und Tod war. In das sich rapide industrialisierende Moskau drängten zwischen 1929 und 1939 zwei Millionen Menschen. Die Einwohnerzahl verdoppelte sich auf beinahe 4,5 Millionen Bewohner. Moskau war erneut „eine Stadt der Bauern" geworden[257] und diese hatten zunächst kaum einen Bezug zu urbanen Freizeitvergnügungen und damit auch nicht zu sportlichen Großereignissen.[258] Der „Generalplan zur Rekonstruktion Moskaus" etwa wirkte, wie Karl Schlögel dies formuliert, weniger wie die „grandiose Vision eines allmächtigen Staates", sondern wie ein „Notstandsprojekt [...] in einem Land, in dem alles in Fluss gekommen war".[259] Viele Arbeitsmigranten hatten aufgrund ihrer Lebensumstände, aber auch aufgrund ihrer Herkunft kaum einen Sinn für urbane, von staatlichen Stellen organisierte Freizeit.[260] Das Land selbst hinkte in Bezug auf Technologie und Infrastruktur der Entwicklung der Städte hinterher. Viele Neu-Moskauer hatten soeben erst eine Umgebung verlassen, in der nur wenige Informationen über Sportereignisse verfügbar gewesen waren.[261]

Jede Erörterung der gesellschaftlichen Reichweite urbaner Freizeitpraktiken wäre unvollständig, wenn sie nicht die Opfer erwähnte. Der Erste Weltkrieg und vor allem der Russische Bürgerkrieg (1917-1921) „hinterließ[en] den nachfolgenden Generationen eine Mentalität des Hasses, des Misstrauens und der Missgunst".[262] Auf ihr vielmillionenfaches Morden und Sterben folgten nur wenige Jahre der Ruhe, ehe „vorsichtigen Schätzungen" zufolge rund 25 Millionen Menschen von der durch Kollektivierung, Kulturrevolution, Hungersnot und Terror losgelösten Gewaltkaskade betroffen waren.[263] Millionen von ihnen starben. Kollektivierung und Hungersnot kosteten etwa acht Millionen Menschen das Leben.[264]

---

257 Hoffmann 1994.
258 Vgl. Edelman 2009, S. 123.
259 Schlögel 2009, S. 80.
260 Vgl. Kucher 2003, S. 103.
261 Vgl. Riordan 1977, S. 298.
262 Katzer 1999, S. 2.
263 Figes 2008, S. 28.
264 Vgl. Schlögel 2009, S. 21.

Die Fußballliga war gerade eingeführt, als der Terror begann: „Innerhalb eines Jahres wurden an die zwei Millionen Menschen verhaftet, an die 700.000 ermordet, fast 1.3 Millionen in Lager und Arbeitskolonien verschickt."[265] Insbesondere für ländliche Räume ist nach der Kollektivierung zunächst von einer „weitverbreitete[n] Feindlichkeit der Bauern gegenüber jeglichen urbanen ‚kommunistischen' Dingen"[266] auszugehen. Ballspiele in sozialistischen Sportstätten bildeten hierbei zunächst keine Ausnahme.[267] Der Fußball der 1930er Jahre war als Zuschauersport, allen medialen und architektonischen Erweiterungen zum Trotz, nur für einen Bruchteil der Bevölkerung zugänglich. Bei Spartak trafen sich Menschen aus unterschiedlichen Zusammenhängen, doch Teilhabe drückte sich auch bei dieser Mannschaft über die Nähe zur bolschewistischen ‚Vaterfigur' Stalin aus, dessen unendlicher Brutalität sich auch im Bereich des Sports viele durch Umarmung zu entziehen versuchten.[268]

Wer also beim Spiel Spartaks gegen die baskische Auswahl die „Freiheit" der Ränge spürte, der befand sich gemeinsam mit vielen Parteimitgliedern, Geheimpolizisten, Soldaten und anderen Repräsentanten sowjetischer Organisationen im Auge des Orkans und nicht außerhalb des Sturms.[269] Zunächst hatte er sich mit recht großem physischem, finanziellem oder politischem Aufwand hinein gekämpft in die Gemeinschaften derer, die ohne Angst vor den „überfallartigen Eingriffen von oben"[270] gerade noch einmal ein Fußballspiel betrachten durfte: physisch mit Geduld, möglicherweise mit Ellenbogen oder gar in der Gruppe im Sturm durch den Eingangsbereich;[271] finanziell über gesalzene Preise für privilegiertere Eintrittskarten; oder politisch, da Parteimitglieder die Möglichkeit hatten, sich bei den Sportorganisationen mit kostenlosen Eintrittskarten zu versorgen.

Während Spartak etwa pro Spiel rund tausend Karten an politische Kader, unter anderem an Mitglieder des Zentralkomitees und des Moskauer Stadtsowjets, ausgegeben haben soll,[272] konnten sich viele Fußballfans zumindest die Preise für die teureren Plätze im Dinamo-Stadion kaum mehr leisten. Der Vorsitzende des Sportkomitees, Charčenko, bestätigte am 15. März 1937, dass

---

265 Schlögel 2009, S. 21.
266 Riordan 1977, S. 298.
267 Siehe für statistische Erhebungen in Bezug auf sportliche Aktivitäten in der ländlichen Lebenswelt Riordan 1977, S. 295-305.
268 Zum stalinistischen Personenkult unter Alpinisten siehe Maurer 2010.
269 Zum Bild des „Orkans der Massenhysterie" sowie der Gleichzeitigkeit von Teilhabe und Terror in den späten 1930er Jahren siehe Schlögel 2009, S. 27-8, 57.
270 Schlögel 2009, S. 27.
271 Zu Erinnerungen an die „Dampfmaschine", das Stürmen der Eingangstore, siehe Edelman 2002, S. 1455.
272 Vgl. Edelman 1993, S. 64; Peppard 1982-1983, S. 231.

die „Eintrittspreise zu Spielen der sowjetischen Fußballliga drei Rubel anstelle der früher festgesetzten fünf Rubel nicht übersteigen" sollten.[273] Ob nun fünf oder drei Rubel: Solche Preise überstiegen die Möglichkeiten etwa eines Arbeiters der Metro-Baustelle angesichts eines mittleren Monatslohns von 150 Rubel.[274] Denn dieser Durchschnittswert verdeckt die stark angestiegenen Lohnunterschiede innerhalb der Arbeiterschaft, aber auch zwischen Arbeitern und anderen Berufsgruppen.[275] Alle anderen hatten sich um die günstigeren Plätze zu balgen, wie dies leider nur über eine Photographie für die späten 1940er Jahre dokumentiert ist (siehe Abb. 3). Dem nicht abreißenden Strom der Arbeitsmigranten nach Moskau entsprach also ein anschwellender Strom durchsetzungsstarker, wohlhabender oder einflussreicher Moskauer ins Dinamo-Stadion. Ihre sowjetische Gemeinschaft mochte einen Vorgeschmack auf den späteren Weltkriegspatriotismus liefern. Gleichwohl bildeten sie aber zudem eine Gemeinschaft derer, die noch dazugehörten, die noch nicht zu den „zahllosen Offiziellen, Ingenieuren und Arbeitern" gehörten, die seit 1936 verschwanden.[276]

---

273 GARF, f. 7576, op. 13, d. 112, ll. 8, 78-9.
274 Vgl. Neutatz 2001, S. 218.
275 Zu Löhnen und ihrer Entwicklung in den frühen 1930er Jahren siehe Neutatz 2001, S. 213-25.
276 Hoffmann 1994, S. 10.

Abb. 3: An der Kasse. Moskau. Dinamo-Stadion. Späte 1940er Jahre. © *Fotoagentstvo Sport-Ėkspress*. Siehe auch Edelman, Spartak Moscow, S. 138.

Im Gegensatz zur Dinamo-Sportorganisation der Geheimpolizei stand den Starostin-Brüdern und Spartak eher der Sinn nach einem populären Zuschauersport, nach großen Anhängerschaften und Entertainment, wie sie es bei internationalen Begegnungen in Westeuropa gesehen hatten.[277] Doch auch sie spielten ihr Spiel *mit* der und gerade nicht gegen die herrschende Ordnung. Es war auch kaum in Stein gemeißelt, was bald schon als exklusiv sowjetisch zu gelten hatte und was nicht. Die Sowjetunion entdeckte zwar erst im Kontext des Kalten Krieges das „kulturelle Kapital",[278] von Goldmedaillen bei Olympischen Spielen; der Sport wurde auch dann erst durch Fernsehübertragungen zu einem Spektakel für Millionen.[279] Doch sowjetische Sportler kamen Barbara Keys

---

277 Etwa: beim Spiel einer kombinierten Dinamo-Spartak Mannschaft gegen Racing Club de France am Neujahrstag 1936 in Paris. Edelman 2009, S. 78-84.
278 Bourdieu 1985.
279 Zur ersten sowjetischen Teilnahme an Olympischen Spielen siehe Parks 2007.

zufolge bereits in den 1930er Jahren in Kontakt mit einer „globale[n] Sportkultur" und ihren „transnationalen Verbindungen".[280] Zudem sah sich Nikolaj Starostin an der Seite einflussreicher Bol'ševiki, als er seine Ideen präsentierte. Diese achteten nicht nur bei der Gründung der Liga 1936 peinlich genau darauf, dass der zunehmend populäre Mannschaftssport offiziell als Ausdruck des „fröhlichen Lebens" sozialistischer Menschen erschien.[281] Dies zeigte sich exemplarisch als Spieler Spartak Moskaus am Tag der Körperkultur 1936 auf dem Roten Platz Iosif Stalin ein Präsentationsspiel darboten. Kosarev soll neben Stalin „ein weißes Taschentuch" griffbereit gehalten haben, um den Spielabbruch zu signalisieren, sollte dem Diktator die Darbietung missfallen.[282]

Spartak unterwarf sich damit, unter Anleitung seines Patrons Kosarev, klar und weithin sichtbar dem stalinistischen Personenkult. Die Sportorganisation versuchte sich damit, ähnlich wie das Eva Maurer für den sowjetischen Alpinismus der 1930er Jahre nachzeichnet, durch Implementierung von Elementen des sich entfaltenden Personenkults neu zu begründen.[283] Als Alpinisten etwa durch die Umbenennung des heutigen *Pik Ismoil Somoni* in *Pik Stalina* die Einordnung einer ehemals bürgerlichen Freizeitpraxis in ein bolschewistisches Narrativ betrieben, benannten sie die um diesen Gipfel gruppierten niedrigeren Berge nach anderen führenden Bol'ševiki unter Stalin, wie etwa Vjačeslav Michajlovič Molotov (1890-1986) oder Kliment Efremovič Vorošilov (1881-1969).[284] Der Stalinkult drückte sich über „vertikale Hierarchien" der Berge aus, mittels derer sich alpinistische Netzwerke bolschewistisch neu erfanden.[285]

Der einzige Unterschied bestand beim Fußball darin, dass es hier hochrangige Bol'ševiki selbst waren, die den Sport als Spielwiese zur symbolischen Nachstellung jener Hierarchien unterhalb von Stalin erkoren. Lavrentij Pavlovič Berija (1899-1953) etwa war als Chef der Geheimpolizei nicht nur Vorsitzender der Dinamo-Sportorganisation, sondern soll auch ein glühender Anhänger von Dinamo Moskau und Tbilisi gewesen sein. Lazar' Moiseevič Kaganovič (1893-1991) verhinderte 1946 als erster Sekretär des ZK der Kommunistischen Partei der Ukraine den Abstieg Dinamo Kievs.[286] Stalins Sohn Vasilij Iosifovič Stalin (1921-1962) suchte sich in den Nachkriegsjahren mit der Luftwaffenmannschaft der *Voenno-vozdužnye sily (VVS)* zu verwirklichen,

---

280 Keys 2006, S. 158.
281 Petrone 2000.
282 Edelman 2009, S. 101-2.
283 Vgl. Maurer 2010, S. 126.
284 Vgl. Maurer 2010, S. 127.
285 Maurer 2010, S. 128.
286 Vgl. Prozumenščikov 2004, S. 349.

die er mit „riesigen" Mitteln zu einer Spitzenmannschaft aufpäppeln wollte.[287] Auch er verhinderte, ein Jahr nach Kaganovič, den Abstieg seiner Mannschaft.[288] Republikanische und lokale Behörden nutzten den Personenkult unterhalb Stalins, um nötige Mittel zu erbitten. So gab Berija etwa 1948 auf Bittschrift des georgischen Sportkomitees die interne Anweisung, man möge sich für die Freigabe zur Fertigstellung des nach ihm benannten Dinamo-Stadions in Tbilisi „interessieren".[289] Die Anwesenheit solcher Patrone im Stadion muss bedacht werden; und mit ihr die Verbindung zwischen Parteiprominenz und (proletarischen) Massen, die sie suggerierte. Gleichzeitig reproduzierte dieses Engagement den Personen- und Starkult, der auch unterhalb Stalins gepflegt wurde. Fußballpatrone waren diesbezüglich in der „guten" Gesellschaft ihrer bolschewistischen Peers wie Kaganovič, Vorošilov oder Molotov, deren Photographien „Schulkinder [...] gegen solche von Fußballfans" getauscht haben sollen, wobei „[...] der schneidige Vorošilov viel mehr ab[warf], als der mürrische Molotow".[290]

Auch hinsichtlich der Rolle Stalins selbst ähneln sich die Fallbeispiele Fußball und Alpinismus. Der Diktator war Mitte der 1930er Jahre bereits der entscheidende Referenzpunkt für institutionelle oder persönliche Positionierungen in Bezug auf die bolschewistische Ordnung. Die Spartak-Sportorganisation buhlte ganz ähnlich wie zum selben Zeitpunkt sowjetische Alpinisten um die Gunst des Diktators. Ebenso wie aber die tatsächliche Besteigung des *Pik Stalina* im entstehenden Personenkult „zunehmend undenkbar" wurde,[291] schwebte Stalin auch beim Fußball über den Ereignissen. Im Dinamo-Stadion, dem Ort der Spitzenspiele im sowjetischen Fußball, schwebte das große Portrait des Diktators als entscheidender Bezugspunkt unangreifbar und auch, in Bezug auf den Ausgang der Fußballspiele, indifferent über den Ereignissen. Man kann das in Anlehnung an Eva Maurer auf die stalinistische Herrschaftssymbolik hin zuspitzen: Alleine der Versuch, aus der sakral aufgeladenen Herrscherfigur einen Fußballfan machen zu wollen, „wäre einer Profanierung gleichgekommen".[292] Niemand hätte dies wagen können.

Mit Rufen wie „Schlagt die Miliz" (*bej miliciju*) oder „Schlagt die Soldaten" (*bej konjušek*)[293] drückten Spartak-Fans also, im Lichte dieses Kontextes, keinen Gegensatz zur sowjetischen Ordnung aus. Solch eine Bedeutung nahmen

---

287 Zalesskij 2000, S. 425-6.
288 Vgl. Prozumenščikov 2004, S. 349.
289 Kozlov et al. 1996, S. 178.
290 Montefiore 2005, S. 191.
291 Maurer 2010, S. 141.
292 Maurer 2010, S. 141.
293 Edelman 2009, S. 95.

solche Rufe höchstens im nicht-artikulierten Selbstverständnis einzelner Zuschauer an, nicht aber als bewusste Botschaft einer fluiden Stadiongemeinschaft. Denn im Moskauer Dinamo-Stadion befand sich zwar eine Regierungsloge, die politische Entscheidungsträger exponierte und sie über einfache Zuschauer stellte. Zeitzeugen sprechen auch davon, die Anhängerschaft Spartaks sei auf der günstigen Osttribüne konzentriert gewesen während Dinamo-Fans die „aristokratischen Nord- und Südtribünen besetzten".[294] Es leuchtet auch ein, dass die ehemalige Stadtteil- und Gewerkschaftsmannschaft Spartak auf den günstigeren Tribünen mehrheitlich unterstützt wurde. Jedoch sind retrospektive Einschätzungen für einen Zeitraum, in dem es noch nicht einmal Fanutensilien gab, mit Vorsicht zu genießen.[295] Sie könnten sich aus der Erfahrung relativ homogener Fußballmilieus der Nachkriegszeit speisen.[296] Der Jubel, der Lärm zeigte, zu wem die Mehrheit hielt. Aber wo diese Mehrheit saß?

Weiterhin befanden sich auf den anderen, den „aristokratischen Tribünen" nicht nur Geheimpolizisten, sondern auch andere „Leistungsträger" der Sowjetunion, seien es Schriftsteller, Komsomol-Funktionäre, Gewerkschafter. Viele von ihnen hielten ebenfalls zu Spartak oder unterstützten eine andere Mannschaft als Dinamo. Hierfür sprechen alleine schon die erwähnten Eintrittskarten für Parteimitglieder, die Spartak für jeden Spieltag ausgegeben haben soll.[297] In der Regierungsloge fieberten hohe Bol'ševiki selbst mit und waren damit Teil der populären Fußballbewegung fluider Fanmassen, deren größte auf den Namen Spartak hörte. Bleiben als Bezugspunkt die Mannschaften auf dem Platz, deren Trikots höchstens auf die Behörden verwiesen, unter deren Dach sie spielten. Allerdings stellten sich Spartak-Fans, wenn sie sich gegen Dinamo stellten, zumindest aus der Perspektive dieses Rahmens nicht gegen „das Regime". Zumindest von außen betrachtet bildeten sie eher eine stalinistische Masse, wie sie in den späten 1930er Jahren zu erwarten war, als „Zeitungen [...] über die Sünden führender Kommunisten" auf eine Weise berichteten, die „eine latente Feindseligkeit sowjetischer Bürger gegenüber elitärer Privilegien und willkürlicher Machtausübung"[298] erzeugte. Der Stalinkult blieb von all dem unberührt, während sich die Gegensätze unterhalb Stalins,

---

294 Jurij Oleščuk, Mistika Spartaka, in *Sport-Ėkspress Journal* 1, 1999, S. 10, zitiert nach Edelman 2009, S. 94.
295 Vgl. Jurij Oleščuk, dem zufolge etwa „die Hälfte" der Kinder im Hof der Arbeitersiedlung zu Spartak hielt. Jurij Oleščuk, Mistika Spartaka, in *Sport-Ėkspress Journal* 1, 1999, S. 10, zitiert nach Edelman 2009, S. 94.
296 Siehe hierzu Kapitel 3.2.
297 Vgl. Edelman 1993, S. 64.
298 Fitzpatrick 2000, S. 195.

im Fußball insbesondere jener zwischen Spartak und Dinamo, in den späten 1930er Jahren nicht nur in sportlicher Hinsicht zuspitzten.

Diese Zuspitzung ist Grundlage dafür, dass viele Spartak-Fans ihre Mannschaft in den folgenden Jahrzehnten als unabhängig und frei, und auch als Opfer des Stalinismus mythologisierten: als Mannschaft, die der Vertreterin „des Regimes" Dinamo, die Stirn geboten habe. Nikolaj Ivanovič Ežov (1895-1939), Geheimdienstchef von 1936 bis 1938, stand für Massenverhaftungen und Exekutionen wie kaum ein Anderer.[299] Seine Ablösung als Geheimdienstchef leitete eine neue Phase des Terrors ein und wurde für den Komsomolsekretär Kosarev, selbst Verbündeter Ežovs[300], und für all jene zum Problem, die unter Kosarevs Schutz standen. Stalin selbst kritisierte die Führung des Komsomol, „‚Konterrevolutionäre' in ihren Reihen nicht ausgemerzt zu haben".[301] Bereits im November 1938 war es um Kosarev geschehen. Er wurde verhaftet und exekutiert.[302] Kazimir Vasilevskij war als Vorsitzender der *Promkooperacija* einer der wichtigsten Förderer Spartaks gewesen, bis auch er verhaftet wurde.[303] Sein Nachfolger, ebenfalls ein Gönner Spartaks, hielt sich weitere eineinhalb Jahre.[304]

Nun erst befand sich Spartak in einer Konstellation, auf die sich die Anhänger seitdem berufen. Die Spartak-Sportorganisation war durch den Verlust ihrer „Dächer" in Komsomol, Sportkomitee und anderswo hochgradig gefährdet. Lavrentij Berija bemühte sich als neuer Geheimdienstchef und Vorsitzender der Dinamo-Sportorganisation aggressiv darum, das Duell der beiden Moskauer Mannschaften zu Gunsten Dinamos zu entscheiden.[305]

Zu einer spektakulären politischen Einflussnahme kam es 1939, als das Pokalhalbfinale zwischen Dinamo Tbilisi und Spartak Moskau auf Anweisung des Zentralkomitees der KPdSU am 30. September wiederholt wurde, obgleich Spartak nicht nur das eigentliche Halbfinale am 8. September bereits gewonnen, sondern nach ebenfalls siegreichem Finale den Pokal bereits in Händen gehalten hatte. Der Gewinner des wiederholten Halbfinales: erneut Spartak. Wenn zum gegenwärtigen Untersuchungszeitpunkt eine direkte Einmischung

---

299 Vgl. Vronskaya und Chuguev 1989, S. 98.
300 Vgl. Edelman 2009, S. 118.
301 Figes 2008, S. 541.
302 Vgl. Edelman 2009, S. 118.
303 Vgl. Edelman 2009, S. 111.
304 Vgl. Edelman 2009, S. 111.
305 Es darf allerdings bestritten werden, dass ein einfacher Zusammenhang zu den Bemühungen, Nikolaj Starostin und seine Brüder zu verhaften, hergestellt werden kann. Bei diesen ging es nicht, oder zumindest nicht alleine um sportliche Gründe. Zu dieser Diskussion siehe ausführlich Edelman 2009, S. 125-35.

Berijas auch nicht nachgewiesen ist, so wurden die Spielwiederholung und der Gegensatz zu Dinamo und dem NKVD unter Berija gleichwohl, und dies ist für eine Geschichte der Zuschauerkultur wesentlich, zu bedeutenden Erinnerungsorten von Spartak-Fans der kommenden Jahrzehnte.[306] Dies gilt ebenso für Auseinandersetzungen außerhalb der sportlichen Arena, wo Berija bereits 1939 die Verhaftung der Starostins verfolgt haben soll.[307] Nikolaj Starostins Memoiren zufolge hielt zu diesem Zeitpunkt Molotov seine schützende Hand über den Spartak-Gründer.[308] Zur Verhaftung kam es schließlich 1942, mit Unterstützung von Georgij Maksimilianovič Malenkov (1902-1988).[309] Erst in den Jahren ab 1938 färbte sich der Gegensatz zwischen Spartak und Dinamo also auf eine Weise ein, dass Dinamo als Repräsentant der Ordnung und Spartak als Repräsentant der vielen Opfer dieser Ordnung oder auch der Bevölkerung gelten konnte.

Der Vorkriegsfußball war keineswegs für alle da. Er bot einen Raum für bolschewistische Häuptlinge und ihre Massen; einen Raum, an dem „die Träume einfacher Menschen und jene der Individuen, die den Staat führten, zusammen fanden"[310], an dem sich die Urbanität des „steinernen" Moskaus in die Ästhetik stalinistischer Massenkundgebungen übersetzte; einen Raum des euphorischen Jubels inmitten des Terrors; eines Jubels, der jene teilhaben ließ, denen er angesichts all der verschwundenen Zeitgenossen ringsherum und auf dem Platz nicht im Halse steckenblieb. Die Vorstellung Spartaks als „Mannschaft des Volkes", die sich aus Sicht ihrer Fans gegen „das Regime" oder „die sowjetische Ordnung" gestellt hätte, ist dagegen eine Mythologisierung dieser Ereignisse in der sowjetischen Nachkriegszeit. Schon als Slogan hätte „Mannschaft des Volkes" in einer Ordnung wenig ‚oppositionell' gewirkt, in der seit den 1930er Jahren „die Kategorie der *narodnost'*" an die Stelle „des Klassen-

---

306 Vgl. Edelman 2009, S. 120-1; Duchon und Morozov 2012, S. 79.
307 Vgl. Edelman 1993, S. 65. Dies wird von Duchon und Morozov bezweifelt, ohne dass sie dabei mit eigenen Dokumenten oder Belegstellen aufwarten würden. Duchon und Morozov 2012, S. 78-9. Die weithin exponierten Protagonisten Spartak Moskaus waren jedenfalls bereits 1937, auf dem Höhepunkt ihres Einflusses, durch Pressekampagnen bedroht und standen unter Beobachtung. Edelman 2009, S. 125-6.
308 Vgl. Starostin 1989, S. 63-4. Robert Edelman bezweifelt allerdings die von Starostin genannten Gründe. Molotov habe die Verhaftung verhindert, da er „sich als [...] Schutzherr von [...] Akademikern, Schriftstellern, Musikern, Tänzern, Filmstars und Sportlern sah". Edelman 2009, S. 130.
309 Dieser Vorgang wird von Robert Edelman ausführlich dargestellt und diskutiert, weshalb ich auf eine detaillierte Erörterung verzichte. Vgl. Edelman 2009, S. 42-135. Hier: S. 130.
310 Kotkin 1995, S. 23.

prinzips, der *klassovost"'*[311] gesetzt worden war. Spartak-Fans imaginieren in der Retrospektive „kleine Wege", die sich sowjetischen Bürgern auf den Tribünen stalinistischer Fußballstadien eröffnet hätten, „nein" zum sowjetischen „Regime" sagen zu können.[312] Wer von ihnen allerdings als Fußballfan vor dem Krieg schrie, der wollte damit nicht aufhören, denn solange er jubelte, gehörte er noch dazu.

2.2 Siegertypen: Dinamo und CDKA in der sowjetischen Nachkriegszeit

Am 21. November 1945 lauschten zwei Jungen einer Radioreportage. Der Radiokommentator Vadim Svjatoslavovič Sinjavskij (1906-1972) kommentierte Dinamo Moskaus Gastauftritt bei Arsenal London. Bei der Begegnung im dichten englischen Nebel handelte es sich um das dritte von vier Freundschaftsspielen Dinamo Moskaus in Großbritannien. Eine Woche zuvor hatte Dinamo der Mannschaft von Chelsea London bereits ein respektables 3:3 Unentschieden abgerungen und vier Tage später Cardiff City triumphal mit 10:1 besiegt. Vor dem Abschlussspiel der Tour gegen die Glasgow Rangers am 28. November stand nun die Partie gegen Arsenal an, die der Schriftsteller Lev Abramovič Kassil' (1905-1970) ein Jahr später als „berühmteste Mannschaft Englands" bezeichnete. Speziell für dieses Spiel sei sie durch die „stärksten Spieler verschiedener Profivereine" verstärkt worden.[313] Kassil's sowjetischen Lesern dürfte allerdings nicht verborgen geblieben sein, dass sich auch Dinamo mit dem CDKA-Spieler Vsevolod Michajlovič Bobrov (1922-1979) und zwei Spielern von Dinamo Leningrad verstärkt hatte.[314]

Die beiden Jungen lauschten Sinjavskijs Reportage an zwei ganz unterschiedlichen Ecken der Sowjetunion. Igor Stepanovič Dobronravov (*1934), Pressesprecher Dinamo Moskaus von 1992 bis 2004 und ein bis heute der Mannschaft nahestehender Fußballhistoriker, lauschte der Übertragung in Moskau. Der Armenier Pion Gazanjan (*1932) hingegen, später ein auf Ölbohrungen spezialisierter Wissenschaftler, saß in Tbilisi vor dem Radioapparat. Sie kannten sich nicht. Doch beide erinnern sich heute noch daran, wie sie im Herbst 1945 Anteil an diesem „erste[n] Aufeinandertreffen sowjetischer Könner und englischer Profis"[315] hatten. Sie erinnern sich an einen Moment, in dem die für so manchen Spartak-Fan der Vorkriegszeit verhasste Polizeimann-

---

311 Brüggemann 2002, S. 43.
312 Edelman 2002.
313 Kassil' 1946, S. 21.
314 Vgl. Edelman 1993, S. 88.
315 Kassil' 1946, S. 3.

schaft Dinamo ebenfalls zu einer Mannschaft wurde, deren Erfolg sich Menschen ganz unterschiedlicher Herkunft zu eigen machen konnten. Spätestens seit 1937 wussten Fußballfans, dass Spartak Moskau die populärste Mannschaft des Moskauer und bald schon des sowjetischen Fußballs war. Sie wussten, dass Spartak Menschen aus ganz unterschiedlichen soziokulturellen Zusammenhängen zusammen brachte. Bereits nach dem Krieg allerdings entwickelten weitere Moskauer Mannschaften eben diese Qualität. Weitere Gemeinschaften entstanden um die Armee- und Polizeimannschaften CDKA und Dinamo, von denen Fußballfans wiederum wussten, dass sie nun nicht mehr nur für Armee- und Milizangehörige interessant waren. Viele fieberten im Kontext der Öffnung des sowjetischen Sports bereits nach dem Krieg und verstärkt nach dem Ende des Stalinismus mit diesen Mannschaften mit, wie auch mit einer bald schon regulär an internationalen Wettbewerben teilnehmenden Nationalmannschaft.

Im Unterschied zur Rekonstruktion der Vorkriegszeit stehen mir für die Nachkriegsjugend Interviewnarrative zur Verfügung, die ich mittels Forschungsliteratur und zeitgenössischer Presseberichterstattung mit zeitgenössischen Diskursen verknüpfen möchte. Dabei zeigt sich, dass sowjetische Gemeinschaft nach Stalins Tod nicht als Neuanfang funktionierte. Imaginierte Gemeinschaften nach Stalins Tod verbanden Elemente des Alten und des Neuen. Sie grenzten sich von Teilen der stalinistischen Vergangenheit ab und kultivierten andere. Eine Erinnerungsgemeinschaft entstand, die häufig in Abgrenzung zur etablierten Spartak-Fangemeinschaft funktionierte.

Die Wirkung der Großbritannientour Dinamos verstärkten neben dem Radio auch Printmedien. Lev Kassil' hatte bereits an anderer Stelle die Formel des Kiever „Todesspiels" geprägt.[316] Nun schilderte er die triumphale Fahrt Dinamos in einem eigens nach der Auslandsreise veröffentlichten Fußballheft, das die zusammengezählten Tore der vier Begegnungen als Titel trug: „19:9".[317] Der Komponist Dmitrij Dmitrievič Šostakovič (1906-1975) deutete Dinamos Siege in der *Izvestija* als Indiz für die Überlegenheit der sowjetischen Gesellschaft.[318] In der Fan-Erinnerungskultur prominenter vertreten ist allerdings Kassil's Fußballheft, das sich Pion von einem befreundeten Jungen (im Interview: „Genossen") auslieh. Er lernte die Spielverläufe auswendig und

---

316 Ginda 2010, S. 179. Siehe auch Kapitel 5.1.
317 Kassil' 1946.
318 Vgl. Kowalski und Porter 1997, S. 69

wurde erst durch diese Lektüre, wie er versichert, Fan von Dinamo Moskau. Die Ergebnisse der vier Spiele gibt er bis heute korrekt wieder.[319] Publikationen wie diese verstärkten Momente unmittelbarer Fußballeuphorie zu Erinnerungsorten. Generationen sind wie erwähnt retrospektive Konstrukte von Erinnerungsgemeinschaften. Die Vorstellung einer einmütigen sowjetischen Gemeinschaft gründet hier nicht nur auf dem Ereignis selbst, sondern auch auf seiner medialen und publizistischen Inszenierung. In Folge dieser nahm die Popularität Dinamo Moskaus zu. Dinamo blieb eine Polizeimannschaft. Doch wichtiger war nun, dass Sinjavskij von einer sowjetischen Mannschaft berichtete, nicht zuletzt auch verstärkt durch Spieler anderer Mannschaften, die im Mutterland des Fußballs ihr Können unter Beweis gestellt hatte. Junge Sowjetbürger wie Dobronravov oder Gazanjan nahmen Anteil an diesem Erfolg und identifizierten sich mit der Mannschaft.

Die Wirkung des Ereignisses ist in der Erinnerung eng mit der Stimme Sinjavskijs verknüpft (siehe Abb. 4), der „ohne Skript" kommentierte.[320] Pion zufolge „erzeugten" Vadim Sinjavskijs Reportagen „eine solche Vorstellung [...], als hätte man selbst auf dem Fußballfeld gestanden".[321] Der dichte Nebel beim Spiel gegen Arsenal verstärkte den Sinjavskij-Effekt. Denn Jugendliche wie Pion und Igor' hörten an den Radiogeräten, wenn der Kommentator nichts sah. Sinjavskijs Stimme und das euphorische Gemeinschaftsgefühl war bedeutsamer als die Ereignisse auf dem Platz. Dazu passt auch die Anekdote des sowjetischen Sportjournalisten Jurij Il'ič Van'jat, der mit eigenen Augen gesehen haben will, wie es Sinjavskij gewagt habe, das Spiel der baskischen Auswahl in Kiev 1937 teilweise mit geschlossenen Augen zu kommentieren. Sinjavskij habe sich einzig an den „Zuschaueremotionen" im Stadion „orientiert".[322] Sinjavskijs Stimme ist ein zentraler Einzeltopos der Erinnerung heutiger Vertreter der sowjetischen Nachkriegsjugend in Moskau.

---

319 Pion Gazanjan, Name geändert, Interview mit dem Autor in einem Schönheitssalon in Moskau, 17.03.2008.
320 Ju. M. Gal'perin, Čelovek s mikrofonom, in Gorjaeva 2007, S. 821.
321 Pion Gazanjan, Interview mit dem Autor, 17.03.2008. Siehe auch Kuz'min 2010, S. 239-46.
322 Zitiert nach Kuz'min 2010, S. 243.

Abb. 4: Vadim Sinjavskij. 1953. © Fotoagentstvo Sport-Ėkspress.

In den Zeitzeugengesprächen kam allerdings nicht zum Ausdruck, dass der Name Sinjavskij 1945 das Potential hatte, die Euphorie nach Dinamos Siegen mit dem Weltkriegspatriotismus und der Freude über den Sieg im Großen Vaterländischen Krieg zu verknüpfen.[323] Dies überrascht, denn nach dem deutschen Überfall war Sinjavskij im November 1941 als Kriegskorrespondent in das Redaktionsteam *govorit front* („es spricht die Front"), abgeordnet worden.[324] Am 30. Oktober 1942 kommandierte ihn das revolutionäre Kriegskomitee beim Rat der Volkskommissare der Sowjetunion mit sofortiger Wirkung an die „Stalingrader Front",[325] um von den Kämpfen zu berichten:

> „Achtung! Hier spricht Moskau. Wir übertragen die neuesten Nachrichten. Wie uns unser Kriegskorrespondent Vadim Sinjavskij mitteilte, fand gerade in Stalingrad die feierliche Versammlung des Stadtrats statt."[326]

Erfolge in Sport und Krieg waren in der sowjetischen Fußballkultur seit den 1930er Jahren stärker verknüpft als es zunächst den Anschein hat. Der Torhüter als Verteidiger des Vaterlands war nicht nur im gleichnamigen Kino-

---

323 Igor' Dobronravov, Interview mit dem Autor in seiner Wohnung in Moskau, 17.03.2007. Pion Gazanjan, Interview mit dem Autor, 17.03.2008.
324 Vgl. GARF, f. R-6903, op. 1, l/s. d. 145, l. 101. Zitiert nach Gorjaeva 2007, S. 107.
325 GARF, f. R-6903, op. 1, l/s. d. 194, l. 164. Zitiert nach Gorjaeva 2007, S. 112.
326 In Gedenken an den 25jährigen Jahrestag der Oktoberrevolution. Sinjavskij 2007, S. 763.

film von 1936, sondern in der sowjetischen Kunst der 1930er Jahre allgemein ein gängiges Motiv.[327] Einheit und Empörung, Schönheit und Gewalt bildeten im Stalinismus keinen Gegensatz. Einheit konnte sich über Gewalt gegen innere Feinde herstellen; oder über die Vorstellung eines äußeren Gegners. Neue Medien verflochten Sport und Krieg noch intensiver miteinander.

Der starke Bezug zwischen Kriegs- und Sportberichterstattung spielt in der heutigen Erinnerungskultur keine Rolle, ist jedoch für die sowjetische Nachkriegszeit sehr bedeutsam. Wenn die Stimmen des BBC-Sprechers Seva Novgorodcev und des Sprechers der *Voice of America*, Willis Conover, für viele Radiohörer der UdSSR „kulturelle Ikonen (des ausländischen Radios) der Nachkriegszeit" darstellten,[328] so war die Stimme Sinjavskijs der Inbegriff einer kulturellen Ikone des inländischen Radios der Kriegs- und Nachkriegsjahre. Wenn dieselbe Stimme, die aus Stalingrad berichtete, nun einen Fußballerfolg kommentierte, liegt es nahe, eine Verlängerung der Kriegseuphorie in die Populärkultur hinein anzunehmen.

Die fehlende Reflexion der Nähe von Fußballsiegen zur Siegeseuphorie nach dem gewonnenen Weltkrieg in Interviews deutet zudem an, dass der Fußball nach dem Krieg Teilhabe auch für jene zuließ, die nicht selbst im Krieg dabei waren. Jungen der „Schulbankgeneration" waren, so beschreibt es Mark Edele, nur wenig jünger als jene Mitschüler, die erst kürzlich von der Front nach Hause zurückgekehrt waren. Diese Rückkehrer hätten „ihren Status als Veteranen durch das regelmäßige Tragen ihrer Orden und Medaillen zum Ausdruck [gebracht]"[329] während den jüngeren Klassenkameraden das direkte Kriegsgedenken als Quelle männlicher Selbstvergewisserung zunächst verwehrt geblieben sei.

Dieses Argument entwickelt Edele, um die kulturelle Praxis einer kleinen Gruppe wohlhabender Oberschichtsöhne, der ersten Stiljagi-Generation, zu kontextualisieren. Im Moskau der unmittelbaren Nachkriegsjahre hätten sich „eigenartige junge Männer" über Kleidung und Musik eine alternative Form der Männlichkeit zurechtgelegt, um die „defensive Position" ihrer Jahrgänge „gegenüber selbstsicheren Veteranen" auszugleichen.[330]

Nicht jeder hatte Zugang zu westlicher Kleidung und fetziger Musik.[331] Über den Fußball hingegen konnten Jugendliche jedweder Gesellschaftsschicht relativ einfach an einer sowjetischen Gemeinschaft teilhaben, ohne sich

---

327 Vgl. O'Mahony 2006, S. 139-45.
328 Roth-Ey 2011, S. 132.
329 Edele 2002, S. 58.
330 Edele 2002, S. 39.
331 Vgl. Edele 2002, S. 44.

insuffizient fühlen zu müssen. Pavel Alešin erinnert sich, als Jugendlicher bisweilen Flaschen eingesammelt zu haben, um das Pfand zu erhalten. Bei „zwölf Kopeken" pro Flasche seien nur „vier Flaschen" nötig gewesen, um für „fünfzig Kopeken" eine Eintrittskarte für die Osttribüne zu kaufen.[332] Anders als die Stil'jagi-Kultur erzeugte die Fußballkultur zunächst keine Vorstellung von Männlichkeit, die Jugendlichen zur Abgrenzung vom kulturellen Mainstream gedient hätte.[333]

Bedeutsamer als die Verknüpfung von Sport und Krieg war für die Erinnerungen von Pion und Igor' daher auch die Transformation der bis Kriegsende kollektiv ausgerichteten Radiokultur hin zu privaten Hörerlebnissen zu Hause.[334] Vor dem Krieg waren Radioübertragungen wie erwähnt überwiegend kollektive Hörereignisse. Mit Kriegsausbruch konfiszierten die Behörden „alle freistehenden Radios für militärische Zwecke".[335] Kristin Roth-Ey sieht im Radio das zentrale Vehikel zur Herstellung populärer Kohäsion im Vielvölkerreich zu Kriegszeiten: „Das Radio war die Stimme Moskaus als höchste politische und militärische Autorität".[336] Eben dafür stand zu Kriegszeiten die Stimme Vadim Sinjavskijs. Die massenhafte Produktion und Herausgabe privater Radiogeräte nach dem Krieg, 33 Millionen bis 1955,[337] veränderte von Grund auf, wer Anteil an solchen Sportereignissen nehmen konnte.

Als Identifikationsobjekt der daher zunehmend größer werdenden Menge fußballinteressierter Menschen standen aber nicht nur Dinamo und Spartak Moskau zur Verfügung. Die Armeemannschaft CDKA, die den Kriegsbezug bereits im Namen trug, erlebte, wie es in der sowjetischen Fußballliteratur nachzulesen ist, in den unmittelbaren Nachkriegsjahren ihre „Blütezeit".[338]

Erneut war es ein inner-Moskauer Zweikampf, der den sowjetischen Fußball in Bann hielt. 1945 gewann Dinamo die Meisterschaft, musste sich CDKA allerdings sowohl im Pokalfinale, als auch am letzten Spieltag der Meisterschaft geschlagen geben. 1946, 1947, 1950 und 1951 gewann CDKA die Meisterschaft, 1947 nur aufgrund des besseren Torverhältnisses.[339] 1948 stand Dinamo vor dem letzten Spieltag mit einem Punkt Vorsprung vor CDKA

---

332 Pavel Alešin, Interview mit dem Autor in den Redaktionsräumen von *Sport-Ėkspress* Moskau und vor dem ehemaligen Wohnhaus Lev Jašins, 08.03.2007.
333 Dies geschah erst in den 1970er Jahren. Siehe Kapitel 6.1 und 6.2.
334 Vgl. Roth-Ey 2011, S. 156.
335 Es handelte sich dabei um nur eine Million der insgesamt etwa sieben Millionen Radiogeräte, von denen sechs Millionen verkabelt waren. Siehe Roth-Ey 2011, S. 135-6.
336 Roth-Ey 2011, S. 136-7.
337 Vgl. Roth-Ey 2011, S. 137.
338 Esenin 1974, S. 180.
339 Vgl. Esenin 1974, S. 180.

an der Spitze, als am 24. September das Derby der beiden Mannschaften auf dem Programm stand. K. Esenin spricht von dem „"unsterblichen' Spiel in der Geschichte der sowjetischen Liga".[340] Spielstand und virtuelle Tabelle wechselten bei dieser packenden Partie ständig hin und her. Erst kurz vor dem Ende der Begegnung gelang dem Armeeteam der Siegtreffer zum 3:2.[341] Beinahe alle Zuschauer vor Ort hätten mit CDKA mitgefiebert, schließlich seien doch „die Ränge mit ehemaligen Offizieren und Soldaten gefüllt" gewesen.[342] Die Armeemannschaft lud noch wesentlich direkter zur Identifikation mit sowjetischen Siegen ein, als dies bei der Polizeimannschaft Dinamo der Fall war.

Abb. 5:   Moskau. Dinamo-Stadion. 1951. © *Fotoagentstvo Sport-Ėkspress.*

---

340   Esenin 1974, S. 180.
341   Esenin 1974, S. 182.
342   Esenin 1974, S. 181.

Abb. 6: Dinamo gegen CDKA. Moskau. Dinamo-Stadion. 1952. © *Fotoagentstvo Sport-Ėkspress.*

Um an dieser Stelle etwas tiefer in die Komplexitäten individuellen Erinnerns einzusteigen, konzentriere ich mich in Bezug auf CDKA auf das Narrativ meines Interviews mit Fedor Ivanov, in dem besonders deutlich zum Ausdruck kam, dass Vorstellungen sowjetischer Einheit nicht nur verbunden waren mit Erinnerungen an sowjetische Siege der Stalinjahre. Diese Siege konnten im „kommunikativen Erinnern"[343] einzelner sowjetischer Bürger auch ihres stalinistischen Kontextes enthoben sein, da sie dadurch viel eher zur Identifikation einluden. Menschen konnten als Fußballfans für den Moment in sowjetischer Einheit schwelgen. Die Emotionsgemeinschaften, die sie aber bildeten, basierten nicht zuletzt auf Deutungsmuster und ästhetischen Figuren der Stalinjahre, die auch noch in heutigen Narrativen, wie eben in der Erinnerung Fedor Ivanovs, nachweisbar sind.

---

343 Welzer 2008.

DIE URSPRÜNGE DER SPARTAK-, DINAMO- UND CDKA-FANGEMEINSCHAFTEN 77

Abb. 7: Als der Diktator schon tot war. Lenin und Stalin. Moskau. Dinamo-Stadion. 19.09.1953. © Central'nyj deržavnyj kinofotofonoarchiv Ukraïny imeni G. S. Pšeničnogo, *CDKU, 2-47476*.

Fedor Ivanov beantwortete meine Frage, welchen Charakter das Spiel der Moskauer Mannschaften der 1950er und 1960er hatte, wie folgt: „Sie haben damals alle gut gespielt. Das war eine Zeit, die man bei uns die Periode des romantischen Fußballs nennt." Der Mittelstürmer sei neben dem Torhüter die wichtigste Person auf dem Platz gewesen; die Attacke die einzige Form der Taktik. Hier übersetzte sich ein Kriegselement, der „Offensivkult" der Roten Armee, implizit in die friedliche Fußballsprache der 1950er Jahre. Es ist kein Zufall, dass zwischen Torhüter und Mittelstürmer wenig von Bedeutung liegt. Schließlich geht die patriotische Kriegssymbolik in Sportrepräsentationen bis in die 1930er Jahre zurück. In der unmittelbaren Nachkriegszeit, kurz nach dem großen Sieg, erlebte der Mittelstürmer sein Kinodebüt und komplettierte damit neben dem erwähnten Kinofilm „der Torhüter" Fedors taktisches Setting.[344]

---

344 Semen Derevjanskij, Igor' Zemgano, *Centr napadenija*, Kievskaja Kinostudija SSSR 1947; Fedor Ivanov, Interview mit dem Autor, 11.03.2007.

Die Formel des „romantischen Fußballs" entfaltet sich nicht nur bei Fedor entlang der erinnerten Spielweisen auf dem Platz. Spartak Moskaus schnelles und technisch anspruchsvolles Kurzpassspiel der frühen 1950er Jahre bezeichnen dessen Anhänger in der Retrospektive ebenfalls als „romantisch" – und meinen dabei das genaue Gegenteil des Hurra-Angriffsspiels, das Fedor beschreibt.[345] Bei ihm bedeutet Romantik die Einbettung stalinistischer Rhetorik zwischen Sieg und Niederlage in einen freudigen Freizeitsport der 1950er Jahre.

Die Kategorie der Romantik weist zudem auf wesentlich mehr hin, als auf eine nostalgische Rückbesinnung aus gegenwärtiger Perspektive. Die Zweiteilung der sowjetischen Geschichte in romantisch und postromantisch lässt sich für die Sowjetzeit selbst nachweisen.[346] Wie dargestellt unterscheiden sich die Spartak- und Dinamo-/CSKA-Erinnerungsdiskurse hinsichtlich der Frage fundamental, was „romantischer Fußball" überhaupt bedeutet. Darüber hinaus genügt aber ein Blick in Lev Jašins Memoiren aus den 1970er Jahren, um die Vorstellung der Einheit des sowjetischen Fußballs der 1930er bis 1950er Jahre als sowjetisches, und nicht etwa als post-sowjetisches Konstrukt auszumachen.

„Romantischer Fußball", heißt es bei Jašin, werde häufig als ironisch gemeinter Verweis auf eine lange zurückliegende Epoche gebraucht, in der doch recht „einfach und naiv" gespielt wurde. In den 1970er Jahren (einer Zeit der Verwissenschaftlichung und Rationalisierung auch der Fußballtaktik[347]) stehe für ihn die Formel aber gleichzeitig für die „Bereitschaft sich einer Sache ganz hinzugeben", den „unbedingten Willen" und auch die „Fähigkeit" zu siegen.[348] Diesen Gedanken verknüpft er mit seiner Erinnerung an das 3:2 gewonnene Freundschaftsspiel der sowjetischen Nationalmannschaft gegen die Bundesrepublik Deutschland vom 21. August 1955, das er als „Wiedergeburt" der erst drei Jahre zuvor aufgelösten sowjetischen Nationalmannschaft bezeichnete, wovon weiter unten die Rede sein wird. In diesem Spiel sei er „der Verzweiflung nahe" gewesen, nachdem das zweite Gegentor gefallen war. Es habe sich in diesen Minuten angefühlt, als wären „die einäschernden Blicke aller 60.000 Zuschauer" auf ihn gerichtet gewesen, so wie sich „leuchtende Sonnenstrahlen unter einem Vergrößerungsglas in einem Punkt bündeln." Es sei ihm erschie-

---

345 Edelman 2010.
346 Zur nostalgischen Erinnerungspraxis der Gegenwart siehe etwa Oushakine 2007.
347 Siehe Braun und Katzer 2010; Hilbrenner 2010.
348 Jašin 1976, S. 23.

nen, als „müsse ich sogleich unter ihren Blicken verbrennen, als müsse ich verbrennen vor Scham [...]."[349]

Einerseits bezieht sich Jašin mit dieser Art der Darstellung in der Tat auf eine literarische Tradition der 1930er Jahre. Bereits bei Lev Kassil' erscheint der Torhüter als Individuum im stalinistischen Stadion, in dem solche „Individuen mit dem Kollektiv verschmelzen, indem sie sich dem alles sehenden Auge des patriarchalen Staates öffnen".[350] Das Bild enthält zudem die Vorstellung eines Heldenkampfes, dessen Unbedingtheit nur die Option des Sieges zulässt. Einen weiteren impliziten Bezug zur Fußballkultur der 1930er Jahre könnte man auch in Jašins Markenzeichen sehen, den weiten Ausflügen aus dem Tor, die an Kandidov, den Torhüter im Kinofilm *vratar'*, erinnern.[351]

Andererseits hatte Jašin rein sportliche Gründe, sich zu bewegen wie er sich bewegte. Auch hinsichtlich der Rolle der Zuschauer unterschied sich der Fußball nun signifikant von den sportideologischen Vorstellungen der Stalinzeit. Lev Jašin kämpft als Held einen stellvertretenden und rein sportlich gemeinten Kampf für eine Bevölkerung, die schon durch bloßes Zusehen, durch passiven Konsum Teil der imaginierten Volksgemeinschaft wird; und nicht durch aktive Hinwendung zum neuen sozialistischen Menschentum.[352] So wurde erst im Sport der Sieg des Landes im Laufe der Jahrzehnte zu einem Sieg der ganzen Bevölkerung. Doch nicht zuletzt wegen des populären Filmvorgängers hätte in den 1950er Jahren nicht jeder sagen können, solch einen aus dem Strafraum heraus eilenden Torhüter zum ersten Mal gesehen zu haben.

Fedor Ivanovs selektive Erinnerung ist weit mehr als ein Ausdruck gegenwärtiger Nostalgie.[353] Sie kann auch vor dem Hintergrund der sowjetischen Pressezensur der 1950er und 1960er Jahre verstanden werden, wie ich am Beispiel des Schicksals von CDKA nach den Olympischen Spielen 1952 zeigen möchte. Fedor erwähnte zwar die Umbenennung der Mannschaft, die nach Stalins Tod wieder als „Zentrales Haus der Sowjetischen Armee" (CDSA anstelle von CDKA – Zentrales Haus der Roten Armee) Spiele bestreiten durfte. Keine Rede war allerdings von der eigentlichen Ursache der Umbenennung der Mannschaft, zu der er doch Zeit seines Lebens gehalten hat.

---

349 Jašin 1976, S. 24.
350 Livers 2001, S. 597.
351 Semen Timošenko, *Vratar'*, Lenfil'm, 1936.
352 Vgl. O'Mahony 2006, S. 57-96.
353 Zur Deutung und Bedeutung von „unbegründeten Behauptungen und Ungenauigkeiten" für eine perspektivische Kulturgeschichte Russlands siehe Walker 2000.

Tatsächlich bildete die Armeemannschaft CDKA den Kern der sowjetischen Fußballnationalmannschaft bei den Olympischen Spielen 1952 in Finnland.[354] Diese erste Teilnahme an Olympischen Spielen war von Seiten des Zentralkomitees an Auflagen gebunden: Die Sowjetunion sollte die Spiele als erfolgreichste Mannschaft abschließen. Der Vorsitzende des sowjetischen Sportkomitees, Nikolaj Romanov, „musste" im Vorfeld „den Gesamtsieg der [sowjetischen] Mannschaft garantieren",[355] und die Fußballmannschaft bereitete sich unter „persönlicher Kontrolle" Lavrentij Berijas auf die Spiele vor.[356] Es ist zwar unklar, wie genau diese geheimdienstliche Supervision ausgesehen haben mag. Doch verständlich wird in diesem Lichte gleichwohl, was das Schicksal der Armeemannschaft besiegelte, als sie beim olympischen Turnier in einer nach dem Bruch zwischen Stalin und Tito politisch äußerst brisanten Partie gegen Jugoslawien ausschied.

Kommentatoren wie der Sportreporter Heribert Meisel beschrieben die fulminante Aufholjagd der Sowjets. Der sowjetischen Mannschaft war es in der zweiten Halbzeit gelungen, einen 1:5 Rückstand wieder aufzuholen, sodass es auch nach der Verlängerung noch 5:5 stand. In einer Zeit ohne Elfmeterschießen musste eine neue Partie angesetzt werden, die Jugoslawien klar mit 3:1 gewann.[357] Stalinistische Ambition und die Unvorhersehbarkeit des Fußballsports vertrugen sich denkbar schlecht.

CDKA fiel zudem mächtigen Patronen anderer Fußballteams zum Opfer, die ebenfalls Spieler nach Helsinki geschickt hatten. Die Politbüromitglieder Lavrentij Berija und Georgij Malenkov zwangen Romanov, die entsprechende Anweisung zur Auflösung zu unterschreiben; nicht zuletzt zum Schutze von Berijas Dinamo-Sportorganisation.[358] Während ein um noch schlimmere Befürchtungen noch nicht vollständig erleichterter Romanov das Politbüro verließ,[359] hörte eine der populärsten Mannschaften der Sowjetunion, das Armeeteam, im Jahr vor Stalins Tod einfach auf zu existieren, wurde erst 1954 neu formiert und fand lange nicht zu alter Stärke.[360]

Die sowjetische Presse berichtete mit Schlagzeilen wie den folgenden ausführlich über die Olympischen Spiele 1952: „Glänzender Sieg der sowjetischen Basketballer", „Sieg von Ivan Udodov", „Sieg der sowjetischen Sportler"

---

354 Vgl. Edelman 1993, S. 103.
355 Parks 2007, S. 37.
356 Prozumenščikov 2004, S. 67.
357 Vgl. Meisel 1954, S. 73.
358 Vgl. Edelman 1993, S. 102-10.
359 Vgl. Parks 2007, S. 40.
360 Vgl. Edelman 1993, S. 170.

oder „Sportler der UdSSR auf dem ersten Platz".[361] Es ist nicht ungewöhnlich, dass sich Sportjournalisten auf Erfolge der eigenen Sportler konzentrieren. Doch entsprach es auch der Logik spätstalinistischer Öffentlichkeit, dass es insbesondere gegen Jugoslawien keine Niederlage geben konnte. Folgerichtig schwieg sich die Presse über das verlorene Spiel und auch das weitere Schicksal von CDKA aus. Einige Wochen später verschwand die Mannschaft aus der Tabelle der sowjetischen Meisterschaft.[362] Nachdem das überaus populäre Team verschwunden war, kursierten wilde Gerüchte unter ihren zahlreichen Fans. Anton Kuznecovs Erinnerung (geb. 1941*) kann einen Eindruck geben, welchen Reim sich die vielen Fans von CDKA zu machen versuchten, als sie plötzlich keine Mannschaft mehr hatten:

„Bei uns wurde gemunkelt [*u nas tak šlo*], dass die Jugoslawen am Rande einer Niederlage standen und angefangen haben so im Sinne von: ‚Ah, ihr Besatzer' (*okkupanty*), dieses und jenes, und anfingen auf die Beine zu hauen und so weiter. Und zuerst haben sie [die sowjetische Nationalmannschaft] sich zurückgehalten, dann aber eine Schlägerei veranstaltet [...]."[363]

Erinnerungsgemeinschaften lösen sich nicht einfach in Luft auf, wenn eine Mannschaft aus der Tabelle gelöscht wird. Doch Pressezensur und Vergessen beeinflussten in den folgenden Jahrzehnten durchaus die Art und Weise, wie Armee-Fans sich an die Geschichte ihrer Mannschaft erinnerten.

Fedors Erinnerungslücke korrespondiert nicht nur mit der fehlenden Berichterstattung nach den Olympischen Spielen selbst, sondern auch mit Lücken in der Erinnerungsliteratur der 1960er Jahre. 1968 erwähnte K. Esenin in einem Text über sowjetische Torhüter den ersten internationalen Auftritt einer sowjetischen Nationalmannschaft bei den Olympischen Spielen 1952, ohne auf die daraus resultierende Auflösung der Armeemannschaft einzugehen.[364] Wie Fedor Ivanovs „romantisches Zeitalter" ging diese Darstellung auf den stalinistischen Kontext des Fußballs vergangener Zeiten bereits nicht mehr ein. Die offizielle Fußballkultur der 1960er Jahre arbeitete mit der Methode der Verschleierung, da sie den eigentlichen Charakter der Spiele in den Stalinjahren und damit (mit der wichtigen Ausnahme des Krieges) die stalinistische Vergangenheit als Ganzes verbarg. Gleichzeitig unterhielt das mit Spielerkarikaturen illustrierte Buch seine Leser und versorgte sie mit detaillierten Informati-

---

361 *Sovetskij Sport*, 05.08.1952, S. 1f.
362 Vgl. *Sovetskij Sport*, 04.09.1952, S. 3; Edelman 1993, S. 105-10.
363 Anton Kuznecov, Name geändert, Interview mit dem Autor in der Wohnung einer Bekannten in Moskau, 24.03.2007.
364 Vgl. Esenin 1968, S. 67-8. In einer späteren Publikation erwähnt dieser Autor die Auflösung dagegen kurz. Esenin 1974, S. 184.

onen über vergangene Fußballspiele, Spielerlisten und Statistiken. Es suggerierte Transparenz, wo es doch vor allem darum ging zu überdecken. So ließ sich über die eigene Sportvergangenheit vermeintlich offen sprechen, indem man sie des historischen Kontextes enthob, in dem sie eigentlich stattgefunden hatte.

Bei Fedor Ivanov führte dies zu einer Vermengung von zwei Fußballereignissen aus der Stalin- und aus der Tauwetterzeit. Es müsse etwa 1954 gewesen sein, als er als fußballbegeisterter Junge bei einem Freund vor dem Fernseher gesessen und den Atem angehalten habe, als Dinamos Schlussmann Lev Jašin, das „erste und einzige Mal in seiner Karriere" vom Platz gestellt worden sei. Dinamo habe im Pokalfinale gegen eine Zweitligamannschaft aus Kalinin gestanden, die für alle überraschend das Finale erreicht hatte. Nach Jašins Platzverweis sei ein Verteidiger zwangsrekrutiert worden, um die nun vakante Position im Tor einzunehmen:

> „Und ich erinnere mich, dass dieser arme Verteidiger einen unhaltbaren Ball aus der oberen Ecke des Tores fischte und Dinamo dieses Finale doch noch gewann, obwohl Jašin vom Platz gestellt worden war. So kam es doch nicht zu der großen Sensation eines sowjetischen Pokalsieges einer Provinzmannschaft. Dieses Spiel habe ich im Fernsehen gesehen. Das war ein überwältigendes Spektakel, an das ich mich nun schon, wie schrecklich es laut auszusprechen, seit vierzig Jahren erinnere [schmunzelt]. Oder sogar noch länger. Eher fünfzig [schmunzelt erneut]. Nun, ich bin mit fünfzig Jahren einverstanden. So lange zu leben [*tak dolga ne živeš*]... Aber nichts desto trotz erinnere ich mich seit fünfzig Jahren [wir beide lachen]."[365]

In dieser Erinnerung überlagern sich zwei Pokalfinalspiele, die Fedor Ivanovs Mannschaft CDKA/CDSA Moskau gewonnen hat: 1951 gegen Kalinin und 1955 gegen Dinamo Moskau.[366] In Fedors Variante verschwand die Armeemannschaft einfach: Kalinin spielte gegen Dinamo und Jašin stand für Dinamo im Tor. Auch in dieser Vermengung erscheinen die 1950er Jahre als kontinuierliche Epoche. Es verbinden sich zwei Fußballspiele, eines der späten Stalin- und eines der frühen Chruščevzeit zu einem romantischen, unterhaltsamen Sowjetfußballamalgam, dem Fedor Ivanov als circa zwölfjähriger Junge in seiner Erinnerung vor dem Fernseher mit Freunden beigewohnt hat.

Angesichts der zahlreichen Triumphe seiner Mannschaft in den 1940er und 1950er Jahren ist es nicht überraschend, dass Fedor Ivanov die beiden Erfolge nach so langer Zeit vergessen hat. Schon zum Zeitpunkt selbst war nicht der Erfolg spektakulär, sondern Jašins Platzverweis, den die Presse heftig

---

365 Fedor Ivanov, Interview mit dem Autor, 11.03.2007.
366 Vgl. Nilin 2004, S. 213; *Sovetskij Sport*, 18.10.1955, S. 5.

kritisierte.³⁶⁷ Letzteres ist auch der Grund, weshalb ein anderer Zeitzeuge Jašins Foul heftig kritisierte und dies mit der organisatorischen Zuordnung Dinamos zu Geheimdienst und Innenministerium verknüpfte.³⁶⁸ Insbesondere Anhänger der Moskauer Armee- und Polizeivereine konnten sich dagegen unter Betonung vergangener Siege und bei gleichzeitiger Übernahme einiger ästhetischer Formen der stalinistischen Fußballkultur von den unerfreulichen Teilen der stalinistischen Vergangenheit abwenden. Dies verdeutlicht die Funktion von Fußballkultur für bestimmte Milieus im Zentrum, Kontinuitäten im historischen Übergang herzustellen.

Vergessen bedeutet hier, bestimmte ‚Errungenschaften' der stalinistischen Epoche in der Erinnerung ihrer grausamen Entstehungskontexte zu entheben.³⁶⁹ Der sowjetische Sport der Stalinjahre bot ein besonders gutes Feld zur Erprobung dieser Form von ‚Vergangenheitsbewältigung'. Mit seinen multimedialen Repräsentationen in Presse und Funk, in Film, Malerei und Literatur bildete er, aus seinem stalinistischen Zusammenhang gerissen, ein ideales Betätigungsfeld zur Konstruktion chronologischer Kohäsion. In Kombination mit ersten Erfolgen auf internationalem Parkett in den 1950er Jahren konnte die Geschichte des sowjetischen Sports eine Vorstellung von der sowjetischen Geschichte als harmonischem Ganzen evozieren.

Gleichzeitig zum offiziellen literarischen Ringen um „nicht-traumatisches und gesundes Erinnern", das Polly Jones zufolge „Opfer in Überlebende, und Erinnerungen in Zukunftsträume verwandeln"³⁷⁰ sollte, deutet sich darüber ein anderes wichtiges Feld für die Inklusion breiter Bevölkerungsschichten quer durch die unterschiedlichen Milieus in der sich entfaltenden Medien-, Konsum- und Massenkultur der frühen 1960er Jahre an.³⁷¹ Was Polly Jones als Prozess darstellt zeigt sich hier in einer vollendeten Form: Aus Erinnerungen (an die Ästhetik früherer Zeiten) wurden „Zukunftsträume",³⁷² die gegenwärtige Erfolge in die Zukunft projizierten. Zum Zeitpunkt des Interviews mit Fedor Ivanov war das Narrativ zudem umwoben von Nostalgie. Aus Zukunftsträumen waren erneut Erinnerungen geworden; dieses Mal an eine untergegangene Epoche.

---

367 Vgl. *Sovetskij Sport*, 18.10.1955, S. 5.
368 Aleksej Nazarov, Name geändert, Interview mit dem Autor in seiner Wohnung in Moskau, 15.03.2007. Siehe auch Kapitel 3.2.
369 Vgl. Roginskij 2009.
370 Jones 2008, S. 348, 370.
371 Zu Konsumkultur und Massenmedien in der Sowjetunion siehe etwa Reid 2002; Roth-Ey 2011, 2007; Rüthers 2009.
372 Jones 2008, S. 370.

2.3 In den Höfen: Gegner in der Stadt

Die Derbys der drei großen Moskauer Mannschaften waren in den 1940er und 1950er Jahren Höhepunkte des sowjetischen Ligabetriebs. Selbst als andere Mannschaften wie Dinamo Kiev, Torpedo Moskau oder auch Dinamo Tbilisi und Ararat Erevan in den 1960er bis 1980er Jahren die Moskauer Vorherrschaft im sowjetischen Fußball herauszufordern begannen und schließlich brachen, blieben die Derbys der Moskauer Mannschaften zentrale Bezugspunkte der sowjetischen Fußballkultur.

Die Zweiteilung der Moskauer Fußballwelt der sowjetischen Nachkriegs- und Nachstalinzeit zeigt sich im Interviewnarrativ Igor Dobronravovs besonders klar. Der Fußballautor, Enzyklopädist und Dinamo Moskau Fan steht seit den 1960er Jahren in engem Austausch mit Spielern und Offiziellen seiner Mannschaft. Sein zentrales Thema ist der inner-Moskauer Gegensatz zwischen Dinamo und Spartak, dem er auch schon ein Buch gewidmet hat.[373] In den zwei Stunden, in denen ich mit ihm sprach, konstruierte er ein komplexes poetisches Erinnerungsgemälde, das bei näherer Betrachtung mindestens zwei ineinander verwobene Sprachmuster enthält, die sich in unterschiedlichen Zeitschichten verorten lassen. Ich beginne mit einem Zitat, in dem friedfertige Teilhabe und Gemeinschaft der Zuschauerkultur der Nachkriegsjahre dominieren:

> „Es war einfacher, und irgendwie, man muss es sagen, die Menschen waren herzlicher [duševnee]. Sie waren einfach – nun, es konnte einzig passieren, sozusagen, dass man bei ausbrechender Begeisterung an den Haaren gepackt und zerzaust wurde. Und irgendwie gingen die Menschen ohne böse Schreie [...] aufeinander zu. Nun, nur ein einziges Mal habe ich zu sehr mit Dinamo mitgefiebert und [...]ein Bursche [...], offensichtlich aus einer Gaunerbande [iz vorovskoj kompanii], so sah er jedenfalls aus, sagte: ‚Was nimmst Du Dir das so zu Herzen, Großnäßiger? Wart's nur ab, ich schneide Dir gleich die Nase ab!' Nun, das war das einzige Mal, [...] es war die schärfste Aussage, die ich in meinem Leben [zu hören bekam]. Und wir waren wie aus einer brüderlichen Familie. Wir fieberten mit unterschiedlichen Mannschaften, aber es gab diesen Fanatismus [noch] nicht, diese Prügeleien. Es gab nicht Vergleichbares. Das Volk war einfach. [...] Nach dem Krieg gab es keine Spiele, nichts gab es, und deshalb atmeten die Menschen das Aroma friedlicher Zeiten, deshalb haben sie den Fußball herzlich angenommen, ihn sich zu Herzen genommen, ihn geliebt."[374]

Das Erlebnis handfester Gegnerschaft im Stadion ist als Ausnahme eingebunden in die Regel „brüderlicher" Fußballleidenschaft, die wiederum vor der Folie der Fangewalt der Gegenwart als solche erscheint. Ähnlich wie bei anderen

---

373 Vgl. Dobronravov 2006.
374 Igor' Dobronravov, Interview mit dem Autor, 17.03.2007.

Stimmen aus dem CDKA/Dinamo-Lager fungiert der Krieg und nicht der Tod Stalins als Wendemarke.[375]

In Bezug auf Spartak allerdings zeigt sich im Narrativ eine andere Klangfarbe: Igor Dobronravov stammt aus einer Region unweit der *Presnja*, dem Stammgebiet Spartak Moskaus. Alleine aufgrund solch regionaler Nähe leuchtet unmittelbar ein, weshalb die meisten Jugendlichen, mit denen der Dinamo-Fan Dobronravov zu tun hatte, schon in den Nachkriegsjahren zu Spartak hielten. Ganz anders Dobronravov:

> „Nun, wie soll ich Ihnen das erklären, das ist eine alte Moskauer Region, im Großen und Ganzen eine Gaunerregion; eine Region aller möglicher Halsabschneider. Nun, heute würde man sie *biznesmenov* nennen, Geschäftemacher. Nun, und die *spartakovcy* nutzten insbesondere ihre Popularität unter solchem Volk. Denn Dinamo galt als Čekisten-Mannschaft, sozusagen als Mannschaft der [sozialistischen] Orthodoxie, [als Mannschaft] aller möglicher Milizionäre. Sie dagegen hatten solch ein freies, quasi oppositionelles Volk [...]."[376]

Dobronravov verwies auf die regionale Nähe zur *Presnja*, doch skizziert er zunächst ein Bild des Nachkriegsfußballs, das neben Räubern und Polizisten nichts Drittes kennt. Kombiniert mit dem Bild der „brüderlichen Familie" wirkt es als würde Igor' für Dinamo in Anspruch nehmen, mehr gewesen zu sein als die Mannschaft der Čekisten. „Dinamo" habe „zum KGB" in erster Linie „in formaler Beziehung" gestanden.[377] Dies korrespondiert sowohl mit der im vorigen Abschnitt konstatierten Vergrößerung der Anhängerschaft Dinamos nach dem Krieg, als auch mit Igor's langjährigem Engagement im offiziellen Fanklub der Mannschaft.[378]

Anders als im Falle Dinamos gibt es dagegen für Spartak wenig Zwischentöne: Der Hauptwidersacher Dinamos steht für Chaos, für Geschäftigkeit und fragwürdige Methoden. Damit erscheinen im Erinnerungsnarrativ Dobronravovs Bilder aus verschiedenen Zeiten miteinander verbunden. Mit dem Gegensatz zwischen Spartak und Dinamo als Klammer spannt das Narrativ einen Bogen von einer unmittelbaren Nachkriegszeit der Gegensätze zwischen Räubern und Gendarmen hin zu einer friedlichen Fußballkultur der Nachstalinzeit, an der Dobronravov von den frühen 1960er Jahren an selbst mitwirkte, indem er „Klubs für Fußballfans [...] organisierte".[379]

---

375 Siehe Kapitel 2.2.
376 Igor' Dobronravov, Interview mit dem Autor, 17.03.2007.
377 Igor' Dobronravov, Interview mit dem Autor, 17.03.2007.
378 Igor' Dobronravov, Interview mit dem Autor, 17.03.2007.
379 Zu solchen und ähnlichen Maßnahmen zur Gestaltung der Zuschauerkultur in sowjetischen Stadien der frühen 1960er Jahre siehe Kapitel 3.2.

Die Vorstellung einer Spartak-Gauner-Region im Herzen der Hauptstadt zeigte sich bereits zu Beginn des Interviews, als Igor' Dobronravov schilderte, wie er zum Fußball kam. 1945 sei er von „Ženja", einem Nachbarsjungen, auf die Übertragung der Englandfahrt Dinamo Moskaus im Radio aufmerksam gemacht worden. Typisch für diese Nachbarschaft sei auch Ženja ein „Gauner" *(vor)* gewesen, ein richtiger „Spitzbube" *(mošenik)*. Die meiste Zeit habe er „gesessen". Doch an einem Herbstabend im Jahre 1945 saß Ženja einmal nicht im Gefängnis, sondern lauschte gemeinsam mit Igor' der Übertragung von Dinamos Triumph in Großbritannien. Es ist kaum von Belang, mit wem Dobronravov tatsächlich vor dem Radiogerät saß. Viel bedeutsamer ist, dass sich hier erneut die Doppelstruktur des Narrativs zeigt. Der junge Dobronravov selbst bleibt in Bezug auf den Gauner Ženja inklusiv und versöhnlich. Die anderen mögen Halsabschneider sein, die Tür zum elf Quadratmeter großen Zimmer, in dem die Dobronravovs wohnten, bleibt in der Erinnerung aber für Ženja, den Gauner, weit offen wenn Fußball im Radio kommt.[380]

Die großen Kontrahenten Spartak und Dinamo trafen im Stadion nur wenige Male im Jahr aufeinander. Auf den Höfen Moskaus und in den Gedankenwelten sowjetischer Jugendlicher dagegen begegneten sie sich in den 1950er Jahren praktisch an jedem Tag. Auch Prügeleien im Stadion reproduzierten den Gegensatz aus Dinamo und Spartak, doch ähnliches leistete in spielerischer Weise auch das Gekicke von Kindern und Jugendlichen in den partiellen Freiräumen der Kinderwelten Moskauer Höfe. Hier reproduzierte sich der Gegensatz Dinamo – Spartak in der relativen sozialen Abgeschlossenheit Moskauer Milieus und dies trotz des beharrlichen Schweigens der Medien.[381] Denn täglich „mussten die Kapitäne", so Dobronravov, entscheiden, ob sie den Nachbarschaftskick als Dinamo oder als Spartak bestreiten wollten.[382] Heute sind die Höfe, als wichtige Orte jugendlicher Selbstvergewisserung ein zentraler Erinnerungsort der Nachkriegsjugend (siehe Abb. 8).

---

380 Igor' Dobronravov, Interview mit dem Autor, 17.03.2007.
381 Dieser Arbeit liegt keine systematische Analyse der sowjetischen Sportberichterstattung zu Grunde. Gleichwohl verdichtete sich nach Lektüre von Zeitungs- und Zeitschriftenartikeln der 1950er bis 1980er der Eindruck, dass Gegnerschaft zwischen bedeutenden sowjetischen Sportorganisationen oder zwischen ihren Fans erst mit dem Aufkommen der *fanatskoe dviženie* zu einem Gegenstand der Berichterstattung wurden. Frühere Darstellungen hätten auch dem Objektivitäts- und *kul'turnost'*-Paradigma sowjetischer Mediendiskurse ganz und gar nicht entsprochen. Zu sowjetischen Fußballfans in der Sportpresse siehe Kapitel 3.2.
382 Igor' Dobronravov, Interview mit dem Autor, 17.03.2007.

Abb. 8: „Die Hofauswahl diskutiert das Spielergebnis". Der Hof als Erinnerungsort. *Futbol*, 30.10.1960.

Teilweise entsprechen die für diese Arbeit analysierten Narrative derjenigen Vorstellung einer Nachkriegsjugend, die der Film *Der Fußball unserer Jugend* (*Futbol našego detstva*) bemüht.[383] Wenn sich etwa Igor' Dobronravov an einen Ball erinnert, den ihm sein Vater nach Kriegsende aus Deutschland mitbrachte,[384] und wenn Pion Gazanjan beschreibt, wie mit „Bohnen gefüllte[...] Lumpen oder alte[...] Strümpfe" als Fußbälle dienten, mit denen man Kopfbälle nicht versuchen sollte (*na golovu ne kineš'*), so steht der Hoffußball sinnbildlich für die Nähe des Krieges und die Entbehrungen der Nachkriegsjahre. Ähnliches gilt für den kunstvoll konzipierten Dokumentarfilm von 1984, an dessen Anfang eine Photographie einer Schulklasse gezeigt wird. „Das ist meine Klasse", sagt eine Stimme aus dem Off, „die 3a. Eine halbhungrige, schlecht gekleidete Jungenklasse. [...] Glauben Sie mir: sanftmütig (*smirnyj*) sahen wir nur auf Fotos aus."[385] Nach diesem Auftakt entwirft der Film in einer Collage aus Archivbildern, Interviews und Kommentaren eine arme und glückliche Nachkriegskindheit, die sich hauptsächlich um das seltene runde Leder drehte. Der Hof wird als zentraler Ort der Freude dargestellt, die sich wesentlich aus dem täglichen Fußballspiel speiste, das dort, sehr zum Unwillen der Eltern, stattgefunden habe. „Für uns", so der Sprecher „war der Fußball mehr als ein Spiel. Er war die größte Freude unseres Lebens."[386]

---

383 Aleksej Gabrilovič, *Futbol našego detstva*, Ėkran (Ostankino), 1984.
384 Igor' Dobronravov, Interview mit dem Autor, 17.03.2007.
385 Aleksej Gabrilovič, *Futbol našego detstva*, Ėkran (Ostankino), 1984.
386 Aleksej Gabrilovič, *Futbol našego detstva*, Ėkran (Ostankino), 1984.

Sieht man sich aber die Interviewbilder dieser jungen Straßen- und Hoffußballer der Nachkriegszeit genauer an, so sticht etwas ins Auge, was im Film nicht vorkommt: die prägende Wirkung der getrennten Wohn- und Arbeitsmilieus der Eltern. Stadiongänger gingen in großen fluiden Stadionmassen auf, doch die Moskauer Fußballkultur setzte sich ebenfalls aus im Stadion nicht sichtbaren sozial wenig durchlässigen Territorien Moskauer Jugendlicher zusammen. Diese begannen gerade, durch neue Kontexte der Radio- und Fernsehgesellschaft überlagert zu werden.[387] Von den 1970er Jahren an erkannten sich Fangruppen unterschiedlicher Mannschaften in Moskau an zunächst selbst gestrickten Fanschals.[388] Bei Interviews mit Moskauern, die in der unmittelbaren Nachkriegszeit als Jugendliche Fußball spielten, fällt dagegen auf, dass sich die soziale Zugehörigkeit der Eltern selbst dann in die Fußballkultur der Kinder übersetzte, wenn sich die Eltern nicht für Fußball interessierten.

Igor' Dobronravov etwa hatte erwähnt, dass jeder in der Nähe des Stammgebiets von Spartak Moskau zu Spartak gehalten habe. Seine Entscheidung für Dinamo erscheint in der Erinnerung als Ausnahme, die die Regel bestätigt: Er verehrte Dinamo seit der Radioübertragung 1945, in der sich die wachsende Bedeutung neuer Medienkontexte bereits andeutete. Der Sportjournalist Pavel Alešin beschreibt eine ähnliche Bindekraft eines noch weniger durchlässigen Dinamo-Milieus, dem er entstammte. Alešin wuchs in demselben Wohnhaus für Mitarbeiter des Innenministeriums (*Ministerstvo Vnutrennich Del, MVD*) auf, wie die Dinamo-Stars Michail Jakušin und Lev Jašin. Die Fußballleidenschaft erbte er von seinem Bruder. Beide wurden, in dieser Nachbarschaft kein Wunder, Anhänger des Polizeiteams Dinamo Moskau. Gemeinsam mit der sich senkenden Stimme, als ich nach dem Vater fragte, zeigen Anekdoten wie diese, wie der sowjetische Fußball in Moskau dazu geeignet ist, der Vergangenheit positiv zu gedenken, indem etwa ein MVD-Kontext in der Sprache des Fußballs seine populärkulturelle Reformulierung erfährt.

Auch in der Erinnerung des Armee-Fans Fedor Ivanov war es ein armeenahes Milieu, das ihn zum Anhänger dieser Mannschaft werden ließ. Fedor selbst entstammte keinem Armeehintergrund, besuchte aber eine Schule, auf der viele Kinder von Armeeangehörigen die Schulbank drückten. Im Volksmund sei diese Schule auch Armeehaus genannt worden (*armejskij dom*). Fedor wuchs als Einzelkind bei seiner Mutter auf, die ihn auch zu seinem ersten Stadionbesuch begleitete. Doch bald schon nach diesem ersten Stadionbesuch sei es im Alter von sechs oder sieben Jahren „nötig" geworden, Fan der zwi-

---

387 Pion Gazanjan, Interview mit dem Autor, 17.03.2008.
388 Siehe Kapitel 6.2.

schenzeitlich aufgelösten, 1953 als CDSA neu zusammengestellten Armeemannschaft zu werden.[389]

Die Kinder und Jugendlichen der Nachkriegsjahre wuchsen in den späten 1950er und frühen 1960er Jahren als junge Erwachsene in den Fernsehfußball hinein. Ihre Kinder lernten den Fußball häufig schon vor dem Fernseher und damit innerhalb ihres familiären Kosmos kennen und lieben. Sie selbst hatten möglicherweise schon in den 1950er Jahren erste Spiele im Fernsehen gesehen, doch für sie waren es noch die Mitschüler, die Nachbarsjungen und die Brüder allein, die ihnen das aufregende Spiel näherbrachten. Fußball-Gemeinschaft auf dem Hof bedeutete, Gegnerschaft in Abwesenheit des Gegners ausleben zu können. Wenn Moskauer Jugendliche damit soziale Gegensätze der Lebenswirklichkeit der Eltern nachvollzogen, so war ihr Fußballfieber aber selbst in der unmittelbaren Nachkriegszeit kein reiner „Spiegel" gesellschaftlicher Vorgänge. Der Gauner Ženja lauschte, wie die Čekisten Dinamos in Großbritannien gewannen. Im Fernsehfußball sollten sich solche Querverbindungen ebenso vervielfältigen wie transregionale und transnationale Jubel- und Empörungsgemeinschaften sowjetischer Fußballfans und Fernsehzuschauer.

Das Bild des inner-Moskauer Gegensatzes zwischen Dinamo und Spartak lässt sich mit Stimmen aus dem Spartaklager vervollständigen, die wir aus den Arbeiten Robert Edelmans kennen.[390] Spartak-Fans bezogen sich demzufolge als sowjetische Erinnerungsgemeinschaft auf gemeinsame Erinnerungsorte: das Präsentationsspiel Spartaks auf dem roten Platz 1936; den Sieg Spartaks gegen die baskische Auswahl im Frühsommer 1937; sowie den „große[n] Sieg im erzwungenen Wiederholungsspiel" gegen Dinamo Tbilisi im Pokalwettbewerb 1939.[391] Die Narrative der von mir für die Nachkriegsjahre schwerpunktmäßig befragten Dinamo und CDKA-Fans kreisen dagegen um die geteilten Erinnerungsorte der Englandfahrt 1945; der Stimme Sinjavskijs; des Hoffußballs der Nachkriegszeit; sowie des Freundschaftsspiels gegen den Weltmeister aus Deutschland 1955.

Die Polizeielf Dinamo konnte auch außerhalb von Spartak-Fangemeinschaften als Projektionsfläche für Vorstellungen vergangenen Unrechts dienen. Aleksej Nazarov kam ganz zu Beginn unseres Gesprächs und ohne von mir danach gefragt worden zu sein auf den im vorigen Abschnitt erwähnten Platzverweis Lev Jašins zu sprechen. Nazarov erzählte die Jašin-Geschichte nicht

---

389 Esenin 1974, S.184.
390 Zu Protestbriefen von Spartak-Fans an das Agitations- und Propagandabüro des CK und an „Genossen Stalin" in den späten 1940er Jahren siehe Edelman 2010, S. 235-6.
391 Siehe zu diesen drei Spielen ausführlich Kapitel 2.1.

zum ersten Mal. Seine Frau betrat während des Gesprächs gerade den Raum, als er sagte: „[...] und er stößt außerhalb des Strafraums dem CSKA Angreifer das Knie in den Bauch. Er wurde sofort vom Platz gestellt." Seine Frau verstand sofort: „Jašin." Aleksej Nazarov war nie Fußballfan und sah in seinem ganzen Leben auch nur zwei Spiele im Stadion. Doch Jašins Foul, das er als etwa Zehnjähriger im Stadion live miterlebte, habe er nicht vergessen. Das grobe Foul des Dinamo-Mannes war für ihn Sinnbild der Verbrechen der Geheimpolizei in den Stalinjahren. Seine Abneigung gegenüber Dinamo hat familiäre Gründe. Sein Großvater sei von der Geheimpolizei verhaftet, in der Lubjanka verhört und schließlich nach Sibirien deportiert worden.

Im familiären Kontext des jungen Aleksej Nazarov, sein Vater könne zur technischen Intelligencija gezählt werden, symbolisiert Jašins Foul das von seiner Familie erlittene Verbrechen.[392] Solch eine Lesart Jašins läuft vollkommen konträr zur Heldenverehrung des Torhüters in der Gegenwart.[393] Einerseits ist biographisch nachvollziehbar, weshalb sich das Stadionerlebnis im familiären Deutungsrahmen des zehnjährigen Aleksej Nazarov im Unterschied zu anderen Erinnerungen an den Jašin-Platzverweis gerade nicht zu einer Anekdote über den aufregenden Fußball einer besseren Zeit stabilisierte. Auf der anderen Seite zeigt ein Blick in die zeitgenössische Presse, dass diese Erinnerung auch der allgemeinen Berichterstattung unmittelbar nach dem Pokalfinale entspricht. So kritisierte *Sovetskij Sport* in seiner Berichterstattung die Verfehlungen und Unsportlichkeiten von Lev Jašin und Dinamo, machte Trainerstab und sowjetisches Sportkomitee verantwortlich, die für die nötige „ernsthafte Schulung" (*sereznoe vospitanie*) nicht gesorgt hätten.[394] Wie in späteren Artikeln der kommenden Jahre galt das brutale Verhalten auf dem Fußballplatz und auf den Rängen als Problem der politischen, ideologischen und kulturellen Erziehung der Spieler und der Zuschauer.[395] In Nazarovs Erinnerung stabilisierte sich dieser Moment zu einer bemerkenswert untypischen Dekonstruktion einer postsowjetischen Heldenfigur.[396]

Insgesamt verdichteten sich Momente des inner-Moskauer Fußballgegensatzes in den Jahrzehnten seit dem Ende des ‚Großen Vaterländischen Krieges' zu zwei Erinnerungslinien, die sich diametral gegenüberstanden, sich bisweilen überlagerten, vermischten und von Zaungästen des Fußballs wie Aleksej Nazarov auf ganz eigene Weise angeeignet wurden. Im Kontext der Populari-

---

392 Aleksej Nazarov, Interview mit dem Autor, 15.03.2007.
393 Vgl. Asaulov 2008.
394 *Sovetskij Sport*, 18.10.1955, S. 5.
395 Vgl. Gilmour und Clements 2002.
396 Vgl. Asaulov 2008; Soskin 2007.

sierung von Dinamo und CDKA nach dem Krieg, der weiteren Öffnung des sowjetischen Sports nach Stalins Tod, der bald möglichen partiellen Benennung von Verbrechen der Stalinjahre und neuer Entwicklungen in der Radio- und Fernsehtechnik, entstanden das Siegesnarrativ von Dinamo und CSKA und das Opfer- und Freiheitsnarrativ von Spartak.[397]

Die Spartak-Seite (er)fand ihren Gründungsmythos über Erinnerungen an den Fußball der 1930er Jahre und die Verhaftung ihrer Anführer im Kontext des stalinistischen Terrors, was demjenigen Teil der chruščevschen Geschichtspolitik entsprach, der im Zuge der Geheimrede 1956 Kritik am stalinistischen Terror zuließ, ohne dabei die Kollektivierung zu meinen.[398] Sie grenzten sich von sowjetischen Institutionen ab, und betonten die „Unabhängigkeit" ihrer Organisation, die es so nie gegeben hatte. Die Dinamo- und CSKA-Seite hingegen (er)fand ihre Gründungsmythen, ähnlich der Erinnerungskultur an den Großen Vaterländischen Krieg, über vergangene Siege und Triumphe. Sie wussten, wie stark ihre Mannschaften unter dem Einfluss von Innenministerium und Armee standen. Daher strichen sie eher den unpolitischen Charakter des Fußballs heraus, was ebenso wenig den Tatsachen entsprach.

Junge Sowjets mochten sich in den 1950er Jahren als Fußballfans mit diesen sowjetischen Gemeinschaften identifizieren, deren Sportorganisationen für eine Ordnung standen, deren Vergangenheit und Gegenwart zunächst einmal nicht zur Identifikation eingeladen hätte. Denn es gab einen Kern der sowjetischen Fußballkultur, den Moskauer Jugendliche jeglicher Couleur ohne Einschränkung für wahr halten konnten, da sie ihn tagtäglich in den Höfen der Stadt selbst eingeübt hatten: dass Spartak gegen Dinamo war; und Dinamo gegen Spartak.

2.4 Gemeinsamer Jubel: Die Nationalmannschaft als Identifikationsobjekt

Neben dem Gegensatz der Fußballfangemeinschaften in Moskau kam angesichts der internationalen Öffnung des sowjetischen Sports in den 1950er Jahren auch die gemeinsame Identifikation mit der sowjetischen Nationalmannschaft zur vollen Entfaltung. Seit den 1930er Jahren brachte die sowjetische Fußballkultur Menschen wie etwa beim Gastspiel der baskischen Auswahl 1937 in kurzen Momenten der Einheit zusammen, doch solche Momente ver-

---

397 Siehe hierzu einige Aussagen informell organisierter Fußballfans von Spartak Moskau in Kapitel 6.
398 Vgl. Chruščev (1956).

vielfachten sich nun, da der zunächst noch von Moskauer Mannschaften dominierte sowjetische Fußball nach dem Ende des Stalinismus regelmäßig an internationalen Wettbewerben teilnahm. Ein zentraler Erinnerungsort in Interviewnarrativen ist hierfür das Freundschaftsspiel der sowjetischen und deutschen Nationalmannschaften 1955, das Lev Jašin als „Wiedergeburt" bezeichnet hatte.[399]

Am 21. August 1955 kletterte eine Gruppe Jugendlicher über den Zaun des Moskauer Dinamo-Stadions. Vor dem Stadion, so erinnert sich der Sportjournalist Pavel Alešin „herrschte ein schrecklicher Andrang".[400] Die deutsche Nationalmannschaft war im Vorfeld der Verhandlungen zwischen Konrad Adenauer und Nikita Chruščev über die Rückkehr der letzten deutschen Kriegsgefangenen nach Moskau gereist.[401] Für sowjetische Bürger und Fußballfans war allerdings viel entscheidender: Hier kam der amtierende Fußballweltmeister *und* ehemalige Kriegsgegner nach Moskau. Er spielte gegen eine neugegründete sowjetische Nationalmannschaft, die die Schmach der Niederlage gegen Jugoslawien bei den Olympischen Spielen 1952 vergessen machen sollte, in deren Folge sie und auch die Armeesportmannschaft CDKA aufgelöst worden waren.[402] Pavel Alešin, erinnert sich: „[...] und wir kletterten über den Zaun, Eintrittskarten hatten wir keine. Und an den [scharfen] Spitzen des Zaunes [...] zerrissen wir unsere Kleidung ganz schön, doch wir überkletterten ihn". Und sie verfolgten in den Durchgängen die spannende Partie.[403]

CSKA-Fan Fedor Ivanov war nicht vor Ort. Doch auch er sah das „schrecklich aufregende Spiel".[404] Gemeinsam mit seinen Großeltern hatte er sich auf einer *dača* im Moskauer Umland vor einem „ziemlich schlechten" Schwarzweißfernseher eingefunden, um mit der Familie des Vermieters ihres Domizils das Spiel zu verfolgen. Das Spiel verband zu diesem frühen Zeitpunkt maximal jene, die Zugang zu den rund eine Million Fernsehgeräten hatten, die es 1955 in der Sowjetunion bereits gab.[405] Sie sahen wie Spartak-Spieler Nikolaj Ivanovič Paršin (geb. 1929) beim Stande von 2:2 den Ball in die Torecke köpfte. Sie stöhnten auf, als der deutsche Abwehrspieler im letzten Moment klärte. Doch

---

399 Jašin 1976, S. 23-4.
400 Pavel Alešin, Interview mit dem Autor, 08.03.2007.
401 Vgl. Dahlmann 2008; Schattenberg 2010.
402 Zum Schicksal CDKA Moskaus siehe Edelman 2010, S. 102-10.
403 Pavel Alešin, Interview mit dem Autor, 08.03.2007.
404 Fedor Ivanov, Interview mit dem Autor, 11.03.2007.
405 Vgl. Roth-Ey 2011, S. 282. Zum Vergleich: Franz-Josef Brüggemeier spricht von 40.000 Fernsehgeräten, vor denen sich 1954 in Deutschland Menschen versammeln konnten, um das in der Erinnerungskultur später als „Wunder von Bern" konzeptionalisierte Finale der Weltmeisterschaft zu sehen. Vgl. Brüggemeier 2005, S. 612.

als Paršins Teamkollege bei Spartak, Anatolij Michajlovič Il'in (geb. 1931), den Ball in der 74. Minute trotz „aufopferungsvollem Wurf des Torhüters" im Netz versenkte[406] kannte die Begeisterung keine Grenzen mehr.

Der Vermieter der Datsche habe Fedor „mit beiden Händen am Kopf" gepackt, daran gezerrt und ihm dabei „fast die Ohren abgerissen." Er selbst habe sich, gleichermaßen vom Führungstor begeistert, „erst ein wenig später Sorgen um seine Ohren" gemacht. Seine Großeltern hätten sich, irritiert von den Emotionsausbrüchen während der Übertragung, erst im Nachhinein einen Reim auf das Ganze machen können. Zurück im Zimmer sei ihnen ein Satz des „jungen Hausherrn" wieder eingefallen. Durch diesen Satz habe sich ihnen erst erschlossen, worin die Brisanz des Fernsehereignisses überhaupt gelegen habe. Sie erinnerten sich an die Worte des Vermieters: „Jetzt haben sie den Deutschen ihr zweites Stalingrad gezeigt [*pokazali nemcam vtoroj Stalingrad*]."[407] Deutschland war erneut besiegt. Mit 3:2, dieses Mal.

Der Armee-Fan Fedor Ivanov erinnert sich hier an einen Abend, der nur sowjetische Siegertypen kannte. Dabei sind die Konstellation der Personen und damit die Konstruktionsweise dieses Erinnerungsbildes bedeutsam. Fedor Ivanov zitiert den Vermieter nicht direkt, sondern über seine Großeltern, die sich dessen Worte vergegenwärtigen. Sowohl die Großmutter als auch der Großvater („der alte Professor") interessierten sich nicht für Sport und sahen hier mit dem „ersten und letzten" Fußballspiel in ihrem Leben eine Sportart, in der auch schon ohne das direkte Aufeinandertreffen ehemaliger Gegner „gekämpft und geschossen, bezwungen und kapituliert" wird.[408] Sie erklärten sich die Aufwallungen ihrer Mitmenschen vor allem als Referenz zum Zweiten Weltkrieg.

Den „alten Professor" überraschten die Reaktionen der Mitmenschen in ihrer (ihm fremden) Eigenschaft als Fußballfans, die er sich nur mittels der Formel vom „zweiten Stalingrad" erklären konnte, sie also ausschließlich als populäre Form des Kriegserinnerns plausibel fand. Die Großmutter erscheint nur als unbeteiligte Augenzeugin. Der Kriegspatriotismus wird in diesem Erinnerungsbild zur Männersache, da sich Weltkriegseuphorie von Frauen nicht über männlich codierte Fanerinnerungsdiskurse transportieren lässt.[409] Das Länderspiel jedenfalls ermöglichte, so verstanden es die Großeltern, ge-

---

406 *Sovetskij Sport*, 23.08.1955, S. 4-5.
407 Fedor Ivanov, Interview mit dem Autor, 11.03.2007.
408 Brändle und Koller 2002, S. 189.
409 In der (post-)sowjetischen Fußballerinnerungskultur ist die Vorstellung weit verbreitet, dass der Fußball Männersache sei. Gefühlsgemeinschaften werden auch dann als männlich beschrieben, wenn Frauen Anteil hatten. Zu Gender und sowjetischer Fußballkultur siehe ausführlich Kapitel 4.2.

rade auch demjenigen eine populäre Identifikation mit der Kriegsvergangenheit, der selbst nicht mehr an der Front gedient hatte.[410] Das Erinnerungsbild ist daher auch hinsichtlich des Urhebers des Zitats stimmig: der „junge Hausherr" war allem Dafürhalten nach nicht mehr selbst an der Front und feierte doch die Wiederauflage des Sieges gegen die Deutschen, für den er doch selbst nichts getan hatte: weder 1943, noch 1955.[411]

Letzteres galt definitiv auch für den jungen Fedor Ivanov und andere Interviewpartner seiner Generation,[412] für die das Länderspiel 1955 ein gemeinsamer Erinnerungsort ist. Damals konnten die Betrachter des Spiels noch nicht wissen, dass sie dereinst über dieses Ereignis eine Vorstellung von sich als Generation gewinnen würden.[413] Das Ereignis selbst transzendierte jedoch auch unmittelbar inner-Moskauer Gegensätze: Schließlich waren es zwei Spieler Spartak Moskaus, die den Torjubel des Armeefans Fedor und des Dinamo-Fans Pavel erst ermöglichten.

1955. Iosif Stalin war bereits zwei Jahre tot. Ehemalige Häftlinge der geöffneten Straflager strömten in die urbanen Zentren der Sowjetunion.[414] Die Rhetorik sowjetischer *kul'turnost'* und der Freundschaft der Völker trat reformuliert an die Stelle xenophober Kampagnen. So trieft die Presseberichterstattung zum Freundschaftsspiel angesichts des bevorstehenden Besuchs von Konrad Adenauer nur so von Parolen der Völkerfreundschaft.[415] Bereits die Einladung zum Freundschaftsspiel war vor dem Hintergrund der „Entspannungsoffensive" ausgesprochen worden, die die Sowjetunion nach Gründung des Warschauer Paktes im Mai 1955 startete.[416] Die westdeutsche Regierung war durchaus nicht erfreut, dass der DFB die Einladung zum Freundschaftsspiel ohne Rücksprache angenommen hatte.[417] Die deutsche Seite befürchtete, wie Willi Daume, damals Präsident des Deutschen Sportbundes, ausführte, dass die Sowjets das Spiel für „Sympathie-Demonstrationen" instrumentali-

---

410 Vgl. Edele 2008a.
411 Edele 2008a.
412 Die für diese Abschnitte verwendeten Narrative stammen schwerpunktmäßig aus Interviews mit Zeitzeugen, die bei Kriegsende zwischen zwei und dreizehn Jahre alt waren: Igor' Dobronravov (*1934), Pion Gazanjan (*1932), Levon Karapetjan (*1938), Pavel Alešin (*~1941) und Fedor Ivanov (*1943). Zum Zeitpunkt des Länderspiels gegen die deutsche Nationalmannschaft waren sie zwischen zwölf und 23 Jahre alt.
413 Zu Generation als analytischer Kategorie in der Geschichte siehe Lovell 2007.
414 Vgl. Dobson 2009.
415 Vgl. *Sovetskij Sport*, 23.08.1955, S. 4-5.
416 Dahlmann 2008, S. 299.
417 Für diese Einladung fand sich auch auf deutscher Seite bislang noch kein archivierter Beleg. Siehe Dahlmann 2008, S. 293.

sieren würden, um diese „gegen den Bundeskanzler zu benutzen [...] wenn sich in den Verhandlungen Friktionen ergeben sollten."[418]

Die außenpolitische Öffnung der Sowjetunion vollzog sich in ganz unterschiedlichen Feldern. 1955 markierte eine Resolution des Zentralkomitees den Beginn des sowjetischen Auslandstourismus.[419] Auch die Geschichte der Kulturbeziehungen zwischen Ost- und West allgemein war im Jahrzehnt nach Stalins Tod voller Bezüge zur Völkerfreundschaft. Dies gilt für Sportereignisse, für Jugendfestivals,[420] aber auch für Filmfestspiele.[421] Konkret stand das Freundschaftsspiel der sowjetischen und deutschen Fußballnationalmannschaften wie erwähnt im Zeichen der baldigen Reise Konrad Adenauers im September 1955 nach Moskau, aus der die Rückkehr der letzten Kriegsgefangenen resultierte.[422]

Den ausländischen Gästen aus Deutschland fiel insbesondere die besondere Betreuung auf, die ihnen zuteilwurden. Das Zentralkomitee der KPdSU hatte einen Beschluss „über die Aufnahme von Touristen aus Westdeutschland und der DDR im Rahmen des Fußball-Länderspiels zwischen der UdSSR und Westdeutschland" verabschiedet.[423] In der Radioübertragung des norddeutschen Rundfunks schilderte Herbert Zimmermann, wie die deutschen Zuschauer, deren kleinerer Teil aus der Bundesrepublik anreiste, „von A bis Z betreut" wurden „und zwar zu günstigsten Bedingungen und Wechselkursen." Sie hätten „so viel zu essen bekommen, dass sie gar nicht wussten wohin". Das Stadionereignis, mit dem „nicht allzu gut, aber sauber gekleidet[en]" sowjetischen Publikum, für das „ein Anzug [...] tatsächlich tausend bis fünfzehnhundert Mark kostet", beschreibt er als harmonische Veranstaltung. Dies galt auch für das Geschehen auf dem Platz:

„Die deutsche Nationalmannschaft nimmt noch einmal Aufstellung und läuft hinüber auf die Gegenseite der Tribüne, blickt also genau den Transparenten von Stalin und Lenin ins Gesicht, und grüßt die Gegenseite, holt sich dafür zweifelsohne den Sonderapplaus der Zuschauer drüben während die russischen Spieler in ihre Hälfte gegangen sind [...]."[424]

---

418 Willi Daume an Staatssekretär Bleek, BMI, 8.7.1955, in BA Koblenz, B 106, Nr. 1824. Zitiert nach Dahlmann 2008, S. 295.
419 Vgl. Gorsuch 2011, S. 10.
420 Vgl. Koivunen 2013.
421 Vgl. Roth-Ey 2011, S. 109.
422 Vgl. Schattenberg 2007.
423 Rossijskij Gosudarstvennyj Archiv Novejšej Istorii (RGANI), f.4, op.16, d.1136, l.11, zitiert nach Dahlmann 2008, S. 300.
424 Schwarz 2005.

Selbst die deutschen Spieler berichteten später von der freundlichen Atmosphäre, die sie durchaus überrascht habe. Ins Hotel kehrten sie in einem offenen Bus zurück, in den Passanten Blumen warfen: „Da haben wir gedacht: Die können nicht dahin dirigiert worden sein."[425]

Die sowjetische Medienberichterstattung verstärkte dieses Bild. Die sowjetischen Zuschauer, so ein Artikel in *Sovetskij Sport*, hätten sich auf der Tribüne mit deutschen Fans angefreundet. Nach dem Spiel hätten sie ihre westdeutschen Gäste zu den Bussen begleitet und ihnen gar zum Abschied auf Deutsch „Frieden, Freundschaft!" zugerufen. Der Abschiedsruf sei von deutscher Seite aus mit dem russischen Äquivalent „*družba, mir!*" beantwortet worden. Die „Annäherung der sowjetischen und deutschen Völker" im Stadion sei „gelungen".[426]

Während obige Deutung des Sieges gegen die deutsche Nationalmannschaft 1955 als „zweites Stalingrad" eine Identifikation einfacher Bürger mit sowjetischen Erfolgen in Krieg und Sport nahelegt, sind in einem anderen Interviewnarrativ die Bezüge zum offiziellen Pressediskurs und damit zur Völkerfreundschaft und zum sozialistischen Internationalismus unverkennbar. Der Armenier Levon Karapetjan, der häufig in Moskau verweilte, war live im Stadion dabei. An das turbulente Spielgeschehen selbst mochte er sich 2008 indes kaum mehr erinnern. Eher betonte er die freundliche Atmosphäre, die dieses Aufeinandertreffen der ehemaligen Kriegsgegner auf dem Fußballplatz begleitet habe. Die deutschen Touristen aus Westdeutschland seien in ihren Bussen mit sowjetischen und deutschen Flaggen warmherzig empfangen worden. Er selbst habe einen kleinen Anstecker von einem deutschen Touristen geschenkt bekommen und ihn später bei einer Kontrollarbeit in der Schule getragen. Auf die Frage des Lehrers, was das denn sei, habe er geantwortet: „Ein Anstecker aus Deutschland! Für die Völkerfreundschaft!".[427]

Levon Karapetjan lebte als Mitglied der armenischen Minderheit in der georgischen Sowjetrepublik. Wie er an anderer Stelle in unserem Gespräch erklärte, habe er sich als Armenier in seiner Heimatstadt, dem georgischen Tbilisi, immer fremd gefühlt. Er sei mit vielen „international denkenden" Armeniern in Tbilisi einig gewesen. Im Stillen musste man gegen Dinamo Tbilisi sein, um das sich nationalistische Denkweisen seiner georgischen Fans ge-

---
425 Eggers und Kneifl 2006, S. 135.
426 *Sovetskij Sport*, 23.08.1955, S. 4-5.
427 Levon Karapetjan, Name geändert, Interview mit dem Autor bei einem Spaziergang in Zentrum von Moskau, 30.03.2008, sowie in seiner Wohnung in Moskau, 23.03.2007. Levon Karapetjan zeigte sich nicht einverstanden, unser Gespräch auf Band aufzuzeichnen. Quellengrundlage bilden hier nicht Tonband und Transkription, sondern meine Mitschrift unserer Gespräche.

rankt hätten.⁴²⁸ Nationalistische Gegensätze und das Narrativ der Völkerfreundschaft schlossen sich in den 1950er Jahren nicht aus. Es waren zwei Seiten einer Medaille. Die Völkerfreundschaft (dann aber als Freundschaft gleichberechtigt imaginierter Völker) war für sowjetische Bürger der multinationalen Peripherie bis zum Ende der Union die stets von nationalen Gegensätzen bedrohte Geschäftsgrundlage, unter der ‚sowjetische Einheit' vorstellbar war.⁴²⁹ Spuren dieser alten Geschäftsgrundlage finden sich trotz zahlreicher Kriege, Bürgerkriege und Unruhen, von Nagornyj Karabach bis Kirgisien, nicht nur in den Erinnerungen von Fußballfans der 1940er bis 1960er Jahre, sondern auch in den Narrativen armenischer Sowjeteliten⁴³⁰ oder kirgisischer Intellektueller.⁴³¹ In der Erinnerung an Sieg und Versöhnung im Freundschaftsspiel 1955 ist sie sogar auf den ehemaligen Kriegsgegner ausgeweitet.

Hinsichtlich der Frage, wie sowjetische Bürger das Freundschaftsspiel rezipierten, ist gleichwohl zu bedenken, dass Nikita Chruščevs partielle Abwendung von der stalinistischen Vergangenheit zu diesem Zeitpunkt noch bevor stand. Erst auf dem XX. Parteitag der KPdSU 1956 distanzierte er sich vor Parteimitgliedern in einer später als „Geheimrede" bekannt gewordenen Ansprache von Personenkult und Terror. In dieser Rede versuchte er sich an einem Spagat, indem er, nach Karl Eimermacher, die Verbrechen der Stalinjahre auf die Machtfülle Stalins, nicht aber auf die „autoritäre[...] Staats- und Gesellschaftsordnung"⁴³² zurückführte. Stalins Macht sei, so Chruščev in der Rede, „dem Geist des Marxismus-Leninismus fremd" gewesen und habe das „Prinzip[...] der kollektiven Führung in der Partei" ausgehebelt.⁴³³ Welche Rolle Personenkult und stalinistische Denkmuster in den unmittelbaren Reaktionen auf den sowjetischen Sieg in dieser Übergangsphase 1955 vor den Radiogeräten und Fernsehern noch spielten muss angesichts der Quellenlage aber leider unbeantwortet bleiben.⁴³⁴

Als wichtiger Erinnerungsort der Nachkriegsjugend ist das Freundschaftsspiel gegen den Weltmeister aus Deutschland auch weiterhin Gegenstand kommunikativen Erinnerns. Rund zwei Jahre nach meinen Gesprächen

---

428 Levon Karapetjan, Interview mit dem Autor, 23.03.2007.
429 Zur Vorstellung einer gleichberechtigten Völkerfreundschaft entlang der multinationalen Peripherie der Sowjetunion siehe insbesondere auch Kapitel 5.2. Zu innerkaukasischen Gegensätzen siehe auch Kapitel 3.1.
430 Vgl. Lehmann 2012.
431 Vgl. Florin 2013.
432 Eimermacher o.J.
433 Chruščev 1956.
434 Zur Transformation von Fußball- und Erinnerungskultur in Bezug auf die stalinistische Vergangenheit siehe die Ausführungen in Kapitel 2.2.

mit Fedor Ivanov („Zweites Stalingrad") und Levon Karapetjan („Für die Völkerfreundschaft!") veröffentlichte der Dichter Evgenij Aleksandrovič Evtušenko (geb. 1932), seine eigene Version des Spiels, die ihrerseits an Diskurse der Tauwetterjahre anknüpft. In seinem Gedicht rollt eine Gruppe Kriegsversehrter auf kleinen Holzbrettern zum Moskauer Dinamo-Stadion. Sie tragen Medaillen und Orden. Der Krieg gegen die Deutschen hat sie in „zwei Hälften geschnitten." Sie rollen „aufrecht und krumm, wie Heldenbüsten [...] auf achsgelagerten Siegerpodesten" zum Stadion, zum „einzigen Gotteshaus, das uns damals anstelle der Religion gegeben war." Und riefen: „Uh, die Fritzen! [...] Hinter uns Moskau! Verlieren – eine Schande!"[435] In einem Interview spricht Evtušenko von „einigen tausend" solcher Invaliden, die er als Augenzeuge im Stadion gesehen habe. Auf Kerbhölzern sei eine Formulierung zu lesen gewesen, die im Russischen genauso doppeldeutig ist, wie im Deutschen: „Schlagt die Fritzen!" (*bej fricov*).[436]

In diesem Gedicht erscheint das Moskauer Dinamo-Stadion als Topos, an dem sich Kriegs- und Fußballerinnern mit verschrten Invaliden- und unversehrten Sportlerkörpern überkreuzen. Das Freundschaftsspiel 1955 wird dabei zum transformativen Ereignis. Der deutsche Spielführer Fritz Walter habe seinem sowjetischen Mitspieler im Spiel die Hand gereicht und den Sowjets später zum Torerfolg gratuliert. Niemand im Stadion habe „Fritz", den Deutschen, noch schlagen wollen. Im Unterschied zu literarischen und filmischen Verarbeitungen des Krieges in den Tauwetterjahren sind die „Heldenbüsten" auf „achsgelagerten Siegerpodesten"[437] gerade keine „gebrochene[n], hilfsbedürftige[n] Menschen", sondern Invaliden, die „ihre Verstümmelung mit Mut und unbeugsamer Willenskraft" ertrugen.[438] Diese Siegesrhetorik sowjetischer Medien und Veteranen nach dem Krieg, die kulturelle Selbstbehauptung der Nachkriegsjugend und die Popularität der Armeemannschaft wurden im poststalinistischen Vielvölkerreich umspült von einem nun auf „Frieden" und „Freundschaft" umgepolten Pressediskurs. Darin ähnelt das Gedicht den erwähnten Interviewnarrativen Fedor Ivanovs und Levon Karapetjans und verweist wie sie aus der Retrospektive auf eine Erinnerungsgemeinschaft, die bereits unter der Oberfläche der spätsowjetischen Medienöffentlichkeit Fußball-

---

435 Evgenij Evtušenko, Reportaž iz prošlogo veka, *Bul'var gordona*, 2009, Nr. 230, S. 6-7; Evtušenko 2009.
436 Evgenij Evtušenko, Poèzija ja učilsja u sovetskogo futbola, *Bul'var gordona*, 2009, N. 230, S. 6.
437 Evgenij Evtušenko, Reportaž iz prošlogo veka, *Bul'var gordona*, 2009, Nr. 230, S. 6-7; Evtušenko 2009. Zur Geschichte sowjetischer Kriegsveteranen und Invaliden siehe auch Edele 2008b, 2006; Fieseler 2000, 2003.
438 Fieseler 2000, S. 946.

kultur und Kriegserinnern auf eine Weise verknüpfte, die eine Kontinuität zur unmittelbaren Nachkriegszeit wahrte und gleichwohl den stalinistischen Kontext ausblendete, der für sie doch so wesentlich war.

Der Sieg gegen Deutschland, den amtierenden Fußballweltmeister, war nur der Anfang. Sowjetische Mannschaften nahmen nun regelmäßig an internationalen Wettbewerben teil und erlebten gleich zu Beginn ihre größten Erfolge. Sowjetische Fußballer gewannen den olympischen Fußballwettbewerb in Melbourne 1956 und sie gewannen den Europapokal der Nationen 1960. Eine Wiederholung dieser Erfolge gelang, trotz vielfachen Einsatzes neuer Trainerteams, nicht mehr.[439] Der zweite Platz bei der Europameisterschaft in Spanien 1964 ließ sich noch in diese Reihe einreihen, hätte die sowjetische Mannschaft das Finale nicht ausgerechnet gegen Franco-Spanien verloren.[440]

Spiele gegen (west)deutsche Mannschaften bildeten auch in späteren Jahren einen Spezialfall, denn diese boten weiterhin einem Sportpatriotismus eine Projektionsfläche, bei dem der Bezug zum Sieg im Großen Vaterländischen Krieg aktuell blieb. Die 3:0 Niederlage der *sbornaja* im Finale der Europameisterschaft 1972 gegen Westdeutschland habe viele empört, erinnert sich der Journalist Pavel Alešin. „Wie sie uns auf dem Fußballplatz vernichtet haben!" sei damals gesagt worden, „wir sollten uns schämen! [*Oni nas gromjat na futbol'nych poljach! Kak nam ne stydno!*]" Es ist angesichts fehlender Umfragen unmöglich, hier quantitativ zu argumentieren. Vieles spricht jedoch dafür, dass sich diese Sichtweise in gewissem Umfang in sowjetischen Fandiskursen von Kriegsveteranen, aber sicherlich auch der Nachkriegsjugend fortsetzte.

Wenn die sowjetische Sportpresse, anders als bisweilen der westdeutsche Boulevard, die Kriegsanalogie, wie Pavel Alešin bestätigt, nicht bemühte,[441] so bildete die offizielle Geschichts- und Erinnerungspolitik der Brežnevjahre gleichwohl den idealen Nexus für solche Bezüge. Denn sie verwandelte das Erinnern an den Großen Vaterländischen Krieg zum zentralen Fetisch sowjetischer Zusammengehörigkeit. Zur bis ins Groteske ausufernden Kriegserinne-

---

439 Vgl. Edelman 1993.
440 In Bezug auf das Finale gegen Spanien kommt auch die Polysemie von Fernsehbildern zum Ausdruck. Während etwa Andrej Sapožnikov im Interview auch von der Anwesenheit Francos im Stadion spricht, handelt seine Erzählung doch vor allem von der inspirierenden Fankultur der spanischen Anhänger im Stadion. Andrej Sapožnikov, Name geändert, Interview mit dem Autor in seiner Wohnung in Moskau, 17.04.2008. Dies entspricht in der Tat dem Wahrnehmungshorizont sowjetischer Bürger der 1960er Jahre, denen sowjetische Medien die Teilhabe an einer sich globalisierenden Zuschauerkultur ermöglichten. Siehe Kapitel 3.2, 4.1 und 6.
441 Pavel Alešin, Interview mit dem Autor, 08.03.2007.

rungskultur Leonid Il'ič Brežnevs (1906-1982) würde etwa auch passen, dass er ein Fan der Armeesportmannschaft CSKA Moskau gewesen sein soll.[442]

Die Erfolge des sowjetischen Fußballs auf internationalem Parkett fielen in eine Zeit, in der sich die Reichweite von Fernsehübertragungen bereits zu vergrößern begann. Dies erleichterte die Identifikation mit der sowjetischen Nationalmannschaft und damit (zumindest optional) mit der UdSSR als erfolgreichem Staat. Zumindest für die in dieser Arbeit herangezogenen Narrative von Fußballfans der Moskauer Mannschaften und von Dinamo Kiev – letztere werden Gegenstand eines späteren Kapitels sein[443] – ergibt sich quellenübergreifend dasselbe Bild: Selbst für denjenigen, der innersowjetische Gegensätze betonen mochte, gehörte die Identifikation mit der sowjetischen Nationalmannschaft dazu. Wer sich etwa in Briefen an sowjetische Behörden über das Verhalten gegnerischer Mannschaften beschweren wollte, konnte dies elegant mit der eigenen Integrität als glühender Anhänger der sowjetischen Nationalmannschaft kombinieren.[444]

Viele identifizierten sich mit der Nationalmannschaft ganz unabhängig vom persönlichen Schicksal als Bürger der Sowjetunion. Aleksej Nazarov war kein Fußballfan, Dinamo war für ihn nichts weiter als die Mannschaft der Geheimpolizei, die seinen Großvater verhaftet, verhört und deportiert hatte. Doch als seine Ehefrau mir erzählte, dass die Bevölkerung in der armenischen Sowjetrepublik nur für die sowjetische Nationalmannschaft war, wenn ein armenischer Spieler auflief, widersprach der aus Sverdlovsk stammende Aleksej heftig: Wenn die Nationalmannschaft spielte, dann „war ein Patriotismus [...] sportlicher Art immer zugegen".[445] Anton Kuznecovs Vater interessierte sich zwar für Fußball, lehnte Stadionbesuche aber rundherum ab. Denn wie Anton mir erzählte: „Meinen Vater hat es noch erwischt, er baute das Stadion Lužniki. [...], deshalb wollte er nicht [...]. Nun, wie damals gesagt wurde, proklamierte man ein Bauvorhaben des Volkes (*tipa narodnoj strojki*) und [...], nun, von der Fabrik haben sie ihn dorthin geschickt, er hat dort ein Jahr gearbeitet."[446] Und

---

442 An anderer Stelle wird allerdings davon gesprochen, dass Brežnev ein Fan von Dinamo Moskau gewesen sein soll. Dies und sein „Logensitz im Moskauer Dinamo-Stadion" würde neben „starke[n] Getränke[n], scharf gewürzte[n] Speise[n] [...] [und] hübsche[n] Mädchen" zeigen, wie sehr er „[...] hinter den Kulissen das süße Leben [liebte]". Siehe Dornberg 1973, S. 16. Allerdings mag der durchaus öffentliche Logensitz nicht so recht zu den Mädchen, den Speisen und Getränken passen. Eher müsste gefragt werden, in welcher Weise die Kunstfigur Brežnev von der informell weiter getragenen Fußballleidenschaft des Ersten Sekretärs profitierte.
443 Siehe Kapitel 5.
444 Siehe ebenfalls Kapitel 5.
445 Aleksej Nazarov, Interview mit dem Autor, 15.03.2007.
446 Anton Kuznecov, Interview mit dem Autor, 24.03.2007.

doch gab es auch für seinen Vater diesen sportlich-sowjetischen Patriotismus. Anton erinnert sich an seinen Vater, wie er zu Haus vor dem Radiogerät saß und ein Spiel hörte: „Leiser! Leiser! Unsere, Unsere gewinnen!"[447]

Auch der bis heute hohe Status der Identifikationsfigur Lev Jašin ist eine Folge der Öffnung des sowjetischen Sports und der schnellen Erfolge des sowjetischen Fußballs Moskauer Prägung auf internationalem Parkett. Sein Status leitet sich häufig aus dem „Weltruhm" ab, der Anerkennung also, die Lev Jašin bei ausländischen Auftritten der Nationalmannschaft oder Dinamo Moskaus erfuhr. Fedor Ivanov begründete ihn auf eben diese Weise: Immerhin habe Lev Jašin „zu seiner Zeit die Auszeichnung für den besten Fußballer Europas bekommen."[448] Jašins Popularität im Ausland beschrieb auch der sowjetische Sportkommentator Nikolaj Nikolaevič Ozerov (1922-1997) in seiner Biographie. Bei einem Spiel in Spanien hätte „eine riesige Menschenmenge" spanischer Fans Jašin mit Sprechchören begrüßt „Jasin, Jasin, Jasin! [sic!]" und um sein Autogramm gebeten während „Mütter ihre Kinder zum Busfenster" hoch hielten, damit sie „den großen russischen Torhüter" betrachten konnten.[449]

Diese Glanzzeit des Moskauer Fußballs fällt in den beginnenden Fernsehfußball – und endet damit. Lev Jašin hütete bei der erstmals live im sowjetischen Fernsehen übertragenen Weltmeisterschaft in England 1966 ein letztes Mal das Tor. Das Gros der sowjetischen Nationalmannschaft stellte aber bereits Dinamo Kiev. Zu untersuchen wäre, wie sich sowjetische Bürger anderer Sowjetrepubliken je nach Zusammensetzung des jeweiligen Teams zur Nationalmannschaft stellten. Einerseits wäre zu erwarten, dass etwa im Baltikum nach Niederlagen der Sowjetunion nicht Tränen der Enttäuschung, sondern der Freude flossen.[450] Ähnliches gilt für Armenien, wo die Mehrzahl, wie erwähnt, nur zur sowjetischen Nationalmannschaft gehalten haben soll, wenn diese mit armenischer Beteiligung spielte. Auch in Fanbriefen an Dinamo Kiev zeigt sich, wie Fußballfans nationale Kohärenz über den Fußball im Vielvölkerreich herzustellen vermochten.[451] Andererseits wäre aber auch zu erwarten, dass einzelne Sowjetbürger die Möglichkeit nutzten, die sowjetische Völkerfreundschaft zur Teilhabe an gemeinsamen Erfolgen ins Feld zu führen, insbesondere um sich auch des Stolzes auf die individuelle Leistung von Spie-

---

447 Anton Kuznecov, Interview mit dem Autor, 24.03.2007.
448 Fedor Ivanov, Interview mit dem Autor, 11.03.2007.
449 Ozerov 1995, S. 73.
450 So sprechen etwa Romuald Misiunas und Rein Taagepera von „einigen Hundert Studenten" in Tallinn, die nach einer Fernsehliveübertragung am 20. April 1972 den Sieg der Tschechoslowakei gegen die Sowjetunion zelebrierten. Misiunas und Taagepera 1983, S. 252.
451 Siehe Kapitel 5.

lern ihrer Nationalität in der sowjetischen Multinationalmannschaft zu versichern. Dies gilt insbesondere aber nicht ausschließlich für sowjetische Funktionsträger. Maike Lehmann etwa zitiert einen „apparatčik" des Komsomol in Armenien, der nicht etwa jubelte, sondern „vor dem Fernseher weinte als wir gegen die Tschechen im Eishockey verloren." Denn schließlich sei er „ein Patriot Armeniens [und] der Sowjetunion".[452] Regionalstudien, aber auch Studien zur Rezeption anderer Sportarten und der Olympischen Spiele, könnten hier differenzierte Ergebnisse zu Tage fördern.

Die Öffnung des sowjetischen Sports, die daraus resultierende vielfache Teilnahme an internationalen Großereignissen, technologische Innovationen, die bald daraus resultierende größere Reichweite neuer Medien aber auch der Weltkriegspatriotismus erweiterten indes die Möglichkeiten sowjetischer Bürger um ein Vielfaches, wie beim Kriegserinnern an sowjetischen Erfolgen teilzuhaben und sich in Sieg und Niederlage mit einer ganzen Reihe sowjetischer Mannschaften zu identifizieren. Die Emotionsgemeinschaften, die sich damals bildeten, sind heute nur noch particll über Erinnerungsgespräche zu rekonstruieren, deren Gegenwartsbezug stets zu bedenken ist.

Fest steht allerdings, dass auch bei innersowjetischen Spielen nun mehrere Mannschaften eine milieuübergreifende Popularität erreichten. nachdem sich zunächst Spartak als erste Mannschaft die Herzen der Menschen aus ganz unterschiedlichen sozialen (in den 1930er Jahren ausschließlich: urbanen) Zusammenhängen erobert hatte. Neben Spartak verbreitete sich seit den 1940er Jahren die Anhängerschaft auch um Dinamo und CDKA/CSKA. Insbesondere Dinamo war ein schlagender Beleg für die Popularisierung von Mannschaften jenseits ihrer organisationalen Zuordnung. Denn in ihrer Selbstdarstellung trat die Organisation noch lange als Einrichtung des Sicherheitsdienstes auf, die vornehmlich den Mitgliedern dieses Dienstes zur Verfügung stand.[453] Dinamo blieb immer das Polizeiteam und für nicht wenige war dies ein Ausschlusskriterium. Wie das Beispiel der Fahrt Dinamo Moskaus nach Großbritannien aber zeigte luden die sukzessive Öffnung des sowjetischen Sports und neue Medien bereits im Spätstalinismus zur Teilhabe ein. Radio- und insbesondere Fernsehübertragungen amplifizierten von den 1950er an Identifikationsweisen im sowjetischen Fußball und erlaubten sowjetischen Bürgern eindeutige Statements ihrer Zugehörigkeit auch von zu Hause. Wenn im nächsten Kapitel von xenophoben Schmährufen, Schlägereien und Platzstürmen die Rede sein wird, so animierte der Fußball insbesondere bei Länderspielen doch auch dazu, in flüchtiger Einheit zu jubeln.

---

452 Lehmann 2012, S. 393.
453 Vgl. Riordan 1977, S. 292.

3 Schlagt diese Scheusale. Stadiongewalt, behördliche Strategien und Medien, 1950-1960er Jahre

Im Frühsommer 1966 gingen drei Männer im bukowinischen Westen der Ukrainischen Sowjetrepublik ins Stadion. Prichod'ko, Fedčenko und Prokopenko, so lauteten ihre Namen, waren auf Dienstreise. Sie sahen die Partie zwischen Bukovina Černovcy und Avangard Kerč und verstanden sich als neutrale Beobachter. In ihrem Brief an die ukrainische Fußballföderation schildern sie ein fröhliches Sportereignis, das bei einer 1:0 Führung der Bukowiner „ruhig und korrekt vonstatten" gegangen sei. Erst fünf Minuten vor Spielende sei die Stimmung gekippt, als der Schiedsrichter, laut Brief zum Unverständnis aller, auf Elfmeter für die Gäste entschieden habe. Der Bukowiner Torhüter habe diesen gehalten, der Referee aber auf Wiederholung entschieden. Das ganze Stadion habe „angefangen zu brüllen" und dies, so argumentierten die drei Dienstreisenden, sei verständlich und legitim für jede Stadt. Denn solch ein „ungezogenes" (*bezobraznyj*) Verhalten des Schiedsrichters würde nirgends einfach so hingenommen. Für sie als Gäste sei der Ausgang des Spiels gleichgültig, für die Fans vor Ort aber eine „Verhöhnung" (*izdevatel'stvo*) gewesen. Und „um ehrlich zu sein" hätten sie „für das Schicksal des Schiedsrichters die Hand nicht ins Feuer gelegt" wäre dies in ihrer Heimatstadt geschehen. Die Černovicer Fans hätten sich beherrschen können, doch bei ihnen zu Hause „hätte er das Stadion nicht mehr in einem Stück verlassen können" (*smog by li on ujti celym so stadiona*). Ihr Brief begründet aus der Perspektive einfacher sozialistischer Werktätiger, wofür Fangewalt gut ist.[454]

Fußballspiele waren in den Jahren nach Stalins Tod häufig keine Orte, an denen sich Jubel und Empörung auf „gemäßigte[...] und genau geregelte[...]" Weise Bahn brachen.[455] Im Gegenteil, bei Fußballspielen schienen gewalttätige gesellschaftliche Gegensätze nun besonders klar auf. Dieses Kapitel beschreibt Mechanismen von Stadiongewalt nach Stalins Tod und deren sukzessive Eindämmung durch sowjetische Behörden und Medien. Es zeigt, wie turbulent es in sowjetischen Stadien der 1950er und 1960er Jahre zugehen konnte, und wie wenig sowjetische Fernsehzuschauer und Zeitungleser, davon mitbekamen.

Erst über die offizielle Einrahmung der Stadionkultur durch Sicherheitskräfte, Sportbehörden und Medien erschließt sich, weshalb Vertreter der Nachkriegsgeneration in der Retrospektive in der Regel ein Bild einer fried-

---

454 CDAVO, f. 5091, op.1, d. 3205, l. 23.
455 Elias 1976, S. 280.

fertigen Zuschauerkultur der 1950er und 1960er Jahre zeichnen. In der Gegenwart grenzen sie sich damit von den Ul'tra- und Hooligankulturen der *fanatskoe dviženie* ab. Folgende Aussage des inzwischen verstorbenen, ehemaligen Stadiondirektors des Moskauer Lenin-Stadions in Lužniki, Viktor Aleksandrovič Kokryšev (1946-2012), ist recht typisch: Nicht nur in Moskau, auch in Erevan, Tbilisi oder Baku habe das ganze Stadion zur Heimmannschaft gehalten, es habe für die Zuschauer gar „keinen Grund" gegeben, „Unruhen zu veranstalten; gegen wen hätten sie sich denn richten sollen?" Auf meinen Einwand, es habe doch Vorfälle gegeben, entgegnete er: „[Der Zuschauer] konnte schreien: ‚Der Schiedsrichter ist ein Päderast'. Na, und weiter? Er konnte zu keinem Zeitpunkt auf das Feld rennen. Das waren hochgebildete, kultivierte Leute [...]."[456]

Wenn Zeitzeugen 2007 bis 2009 so sprachen, erinnerten sie sich an eine neue Zuschauerkultur, die Ende der 1950er Jahre gerade erst im Entstehen begriffen war.[457] Sie sind sich der Empörungsgemeinschaften, von denen nun die Rede sein wird, kaum bewusst, da diese, im Gegensatz zu friedlichen und kultivierten Fanmassen, ihren Weg nur selten in die Berichterstattung im sowjetischen Medienzeitalter fanden. Medien, Miliz und Sportbehörden taten in den späten 1950er und frühen 1960er Jahren vieles, um das Gemisch aus Enge, Alkohol und verletztem Gerechtigkeitsempfinden, dem Zuschauer im legitimen Zorn Genüge zu tun sich anschickten, mit einem neuen Diskurs und einer neuen Stadionpraxis zu überlagern; langfristig betrachtet mit einigem Erfolg. Zunächst aber war die herrschaftliche Einrahmung bei Fußballspielen nach Stalins Tod lückenhaft; das Fußballspiel ein Ort des Gegensatzes und der Zorn so legitim, wie der Fußball ungerecht war.

3.1 Legitimer Zorn: Gegner im Stadion

Wer etwas über Prügel lernen möchte, der sollte nach dem Prügelknaben fragen. Niemand beschwerte sich beharrlicher und kontinuierlicher über sowjetische Zuschauer als Schiedsrichter in ihren Spielberichten und Rapporten. Niemand hatte ein größeres Interesse daran, dass Platzstürme unterbunden wurden. Und keinen ärgerte mehr, wie ein Schiedsrichter aus Odessa auf dem Plenum des republikanischen Schiedsrichterkollegiums 1957 klagte, dass „man auf der Straße für jedwede Beleidigung fünfzehn Tage Haft bekommt, sich aber

---

456 Viktor Kokryšev, Interview mit dem Autor im Büro der russischen Eishockeyföderation in Moskau, 16.04.2008.
457 Diese Beobachtung lehnt sich an die analoge Entstehung einer „neuen sowjetischen Filmkultur" an, die Kristin Roth-Ey ausführlich beschreibt. Roth-Ey 2011, S. 71-130.

im Stadion verhalten kann wie man will", und es dann immer nur heiße: „er fiebert ja nur mit".[458]

Die Debatten und Spielberichte der Schiedsrichter sind aufschlussreich, da sie, im Unterschied zur sowjetischen Presseberichterstattung, gewalttätige Massen, und nicht nur Einzelpersonen beschreiben. In der folgenden Systematik der möglichen Eskalation beschreiben Schiedsrichter Stadiongewalt auf eine Weise, wie es sich für eine sowjetische Behörde ziemte. Stadiongewalt durfte seine Ursache im Alkohol, in der Ignoranz Einzelner, in der Überforderung von Stadionverwaltung und Sicherheitskräften, auf keinem Fall aber in der partikularistischen Gesinnung einzelner Bevölkerungsgruppen haben. Verhaltensauffälligen Stadionbesuchern ist, in der Logik dieser Quelle, mit Erklärungen, Erziehung und Kontrolle beizukommen.

Dabei muss bedacht werden, dass Schiedsrichter zwar von „unkultivierten" Zuschauern sprachen, die Empörungsmassen im Stadion aber nicht sich selbst, sondern den Schiedsrichter als empörend „unobjektiv" betrachteten (sonst hätten sie ihn nicht bestrafen müssen). Wer hier „unkultiviert" war, lag sehr im Auge des Betrachters: die Schiedsrichter oder doch die Zuschauer. Umgekehrt muss beachtet werden, dass Schiedsrichter sich auch selbst zensierten, etwa in der Beschreibung der Schmährufe des Publikums.

So findet sich der bekannteste Schmähruf der sowjetischen Fußballgeschichte in den Spielberichten nicht: „den Schiedsrichter zu Seife" (*sud'ju na mylo*). In Interviews wird er bis heute als folkloristisches Signum einer schwierigen und einfachen, kargen und besseren Zeit erinnert. Der Moskauer Fedor Ivanov etwa erinnert sich:

> „Was bedeutet das? Es bedeutet, aus dem Schiedsrichter Seife zu machen. Ihn abzukommandieren [*otpravit' ego*], damit er zu Seife verarbeitet wird. Das ist der populärste Ausruf damaliger [...] Fußballspiele. Und es schrien ihn, selbstverständlich, Fans aller Mannschaften, in Abhängigkeit davon, zu wessen Gunsten der Schiedsrichter pfiff."[459]

Der Ruf war in der Sowjetunion weithin bekannt, zuweilen soll er bei Radioübertragungen zu vernehmen gewesen sein.[460] Während schwer fällt, die Etymologie des Spruches zu rekonstruieren, sind bereits die vielfältigen semantischen Bezüge in der Retrospektive bemerkenswert. Der Politologe Neil Robinson rückt „*sud'ju na mylo*" in einem Leserkommentar zu einer Rezension in die Nähe anderer homophober Sprechgesänge, indem er auf die Doppeldeu-

---

458 In Anlehnung an Russ. *bolel'ščik*, mitfiebernder Fan. CDAVO, f. 5090, op. 1, d. 1205, ll. 76-7.
459 Fedor Ivanov, Interview mit dem Autor, 11.03.2007.
460 Vgl. Edelman 2009, S. 181.

tigkeit der Präposition „na" hinweist. Anstelle von „den Schiedsrichter *zu* Seife" ließe es sich auch mit „den Schiedsrichter *auf* die Seife" im Deutschen wiedergeben: „Der Schiedsrichter", so sei ihm in den 1980er Jahren nahegelegt worden, „verwendete die Seife als Gleitmittel, um sexuelle Praktiken zu vollführen, die von der Partei nicht genehmigt waren."[461] Der ukrainische Sportjournalist Ivan Jaremko weist dies zurück. Der Schmähruf handle tatsächlich von der „Verarbeitung des Schiedsrichters" zu Seife, was von der Erfahrung der Konzentrationslager herrühren könne, aber auch von der Tatsache, dass auch Hunde zu Seife verarbeitet wurden.[462]

Nicht zuletzt der strukturelle Hang von Fankultur zur Polysemie lässt wahrscheinlich erscheinen, dass Fußballfans sich unterschiedliche Reime auf die Bedeutung solcher Sprüche machten. Denkbar wäre auch, dass *„sud'ju na mylo"* erst im Lichte anderer Schmährufe einer in Bewegung geratenen Fankultur der 1980er Jahre für den einen oder anderen Zeitgenossen die Bedeutung *„auf* die Seife" annahm. Der phallische Ausdruck von Machthierarchien und Demütigungen war zu diesem Zeitpunkt keine Seltenheit mehr.[463] Wie dem auch sei, die Interviewnarrative zeigen an dieser Stelle, dass bereits in der Qualität der Schmähungen sowjetische Schiedsrichterberichte hinter den Ereignissen zurückblieben. Wenn nicht einmal ein weit verbreiteter Schmähruf seinen Weg in die Archivakten fand, so muss vermutlich auch in anderen Fällen die Potenzierung dessen, was Schiedsrichter überhaupt aufschrieben, bei der Lektüre mitgedacht werden.

Versucht man nun, die mögliche Eskalation von Stadiongewalt in den 1950er und 1960er Jahren zu systematisieren, so begannen die Spiele in einer Zeit vor Fangesang und organisierter Fankultur zunächst einmal in Stille. Die Spannung knisterte, das Publikum beobachtete aufmerksam die ersten Spielzüge. So beschreiben dies Interviewpartner, wenn sie über die 1950er

---

461 Neil Robinson, Kommentar zu Simon Kuper, Make Soap from the Ref! Rezension zu Edelman 2009, in London Review of Books, http://www.lrb.co.uk/v32/n11/simon-kuper/make-soap-from-the-ref (15.12.2014).
462 Ivan Jaremko, Gespräch mit dem Autor im Zentrum für Stadtgeschichte Ostmitteleuropas L'viv, 24.04.2012.
463 Etwa: „Referee, fuck your wife in front of the Lenin Mausoleum". Kuper 1994, S. 47. Oder: „Lobanovskij, Lobanovskij, otsosi ty chuj Moskovskij!" Amir Chusljutdinov, Interview mit dem Autor, Park nahe der Novokuzneckaja Metrostation in Moskau, 09.04.2008. Oder: „Der Schiedsrichter ist ein Päderast". Viktor Kokryšev, Interview mit dem Autor, 16.04.2008. In einem anderen Interview wird „Der Schiedsrichter ist ein Päderast" allerdings eher mit der groben Fankultur der Gegenwart verbunden. Viktor Pavlenko, Name geändert, Interview mit dem Autor in seinem Büro in Kiev, 07.10.2009. Den Kontext pejorativer Flüche in der Zuschauerkultur der 1980er Jahre vermag dies allerdings nicht in Frage zu stellen. Siehe hierzu auch Kapitel 6.

und frühen 1960er Jahre sprechen.⁴⁶⁴ So beschreibt es auch die Fußballliteratur: „Die ersten ein bis zwei Minuten vergehen [...]. Still ist es auf dem Platz, still auf der Tribüne".⁴⁶⁵ Auch Schiedsrichtern erschien solch ein Publikumsverhalten vor Beginn des Spiels als normal. Zumindest erwähnen Schiedsrichter in ihren Berichten und Rapporten, ich verwende hierbei zunächst in erster Linie ukrainische Spielberichte der Klasse B der sowjetischen Fußballliga, „ununterbrochenes Stimmengewirr" während des ganzen Spieles⁴⁶⁶ oder auch „Pfiffe im Stadion" als beunruhigendes Indiz.⁴⁶⁷ Unparteiische erkannten an der Atmosphäre zu Beginn, ob sie sich auf eine eher neugierige oder eher aggressive Masse einzustellen hatten.

Neben solch allgemeinen Stimmungseinschätzungen notierten Schiedsrichter in ihren Berichten auch „unkultivierte" Schmährufe wie „schlagt sie und den Schiedsrichter gleich mit" (bejte ich i sud'ju).⁴⁶⁸ Dabei beklagten Schiedsrichter auch die Interaktion zwischen Akteuren auf dem Platz und dem Publikum, wenn etwa Spieler und Trainer das Publikum bewusst aufzuhetzen versuchten oder durch gezielte Fouls dazu beitrugen, das Publikum gegen das Schiedsrichterteam aufzubringen.⁴⁶⁹ Der Stadiondirektor des neu eröffneten Lenin-Stadions in Moskau verband 1956 in einem anderen Fall seinen Bericht über Schlägereien im Lenin-Stadion mit einer Kritik an Spielern Spartak Moskaus.⁴⁷⁰ Ein Schiedsrichter verwarnte am 5. November 1960 im Spiel Kolchoznik Poltava gegen Metallurg Dnepropetrovsk einen Spieler Poltavas, da er, durchaus mit Erfolg, das Publikum zu „Reaktionen" provoziert habe.⁴⁷¹ Im Mai desselben Jahres wurden zwei Spieler von Avangard Kramatorsk beim Spiel gegen Metallurg Dnepropetrovsk verwarnt, da sie versucht hätten, das Publikum mit erhobenen Händen aufzuwiegeln. Darauf habe das Publikum stark „reagiert".⁴⁷²

Häufig identifizierten Schiedsrichter exzessiven Alkoholkonsum als Treibstoff der gegen sie gerichteten Aggressivität. Insbesondere kritisierten sie den Vertrieb alkoholischer Getränke in Stadionnähe oder gar in der Sportanlage

---

464 Neben anderen: Pavel Alešin, Interview mit dem Autor, 08.03.2007.
465 Gorjanov 1965, S. 5.
466 CDAVO, f. 5091, op. 1, d. 700, l. 2.
467 CDAVO, f. 5091, op.1, d. 698, l. 141 (beim Spiel Metallurg Zaporož'e gegen Tr. Rezervy Lugansk am 08.08.1961).
468 CDAVO, f. 5091, op.1, d. 1878, l. 6 (beim Spiel Metallurg Kerč gegen Šachter Aleksandrov am 12.10.1964).
469 Vgl. CDAVO, f. 5091, op.1, d. 434, l. 21. Siehe auch CDAVO, f. 5091, op. 1, d. 700. L. 23.
470 Vgl. GARF, f. 7576, d. 1143/1, ll. 51-3.
471 CDAVO, f. 5091, op.1, d. 436, l. 106.
472 CDAVO, f. 5091, op. 1, d. 436, l. 158. Zu einem ähnlichen Fall siehe CDAVO, f. 5091, op. 1, d. 431, l. 39.

selbst. Ein Schiedsrichter gab etwa im Juni 1964 in einem Protokoll zu bedenken, dass „der Verkauf leicht alkoholischer Getränke in Kirovograd, aber auch in anderen Stadien nicht wünschenswert" sei.[473] Wenige Wochen später monierte ein anderer Schiedsrichter nach einem Spiel im Donecker Gebiet zwischen Avangard Kramatorsk und Gornjak Krivoj Rog das „schlechte" Verhalten des Publikums: „[...] Es waren sehr viele Betrunkene im Stadion, denn im Park, in dem das Stadion gelegen ist, wurden Bier und Wein verkauft."[474] Auch im Stadion Avangard wurden 1964 alkoholische Getränke verkauft. Betrunkene „mitfiebernde Fans" [im Bericht in Anführungszeichen] trügen mit ihren Beleidigungen zur „Desorganisation der allgemeinen Zuschauermasse" bei.[475] Auch beim Spiel Metallurg Kerčs gegen Šachter Aleksandrov beklagte der Schiedsrichter 1964 neben der fehlenden „Arbeit mit den Zuschauern" und dem Zustand des Rasens, den Verkauf von „Bier, Wein und mit Spiritus verschnittenem Wein (*kreplennoe*) neben dem Stadion". In der Halbzeitpause habe ihm ein Mitglied der Sicherheitskräfte in „angetrunkenem Zustand" unspezifisch gedroht, er müsse aufpassen, dass er von hier noch wegkomme. Nach Beendigung des Spiels sei er noch mit der Dokumentation beschäftigt gewesen, als die Miliz gedroht habe, den Trupp abzuziehen, wenn er jetzt nicht sofort abreise.[476] Ähnliches fiel auch andernorts vor: Aus Rostov berichtete ein Schiedsrichter, der verantwortliche Oberstleutnant der Miliz habe ihm mitgeteilt, er könne keinesfalls für Ordnung sorgen, wenn er weiter so pfeifen würde.[477]

Nach Schmährufen, Aufwiegelungen und Drohungen kamen Steine und Flaschen. Am 7. April 1960 sah sich der Schiedsrichter beim Spiel Spartak Cherson gegen Kolchoznik Poltava einer ca. 8.000 Menschen umfassenden Zuschauermasse gegenüber, aus der heraus „während des Spiels Ziegelsteine auf mich geworfen" wurden, „und ebenso nach dem Spiel".[478] In einem anderen Spiel warf das „ungestüme und unkundige" (*bujno, negramotno*) Publikum Flaschen auf das Feld.[479] In einem dritten Fall war ein Linienrichter mit einer Flasche beworfen worden, woraufhin der Schiedsrichter die Partie unterbrach, bis

---

473 CDAVO, f. 5091, op. 1, d. 1878, l. 108 (beim Spiel Zvezda Kirovograd gegen Stroitel' Bel'cy am 05.06.1964). Zur Bestätigung von Alkoholausschank durch die Fußballföderation siehe GARF, f. 9570, op. 2, d. 2929, l. 131.
474 CDAVO, f. 5091, op. 1, d. 1878, l. 115.
475 CDAVO, f. 5091, op. 1, d. 1878, l. 5. (beim Spiel Bukovina Užgorod gegen Krivoj Rog am 17.10.1964).
476 CDAVO, f. 5091, op. 1, d. 1878, l. 6 (Rückseite).
477 GARF, f. 7576, op. 1, d. 2933, l. 38.
478 CDAVO, f. 5091, op.1, d.436, l. 158.
479 CDAVO, f. 5091, op. 1, d. 1878, l. 90 (beim Spiel Lučaverul Tiraspol' gegen SKA Kiev am 21.6.1964).

die „öffentliche Ordnung wiederhergestellt" war.[480] Angesichts zahlreicher dokumentierter Vorfälle leuchtet auch der lakonische Tonfall einiger Beschreibungen ein. Ein Schiedsrichter notierte nach einem 7:2 Sieg Krasnodars gegen Spartak Nal'čik in die Rubrik zum Verhalten der Zuschauer: „alles in Ordnung (vse v projadke), außer dass ein Spieler Krasnodars einmal mit einem Stein beworfen wurde."[481] Solche Vorfälle beschränkten sich nicht auf die unteren Spielklassen. 1960 etwa war die Fußballföderation gezwungen, die Spiele der Dinamo-Mannschaften aus Kiev und Moskau, sowie das Spiel der Moskauer Armeemannschaft gegen Šachter Stalino wiederholen zu lassen. Unzufriedene Zuschauer, die offenkundig nicht mit den Spielregeln vertraut gewesen seien, hätten „mit Pfiffen, mit Schreien, mit [...] Flaschen und Steine[n]" die Spieler und den Schiedsrichter beunruhigt.[482]

Auch wenn die allermeisten dieser Quellen Unwissen und Unkultur der Zuschauer als Quelle der Unruhen verantwortlich machten, beschreiben sie doch implizit spontan sich zusammensetzende Empörungsgemeinschaften, die es legitim fanden, den Schiedsrichter für sein jeweiliges Fehlverhalten zu bestrafen. Einige von ihnen folgten ihm hierfür bis in die Schiedsrichterkabine.[483] In einem anderen Fall beklagte ein Schiedsrichter bei einem Spiel in Charkov, dass er nach Spielende „durch die Zuschauermenge gehen" musste, um das Stadion zu verlassen.[484] Ganz explizit kommt das Motiv der Bestrafung in einem Spielbericht einer Partie auf der Krim zum Ausdruck, bei der „das ganze Publikum [...] nach Spielende auf den Platz [stürzte]". Die Zuschauer hätten, wie er selbst notierte, den Schiedsrichter für seine angeblich „'nicht objektive' Spielleitung' verprügeln" wollen. Der Miliz sei es gelungen, das Vorhaben zu vereiteln. Es ist unklar, wie viele Zuschauer im Stadion anwesend waren. Wer hier aber anwesend war und sich empörte, eiferte sich angeheizt von verschnittenem Wein über ein 0:0 Unentschieden.[485] Wie der Schiedsrichter selbst notierte, sei für das Publikum gerade er das „nicht objektive" Objekt ihres Zorns gewesen, das es zu verprügeln galt. Der Schiedsrichter antizipierte in diesem Bericht, dass sich die Zuschauer selbst überhaupt nicht als unkultiviert wahrnahmen. Dies passt zu diversen anderen Spielberichten. In einem Fall ist davon die Rede, dass „die Zuschauer [...] ungestüm auf die

---

480 CDAVO, f. 5091, op. 1, d. 1878, l. 127 (beim Spiel Chimik Severodoneck gegen Gornjak Krivoj Rog).
481 GARF, f. A-503, op. 1, d. 568, l. 29.
482 GARF, f. 9570, op. 2, d. 2929, l. 131.
483 Siehe auch CDAVO, f. 5091, op. 1, d. 1878, ll. 90, 108.
484 CDAVO, f. 5091, op. 1, d. 431, l. 66.
485 CDAVO, f. 5091, op. 1, d. 1878, l. 6 (Rückseite, beim Spiel Metallurg Kerč gegen Šachter Aleksandrov am 12.10.1964).

Bestrafung eines lokalen Spielers [reagierten]".[486] Bei einem anderen kleinen Vorfall in der moldauischen ASSR soll ein Spieler der Gäste beim Verlassen des Platzes zwei Ohrfeigen von der Ehefrau des Heimtrainers bekommen haben.[487] Und all dies passt auch zu dem Brief der drei Dienstreisenden, die es legitim gefunden hätten, wenn der Schiedsrichter „das Stadion nicht mehr in einem Stück" hätte „verlassen können".[488] Es finden sich nicht wenige Zuschauer in diesen Quellen, die die Unkultur auf dem Platz mit Gewalt zu bestrafen trachteten.

Dieser Mechanismus lässt sich als Kontinuitätslinie bis in die 1930er Jahre zurückverfolgen. Zum Spiel einer Moskauer Hochschulmannschaft gegen eine lokale Dorfmannschaft aus Chanžonkovo bei Makeevka im Donbass waren am 27. Juli 1935 rund 3.000 Zuschauer gekommen. Wie der Schiedsrichter der Partie, Vasilij Andreevič Primerov, später nach Moskau schrieb, standen die Zuschauer schon bei Spielbeginn „direkt an der Außenlinie". Auch an den Torpfosten habe sich eine „riesige Menschenmenge" aufgehalten, die den Torhüter der Moskauer Gäste „paralysierte".[489] Empört habe sich das Publikum in der zweiten Halbzeit, nachdem Primerov ein Tor für die bereits in Führung liegenden Moskauer trotz einer ihrem Dafürhalten nach eindeutigen Abseitsstellung für gültig erklärte. Angestachelt von diesen Protesten weigerte sich der Kapitän, das Spiel fortzusetzen. „Mit unflätigen Flüchen" habe er den Schiedsrichter beleidigt, worauf dieser ihn vom Platz stellte. Als er sich daraufhin geweigert hätte, den Platz zu verlassen, habe Primerov das Spiel abgebrochen. Nun hätten Spieler, Offizielle und das Publikum den Referee bestürmt, umringt und bedroht. Ein Journalist habe schlechte Presse angekündigt. Unter den „Fans" seien indes Rufe laut geworden, man möge doch damit beginnen, den Schiedsrichter „durchzuschütteln".[490] Primerov habe sich gezwungen gesehen einzulenken und das abgebrochene Spiel mit Zustimmung der Moskauer Gäste wieder anzupfeifen:

> „Schon von der ersten Minute an nahm das [wiederaufgenommene] Spiel einen groben Charakter an. Die Chanžonkover [...] schossen in einer Atmosphäre der Angst den Moskauern drei Tore ins Netz [...]. Nach Beendigung des Spiels begleiteten mich die Zuschauer mit bösartigen Schreien, Pfiffen und mit einem Hagel kleiner Steine zum Klub [...]. Die Leidenschaften entzündeten sich. Als ich an den Chanžonkover

---

486 CDAVO, f. 5091, op. 1, d. 1878, l. 60 (beim Spiel Avangard Černovcy gegen SKA Kiev am 22.07.1964).
487 CDAVO, f. 5091, op. 1, d. 1878, l. 90 (beim Spiel Lučaverul Tiraspol' gegen SKA Kiev am 21.06.1964).
488 CDAVO, f. 5091, op. 1, d. 3205, l. 23.
489 GARF, f. 7576, op. 1, d. 108, l. 82.
490 GARF, f. 7576, op. 1, d. 108, l. 64.

Spielern vorbei ging, beleidigten sie mich und in der Zuschauermenge verbreitete man das Gerücht, ich hätte von den Moskauern 30 Rubel Schmiergeld angenommen."[491]

Trotz dreier Tore in der zweiten Halbzeit hatten die wutentbrannten Gastgeber das Spiel mit 3:4 verloren. Deshalb habe sich der Zorn der Anwesenden nach dem Spiel erneut auf den Schiedsrichter gerichtet. Solche Einschüchterungsversuche waren Primerov zufolge keine Ausnahme. Verantwortliche der Kirov-Fabrik hätten etwa den Sekretär des Stadtsowjets überredet, beim Spiel ihrer Fabrikmannschaft den eigentlich vorgesehenen Schiedsrichter durch einen Laien zu ersetzen. Diese „dahergelaufenen Menschen" seien um gute Beziehungen „mit allen Spielern und Organisationen" bemüht und sprächen deshalb „niemals Platzverweise für Grobheiten, Schlägereien oder Beleidigungen" aus.[492]

Aus der Perspektive solcher Empörungsgemeinschaften bedeutet dieses Beispiel allerdings folgendes: In einem Klima der Gewalt, in einer „Atmosphäre der Angst" wirkt der Vorwurf, der Schiedsrichter sei bestochen gewesen und habe deshalb das Tor für Moskau gegeben vor allem: wahrscheinlich. Zuschauersport ist eine Frage der Perzeption und Wirkung, und besonders plausibel erscheint die Vorstellung nicht, dass ein Schiedsrichter aus einem schiedsrichterlichen Wahrheitsgebot heraus sein Leben aufs Spiel setzen würde, damit in einem unbedeutenden Freundschaftsspiel der Bessere gewinnen möge.

Dafür spricht auch der omnipräsente Kontext stalinistischer Gewalt. Insgesamt fielen in der ukrainischen Sowjetrepublik den Getreidekonfiszierungen und der Kollektivierung rund vier Millionen Menschen zum Opfer.[493] Auch im Donbass zählte die Hungersnot 1932/1933 „zu den zentralen Erfahrungen der Bevölkerung".[494] Der Zorn der rund 3.000 Zuschauer des Freundschaftsspiels auf den Schiedsrichter erscheint jedenfalls in ähnlicher Weise konstitutiv für die Entscheidung einer momentanen Emotionsgemeinschaft wie der Jubel des vorigen Kapitels. Das Fußballfieber konnte auch in brutalen und machtlosen Zeiten einen momentanen sozialen Zusammenhang erzeugen, der es erlaubte, einmal auf der Seite der Mächtigen oder einfach nur auf der Seite einer sowjetischen Gemeinschaft und nicht außerhalb zu stehen.

---

491 GARF, f. 7576, op. 1, d. 108, l. 65.
492 GARF, f. 7576, op. 1, d. 108, l. 67.
493 Zur Hungersnot der 1930er Jahre siehe einführend Werth 2002, S. 134-44.
494 Penter 2010, S. 96.

Das Gros solcher Vorfälle dokumentierten Schiedsrichter in den 1930er Jahren nicht, oder die entsprechenden Dokumente sind nicht überliefert.[495] Es waren harmlosere, banale Randerscheinungen einer durch und durch gewaltdurchsetzten Epoche. Ob der Schiedsrichter nun tatsächlich bestochen war oder nicht ist vollkommen bedeutungslos. Im Präzeitlupenzeitalter war es in vielen Fällen unmöglich festzustellen, ob der Schiedsrichter in solchen Momenten richtig lag, doch empörte Zuschauer nahmen es vereint in einer gewaltbereiten in Empörung verbundenen Fan-Masse so wahr oder wollten es so wahrnehmen.

In sowjetischen Stadien nach Stalins Tod blieb es indes nicht bei Flaschen, Steinen und Ohrfeigen am Rande des Platzes. 1955 begleiteten schwere Ausschreitungen die Partie zwischen Spartak Erevan, seit 1963 Ararat Erevan, und der Mannschaft der Sverdlovsker Armeesportorganisation.[496] Konkret habe am 12. Oktober 1955 „eine Menge mit mehreren Tausend Menschen [...] versucht, am Schiedsrichter der Partie [...]einen Akt der Selbstjustiz (*samosud*) zu verüben".[497] Die zunächst auf den Schiedsrichter zielende Gewalt, so wurde dem ehemaligen NKVD-Chef und nun sowjetischen Innenminister Sergej Nikiforovič Kruglov (1907-1977) gemeldet, dauerte drei Stunden an. Noch im September 1955 hatte die sowjetische Presse nach dem Freundschaftsspiel der sowjetischen Nationalmannschaft gegen den amtierenden Weltmeister aus Deutschland euphorisch von einem gelungenen Fest der Völkerfreundschaft berichtet.[498] Keine zwei Monate später mussten Schiedsrichter und Sverdlovsker Gäste in Erevan von Miliz und Mitarbeitern des Innenministeriums über den Stadiontunnel in Sicherheit gebracht werden. Die „vieltausendfache" Menge, so der Polizeibericht weiter, habe darauf „*ultimativno* gefordert, den Schiedsrichter herauszugeben". Neben Hetzrufen wie „Schlagt diese Scheusale" (*bej ėtich gadov*), seien auch „Flaschen und Steinhagel" niedergegangen. Ein „herbeigerufener [...] Krankenwagen" sei „zerstört" und das „medizinische Personal [...] verprügelt worden".[499] Im Bericht heißt es ferner:

> „Der Innenminister der Armenischen SSR, Genosse Piskunov, befand sich gemeinsam mit anderen verantwortlichen Mitarbeitern des Innenministeriums und der Miliz am Ort der Unruhen. [...] Er forderte Fahrzeuge der Feuerwehr an, um die Randalierer mit Wasser zu vertreiben. Allerdings wurden die Fahrzeuge mit Steinen beworfen, die Schläuche zerschnitten [...], ein Teil der Feuerwehrleute verprügelt und die Fahr-

---

495 Primerov handelte mit seinem Beschwerdebrief gegen die Anweisung des Kraj- und Gebietssowjets.
496 Vgl. GARF, f. 9415, op. 3s, d. 529 (1955), ll. 85-9.
497 Zur Selbstjustiz in der russländischen Geschichte siehe etwa Frank 1999.
498 Siehe hierzu ausführlich Kapitel 2.4.
499 GARF, f. 9415, op. 3s, d. 529 (1955), ll. 85-9.

zeuge beschädigt. Da das Militärkommando es ablehnte [...] zu helfen, spitzten sich die Randale weiter zu. Genosse Piskunov gab daraufhin Anweisung, Pistolenschüsse in den Himmel abzugeben."[500]

Die Menge habe sich daraufhin zerstreut, den Konflikt allerdings damit in die Stadt getragen. Zumindest versammelten sich vor dem Hotel *Sevan* 200-300 Menschen, um bis Mitternacht auf die Gastmannschaft aus Sverdlovsk zu warten. Neben zahlreichen Verletzten sei auch ein Todesopfer zu beklagen: Ein zuvor wegen „*chuliganstvo*" verurteilter Arbeiter einer Glühlampenfabrik.[501]

Die Teilhabe an Stadionmassen konnte auch ganz unabhängig von zielgerichteten gewalttätigen Aktionen der Zuschauer gefährlich werden. Am 4. April 1954 ereignete sich etwa in Tbilisi eine Stadionkatastrophe, die ihrer archivgestützten historischen Aufarbeitung noch harrt. Levon Karapetjan zufolge berichteten ausländische Radiosender über dieses Ereignis, bei dem Sowjetbürger vor dem Stadion zu Tode kamen.[502] Levon selbst war im völlig überfüllten Stadion beim Spitzenspiel Dinamo Tbilisi gegen Spartak Moskau, des zweiten der vorangegangenen Saison gegen den ersten, anwesend. In das bereits überfüllte Stadion seien immer mehr Zuschauer geströmt. Ein Mann habe während des Spiels auf seinem Schoß gesessen. Nach dem Ende der Partie habe er verbogene Drehkreuze im Eingangsbereich gesehen. Eine Menschenmenge müsse das Stadion gestürmt haben, wobei viele an der Eisenabtrennung hängen geblieben und andere zu Tode getrampelt worden seien. Ein Freund seines Vaters, ein General, habe den Zweiten Weltkrieg überlebt, an diesem Tag des Jahres 1954 sei er gestorben.[503]

Weitere Recherchen in Tbilisi sind zur Rekonstruktion der Katastrophe erforderlich. Ein auf der Webseite von *Ria Novosti* erschienener Überblick zu Stadionkatastrophen spricht von „etwa zwanzig Todesfällen",[504] Levon ging von 150 bis 200 Toten aus.[505] Einig sind sich alle bislang vorliegenden Darstellungen darin, dass der ungeheure Zuschauerandrang als Ursache für diese Katastrophe anzusehen sei. Wie bei späteren Unglücken[506] ist das Ereignis jedoch ohne weitere Archivrecherchen und Zeitzeugenbefragungen nicht zu rekon-

---

500 GARF, f. 9415, op. 3s, d. 529 (1955), ll. 85-9.
501 Vgl. GARF, f. 9415, op. 3s, d. 529 (1955), ll. 85-9.
502 Levon Karapetjan, Interview mit dem Autor, 23.03.2007. Kristin Roth-Ey zufolge existierten Ende der 1950er Jahre bereits rund 20 Millionen Radiogeräte, die, allerlei Bemühungen um Zensur zum Trotz, ausländische Radiosender wie *Voice of America* oder *Radio Free Europe* empfangen konnten. Siehe Roth-Ey 2011, S. 138.
503 Levon Karapetjan, Interview mit dem Autor, 23.03.2007.
504 http://ria.ru/spravka/20071020/84723544.html (15.12.2014). Siehe ähnlich: http://goal.net.ua/encyclopedia/892.html (15.12.2014).
505 Levon Karapetjan, Interview mit dem Autor, 23.03.2007.
506 Zur Stadionkatastrophe im Moskauer Lenin-Stadion in Lužniki siehe Kapitel 6.4, 6.5.

struieren. Die Sportpresse jedenfalls verschwieg den Vorgang, indem sie den großen Andrang zum Spitzenspiel zynisch in allgemeine Fußballeuphorie übersetzte: „Es kam der Tag, den viele tausend Liebhaber des Fußballs lange erwartet hatten. Bereits einige Stunden vor Spielbeginn waren die Tribünen des Stadions mit Zuschauern gefüllt. Gegen 16 Uhr waren mehr als 40.000 anwesend. Unter den Klängen des Sportmarsches betraten die Mannschaften zur Parade das Spielfeld [...]."[507]

Gemeinsam mit weiteren Beispielen verdichtet sich hier ein Bild durch Enge, Alkohol und Fußball aufgewiegelter Menschenmengen in sowjetischen Stadien der 1950er Jahre. Am 4. September 1956 stürmten Teile des Publikums bei der Partie Dinamo Kievs gegen Torpedo Moskau „in hoher Anzahl" und „scharfer Empörung" im Kiever Chruščev-Stadion den Platz, nachdem der Schiedsrichter der Partie „grobe Regelverstöße" einfach „durchgehen lassen" habe.[508] Valentyn Stecjuk war bei einem anderen Vorfall in diesem Jahr live im Stadion dabei und schickte mir seine Beschreibung per E-Mail:

> „Am 4. September 1956 spielte Dinamo [Kiev] gegen Torpedo [Moskau]. Ich fand sehr schade, nicht als Augenzeuge dabei gewesen zu sein. Ich hätte gerne an solchen Unruhen teilgenommen und so kam es auch. [...] Mir scheint, Kiev spielte gegen Dinamo Moskau [...]. Der Schiedsrichter [...] sprach Moskau einen ungerechtfertigten Elfmeter zu und verweigerte einen klaren Elfmeter für Kiev. Das Publikum war sehr empört, aber es waren viele Milizionäre im Stadion, weswegen das Spiel zu Ende gespielt wurde. Aber das Publikum wollte nicht auseinandergehen. Es wollte mit dem Schiedsrichter abrechnen. Man schrie wie immer ‚den Schiedsrichter zu Seife!' Die Miliz begann, die Fans [...] von der Tribüne zu drängen und drängte uns hinter die Stadionabzäunung. Wir standen hinter dem Zaun und schrien: ‚Gebt uns den Schiedsrichter!' Von der Miliz trennte uns ein hoher Zaun. [Einige] Steine flogen zu den Milizionären. Die Miliz war nie beliebt, weswegen sich die Aggression auch gegen sie richtete. Die Miliz antwortete [...], der Schiedsrichter sei schon abgereist. Bald wurden die Milizionäre mit Autobussen abtransportiert, und die Fan-Masse begann, die umliegenden Straßen unsicher zu machen. Man hielt Autos an, als würde man den Schiedsrichter suchen und dann machte man einfach dumme Streiche, indem man etwa die Autos nicht mehr durchfahren ließ. [...] Kurz gesagt, man amüsierte sich und nicht ein Milizionär war in der Nähe [...]"[509]

Solche Vorfälle waren eher die Regel denn die Ausnahme. Beteiligt waren dabei Anhänger ganz unterschiedlicher Mannschaften. Am selben Spieltag, an dem 1956 das Kiever Publikum bei der Partie gegen Torpedo Moskau den Platz stürmte, kam es auch im Moskauer Lenin-Stadion in Lužniki zu den im vorigen Kapitel erwähnten Tumulten zwischen Anhängern von Dinamo und

---

507 *Sovetskij Sport*, 06.04.1954, S. 5.
508 CDAGO, f. 1, op. 24, spr. 4262, ark. 214.
509 Valentyn Stecjuk, E-Mail an den Autor, 23.05.2012.

Spartak.[510] 1960 schließlich stürmten empörte Zuschauer bei der Begegnung der Armeemannschaft CSKA Moskau gegen Dinamo Kiev ebenfalls in Lužniki den Platz, da der Schiedsrichter einen bereits gehaltenen Elfmeter wiederholen ließ, den der Kiever Valerij Vasil'ovič Lobanovskij (1939-2002) dann „klar" verwandelte.[511] In gewissem Umfang sind Attacken gegen den Schiedsrichter auch in Erinnerungsnarrativen einiger Interviewpartner erhalten. Nikolaj Gavrilovič Latyšev (1913-1999), der berühmteste sowjetische Schiedsrichter, wird kurioserweise gleich in zwei Erinnerungsbildern verprügelt: einmal in Tbilisi,[512] ein anderes Mal in Moskau.[513]

Was bedeuteten all diese Übergriffe auf Spieler, Schiedsrichter und Sicherheitskräfte? Zunächst setzt Stadiongewalt ein Unterlegenheitsgefühl, aber auch ein Leiden voraus, das im Fußballfieber bereits angelegt ist. Der Fußball bietet und bot einen idealen Rahmen für die Entstehung von Empörungsgemeinschaften, deren Emotionalität und Gewaltpotential sich bereits aus der Logik eines aus Fanperspektive zutiefst ungerechten Spiels ergab. Das Fußballfieber ist nicht *per se* ein soziokultureller Ort der Gewalt, doch es kann gemeinschaftliche Impulse erzeugen, sich in konkreten Situationen „mit Gewalt verteidigen" zu wollen, wobei diese „Gewalt sich häufig aggressiv (präemptiv) manifestiert"[514]. Fangewalt ist insbesondere bei solchen Fangemeinschaften nicht die Ausnahme, in denen diese „präemptive Verteidigung" der eigenen Gemeinschaft in quasi-ritualisierter Form innerhalb von subkulturellen Netzwerken vorliegt. Hooligans sind das in soziokulturellen Feststoff gegossene Gewaltpotential fluider Fanmassen. Sie sind, wie auch andere Fanmassen „eine Gemeinschaft gleicher", doch die allgemeine[...] Autorität der rituellen Ältesten [...],"[515] verknüpft hier Autorität und Gewalt. Gewalttätige und friedfertige Fankultur sind sich gleichwohl insofern wesensgleich, als dass sie sich beide aus dem Fußballfieber speisen, das Menschen in Emotionsgemeinschaften vereint, in denen sie eine "tagtraumartige Identifizierung mit einigen Wenigen„ erspüren und damit, nach Norbert Elias, ein "Ausleben von Affekten im Zusehen oder selbst im bloßen Hören, etwa eines Radio-Berichts„

---

510 Vgl. GARF, f. 7576, op. 1, d. 1143, ll. 51-3. Siehe auch Köhring 2010, S. 268ff.
511 *Futbol*, 07.08.1960, S. 2. In einem anderen Fall versuchte dies ein einzelner, laut Spielbericht betrunkener Zuschauer, der sich bald schon in der Obhut der Miliz wiederfand. CDAVO, f. 5091, op. 1, d. 698, l. 141. (beim Spiel Avangard Kramatorsk gegen Avangard Krivoj Rog am 22.07.1961).
512 Levon Karapetjan, Interview mit dem Autor, 30.03.2008.
513 Fedor Ivanov, Interview mit dem Autor, 11.03.2007. Es ist mir allerdings nicht gelungen, diese Aussagen mit Archivmaterial zu verifizieren oder falsifizieren.
514 Bowman 2001, S. 42.
515 Turner 1989, S. 96.

erleben.[516] Der Zorn von Menschen im Fußballfieber kann sich dabei in Massengewalt entladen, da Menschen in Massen zwar in Gleichheit vereint sind,[517] das "Niveau einer menschlichen Kollektivität„ aber "bei dem ihrer schwächsten Mitglieder lieg[en]„ kann.[518] Der Zorn von Fußballfans ist aus der Perspektive von gewalttätigen Gruppen auch legitim, denn empfundene Ungerechtigkeit hat beim Menschen eine Aktivierung der neurobiologischen Ekelzentren [...] zur Folge."[519] Der Schiedsrichter oder auch die gegnerische Mannschaft sind daher keine Opfer in einem Ritual. Denn insbesondere der Schiedsrichter hält seinen Kopf nicht nur in „Stellvertretung" für etwas anderes hin,[520] sondern als Urheber einer konkreten Ungerechtigkeit.

Wie sich solche Affekte entladen, unterscheidet sich von Fall zu Fall. Dies hängt ab von der jeweiligen herrschaftlichen Einrahmung, von der Frage, ob in einer politischen und gesellschaftlichen Ordnung gerade eher „Tendenzen zur Gewalteinhegung" oder „solche zur Gewaltverbreitung"[521] beobachtbar sind und auch von den Technologien, über die und mit denen sich Fußballfans verbinden.[522] Im Fernsehzeitalter begannen sich Menschen Fanmassen zugehörig zu fühlen, zu denen wie selbstverständlich auch die von der Liveberichterstattung im Fernsehen und von der Bildauswahl der (in der Sowjetunion und anderswo: ideologiegeleiteten) Fernsehanstalt hergestellte Repräsentation von Fußballfans im Stadion gehörte. Technologische Innovationen wie diese sind von entscheidender Bedeutung dafür, dass Jubel- oder Empörungsgemeinschaften im Stadion zu „offenen Massen" oder, mit Latour gesprochen, zu komplexen Netzwerken wurden, bei denen sich Menschen über und mit Technologie vergemeinschafteten. Informelle Netzwerke gewaltbereiter Hooligans etwa können unabhängig von solchen Formen der Verflechtung kaum verstanden werden.

Zunächst waren Fußballstadien in den Jahren nach Stalins Tod aber ideale Treibhäuser fußballerischer Empörung, deren Entladung neue Affekte hervorrief und gleichzeitig einen Rahmen bildete, um innersowjetische Gegensätze zu

---

516 Elias 1976, S. 280.
517 Canetti 1960, S. 28.
518 Serge Moscovici argumentiert hier, anders als das Zitat suggeriert, nicht in der Möglichkeitsform. Um „Masse" als analytisch möglichst offenen Begriff zu erhalten, ist es allerdings wichtig, in diesem Fall nicht von einer zwangsläufigen, sondern einer potentiellen Qualität von Massen zu sprechen. Siehe Moscovici 1984, S. 26.
519 Bauer 2011, S. 41.
520 Girard 1987, S. 9, 15.
521 Damit widerspreche ich Elias These der zunehmenden Zivilisierung im Modernisierungsprozess. Flexibler und analytisch offener ist Dinges Vorstellung von Phasen der „Gewalteinhegung" und der „Gewaltverbreitung". Siehe Dinges 1998, S. 189.
522 Vgl. Latour 2007, 2002.

artikulieren. Wenn wir daher von der Ebene psychosozialer Dynamik im Stadien auf die Vorstellungsebene wechseln, zeigt sich der multinationale Kontext der Stadionkultur bereits in den Jahren nach Stalins Tod. Fans unterschiedlicher Nationalität[523] begegneten sich zwar angesichts großer Entfernungen außerhalb Moskaus oder auch Kievs nur selten. Kleinere Grüppchen und Einzelpersonen anderer Nationalität gingen in der allgemeinen Stadionmasse unter. Im Unterschied zum Fernsehzeitalter[524] hatten also sowjetische Bürger kaum Gelegenheit, innersowjetische Gegensätze zwischen den diversen Nationalitäten im Vielvölkerreich direkt zu kommunizieren. Beobachtbar ist allerdings, wie sowjetische Zuschauer nach Stalins Tod Gegensätze zwischen verschiedenen sowjetischen Nationalitäten indirekt über solche Vorfälle zum Ausdruck brachten. Die zentrale Rolle Moskauer Mannschaften im sowjetischen Fußball und Moskaus als Hauptstadt der Sowjetunion führte dabei dazu, dass die russische Nationalität praktisch keine Repräsentation in der sowjetischen Fußballkultur erfuhr. Die „Moskauer" wurden in der Logik sowjetischer Fangegensätze zu einer Nationalität eigener Art.

Schiedsrichterberichte sind nicht die beste Quelle, um zu verstehen, was Stadiongewalt bedeutete. Bisweilen sprechen sie von „Lokalpatriotismus", der durchaus im Einklang mit dem offiziellen Grundsatz der Freundschaft sowjetischer Völker stehen konnte. Auch wenn Schiedsrichter von „normalem" Verhalten der Zuschauer schrieben, die „ihre Landsmänner (*zemljaki*) unterstützt […]" hätten, reformulierten sie Gegensätze zwischen sowjetischen Nationen als lokalen sowjetischen Patriotismus.[525] Anstelle einer Reflexion darüber, welchen potentiell anti-sowjetischen Gehalt bestimmte Vorfälle hätten haben können, schrieben sie von „unkultivierten" Zuschauern oder beschränkten sich auf die Beschreibung des Tathergangs. Wenn etwa „einige Zuschauer den Linienrichter" 1960 beim Spiel Dinamo Tbilisi gegen Ararat Erevan „mit Steinen" beworfen haben sollen,[526] im selben Jahr ein ukrainischer Schiedsrichter beim Spiel Dinamo Kievs gegen Kajrat Alma-Ata (heute Almaty, Kasachstan) einen Spieler der Gäste verwarnt, der Trainer der Gäste, Nikolaj Glebov, erbost den Platz gestürmt und das zu großen Teilen ukrainische Publi-

---

523 Gemeint ist hier *nacional'nost'* im Gegensatz zu *graždanstvo*. Etwa: sowjetische Staatsangehörige oder Bürger russischer, armenischer oder ukrainischer Nationalität.
524 Zu multinationalen Dimensionen sowjetischer Fernsehspiele siehe andeutungsweise Roth-Ey 2011, S. 260.
525 CDAVO, f. 5091, op. 1, d. 1878, l. 127 (beim Spiel Neman Grodno gegen Volyn' Luck am 28.06.1964). Siehe ähnlich CDAVO, f. 5091, op. 1, d. 1878, l. 170 (beim Spiel Čajka Balaklava gegen Tavrija Simferopol am 10.05.1964).
526 GARF, f. 9570, op. 2, d. 2937, l. 78.

kum gegen sich aufgebracht haben soll,[527] oder wenn das Spiel zwischen der Moskauer Armeemannschaft und Šachter Stalino abgebrochen werden musste,[528] so ist in jedem dieser Fälle natürlich denkbar, dass jeweils kein nationaler Gegensatz zum Ausdruck kam. Die Summe der Vorfälle lässt es allerdings ratsam erscheinen, andere Quellen zu konsultieren.

Polizeiberichte und Zeitzeugen äußern sich dezidierter. Denn es lag im Interesse sowjetischer Sicherheitskräfte, ihr Vorgehen mit antisowjetischen Nationalismen zu begründen. Bei den Massenunruhen in Erevan 1955 etwa seien die Mitarbeiter von Miliz und Innenministerium als „Verräter des armenischen Volkes", als „Berijaleute" (*berievcy*) und als „Faschisten" (*fašisty*) beschimpft worden. Die Polizeiquelle beschreibt die Fanunruhen zwei Jahre nach Stalins Tod damit zum einen als Abrechnung armenischer Zuschauer mit dem stalinistischen Terror, zum anderen als nationalistischen Ausbruch. In der Quelle erscheint eine empörte armenische Menschenmenge, die in Repräsentanten sowjetischer Ordnung nichts Weiteres als Berijaleute sah, als Vasallen des 1953 hingerichteten Lavrentij Berija.[529] Zumindest in der internen Logik der Polizeiquelle bezeichnen armenische Fußballfans die sowjetische Herrschaft als zu gleichen Teilen stalinistisch und „faschistisch" und als Bedrohung für das „armenische Volk".

Von nationalen Gegensätzen in Transkaukasien berichtet auch Levon Karapetjan, wenn ihm dies auch unangenehm war.[530] In seiner Erinnerung eröffneten Heimspiele von Dinamo Tbilisi Räume nationalistischer Expressivität. Als Armenier sei er im Stadion immer ruhig dagesessen, um keine Schläge zu bekommen. In anderen Fällen habe er beobachtet, wie es nach offenen Sympathiebekundungen für angereiste Mannschaften aus Moskau zu Übergriffen gekommen sei. Die Moskauer Stadionkultur, die er bei Besuchen in den Sommermonaten kennengelernt habe, beschreibt Levon dagegen als Ort der „Objektivität" und Toleranz: Von „Streitigkeiten, seltenen Schlägereien und Trinkereien" abgesehen, sei es in Moskau „warmherzig" (*dobro*) zugegangen.[531] Auch diese Erinnerung könnte sich aus Bildern unterschiedlicher Zeiten speisen: Schließlich kam es in den Jahren nach Stalins Tod überall in der Sowjetunion, und nicht zuletzt auch in Moskau zu Platzstürmen. Seine Einschätzung könnte zudem der armenischen Minderheitenperspektive geschuldet sein, die Levon in Tbilisi einnahm. Dort seien insbesondere nach Nikita

---

527 Vgl. CDAVO, f. 5091, op. 1, d. 43, l. 38.
528 Vgl. GARF, f. 9570, op. 2, d. 2929, l. 131.
529 Vgl. GARF, f. 9415, op. 3s, d. 529 (1955), ll. 85-9.
530 Levon Karapetjan, Interview mit dem Autor, 23.03.2007.
531 Gilmour und Clements 2002.

Chruščevs Kritik am stalinistischen Personenkult bei Spielen gegen Moskauer Vereine für einige Zeit Sprechchöre wie „Schlagt die Russen" (*bej russkich!*) zu vernehmen gewesen.[532] Angesichts der von Vladimir Kozlov beschriebenen Unruhen in Georgien vom März 1956 konnten auch diese handgreiflich und nicht nur sportlich gemeint sein.[533] Gleichzeitig zeigt Levons Erinnerung, dass nationale Minderheiten in Republiken mit anderer Titularnation, wie etwa Armenier in Georgien, nichts daran änderten, dass sowjetische Stadien bis in die 1970er Jahre hinein wie ein geschlossener (mono-nationaler) Heimblock wirken mussten. Fans unterschiedlicher Mannschaften saßen womöglich nebeneinander. Und doch begegneten sie sich häufig nicht.

Kaukasische Fußballfans hatten auch einen guten Ruf zu verlieren. Schiedsrichter Alyšev aus Groznyj zumindest bezeichnete das Zuschauerverhalten in einem Rapport als „gewöhnlich für den Kaukasus, sie schreien und fiebern mit ihrer Mannschaft".[534] Doch nationale Gegensätze beschränkten sich nicht auf den Kaukasus. Im „warmherzigen" Moskau mag derselbe Mechanismus gewirkt haben, der im Stadionrund verstreute Minderheiten zum Verstummen brachte. Doch gerade die Schiedsrichter und die Spieler der Auswärtsmannschaft konnten sich auch hier mit nationalistischen Losungen konfrontiert sehen. Der Operntenor Zurab Lavrent'evič Sotkilava (*1937) erwähnt in einem Interview mit dem Boulevardblatt *Moskovskij Komsomolec* ein Freundschaftsspiel, zu dem er als Spieler einer georgischen Jugendauswahl 1956 nach Moskau gefahren sei. Von den Tribünen herab habe das Publikum sie im Stadion als „Schwarzärsche" (*černožopy*) und „Spekulanten" (*spekulanty*) beschimpft.[535] Zum einen mögen sich solche Erinnerungen im Kontext gegenwärtiger nationalistischer Vorbehalte zwischen Russen und Georgiern neu konstituiert haben, die im Krieg beider Länder 2008 einen erneuten Höhepunkt fanden. Die Sprachwahl scheint mir dafür zu sprechen. Doch für die Jahre nach Stalins Tod sind ausreichend Referenzquellen verfügbar und antigeorgische Rufe in Moskau plausibel. Es blieb auch nicht der einzige Zwischenfall in Moskau, wo 1960 Fans der Armeemannschaft CSKA beim Heimspiel gegen das ukrainische Dinamo Kiev wie erwähnt ihrerseits einen Spielabbruch provozierten, indem sie das Feld stürmten, um den baltischen Schiedsrichter zu verprügeln.[536]

---

532 Levon Karapetjan, Interview mit dem Autor, 23.03.2007.
533 Vgl. Kozlov 2002.
534 GARF, f. A-503, op. 1, d. 206, l. 60.
535 *Moskovskij Komsomolec*, 12.03.2007, S. 5. Das Gros dieser georgischen Jugendauswahl habe 1964 für Dinamo Tbilisi die Meisterschaft gewonnen.
536 Vgl. GARF, f. 7576, op. 1, d. 2933, ll. 6-44.

Während der Zusammenhang mit einer angenommenen baltisch-ukrainischen Allianz gegen Moskau hier nur implizit erscheint, bestätigt der L'viver Valentyn Stecjuk anti-ukrainische Äußerungen für Moskau. Bei Auswärtsspielen Karpaty L'vovs oder Dinamo Kievs seien in Moskau Rufe wie „Schlagt die Ukrainer!" (bej chochlov) zu vernehmen gewesen. „Chochly", abwertend für Ukrainer, ist die schwer zu übersetzende Entsprechung des ukrainischen „Moskali", abwertend für Russen. In Kiev hätte sich die offiziell der Völkerfreundschaft verpflichtete Bevölkerung aus Angst vor Repression dagegen nicht getraut, die Moskauer Mannschaften zu beleidigen.[537] Schon diese punktuellen Beobachtungen lassen die Sonderrolle Moskaus, beziehungsweise der „Moskauer" erkennen. Da die Dominanz Moskauer Mannschaften erst von den 1960er Jahren an durch Erfolge ukrainischer und kaukasischer Teams herausgefordert wurde, war Moskau in der Logik sowjetischer Fangegensätze eine „Nationalität" eigener Art.

Insbesondere an der Peripherie, in der West-Ukraine etwa oder im Baltikum, konnten nationale Gegensätze und Proteste gegen die herrschende Ordnung deckungsgleich sein. William Risch etwa erwähnt, dass sich „nach wichtigen Siegen gegen Moskauer Mannschaften große, spontane Demonstrationen von 10.000 und 20.000 Menschen" gebildet hätten, die mindestens „unabhängig vom Staat" funktionierten.[538] Mehrere Vorfälle sind in der Literatur auch für das Baltikum dokumentiert. Im Juli 1960 etwa brachen nach einem litauisch-usbekischen Boxkampf Unruhen in Kaunas aus, wobei sich Michail Andreevič Suslov (1902-1982), mächtiges Präsidiumsmitglied und Chefideologe der KPdSU, in der Stadt befunden haben soll.[539]

Insgesamt zeigt der Vergleich der Aussagen über zentrale Wettkampfstätten des sowjetischen Fußballs in Tbilisi, Moskau und Kiev, dass nicht nur innerkaukasische Antagonismen die sowjetische Stadionkultur der späten 1950er Jahre prägten, sondern auch Gegensätze zwischen anderen Nationalitäten. Die binäre Opposition aus „Ukrainern" und „Moskauern" entwickelte sich dabei zur zentralen Auseinandersetzung der 1960er bis 1980er Jahre. Punktuelle Erlebnisse einzelner Zeitzeugen lassen sich nicht zu allgemeinen Aussagen darüber verdichten, wo denn nun was häufiger gerufen wurde. Fest steht allerdings, dass „nationale" Gegensätze zwischen ‚Moskauern', Ukrainern, Georgiern, Armeniern und anderen den sowjetischen Fußball der 1950er Jahre prägten. Die Beschreibungen der Platzstürme in Tbilisi, Moskau und Kiev und die Angriffe auf Schiedsrichter und Milizionäre können sowohl als fußballin-

---

537 Valentyn Stecjuk, E-Mail an den Autor, 21.05.2012.
538 Risch 2011, S. 235.
539 Vgl. Misiunas und Taagepera 1983, S. 252.

terner Affekt legitimen Zorns, als auch als performative Praxis nationaler Gegensätze im Vielvölkerreich gelesen werden. Die Mechanik von Stadiongewalt nach Stalins Tod ergab sich aus der Logik des Spiels und dem Kontext sozialer und politischer Trends im sowjetischen Vielvölkerreich. Empörungsgemeinschaften setzten sich bei Platzstürmen und anderen transgressiven Praktiken über die Suggestion eines universell vergleichbaren Regelsystems des modernen Sports hinweg. Sie bestraften Schiedsrichter für ungenehme Entscheidungen. Ich neige daher nicht dazu, solche Vorfälle als „Dampfablassen" oder als „antiautoritäre Verhaltensweisen" gegenüber „dem Regime" zu deuten.[540] Stadiongewalt war vor den 1970er Jahren eher ein Bestrafungsmechanismus eines empörten Kollektivs, das für sich in Anspruch nahm, für die Mehrheit zu sprechen. Der „Ausbruch" hätte in einer Ordnung mit einer Vergangenheit und Gegenwart entgrenzender und entgrenzter Gewalt ja auch gerade nicht in Gewalt, sondern in ihrem Gegenteil bestanden. Eben diesen Weg beschritt dann die Nachkriegsjugend, weswegen ihre Interviewnarrative von friedfertiger Zuschauerkultur nur so triefen. Doch diesen Ausweg bot erst der Fernsehfußball der 1960er Jahre. Denn er erzeugte Räume halb-privater Fanleidenschaft, in denen nicht mehr damit rechnen musste, Teil einer „hassenden" Masse zu werden, wer zu einer sowjetischen Stadionmenge gehören wollte.[541]

3.2 Sichern, Erziehen, Propagieren: Fußballfans als Problem sowjetischer Öffentlichkeit

Je populärer der Fußball wurde und je größer seine gesellschaftliche Reichweite, desto problematischer war es für die Sportbehörden, wenn es im Stadion bei Spielen der obersten sowjetischen Liga ständig zu Konflikten zwischen verschiedenen Nationalitäten kam. Denn Stadiongewalt, wie die beschriebenen Platzstürme in Kiev, Tiflis, Erevan, Moskau und anderswo, kratzte angesichts des zunehmend multinationalen Charakters der sowjetischen Fußballliga an der offiziellen Teflonoberfläche der sowjetischen Völkerfreundschaft. Die Klasse B der sowjetischen Meisterschaft fächerte sich nun in diverse Zonen auf, während in der Klasse A bereits Mannschaften aus zahlreichen Sowjetrepubliken spielten. „Die Frage der Zuschauererziehung" stelle sich nun „in besonders drängender Weise", so ein Schreiben der sowjetischen Fußballföderation an ihre untergeordneten Stellen 1960, da „[...] der große

---

540 Vgl. Edelman 2002.
541 Yekelchyk 2006.

Fußball der Meister [*velikij futbol masterov*] in allen Hauptstädten der Sowjetrepubliken Einzug erhalten hat".[542]

Ich möchte in diesem Unterkapitel beschreiben, wie sowjetische Empörungsgemeinschaften im Kontext des allgemeinen Kampfes gegen Hooliganismus von den späten 1950er Jahren an zurückgedrängt werden sollten.[543] Es ist bislang nicht systematisch untersucht, doch die größere Bedeutung der Zuschauer schlug sich nun auch in innerbehördlichen Debatten nieder, etwa um die Relevanz dieser oder jener Mannschaft, indem nun vermehrt auf die „vieltausendköpfige Fanarmee"[544] des jeweiligen Teams verwiesen wurde. Sie schlug sich in Presseberichten über die friedfertige Stadionkultur sowjetischer Sportliebhaber nieder. Und sie zeigte sich auch in Überlegungen von Stadionadministrationen und Sportverwaltungen, die auf die Verbesserung der „Arbeit mit den Zuschauern" zielten. Die Einrahmung des Fußballfiebers geschah auf mindestens vier Ebenen: über die Sicherheitskräfte vor Ort, über Ansätze von „Zuschauererziehung" im Stadion und die Regulierung des Zugangs zum Stadion, über Pressezensur, sowie, und dieser Punkt ist von besonderer Bedeutung, über die größere Reichweite von Fernsehübertragungen, durch die der Fußball erstmals tatsächlich ein Erlebnis für jede und jeden wurde.

Gemeinschaften der Empörung konnten ihren Ärger weiterhin zu momenthaften Affektentladungen bündeln. Noch 1967 übersandte die „Propagandakommission der Fußballföderation der USSR" den Gebiets- und Stadtsowjets der lokalen Sportbehörden in der Ukrainischen Sowjetrepublik einen Beschluss, nach dem „die gesamte Öffentlichkeit [*vsja obščestvennost'*], Freiwilligentruppen und Miliz, einen entschlossenen Kampf gegen Erscheinungen der Unkultur [*projavlenija beskul'tur'ja*] einzelner Bürger, beleidigende Schreie [*vykriki*] und anderes" führen sollten.[545]

Doch der vierdimensionalen Einrahmung war es geschuldet, dass sich die in den vorigen Abschnitten beschriebenen Aktionen empörter Zuschauer der 1950er und 1960er Jahre nicht zu langfristigen Erinnerungsnarrativen stabilisierten. Denn anders als in Westeuropa entstanden in den 1960er Jahren noch keine informellen Netzwerke gewaltbereiter Fußballfans. Sicherheitskräfte, Stadionverwaltungen, Pressezensur und Fernsehübertragungen erzeugten einen neuen Rahmen, der die Entstehung von Empörungsmassen dämpfte oder

---

542 GARF, f. 9570, op. 2, d. 2929, l. 132.
543 Zu *chuliganstvo* in der Sowjetunion nach Stalins Tod siehe Lapierre 2006; Kozlov 2002. Zu *chuliganstvo* als russländische Tradition siehe Neuberger 1993.
544 Etwa: CDAVO, f. 5091, op. 1, d. 3166, l. 66.
545 CDAVO, f. 5091, op. 1, d. 3349, l. 16.

zumindest ihre mediale Reichweite einschränkte.[546] Dieser Rahmen bildete die Grundlage zur Entstehung einer neuen sowjetischen Zuschauerkultur, die ich in den weiteren Kapiteln beschreiben werde.[547]

Grundsätzlich waren für das Verhalten der Zuschauer im Stadion in der Sowjetunion nicht Stadionverwaltung oder Sportbehörden zuständig, sondern die Sicherheitskräfte vor Ort. An ihnen lag es zuvorderst, neue Sicherheitsstandards zu etablieren. Für die Jahre nach Stalins Tod finden sich in den Akten der Sportkomitees zahlreiche Stimmen, die wie schon in den 1930er Jahren auf eine Aufstockung der lokalen Milizkräfte, aber auch auf den Einsatz von Verbänden der sowjetischen Armee und zudem von Freiwilligentruppen pochten. Nach den Unruhen in Kiev 1956 wies der Sekretär der Kommunistischen Partei Kievs, M. Sinicja, die städtische Miliz an, „konkrete Maßnahmen zur Gewährleistung der öffentlichen Ordnung in den Stadien bei Massenveranstaltungen" auszuarbeiten.[548] Nach den Unruhen im Moskauer Lenin-Stadion in Lužniki am selben Spieltag wurden die für die „Aufsicht" (*dežurstvo*) zuständigen „Abteilungen und Dienste" angewiesen, „qualifiziertere und erfahrenere Arbeiter bei der Aufsicht einzusetzen".[549] Der stellvertretende Stadiondirektor V. Mjakin'kov ordnete zudem an, 351 Plätze entsprechend einer vorbereiteten Übersicht vom Verkauf zurückzuhalten, womit die bessere „Verteilung der Abteilungen von Miliz und Truppen" gewährleistet werden solle.[550]

Mindestens zentrale Spielstätten wie das Moskauer Lenin-Stadion in Lužniki waren in späteren Jahren weit besser mit Sicherheitskräften ausgestattet als Mitte der 1950er Jahre. Im Büro der russischen Eishockeyföderation im Moskauer Südwesten erläuterte mir der ehemalige Stadiondirektor Viktor Kokryšev das Sicherheitskonzept des Stadions in den 1970er Jahren. Kokryšev war von 1971 bis 1982 „Direktor der großen Arena in Lužniki" (*direktor bol'šoj areny Lužnikov*)[551] und verlor seinen Posten nach der großen Stadionkatastrophe in Lužniki am 20. Oktober 1982. Schuld am Tod von mindestens 66 Menschen im Treppenhaus von Lužniki, so Kokryšev, sei

---

546 Vgl. dagegen Dunning 1984, 2002.
547 Analog zur Filmkultur: Roth-Ey 2011, S. 71-130.
548 CDAGO, f. 1, op. 24, spr. 4262, ark. 214.
549 CAGM, f. 3029, op. 1, d. 2, l. 81.
550 CAGM, f. 3029, op. 1, d. 2, l. 88.
551 Die Leitung des Sportkomplexes in Lužniki war aufgeteilt. Der Leiter der großen Arena sei dem Generaldirektor und seinen zwei Stellvertretern unterstellt gewesen. Neben der großen Arena seien auch die kleine Arena, der Sportpalast und das Schwimmbad mit eigenen Direktionen ausgestattet gewesen. Viktor Kokryšev, Interview mit dem Autor, 16.04.2008.

„in allem die Miliz".[552] Kokryšev hatte also keinen Anlass, die Arbeit der sowjetischen Miliz als besonders effektiv herauszustreichen und doch betonte er ihre Omnipräsenz für den gesamten Zeitraum:

> „Die Miliz war auf den Tribünen, die Miliz war an den Eingängen, die Miliz [...] begleitete und folgte den Zuschauern von der Metro zum Stadion. Am Ende des Spiels stand ein Korridor der Miliz von Lužniki zur Metro ‚Sportivnaja' und von dort aus weiter zur Metro ‚Frunzenskaja'. [...] Ein Teil der Abteilung, die zu Beginn des Spiels eintraf, ging nach der ersten Halbzeit, um diesen Korridor zu etablieren, durch den die Fans dann gingen."[553]

Der Leiter der Moskauer Miliz sei im Stadion „zwingend" anwesend gewesen. Zudem hätten unbewaffnete Abordnungen der Armee das Feld vor den Zuschauern bewacht.[554] Im Falle eines Tors hätten sie sich „kurz zur Tribüne umgedreht, um zu schauen, dass nicht irgendwer auf das Feld hinausspringt". Von der Stadionverwaltung habe die im Stadion ebenfalls unbewaffnete Miliz genaue Angaben über den Verkauf von Eintrittskarten erhalten, um die Tribünen mit einer ausreichenden Anzahl an Milizionären besetzen zu können. Miliz und Administration hätten auch während des Spiels über einen Milizionär mit Sprechfunk in Verbindung gestanden, der bei der Verwaltung abgeordnet war. An der weiteren Planung und Umsetzung des Sicherheitskonzeptes sei die Administration aber nicht beteiligt gewesen.

In der Provinz mag sich die Lage anders dargestellt haben. Zumindest geht aus Akten beim Sportkomitee hervor, dass Schiedsrichter in ihren Spielberichten noch Mitte der 1960er Jahre[555] und auch später[556] das Versagen der Sicherheitskräfte oder die zu geringe Ausstattung des Stadions mit Miliz oder freiwilligen Milizhelfern für Platzstürme verantwortlich machten. Ein Schiedsrichter aus Odessa kritisierte 1957, im Stadion hätten Aufseher gefehlt. Niemand habe „Hooligans zur Ordnung gerufen". Die Schiedsrichter müssten

---

552 Viktor Kokryšev, Interview mit dem Autor, 16.04.2008. Zur Stadionkatastrophe siehe Kapitel 6.4, 6.5.
553 Viktor Kokryšev, Interview mit dem Autor, 16.04.2008.
554 Im Kinofilm *Poezdki na starom avtomobile* ist auch in einer im Stadion spielenden Szene zu sehen, dass die erste Reihe mit Militär besetzt war. Siehe Petr Fomenko, *Poezdki na starom avtomobile*, Mosfil'm, 1985.
555 Vgl. CDAVO, f. 5091, op. 1, d. 1878, l. 90 (beim Spiel der Klasse B, SSSR, Lučaverul Tiraspol' gegen SKA Kiev am 21.6.1964.
556 Vgl. CDAVO, f. 5090, op. 1, d. 1176 (beim Spiel Novobor Ždanov gegen Kristall Cherson vom 27.08.1978); d. 1586 (beim Spiel Frunzenec Sumy gegen Kolos Pavlograd vom 20.09.1982). Schiedsrichter Kabel'nikov berichtete von Zuschauern, die den Platz betraten, nachdem ein Tor gefallen war. In mehreren Spielsituationen hätten sich Zuschauer „undiszipliniert" verhalten.

sich von irgendwelchen „Jüngelchen" beleidigen lassen.[557] In einem anderen Fall beschwerte sich der Schiedsrichter ebenfalls über die Miliz, welche die Zuschauer „vollkommen tatenlos" habe gewähren lassen. Er schlug vor, zu „solchen Spielen eine Brigade zu schicken".[558] Nicht immer blieb die Miliz tatenlos. Bei einem Spiel in Kramatorsk griff sie ein, als zwei Betrunkene versuchten, das Feld zu betreten.[559] In Tbilisi hinderten Miliz und Freiwilligentruppen 1960 Steinewerfer daran, dem Linienrichter noch Übleres anzutun.[560] Zudem finden sich schon für die frühen 1960er Jahre Belege dafür, dass die Miliz auf Probleme bei besonders heiklen Partien nicht mehr unvorbereitet traf. 1961 etwa rechneten die Verantwortlichen beim Relegationsspiel zwischen Burevestnik Melitopol' und Metallurg Zaporož'e angesichts der Brisanz der Partie mit Affektentladungen des Publikums, weshalb gleich mehrere Abteilungen der Miliz aus Zaporož'e mit anreisten. Der Linienrichter wurde gleichwohl während des Spiels mit einer Flasche beworfen.[561] Die Mithilfe der Armee scheint dagegen nicht zum Standardrepertoire sowjetischer Sicherheitsmaßnahmen in der Provinz gehört zu haben. Zumindest vermeldete die Sportbehörde in Černovcy in einer Stellungnahme an die Fußballföderation in Kiev 1966 erst nach Ausschreitungen, dass der Kommandeur der Černovcer Garnison gebeten werde, Milizionäre und freiwillige Milizhelfer mit Wehrdienstleistenden der sowjetischen Armee zu verstärken.[562]

Der Zugang zu den Stadien, so zeigen zumindest einzelne Aktenvermerke, scheint zumindest in zentralen Arenen seit Mitte der 1960er Jahre reguliert gewesen zu sein. Einer internen Untersuchung der ukrainischen Fußballföderation zufolge seien 1966 8.000 Plätze im Kiever Zentralstadion über Abonnements vergeben gewesen, 42.981 Eintrittskarten hätten „große Fabriken, Einrichtungen und Organisationen" zum „registrierten" Verkauf erhalten. Alle weiteren Karten seien an den Kassen erhältlich gewesen, jedoch hätten „Invaliden, Helden der Sowjetunion und der sozialistischen Arbeit, und auch Personen, die auf Dienstreise nach Kiev kamen", bevorzugten Zugriff. Gehörte man zu einer dieser Gruppen, so konnte man sich Eintrittskarten über Briefe und Telegramme reservieren und zurücklegen lassen. Erst am Spieltag selbst wa-

---

557 CDAVO, f. 5090, op. 1, d. 1205, l. 77. Diese Qualität entspricht der Eigendynamik des Fußballspiels, die auch aus anderen Zusammenhängen bekannt ist. Siehe Brussig 2007, S. 22.
558 CDAVO, f. 5091, op. 1, d. 1878, l. 5 (beim Spiel Bukovina Užgorod gegen Krivoj Rog vom 17.10.1964).
559 Vgl. CDAVO, f. 5091, op. 1, d. 1878, l. 115.
560 Vgl. GARF, f. 9570, op. 2, d. 2937, l. 78.
561 Vgl. CDAVO, f. 5091, op. 1, d. 700, l. 2.
562 Vgl. CDAVO, f. 5091, op. 1, d. 3147, ll. 59-60.

ren die Karten frei verkäuflich.[563] Zeitzeugen erinnern sich bisweilen gerne an solche Dienstreisen.[564] Es ist eine Frage des persönlichen Standpunkts, ob Regulierungen, die Stadionbesuche für Dienstreisende und weitere Gruppen erleichterten, als sowjetische Errungenschaft oder als Ausdruck allgegenwärtiger Sowjet-Patronage wahrgenommen wurden. Bei den großen Spielen Dinamo Kievs, so erzählte mir etwa Boris Šymko, kam man nur „über Beziehungen" (po-blatu) an Karten. In seinem Fall seien es Beziehungen zum ukrainischen Sportkomitee gewesen.[565] Ein anderer Fußballfan, Vasilij Mirošničenko, reiste seiner eigenen Darstellung zufolge 1966 extra nach Kiev, um ein Spiel im Stadion zu sehen. Mit Verweis auf privilegierte Gruppen sei ihm der Zugang verweigert worden, wie er in einem im ukrainischen Staatsarchiv archivierten Schreiben beklagt.[566]

Neben Sicherheitsmaßnahmen war die Intensivierung der „Arbeit mit den Zuschauern" im Stadion von den späten 1950er Jahren an eine gängige Reaktion auf Stadionunruhen. Nach den Übergriffen in Kiev 1956 wandte sich die Führung des Chruščev-Stadions an das Präsidium des ukrainischen Schiedsrichterkollegiums und bat um Hilfe bei der „Erziehungsarbeit". Sie stützten sich damit auf jene Gruppe, die das größte Interesse an gewaltfreien Stadionmassen hatte und seit den 1930er Jahren auf eine intensivere Zuschauererziehung gedrungen hatte. In einer kurzen Rückschau möchte ich diese von Schiedsrichtern betriebene Debatte rekonstruieren, die nach Stalins Tod der Sportbürokratie insgesamt als Grundlage diente.

Schiedsrichter diskutierten, durchaus kontrovers, seit den 1930er Jahren die „Unkultur" von Fußballspielen. Bereits auf dem Plenum des Allunionskollegiums der Fußballschiedsrichter am 26. Juli 1937 merkte ein Teilnehmer an, man könne nicht zulassen, dass „die Spieler den Platz im Sanitätswagen verlassen". Da die „politische Erziehungsarbeit" völlig fehle müsse man „das Auftreten der Spieler breit diskutieren" und sich auch der Fangewalt stellen.[567] Der Zuschauer, so stimmte ein anderer Sprecher zu, sei „ungebildet" (negramotnyj). Schiedsrichter müssten daher vor Ort und im Prinzip auch in der Presse die Zuschauer instruieren, wenn es auch in der Presse ebenfalls keine „gebildeten Leute" gebe.[568] „Der Zuschauer", widersprach ein anderer Redner,

---

563 CDAVO, f. 5091, op. 1, d. 3162, l. 19.
564 Fedor Ivanov, Interview mit dem Autor, 11.03.2007; aber auch: CDAVO, f. 5091, op. 1, d. 3205, l. 23.
565 Boris Šymko, Name geändert, Interview mit dem Autor auf einem Bolzplatz am Stadtrand von Kiev, 27.05.2007.
566 Vgl. CDAVO, f. 5091, op. 1, d. 3162, ll. 18, 19.
567 GARF, f. 7576, op. 13, d. 112, l. 58.
568 GARF, f. 7576, op. 13, d. 112, l. 58.

sei inzwischen durchaus „gebildet". In den „meisten Fällen" würden „Schlägereien auf dem Feld" eher aus Fehlern der Schiedsrichter selbst resultieren. Im Stadion sollten „Plakate, Losungen und Hinweisschilder" aufgehängt werden, um elementare Spielregeln zu erläuterten.[569] In einigen Fällen zeigt sich deutlich, wie Schiedsrichter ihr Tun in den Kontext einer stalinistischen Mission stellten und damit aus dem bolševistischen Kulturkampf selbst ableiteten:

> „Genossen, in unserem Land gibt es jetzt viele Helden, wir beobachten den systematischen Aufbau von Kolchosen und Fabriken [...]. Bei uns gibt es Patrioten ihrer Kolchose, Patrioten im wahrhaftigen Sinne dieses Wortes. Und auch Patrioten des Fußballklubs gibt es, aber leider außerordentlich wenige oder sogar überhaupt keine. Hier liegt die Wurzel allen Übels [...], dass es hier keine Erziehungsarbeit gibt."[570]

Konkret reagierte das Allunionskollegium der Schiedsrichter auf Ausschreitungen beim Spiel Dinamo Leningrads gegen Dinamo Moskau vom 24. Juli 1937.[571] Im September 1937, gut einen Monat nach „hässlichen Verhaltensweisen des [dortigen] Publikums [...]", beschloss es, sich „mit der Administration des Dinamo-Stadions dahingehend zu verständigen, [...] wie Ruhe und Ordnung im Stadion gewährleistet und wie dem Publikum die Spielregeln erläutert" werden könnten.[572] Gebildete Zuschauer oder nicht, in der Folge setzten die Behörden Soldaten ein, um das Spielfeld vor den Zuschauern abzuschirmen.[573]

Allerdings waren die Zuschauer von Sportereignissen im Stalinismus der 1930er, im Unterschied etwa zu den 1950er Jahren, noch kein Thema, mit dem sich sowjetische Sportbehörden profilieren hätten können. Eher suchten sie Probleme herunterzuspielen und mit Adaptionen des *kul'turnost'*-Diskurses zu überdecken. Dies gilt auch für Fälle, in denen der Sport als Aushandlungsfeld nationaler Gegensätze im Vielvölkerreich zu werden drohte. 1935 etwa beschwerte sich der Sekretär des Charkover Stadtkomitees für Körperkultur über zwei belorussische Mannschaften, die sich am 6. und 7. Juni in Spielen gegen Charkover Mannschaften ungebührlich benommen und schließlich das Feld verlassen hätten, was „die vollkommen gerechtfertigte Empörung aller Anwesenden" zur Folge gehabt habe.[574] Als sich die beiden berühmten sowjetischen Spieler und Trainer Dinamo Moskaus, Michail Iosifovič Jakušin (1910-1997) und Konstantin Fomin, letzterer spielte zu diesem Zeitpunkt bei Dinamo

---

569 GARF, f. 7576, op. 13, d. 112, l. 58. Siehe auch GARF, f. 7576, op. 13, d. 112, l. 57.
570 GARF, f. 7576, op. 13, d. 139, l. 30.
571 Vgl. Riordan 1977, S. 133; Edelman 1993, S. 71.
572 GARF, f. 7576, op. 13, d. 113, l. 35. Siehe auch GARF, f. 7576, op. 13, d. 112, l. 3.
573 Vgl. Riordan 1977, S. 133; Edelman 1993, S. 71.
574 GARF, f. 7576, op. 13, d. 108, l. 114.

Kiev, am 8. November 1935 auf einer Busfahrt von Odessa nach Moskau in die Haare bekamen, sah sich der Rapport an den Vorsitzenden des sowjetischen Sportkomitees Vasilij Nikolaevič Mancev zu folgender Feststellung veranlasst:

> „[…] An dieser Schlägerei beteiligten sich […] auch andere Mitglieder der Delegation. […] In keinster Weise kann Jakušins Schlägerei mit Fomin als chauvinistischer Auftritt der Moskauer gegenüber den Ukrainern betrachtet werden. Es handelte sich allein um die Folge eines Streits zwischen Jakušin und Fomin und des betrunkenen Zustands der beiden."[575]

Gerade im unaufgeforderten Dementi zeigt sich bereits für die 1930er Jahre das explosive Potential nationaler Gegensätze im Vielvölkerreich, die sich schon in den „entzündete[n] patriotische[n] Leidenschaften" ostukrainischer Zuschauer bei einem Spiel im Donbass gegen eine Moskauer Hochschulauswahl 1935 gezeigt hatten.[576]

In den Jahren nach Stalins Tod begannen die zentralen Organe des Sportkomitees, und nicht nur die Schiedsrichter, sich im Kontext der Chruščevschen Erziehungsrhetorik und der zahlreichen Ausschreitungen in sowjetischen Stadien zunehmend mit den Zuschauern zu beschäftigen. Schiedsrichter forderten auch nach Stalins Tod unverändert, den Zuschauern möge doch bitte endlich erklärt werden, was es mit diesem Fußballspiel auf sich habe. So forderte ein Schiedsrichter 1954 auf einer Versammlung des ukrainischen Schiedsrichterkollegiums, den Zuschauern während der Fußballspiele Spielregeln wie etwa das Abseits zu erklären. Ein gewisser Genosse Romanenko fügte hinzu, es sei notwendig, diese „Arbeit vor dem Spiel und in der Pause" durchzuführen. Eine „hochgradig kultivierte und gebildete (*kul'turnyj, gramotnyj*) Persönlichkeit" solle in den Kiever Chruščev- und Dinamo-Stadien, aber auch in anderen Städten der Ukraine „am Mikrofon […] die Spielregeln erläutern."[577] Schiedsrichter beharrten kontinuierlich auf der „Erziehung" der Zuschauer und entsprachen damit nun erstmals dem politischen Zeitgeist. Ihre Forderungen fielen nun auf fruchtbaren Boden. Schiedsrichter hatten das größte Inte-

---

575 GARF, f. 7576, op. 1, d. 275, l. 61. Diese Auseinandersetzung hatte eine Vorgeschichte, die in Fomins vermeintlichem Verhalten bei Spielen im europäischen Ausland begründet liegt, etwa bei einer Begegnung in Prag, über die *Krasnyj Sport* bereits am 17. August 1935 berichtet hatte. Siehe GARF, f. 7576, op. 1, d. 275, l. 42. Von Seiten des ukrainischen Sportkomitees wurde Fomin in Schutz genommen. GARF, f. 7576, op. 1, d. 275, ll. 43-4.
576 GARF, f. 7576, op. 1, d. 108, l. 66.
577 CDAVO, f. 5090, op. 1, d. 690, l. 7. Auch im Präsidiumsbericht des republikanischen Schiedsrichterkollegiums fand die nötige Zuschauerarbeit Erwähnung. Siehe CDAVO, f. 5090, op. 1, d. 692, l. 24. Der Plan des Jahres 1957 sah vor, sich über die Fortschritte in der Zuschauerarbeit informieren zu lassen. Siehe CDAVO, f. 5090, op. 1, d. 1425, l. 4.

resse an einem pflegeleichten Publikum und auf sie griffen die Sportbehörden auf lokaler Ebene auch zunächst zurück, als es um die Ausarbeitung erster Initiativen ging.

Die Rekonstruktion solcher Initiativen ist ein Freudenfest für Bürokratie-Fetischisten. Zunächst wies das Schiedsrichterkollegium seine Kiever Abteilung an, einen Plan auszuarbeiten.[578] Dieser Plan sah unter anderem eine Erhebung vor, an der Schiedsrichter aus „der RSFSR, Georgien, Weißrussland, Moskau und Leningrad" teilnehmen sollten. Zudem müsse die Zuschauerarbeit lokaler Schiedsrichterkollegien überprüft werden. Eindrücke, die Schiedsrichter nach dem Spiel in ihre Spielberichte notierten und auf Versammlungen formulierten, sollten nun auch innerhalb der ukrainischen Sowjetrepublik systematisch ausgetauscht werden.[579] Schließlich stellte der Plan, wie alle guten Pläne, neue Pläne in Aussicht, die von den untergeordneten Schiedsrichterkollegien der Ukraine formuliert werden müssten.[580] Das Präsidium der Schiedsrichter reagierte am 20. März 1957 seinerseits mit der ihm gebührenden sozialistischen Tatkraft und gründete eine Kommission.[581] Die Aktenlage ist äußerst bruchstückhaft, doch zehn Jahre später, bestand sie als „republikanische Kommission zur Fußballpropaganda" noch immer.[582]

Genaueres über die Arbeit solcher Kommissionen liefert das Moskauer Staatsarchiv. In Moskau wurde die Sportbehörde spätestens 1960 aktiv, nachdem beim Spiel der Moskauer Armeemannschaft gegen Dinamo Kiev Zuschauer den Platz gestürmt hatten. Dieser Vorfall führte nun auch bei der höchsten Fußballinstitution des Landes, der sowjetischen Fußballföderation beim sowjetischen Sportkomitee in Moskau, zu planerischer Aktivität. Die hierfür eingesetzte Propagandakommission beim Präsidium der Fußballföderation berichtete 1960 in einem an alle „republikanischen Fußballföderationen und Stadiondirektoren" gerichteten Schreiben über konkrete Maßnahmen, die in Moskau bereits eingeleitet worden seien: Programmhefte würden umgestaltet, offizielle Fanklubs gegründet, „Fußballspieler mit Autorität" damit beauftragt, im Radio, zum Teil aber auch während des Spiels, die Spielregeln zu erläutern, während die Zuschauer ihre Fußballkenntnisse und Regelfestigkeit im Rahmen eines Quiz' unter Beweis stellen könnten.[583] Schon bei früheren Spielen stand immerhin auf den Eintrittskarten, dass „das Betreten des

---

578 Vgl. CDAVO, f. 5090, op. 1, d. 1208, l. 14.
579 Vgl. CDAVO, f. 5090, op. 1, d. 1425, l. 4.
580 Vgl. CDAVO, f. 5090, op. 1, d. 1425, l. 4.
581 Vgl. CDAVO, f. 5090, op. 1, d. 1208, l. 16.
582 CDAVO, f. 5090, op. 1, d. 3349, l. 1.
583 GARF, f. 9570, op. 2, d. 2929, l. 131.

Fußballplatzes [...] strengstens verboten [ist]" (siehe Abb. 9 und 10).[584] Die zu jedem Spiel bereitgelegten Programmhefte etwa enthielten im Moskauer Lenin-Stadion von nun an darüber hinaus „einige Auszüge aus den Spielregeln", etwa „über den Elfmeter, das Abseits, den Freistoß, und vieles mehr".[585] Das Lenin-Stadion erscheint in diesem Schreiben als Vorbild, als sei es hier nicht gerade zu Unruhen gekommen.

Abb. 9: „Osttribüne. Fünf Rubel". Vorderseite. © Bestand Arinštejn FSO 01-144.

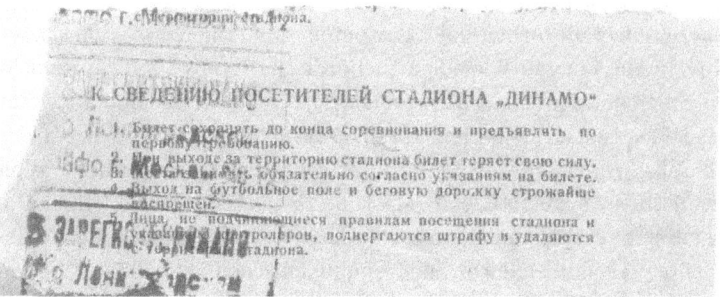

Abb. 10: „Das Betreten des Fußballplatzes [...] ist strengstens verboten". Rückseite. © Bestand Arinštejn FSO 01-144.

Moskau hatte, so das Signal, nun klar erkannt: Aufklärung tat Not. Die Moskauer Propagandakommission forderte, die Zuschauer möchten bitte auch in anderen Stadien die Spielregeln erklärt bekommen. Hierfür fügten sie dem Schreiben eigens angefertigte Lektionen für die Stadien der einzelnen Sowjetrepubliken bei, deren Verwendung den Fußball zu einem Ereignis machen sollte, das „unserer sowjetisch sozialistischen Lebensweise" und den Normen

---

584 Archiv der Forschungsstelle Osteuropa an der Universität Bremen (FSO), 01-144.
585 GARF, f. 9570, op. 2, d. 2929, l. 131.

öffentlicher Ordnung entspräche.[586] Dieser fünfzehnseitige Entwurf ging an alle republikanischen Fußballföderationen und Stadiondirektionen. Er bestand aus sieben ähnlich aufgebauten Lektionen. Den Abschluss bildeten Zitate einiger bekannter sowjetischer Fußballpersönlichkeiten. Die Lektionen selbst trugen Titel wie „Genossen Zuschauer! Heute werden wir Ihnen vom Elfmeter erzählen", „Genossen Zuschauer! Heute werden wir Ihnen vom gefährlichen Spiel erzählen" und „Genossen Zuschauer! Heute werden wir Ihnen vom Abseits erzählen".[587] Die Prämisse, die in diesen Lektionen aufscheint, passt zum ideologisch motivierten Optimismus der Tauwetterjahre: der Fußball war nun für alle da; und jenen, die sich daneben benommen hatten, musste man das Ganze nur besser erklären. Mit leninistischem Erziehungsethos war dem Übel der Stadiongewalt sicher beizukommen. Denn im Grunde hatte, was sowjetische Behörden auch an anderer Stelle betonten, der „sowjetische Zuschauer" als „objektivster" Zuschauer überhaupt zu gelten.[588]

Propagandistische Figurationen wie diese vertrugen sich allerdings nicht immer mit den multiplen Gegensätzen der Fußballkultur, wie sich in folgender Lektion zeigt, die sich um die Differenzierung von körperbetontem Spiel und unerlaubten Fouls bemüht:

> „Genossen Zuschauer! Heute erzählen wir Ihnen von erlaubten und unerlaubten Stößen. Im Zweikampf um den Ball stieß der Spieler der ‚roten' Mannschaft seinen ‚blauen' Kontrahenten mit der Schulter, um in Ballbesitz zu gelangen. Aufgrund dieses vollkommen legitimen Zweikampfverhaltens kam der ‚blaue' Spieler zu Fall, während der ‚rote' Spieler [...] das Spiel fortsetzte, indem er entweder auf das gegnerische Tor zuging oder abspielte [...]. Der Schiedsrichter, der diesen Moment aufmerksam verfolgt hat, zeigte vollkommen zurecht keinen Regelverstoß des ‚roten' Spielers an. Der Schiedsrichter verhält sich hier korrekt, denn wie es im Paragraphen 12 der Spielregeln heißt, sind rechtmäßige Angriffe und Stöße erlaubt, wenn sie sich, nach Meinung des Schiedsrichters, im Zweikampf um den Ball ereignen, der Spieler tatsächlich versucht, den Ball zu erobern, und der Angriff oder der Stoß nicht darauf abzielte, den Spieler der ‚Blauen' zu verletzen."[589]

Das Lehrbeispiel zieht eine klare Linie zwischen erlaubter und unerlaubter Körperlichkeit auf dem Platz, während die Dynamik von Menschenmassen im Fußballfieber zu einem Gutteil aus den Unschärfen und Ungerechtigkeiten des Fußballspiels resultieren. Ein nicht unwichtiges Detail ist hierbei auch die Farbwahl im Lehrbeispiel. Da die Lektion bei Ligaspielen verlesen werden sollte, drängt sich nicht die sowjetische Nationalmannschaft als Assoziation für

---

586 GARF, f. 9570, op. 2, d. 2929, l. 132.
587 Russ.: „Tovarišči zriteli! Segodnja my rasskažem vam [...]". GARF, f. 9570, op. 2, d. 2929, ll. 134, 136, 140.
588 CDAVO, f. 5091, op. 1, d. 3147, ll. 59-60.
589 GARF, f. 9570, op. 2, d. 2929, l. 133.

die „Roten" auf, sondern Spartak Moskau. Es ergibt sich aus dem agonalen Charakter des modernen Mannschafts- und Zuschauersports, dass es eben einen Unterschied machte, ob der rote oder der blaue Spieler einen Gegner regelkonform umstieß.

Am besten funktionieren die Ausführungen für Moskau. Spartak hatte in seiner Entstehungszeit bis in die späten 1930er Jahre versucht, im sowjetischen Sportsystem Fuß zu fassen.[590] Mit der Verhaftung der Starostin-Brüder und der langen Jahre in Lagerhaft und Verbannung, waren Spartak und seine große Anhängerschaft potentiell freie Radikale des sowjetischen Zuschauersports. Doch Spartak war auch der Liebling nicht weniger hoher Parteifunktionäre der späten Sowjetunion. Zuletzt war die Mannschaft „die geheime Liebe" des Vorgängers Michail Sergeevič Gorbačevs (*1931) im Amt des Generalsekretärs der Kommunistischen Partei, Konstantin Ustinovič Černenko (1911-1985).[591] Den Verweis auf das regelkonforme Vorgehen des „roten Spielers" allein könnte man bereits als Signal verstehen, Spartak und seine Fans in der Zuschauerarbeit der Moskauer Propagandakommission mitzunehmen. Als zusätzliches Indiz kann gelten, dass in diesen Lektionen auch der berühmte Stürmer und spätere Trainer Spartak Moskaus, Nikita Simonjan, zu Wort kam. Simonjan zufolge, dem noch 1956 unterstellt worden war, das Publikum aufgewiegelt zu haben,[592] seien „die Spieler von dem lärmenden Verhalten der Zuschauer (Schreie und Pfiffe) nervlich stark belastet". Wenn Zuschauer meinen würden, ihr Lärm richte sich gegen die gegnerische Mannschaft und den Schiedsrichter, so beeinträchtigten sie doch gerade auch ihre eigene Mannschaft.[593]

Die Lektionen wirken auf den ersten Blick wie tragikomische Relikte sowjetischer Propaganda. Doch spätestens das Simonjan-Zitat weist sie als ernsthaften Versuch aus, eine aus den Fugen geratene Stadionkultur wieder in den Griff zu bekommen. Allerdings ging dieses Schreiben eben auch an die Stadien aller anderen Sowjetrepubliken. Und auch in Städten wie Kiev interessierte man sich sehr für Fußballregeln. Jedoch war hier die Vorstellung weit verbreitet, die ruppige Spielweise der Hauptstadtmannschaft Spartak werde von Schiedsrichtern und Kommentatoren gleichermaßen in Schutz genommen.[594] Alleine durch die Farbwahl klingt die Lektion, als würde die Moskauer

---

590 Siehe Kapitel 2.1.
591 Pribytkov 1995, S. 121-139. Siehe auch Wilson 2006, S. 285.
592 Vgl. GARF, f. 7576, op. 1, d. 1143, ll. 51-3.
593 GARF, f. 9570, op. 2, d. 2929, l. 148.
594 Siehe Kapitel 4.3 und 5.1.

Propagandakommission die vermeintlich ruppige Spielweise der berühmten Hauptstadtmannschaft zu verteidigen trachten.

In der Breite des Landes scheint die Zuschauerarbeit kaum Früchte getragen zu haben. Die Kiever Propagandakommission stellte etwa 1967, nach zehn Jahren Zuschauerarbeit fest, dass es „zum gegenwärtigen Zeitpunkt in der Donecker und Dnepropetrovsker Oblast' keine Propagandakommission und keine Klubs der Fußballliebhaber gibt".[595] Vielleicht wirkt es nur durch die bruchstückhafte Überlieferung so, doch als nennenswertes Ergebnis der zehnjährigen Arbeit der Kiever Kommission ist lediglich ein einziges Flugblatt überliefert. Zuschauer wurden darin aufgefordert, sich „objektiv" und „gerecht" zu verhalten und als Zuschauer eine „hohe Kultur [*vysokaja kul'tura*]" zu zeigen. Während seine Rezeption vor Ort kaum zu rekonstruieren ist, legt die Quelle Wert auf die „unionsweite Würdigung auf dem Plenum der sowjetischen Fußballföderation, in der Zeitung *Sovetskij Sport* und in [ihrer Beilage] *Futbol*".[596]

Die Sprechweisen solcher Sportbürokraten sind alles andere als unwichtig. In diesen Dokumenten zeigt sich der behördeninterne Ton, den Sportmedien in ihren auflagenstarken Publikationen reproduzierten. Fußball-fans lasen in den 1950er bis 1980er Jahren Zeitung, sie sahen bald fern, und bedienten sich des diskursiven Rahmens, den diese Medien ihnen darboten. Insbesondere bedienten sie sich der Unterscheidung von „kultivierter und unkultivierter Männlichkeit", die Julie Gilmour und Barbara Evans Clements als „signifikantes Element der sowjetischen Sportrhetorik identifizierten"[597], und die auch in den Spielberichten der Schiedsrichter und den Pamphleten der Sportpropaganda zur „Zuschauererziehung" bereits anklang. Von den späten 1950er Jahren an signalisierten sowjetische Sportmedien ihren Konsumenten, welcher Ausdruck partikularer Fangemeinschaft in der Sowjetunion nun legitim war und welcher nicht. Sie beschrieben, in der Hoffnung auf eine selbsterfüllende Prophezeiung, wie sich sowjetische Fußballfans in einer sozialistischen Wirklichkeit verhalten würden.

Noch im Spätstalinismus hatte die Sportpresse nur wenige Darstellungen von Zuschauern veröffentlicht. Denn „aktive" Sportler galten zu dieser Zeit, im Gegensatz zu „passiven" Zuschauern als stimmige Propagandavorbilder.[598] So beschränkten sich die seltenen Beschreibungen einerseits auf *chuligany* im Stadion und andererseits auf Helden des sozialistischen Aufbaus. Sie verzich-

---
595 CDAVO, f. 5091, op. 1, d. 3349, l. 8.
596 CDAVO, f. 5090, op. 1, d. 3349, ll. 1-2.
597 Gilmour und Clements 2002, S. 210.
598 O'Mahony 2006, S. 57-96.

teten auf Darstellungen von Fankultur jenseits von Gewalt als eigenständige kulturelle Praxis. Während 1946 von „Hooligans im Stadion"[599] die Rede ist beschreibt ein Artikel 1952 einen „jungen Stachanov-Arbeiter", der „neben einem Komponisten" sitze, den „alle Menschen kennen" würden.[600] Die Stadiontribünen sind in diesem Bild von sowjetischen Menschen bevölkert, die ihre wohlverdiente Freizeit genossen, indem sie die Spiele mit einem Hauch der Unbefangenheit und Distanz verfolgten.

Auch nach Stalins Tod behandelten mediale Darstellungen die Errungenschaften sowjetischer Freizeit als Lohn für Entbehrungen und Erfolge sozialistischer Werktätigkeit. In einem Brief eines Arbeiters des Wagondepots am Bahnhof Ljubotin, der 1960 im Ukrainischen Radio vorgelesen wurde, hieß es etwa: „Seit dem ersten April [hat] unser Depot auf den Siebenstundenarbeitstag umgestellt [...]. Darauf antworten wir der Kommunistischen Partei mit neuen, noch größeren Arbeitserfolgen (bol'šimi trudovymi uspechami)."[601] Mehr Freizeit führt in dieser Vorstellung zu noch mehr sozialistischem Fleiß.

Doch in den neuen Bilderfluten des sowjetischen Medienzeitalters wurden Fußballfans zusätzlich auch als Fußballfans beschrieben; und damit einhergehend als kultivierte Vorbilder.[602] Zuschauerränge wurden nun als Horte friedliebender, sowjetischer Massen dargestellt. Sportmedien griffen im Kontext der chruščevschen Konsumpolitik die Formel sowjetischer kul'turnost' auf, indem sie Zuschauermassen präsentierten, die, wie Miriam Dobson dies für andere Imaginationen sowjetischer Gemeinschaft ausdrückt, in der Tat „ordentlich, kultiviert und anständig" waren.[603] Während Konsumdiskurse Repräsentationen einer „rationale[n] Konsumentin"[604] im Allgemeinen eher als weibliche Konstruktion präsentierten,[605] funktionierte der Gegensatz zwischen „kultivierten" Massen und „unkultivierten" Individuen im Fußball über die Dichotomie aus „kultivierter" und „unkultivierter Männlichkeit".[606] Damit allerdings (er)fanden und verbreiteten sowjetische Sportmedien erst die Vorstellung des Fußballs als traditionelle Männerdomäne. Aus einer Freizeitkultur „geschlechtsloser Massen" mit sozialistischer Gesinnung wurde ein folkloristi-

---

599 Sovetskij Sport, 01.06.1946, S. 3.
600 Sovetskij Sport, 04.05.1952. Zitiert nach Edelman 1993, S. 86.
601 CDAVO, f. 4915, op. 1, d. 2807, ll. 23-4.
602 Zur sowjetischen kul'turnost' siehe Volkov 2000; Gilmour und Clements 2002.
603 Dobson 2009, S. 240.
604 Rüthers 2009, hier: S. 59-60.
605 Vgl. Reid 2002, S. 214.
606 Zur Dichotomie aus kultivierter und unkultivierter Männlichkeit im sowjetischen Sport siehe Gilmour und Clements 2002. Zu chuliganstvo und Tauwetter siehe Lapierre 2006.

sches Event, das jedem offenstand, der den sowjetischen Rahmen kultivierten Verhaltens nicht sprengte.[607] Der Zuschauersport war damit erstmals eine eigenständige sowjetische Kulturpraxis, die nicht mehr als reines Belohnungssystem für sozialistischen Fleiß funktionierte.

Sowjetische Fußballfans nutzten, wie ich in den nächsten beiden Kapiteln zeigen möchte, weithin rezipierte Darstellungen in *Sovetskij Sport* und seiner Wochenbeilage *Futbol* als Orientierungshilfe dafür, wie weit populäre Subjektivität und damit Gemeinschaft und auch Gegnerschaft in einem Staat kollektiver Normen ausgedrückt werden durfte. Wie sich in all meinen Gesprächen mit Fußballfans in Moskau und Kiev zeigte, galt dabei für *Sovetskij Sport* und den seit 1960 wöchentlich erscheinenden *Futbol*, was an anderer Stelle über die *Pravda* gesagt wurde. Sie waren, für sportinteressierte Sowjetbürger, das „Herzstück des sowjetischen Medienuniversums".[608] Und just diese Organe verbreiteten nun die Vorstellung eines idealen mitfiebernden Fans, der seine Loyalitäten innerhalb des Stadions ausdrückte, dabei aber zu keiner Zeit die Normen sowjetischer *kul'turnost'* überschritt. Er applaudierte, er pfiff den Schiedsrichter aus, aber wenn er dies tat, dann tat er dies kultiviert.

In der Literatur zum sowjetischen Sport der Stalinjahre wird „passive" Zuschauerkultur als ideologisches Problem dargestellt.[609] Umso mehr muss einleuchten, wie sehr sich die poststalinistische Populärkultur von jener der Stalinjahre zu unterscheiden begann. Nur vordergründig wirken diese Artikel wie eine reine Weiterführung sowjetischer *kul'turnost'*-Diskurse der 1930er Jahre. Tatsächlich markierten die Medien über Männlichkeitsvorstellungen einen diskursiven Rahmen, innerhalb dessen sich sowjetische Bürger sicher sein konnten, dass ihr Sprechen als wahr gelten durfte.[610] Der Fußballfan war in den Sportmedien kein „Antimodell"; im Unterschied etwa zur Filmkultur, wo der Terminus „Fan" in Opposition zu einem sowjetisch korrekten „Bewunderer *(ljubitel')*" gesetzt wurde.[611]

Der negative Teil der Dichotomie blieb dagegen in guter Tradition und ebenfalls in Einklang mit anderen Darstellungen öffentlicher *chuliganstvo* in der Sowjetunion der Tauwetterjahre, der *chuligan*. Bei diesem handelte es sich nicht um eine sowjetische Adaption der entstehenden Mediendebatte zu Hooligans in Großbritannien, sondern um eine russländische Tradition in

---

607 Siehe ähnlich Yurchak 2005.
608 Roth-Ey 2011, S. 161.
609 Für Sportrepräsentationen in der sowjetischen Kunst der 1930er Jahre zeigt dies Mike O'Mahony. O'Mahony 2006, S. 57-96.
610 Vgl. Sarasin 2003, S. 34.
611 Roth-Ey 2011, S. 102.

neuem Gewand.[612] Nachdem wie erwähnt Fans der Moskauer Armeemannschaft 1960 im Moskauer Lenin-Stadion den Platz gestürmt hatten, veröffentlichte *Futbol* eine Reportage eines Gerichtsprozesses gegen jene „Hooligans", die damit die große Masse friedlich mitfiebernder Fans, *bolel'ščiki*, in Misskredit gebracht hätten. Den positiv konnotierten Widerpart bildeten hier nicht länger sozialistische neue Menschen, sondern einfach Fans.

Die etymologische Nähe des nun klar positiv konnotierten Terminus *bolel'ščik* zu „krank sein" und „leiden" (*bolet'*) brachte zum Ausdruck, welch hoher Grad emotionaler Subjektivität sowjetischen Bürgern nun ganz offiziell zugestanden wurde. Wenn sie die Ränge beschrieb, sprach die Presse nun von fiebernden Zuschauermassen, nicht mehr von sozialistischen Helden. *Futbol* publizierte 1960 einen kurzen Dialog zwischen einem Richter und einem der Angeklagten wörtlich, um der Kampagne gegen *chuligany* im Stadion den Nachdruck judikativer Plastizität zu verleihen:

- Wieso haben Sie das getan?
- Ich fiebere mit CSKA [...]
- Sie fiebern mit? Aber wegen Ihnen, und solchen wie Ihnen, wurde das Spiel für CSKA als verloren gewertet [...]
- Ich war betrunken...
- Haben Sie viel getrunken?
- Einen halben Liter, zusammen mit einem Bekannten...
- Trinken Sie oft?
- Es kommt vor...

Für die sowjetische Sportpresse stand fest, dass die Angeklagten das Wort *bolel'ščik* (Fan) „entehrten". Erstmals in der Geschichte des Zuschauersports in der Sowjetunion war es eine Ehre, ein Fan zu sein.[613]

Die Sportpresse zeigte ihren Lesern, wie sie sich verhalten und nicht verhalten sollten, informierte sie aber gleichzeitig über die Zuschauerkultur in Stadien des Westens. Im März 1964 publizierte sie etwa eine Photographie feiernder Fans von Inter Mailand im Europapokalviertelfinale gegen Partizan Belgrad. Der Untertitel lautete: „Die Flaggen wehten auf der Tribüne von San-Siro. Nicht der Wind bewegte sie, sondern die Hände der heißblütigen Verehrer der Internazionale."[614] Während also sowjetische Medien wie früher negative Formen des Zuschauerverhaltens als Hooliganismus bezeichneten, machten sie zwei signifikante Schritte auf Fußballfans zu. Sie führten das Bild des mitfiebernden Fans ein und anerkannten damit die prinzipielle Legitimität von

---

612 Vgl. Neuberger 1993.
613 *Futbol*, 21.08.1960, S. 12.
614 *Futbol*, 08.03.1964, S. 14.

vermeintlich passiver Fankultur. Zudem informierten sie ihre Leser, ganz jenseits erzieherischen Kalküls, über neueste Entwicklungen in Fußball und Fankultur des Westens.

Die Geschichte des sowjetischen Sportjournalismus der Nachkriegszeit ist ein Forschungsdesiderat.[615] Doch an der Schnittstelle zwischen Propaganda und Unterhaltung gelegen scheint das Pendel in den frühen 1960er Jahren Richtung Unterhaltung ausgeschlagen zu sein. Wir wissen von ähnlichen Entwicklungen, wie etwa der massiven Produktion von Kurzwellenradios, mit denen sowjetische Bürger dann bequem ausländische Radiosender erreichen konnten,[616] dass Aufbau und Produktionsweise sowjetischer Medien unter dem Einfluss einer Vielzahl konkurrierender Akteure und Interessen standen.[617] Im Ergebnis erfüllten die sowjetischen Sportmedien in den 1960er Jahren die Nachfrage nach Information über Entwicklungen in außer-sowjetischen Stadien, wie dies sowjetische Filmzeitschriften für das ausländische Kino leisteten.[618]

Das Fußballfieber war damit positiv aufgeladen. Auf diese Weise etablierten Medien eine Vorstellung von Stadiongewalt, deren Protagonisten einfach zu identifizieren und zu isolieren seien. Das tatsächliche Ausmaß der Stadiongewalt blieb dem Blick der Bevölkerung entzogen. Selbst bei den wenigen Fällen, über die berichtet wurde, verwies das Etikett *bolel'ščik* auf die leidenschaftliche und kultivierte Masse im Stadion, deren Ordnung nur durch einige Individuen bedroht wurde. So begann etwa der Dokumentarfilm „Ohne uns würden sie ihren Rausch nicht ausschlafen" (*Bez nas oni ne prospjatsja*) mit einem Vergleich zweier Arten von Fans: „Sehen sie diese hitzigen (*azartnye*) Fans, für sie ist der Fußball nichts als ein prächtiger Imbiss" (*velikolepnaja zakuska*). Die Dokumentation zeigt hier drei auf einer Wiese sitzende und trinkende Personen. Auf der anderen Seite „warten 50.000 Fans ungeduldig auf den Beginn der Begegnung".[619] Der Film zeigt die überwältigende Mehrheit der entspannt und fröhlich im Stadion sitzenden Zuschauer. Wenn auch häufig gerade Massen Sicherheitsregime herausfordern,[620] so identifizierte die sowjetische Presse in Übereinstimmung mit früheren Prämissen einer sowje-

---

615 Erste Ansätze finden sie bei Gilmour und Clements 2002.
616 Vgl. Roth-Ey 2011, S. 131-76.
617 Vgl. Roth-Ey 2011, S. 149.
618 Vgl. Roth-Ey 2011, S. 112-21.
619 I. C. Gol'dštein, *Bez nas oni ne prospjatsja*, Ukrainskaja Studija Chronikal'no-Dokumental'nych Fil'mov, 1963, CDKU 2783.
620 Siehe die theoretische Herleitung in Kapitel 1.1.

tischen Massenkultur im Unterschied zu anderen Ländern[621] eher Individuen als potentielle Bedrohung der öffentlichen Ordnung.[622] Damit sprach sie Empörungsgemeinschaften eben jenen Gemeinschaftscharakter ab, den sie *de facto* besaßen. In einem Leserbrief von Vater und Sohn, A. Kaščenko (Dozent) und A. Kaščenko (Schüler der elften Klasse) aus Jaroslavl' hieß es hierzu 1960:

> „Unter den Zuschauern von Fußballspielen gibt es Fans, die vollkommen die Gewalt über sich verlieren. Viele von ihnen haben eine unklare Vorstellung von den Fußballregeln, [und] haben kaum eine Ahnung von Taktik [...]. Es scheint uns an der Zeit, den Kampf gegen solche Personen aufzunehmen".[623]

Die Sportpresse veröffentlichte den Leserbrief, da er vollkommen im Einklang mit der Vorstellung der Behörden war, einzelne Übeltäter identifizieren zu müssen, die mit einer breiten Masse friedlicher Fußballfans kontrastiert werden konnten. Karikaturen und abfällige Bemerkungen wurden beigefügt, um diese „bemitleidenswerte[n] Helden" lächerlich und unmöglich zu machen (siehe Abb. 11 und 12).[624]

Wie im Falle von GULAG-Rückkehrern waren „Kriminelle", ganz im Unterschied zu politischen Häftlingen, bereits Anfang der 1960er Jahre wieder „isoliert und ausgeschlossen", obwohl Nikita Chruščev noch 1959 vom „Glauben in den Menschen" und der Reintegration aller Häftlinge gesprochen hatte.[625] Die Presse zeigte auf, dass sich aufrechte Fans gegen solche Übeltäter zur Wehr setzen sollten. Wie *Futbol* berichtete, habe Vladimir Paršin, Arbeiter in der Lichačev-Autofabrik und Mitglied der dortigen freiwilligen Milizhelfer, im Prozess gegen die Übeltäter von Lužniki „große Sympathien" hervorgerufen, als er die „tapfer und entschlossen auf der Anklagebank sitzenden Personen als *chuligany* entlarvte".[626]

---

621 Friedbert Rüb, „The Idea of the Nation as Body Movement: Political Practices in the Processes of Nation Building and Nation Destroying", Vortrag auf der Konferenz „Embodying the Nation: Body, Culture, and Collective Emotions," Universität Hamburg, 14.-16.05.2009.
622 Zur Masse als positiv konnotierter sozialer Einheit in der sowjetischen Populärkultur siehe Noack 2005, S. 482. Vgl. den im Kontext der Kollektivierung gebrauchten Begriff der „rückständigen' und ‚dunklen' Masse" russländischer Bauern. Lewin 1985, S. 58.
623 *Futbol*, 11.09.1960, S. 10.
624 *Futbol*, 21.08.1960, S. 12.
625 Dobson 2005, S, 594.
626 *Futbol*, 21.08.1960, S. 13.

STADIONGEWALT, BEHÖRDLICHE STRATEGIEN UND MEDIEN 139

Abb. 11: „Für diese Fans steht es 3:2". Das russische „sčet" bezeichnet sowohl die Zeche, als auch das Spielergebnis. *Futbol*, 31.07.1960.

Abb. 12: „Bürger, bei uns werden Grobheiten nur auf dem Feld verfolgt". *Futbol*, 03.07.1960.

Insbesondere im Falle von Stadiongewalt herrschte keine allzu hohe Kongruenz zwischen Berichten und Protokollen vom Ort des Geschehens und der schlussendlichen Berichterstattung in der Presse. Genauer gesagt: Die Presse log auf erstaunlich filigrane und komplexe Art und Weise. An einem abschließenden Beispiel, für das Zeugenaussagen und Berichte, eine behördeninterne Untersuchung und auch die Darstellung in der Presse vorliegen, zeigt sich besonders deutlich, wie mediale Berichterstatter auf Anweisung der Sportbehörden Vorfälle, wie sie von Augenzeugen berichtet wurden, verbogen, um ihre Erzählung in Einklang mit ideologischen Vorgaben zu bringen. Medien packten sowjetische Bürger so lange in ideologietriefende Watte, bis die allermeisten von ihnen *wussten*, dass Stadiongewalt höchstens von einzelnen Individuen ausgehen konnte, nicht aber von empörten Massen.

1966 wurde Davidenko, Schiedsrichter der Partie Bukovina Černovcy gegen Avangard Kerč im bukowinischen Westen der Ukrainischen Sowjetrepublik von Fans der Heimmannschaft außerhalb und vermutlich auch innerhalb des Stadions mit Steinen beworfen. Er hatte der Auswärtsmannschaft vier Minuten vor dem Ende der Begegnung einen Elfmeter zugesprochen. Wie ich dies bereits für Schiedsrichterprotokolle feststellen musste, geht auch aus den Zeugenaussagen zu diesem Fall nicht hervor, welche Motive bei den Übergriffen in dieser ehemals multiethnischen Gegend mit starker jüdischer Minderheit sonst noch eine Rolle gespielt haben mögen: innerukrainische Gegensätze etwa, oder der jüdisch klingende Nachname des Schiedsrichters. Vielleicht ging es tatsächlich nur um Fußball, allerdings fehlen antisemitische, rassistische und nationalistische Einstellungen in den Beschreibungen der Schiedsrichter und den Debatten innerhalb der Sportbehörden ganz grundsätzlich, obgleich wir wissen, dass sie in der Union der befreundeten Völker keine geringe Rolle spielten.[627] Die lokale Sportbehörde aus Černovcy hatte nach diesem Vorfall, von dem auch der Beschwerdebrief der drei Dienstreisenden zu Beginn dieses Kapitels handelte, nach Kiev gemeldet, dass es in letzter Zeit „eine ganze Reihe Mängel bei der nötigen Ordnung" und verschiedene Fälle „hässlichen (*bezobraznyj*) Zuschauerverhaltens" gegeben habe.[628] Auch der Leiter einer später eingesetzten Untersuchung stellte fest, dass in den folgenden Spielen eine deutlich parteiische Schiedsrichterleistung zugunsten der Heimmannschaft zu konstatieren sei: „Hier war deutlich zu spüren, dass der Schiedsrichter [...] unter Druck gesetzt worden war".[629]

---

627 Zu Gegensätzen zwischen Armeniern, Georgiern und Russen siehe Kapitel 3.1. Zu Gegensätzen zwischen transnationalen Fangemeinschaften siehe Kapitel 5.2.
628 CDAVO, f. 5091, op. 1, d. 3147, ll. 59-60.
629 CDAVO, f. 5091, op. 1, d. 3147, l. 56.

So widersprüchlich die Aussagen des Schiedsrichters, der beiden Trainer und der Miliz bei einer späteren Anhörung in Kiev auch waren: Die meisten von ihnen handelten von Zuschauergewalt. Die Miliz im Stadion betonte, es sei nur außerhalb des Stadions, und damit vermutlich auch außerhalb ihrer unmittelbaren Zuständigkeit, zu Übergriffen gekommen, als einige Jugendliche Steine auf den Mannschaftsbus von Avangard Kerč' geworfen hätten.[630] Der Trainer der Bukoviner Heimmannschaft, M. B. Korsunskij, sprach von Schreien und Pfiffen der Zuschauer nach der „falschen" Elfmeterentscheidung, er berichtete von „Hooliganzuschauern", die Steine auf das Spielfeld geworfen hätten, und erwähnte auch „einige Jungs", die den abfahrenden Mannschaftsbus der Gäste ebenfalls mit Steinen beworfen hätten.[631] Wichtiger war ihm allerdings, dass der Schiedsrichter nach dem Spiel in der Schiedsrichterkabine seinen Fehler eingeräumt habe. Der Trainer der Gäste aus Kerč', Nikitin, widersprach. Korsunskij selbst habe nach Spielende in der Schiedsrichterkabine gemeinsam mit rund sechzig anwesenden Personen begonnen, den Schiedsrichter massiv unter Druck zu setzen, damit dieser seinen Fehler eingestehe und dies auch im Radio bekannt gebe.[632] Von einprasselnden Steinen im und vor dem Stadion sprach allerdings auch er.

Die ukrainische Fußballföderation machte in ihrer Entscheidung am Ende der Untersuchung deutlich, dass sie an individuellem Versagen stärker interessiert war, als an lokalpatriotischer Massengewalt. Sie beschränkte sich auf Ermahnungen und Sperrungen der Trainer und des Schiedsrichters und auf die als solches nicht ungewöhnliche kurzzeitige Sperrung des Stadions Bukovina. Doch weitere Vorschläge der lokalen Sportbehörden zum Ausbau der Zuschauerarbeit griff sie nicht auf, und beließ es damit bei der Vorstellung kultivierter sowjetischer Stadionmassen und einzelner unkultivierter Individuen.

Diese Vorstellung wurde, auf Anweisung derselben Fußballföderation,[633] von der Redaktion der *Sportivna Gazeta* narrativ weiter verdichtet. Der bald darauf erscheinende Zeitungsartikel blendete eventuelles Fehlverhalten der Zuschauer völlig aus. Den Part des versagenden Individuums und Antagonisten sowjetischer Normen hatte in diesem Artikel Korsunskij, der Trainer der

---

630 CDAVO, f. 5091, op. 1, d. 3147, l. 64. Gegen die zehn- bis zwölfjährigen Übeltäter seien Maßnahmen eingeleitet worden. Auch die Miliz greift hier die Vorstellung unkultivierter Männlichkeit auf, indem sie auf einzelne jugendliche Übeltäter verweist und so Stadiongewalt zu einem eher pädagogischen Problem macht.
631 CDAVO, f. 5091, op. 1, d. 3147, l. 55.
632 CDAVO, f. 5091, op. 1, d. 3147, ll. 55-6.
633 Vgl. CDAVO, f. 5091, op. 1, d. 3147, l. 58.

Heimmannschaft und „Bukowiner Inquisitor" zu spielen.[634] Der Elfmeterpfiff des Schiedsrichters Davidenko sei ebenso richtig wie mutig gewesen. In der Schiedsrichterkabine habe Korsunskij den von Spielern der Auswärtsmannschaft vom Feld geleiteten Davidenko gestellt: „Wofür einen Elfmeter?" Nachdem sich das Stimmengewirr anderer anwesender Personen gelegt habe, sei wieder Korsunskijs Stimme zu vernehmen gewesen: „Ich schreibe einen Protest, und der Schiedsrichter soll zugeben, dass er den Elfmeter unberechtigt gegeben hat." Der Artikel schließt pathetisch: Galileo Galilei habe sich „vor dem Gericht der Inquisition stehend" von seinen Ideen distanziert, aber doch hinterher gesagt: „Und sie dreht sich doch!". Der Schiedsrichter aus L'vov sei aber nur „ein gewöhnlicher, sterblicher Mann" und habe schließlich zugestanden: „Ich erkenne meinen Fehler an."[635]

In diesem Fall war es, Korsunskij, der Trainer der Heimmannschaft, der in der Darstellung der Presse versagte, in einer früheren Darstellung war es eine andere Autorität vor Ort. In einer in der Zeitschrift *Futbol* 1960 veröffentlichten Satire über Fanhysterie in der fiktiven Provinzstadt „Ènsk" beschimpften Fans der lokalen Mannschaft den Schiedsrichter, als es nach gelungenem Aufstieg und zwei Auftaktsiegen nicht mehr lief. „Maksim Petrovič", der Vorsitzende des Stadtsowjets, „schmunzelte zufrieden" über diese „Prachtkerle": „Schaut her, das sind echte Patrioten der Stadt."[636]

In dem Zeitungsartikel zum Vorfall in Černovcy 1966 ist die Schiedsrichterkabine die Bühne eines artifiziellen Dramas, das dem Kontext der eigentlichen Geschehnisse fast gänzlich enthoben ist. Der redliche und fehlbare Davidenko steht dem Bösewicht Korsunskij gegenüber, der zum alleinigen Übeltäter des Vorfalls in der Bukovina wird. Steinwürfe außerhalb und innerhalb des Stadions waren der Anlass für die behördliche Anhörung, im Artikel ist von ihnen keine Rede mehr. Dafür scheinen die Zuschauer in der Bukovina eine sowjetische Form der Gehirnwäsche verordnet bekommen zu haben. Wie in einem Maßnahmenkatalog des lokalen Sportkomitees in Černovcy erwähnt wird, sollten die Zuschauer in der Presse und auch im Stadion vor den Spielen darauf hingewiesen werden, dass es keinen objektivieren Zuschauer gebe, als den sowjetischen (*sovetskij zritel' samyj ob"ektivnyj*).[637] Die deutliche Lücke in der Berichterstattung, die im Artikel selbst nur durch den Begleitschutz durch die Gastmannschaft in die Kabine den Hauch einer Andeutung erfährt, zeigt sich als Strategie, die Formel des sowjetischen Fußballfans als „objektivsten

---

634 *Sportivna Gazeta*, 11.06.1966, S. 4
635 *Sportivna Gazeta*, 11.06.1966, S. 4.
636 *Futbol*, 29.05.1960, S.10-1.
637 CDAVO, f. 5091, op. 1, d. 3147, ll. 59-60.

Zuschauer" Realität werden zu lassen, indem sie die Aufmerksamkeit auf einen Sündenbock lenkt.

Die sowjetische Sportberichterstattung der 1960er Jahre erzeugte die Vorstellung einer friedlichen sowjetischen Stadionkultur, während der gleichzeitig massiv und landesweit einsetzende Hooliganismus in England durch die mediale Aufbereitung in westlichen Massenmedien verstärkt und mittelfristig zum transnationalen Ereignis wurde.[638] Sowjetische Fußballfans konnten dagegen das Ausmaß sowjetischer Stadiongewalt nicht kennen: nicht 1966, nicht davor und auch nicht bis Mitte der 1980er Jahre.[639] Die sowjetische Presse berichtete über einige dieser Vorfälle, die von vielen Fußballfans der 1950er bis 1970er Jahre später als die einzige Ausnahme erinnert wurde, die die friedfertige Regel bestätigt.

Wer dagegen unmittelbar im Stadion anwesend war, der konnte sich über solch eine Berichterstattung durchaus ärgern. Die eingangs des Kapitels erwähnten Dienstreisenden, Prichod'ko, Fedčenko und Prokopenko, äußerten in ihrem Beschwerdebrief die Vermutung, dass der Redakteur der „Inquisition" in der Bukovina wohl ein guter Freund des Schiedsrichters sei und baten die Fußballföderation mäßigend einzugreifen.[640] Sowjetische Stadiongänger der 1960er Jahre konnten bei einigen wenigen Vorfällen nachvollziehen, worüber die Presse nicht berichtete. Doch was andernorts geschah, blieb für sie im Dunkeln. Wie die Dienstreisenden, die die ukrainische Fußballföderation, die Urheberin der Verschleierung, um Klärung baten, wussten sie nicht einmal, wem sie welche Lüge zu verdanken hatten.

---

638 Vgl. Dunning 2002.
639 Zur Stadionkatastrophe 1982 und der Perestrojka-Presse siehe ausführlich Kapitel 6.4 und 6.5.
640 Vgl. CDAVO, f. 5091, op. 1, d. 3205, l. 23.

4 Sowjetische Pantoffelhelden. Fußballfans vor dem Fernseher, 1960-1980er Jahre

Am 12. Juli 1966 machte sich Vasilij Demidovič Mirošničenko vom knapp dreißig Kilometer vor Kiev liegenden Irpen' auf den Weg in die Hauptstadt der Ukrainischen Sowjetrepublik, um dort ein Fußballspiel zu sehen. Wie der „große Fußballfan" später in einem Beschwerdebrief erklärte, sah er sich Fußballspiele gerne im Fernsehen an, wollte nun aber endlich auch einmal ein Spiel live im Stadion erleben. Um sicher zu gehen, kam er frühzeitig nach Kiev, um sich eine Eintrittskarte im Vorverkauf, zwei Tage vor der eigentlichen Partie zwischen Dinamo Kiev und Dinamo Tbilisi am 14. Juli 1966, zu sichern. Er wurde bitter enttäuscht:

> „[...] Ich ging zur Kasse. Die Kasse war offen. Vor dem Kassierer liegen viele Eintrittskarten. Ich denke, ach wie gut, ich werde eine Karte bekommen. Ich sage: Dürfte ich ein Eintrittskärtchen haben? Gehen sie zum Administrator, antwortete der Kassierer. Ich frage: ‚wozu'? ‚Man wird es Ihnen dort sagen'. Ich gehe dorthin. Im Fensterchen sitzt der Administrator, und neben ihm steht ein Leutnant der Miliz. Ich frage ins Fenster: ‚Kann man eine Eintrittskarte kaufen? ‚Auf welcher Grundlage denn?', antwortet der Administrator. ‚Aber welche Grundlage ist nötig? ', frage ich ihn. ‚Eine Dienstreise ist vonnöten'. Ich sage: ‚Was für eine Dienstreise? Ich möchte eine Eintrittskarte kaufen'. Da sagte der Leutnant nur noch: ‚Bürger, gehen Sie weiter'. Ich denke: ‚Ich gehe mal lieber weg, damit ich nicht noch 15 Tage bekomme' [*15 sutok poluču*]"[641]

Passanten hätten ihm erklärt, dass er am Spieltag (14. Juli) so viele Eintrittskarten hätte kaufen können wie gewünscht. In der Tat waren Eintrittskarten im Vorverkauf (anders als am Spieltag selbst) zum überwiegenden Teil privilegierten Gruppen vorbehalten oder wurden für den „registrierten" Verkauf an bestimmte Organisationen gegeben.[642] Sowjetische Hierarchien, Privilegien und Regulationen stachen an diesem Julitag des Jahres 1966 persönlichen Enthusiasmus und Leidenschaft.

In den 1960er und 1970er Jahren entstand eine neue Zuschauerkultur, und dies auch zu einem Gutteil ganz ohne Zutun der Sportbehörden und Sicherheitskräfte und ihrem im vorangegangenen Abschnitt beschriebenen offiziellen Dreiklang aus Sicherheit, Zuschauererziehung und Pressearbeit. Durch die größere Reichweite von Fernsehübertragungen begannen sich just zu dieser Zeit weit mehr Menschen für Fußball zu interessieren als jemals zuvor. Der

---

[641] CDAVO, f. 5091, op. 1, d. 3162, ll. 18, 19. Zur Regulierung der Stadionkultur seit den späten 1950er Jahren siehe Kapitel 3.2.
[642] CDAVO, f. 5091, op. 1, d. 3162, l. 19.

Fußball wurde sukzessive zum Medien- und damit zum Familienereignis, doch aus diesem Kontext heraus trat so mancher Fan über Beschwerdebrief und Fanpost in einen halböffentlichen Kontakt mit Behörden, Medien, offiziellen Organen und den Mannschaften.[643]

Das Medienzeitalter produzierte also nicht nur isolierte Nischen. Im Fernsehfußball entstanden auch neue Räume, Verflechtungen und Zusammenhänge, in denen und durch die vieles entstand. Das Fernsehen atomisierte nicht, es verflocht in vielfacher Weise. „Öffentlich" ist in diesem Kontext nicht das Gegenteil von „Privat". Eher formulierten sowjetische Bürger als Fußballfans im nachbarschaftlichen, familiären und freundschaftlichen Setting des Fernsehfußballs alte kollektive Bezüge auf neue Weise. In diesem Kapitel möchte ich mich mit diesen neuen Räumen beschäftigen, in denen sich das Fußballfieber nun auch außerhalb der urbanen Zentren verbreitete, und den neuen Kommunikationsformen, die dies erzeugte. Die Zuschauerschaft erweiterte sich, Frauen kamen hinzu, aber auch die Bevölkerung in der Provinz, sobald sie mit Fernsehern ausgestattet war. Fernsehübertragungen vermittelten der Bevölkerung eine völlig neue Perspektive auf das sowjetische Leben. Das Zeitalter des „Soviet Couch Potato", des sowjetischen Pantoffelhelden, war angebrochen,[644] der wie Mirošničenko immer noch seinen Fernseher zu Hause hatte, wenn er unterwegs nicht auf seine Kosten gekommen war.

4.1 Mattscheiben: Fernsehfußball und neue Zuschauerkultur

Das sowjetische Fußballfieber wurde epidemisch, als sich die Fußballbegeisterung mit der „explosiven Entfaltung von Print- und Rundfunkmedien in der Nachkriegszeit"[645] in der Fläche des Vielvölkerreiches ausbreitete. Zunächst war selbst die Verfügbarkeit von Kinowochenschauen, der medialen Vorläufer des Fernsehens, fernab der Moskauer Zentrale kaum gesichert. Eine „Gruppe Sportliebhaber aus Alma Ata" (heute Almaty, Kasachstan) reimte noch 1955 in einem Leserbrief an *Sovetskij Sport* folgenden trockenen Aufruf zur Fernreise:

„Čtob posmotret' kinožurnal	„Um die Wochenschau zu sehen
(umesten tut sovet),	(sei hier als Rat platziert)
beri bilet ne v kinozal,	besorge Dir keine Karte fürs Kino,
v Moskvu beri bilet!"[646]	sondern für den Zug nach Moskau!"

---

643 Zu Halböffentlichkeiten im sowjetischen Kontext siehe Rittersporn et al. 2003.
644 Roth-Ey 2011, S. 201.
645 Roth-Ey 2011, S. 107.
646 *Sovetskij Sport*, 15.10.1955, S. 8.

Doch die Reichweite des sowjetischen Fernsehens hatte sich zum Zeitpunkt von Vasilij Mirošničenkos Ausflug nach Kiev 1966 schon beträchtlich erhöht und erhöhte sich weiter in rapidem Tempo: Von Mitte bis Ende der 1960er Jahre verdoppelte sich die Anzahl der sowjetischen Haushalte mit eigenem Fernseher von 10,5 auf 25 Millionen.[647] Ähnlich wie beim sowjetischen Kino kamen sowjetische Bürger in den 1960er und 1970er Jahre stärker mit Sportereignissen in Kontakt als zu früherer Zeit.[648]

Vor Ort in Kiev gab Mirošničenko schnell auf und machte sich auf den Rückweg nach Irpen'. Er hatte allen Grund dazu, schließlich lebte er in einer Ordnung, in der alles Mögliche nicht oder nur kontra-intuitiv funktionierte. Um nur ein Referenzbeispiel ebenfalls aus dem Bereich des Fußballs zu nennen: 1955 sollen Tausende Fußballfans durch eine Metrodurchsage informiert worden sein, dass das Spiel Dinamo Moskaus gegen Dinamo Kiev nicht stattfinden werde. Nach ihrer Rückkehr nach Hause konnten sie dann die Berichterstattung über eben dieses Spiel im Radio verfolgen.[649]

Abb. 13: „Fans aus Nikolaev lauschen der Radioberichterstattung aus Užgorod". Der Fußball und das Radio. *Futbol*, 25.09.1960.

Zunächst ließ die Suggestionskraft des Fernsehens neue Hoffnung schöpfen. Für den kurzen Moment einer Reise von Irpen' nach Kiev erschien ein universell gültiges Recht auf Fußball als Möglichkeit. Deshalb war Mirošničenko auch mit leeren Händen zum Stadion gekommen. Es lag keine Dienstreise vor, er war kein sozialistischer Held, auch kein Invalide. Er war nur ein Enthusiast auf Urlaub, dem die Unterscheidung des „registrierten" Verkaufs im Vorfeld und

---

647 Vgl. Roth-Ey 2007, S. 282.
648 Zur Reichweite des Kinos siehe Roth-Ey 2011, S. 129.
649 Vgl. Edelman 1993, S. 191.

dem offenen Verkauf am Spieltag selbst nichts sagte. Für Kassierer, Administrator, Milizionär und selbst für die in urbanen Freizeitbelangen erfahrenen Passanten war der Stapel unverkaufter Eintrittskarten dagegen kein Verkaufsargument. Für sie alle war vollkommen klar: Der Gast aus dem Kiever Umland wusste einfach nicht Bescheid.

Setzt man diesen Beschwerdebrief in den größeren Kontext neuer Zuschauerpraktiken, die in der neuen sowjetischen Zuschauerkultur nun ihre Ausprägung zu finden begannen, so erscheint Mirošničenko allerdings geradezu als Prototyp eines sowjetischen Sportzuschauers im frühen Medienzeitalter der 1960er Jahre. Die neue sowjetische Zuschauerkultur war eine Chimäre. Sie setzte einerseits im Vorverkauf wie auch in halböffentlichen Bittschriften und Briefen (wenn sich etwa ein „Held der Arbeit" für die Aufnahme seiner Mannschaft in die höhere Liga einsetzte) auf sozialistische Hierarchien und Planwirtschaft.[650] Andererseits suggerierte sie über Fernsehübertragungen die universelle Möglichkeit zur gleichberechtigten Teilhabe individuell agierender Bürger. In der Wahrnehmung der Zuschauer überwand der Fernsehfußball geographische Distanzen und konstruierte neue Räume.[651]

Dieser Brief ist also kein Ausdruck dafür, dass sowjetische Konsum- und Populärkultur nichts als enttäuschte Hoffnungen produzieren konnte. Er dokumentiert, dass der Mediensport „den kulturellen Golf zwischen der Stadt und dem Land" in der Tat überwand,[652] doch dadurch wurden aus der Perspektive einzelner Bürger Gegensätze zwischen diesen Lebenswelten nur umso offenbarer. Der Fernsehfußball eröffnete neue Räume, die Fußballfans beschreiten konnten, und neue Bezüge, die sich herstellten. Mirošničenko fuhr alleine nach Kiev, um als einzelner Fan ein Fußballspiel zu besuchen. Auch zuvor schon hatte er die Spiele alleine oder in einer kleinen Gruppe zu Hause im Fernsehen verfolgt. Nach seiner erfolglosen Reise beschwerte er sich alleine über die schlechte Behandlung. Doch der Zuschauertypus, für den Mirošničenko steht, musste auch nicht mehr um wenige Momente sowjetischer Einheit in einer Gesellschaft scharfer Gegensätze bangen.[653] Er durchschritt Räume: imaginativ, mit Hilfe der Suggestionskraft von Fernsehbildern, aber auch im Wortsinn, indem er nach Kiev kam. Und in beiden Fällen entstanden Bezüge, die es zuvor nicht geben konnte.

---

650 Siehe etwa „Briefe von Partei- und Sowjetorganen" an das ukrainische Sportkomitee „über die Aufnahme lokaler Fußballmannschaften in die Klassen A und B", CDAVO, f. 5091, op. 1, d. 3165.
651 Zu *mental maps* siehe etwa Conrad 2002.
652 Roth-Ey 2011, S. 135.
653 Vgl. Kapitel 2.1.

Kriegserinnerung, Fußballsiege und Radioübertragungen der Nachkriegszeit hatten neue Identifikationen ermöglicht.[654] Sicherheitskräfte, Zuschauerarbeit und Medienberichterstattung waren gerade dabei, Empörungsgemeinschaften einzudämmen, wodurch der Fußball auch im Stadion ein Ereignis für jedermann werden konnte.[655] In den späten 1950er und 1960er Jahren luden viele Formen von Populärkultur sowjetische Bürger zur Teilhabe ein. Sowjetische Populärkultur beinhaltete indische Filme,[656] die Exotik und die revolutionäre Romantik lateinamerikanischer Kulturimporte,[657] die Automobilisierung[658] und vieles mehr. Doch der Sport und hier insbesondere der Fußball nahm eine Sonderrolle ein, denn er verband sowjetisches Entertainment mit der Teilhabe an imaginierten sowjetischen Gemeinschaften auf unterschiedlichen Ebenen der Stadt, der Fabrik, der Republik und der Union. Insbesondere das Fernsehen erzeugte einen Deutungsrahmen bewegter Bilder. Es ermöglichte den Konsum dieser Bilder in den eigenen vier Wänden. Teilhabe wurde so eine einfache und beinahe banale Entscheidung eines jeweils Einzelnen oder (im sowjetischen Kontext besonders wichtig) einer kleinen Gruppe von Menschen. Ohne dies als „individuell" oder „privat" im westlich-liberalen Sinne missverstehen zu wollen, bleibt zu konstatieren, dass sowjetischen Menschen in ihrer Freizeit nun zunehmend Imaginationsräume zur Verfügung standen, die ihnen bald so selbstverständlich schienen, dass sie darüber auch mit sowjetischen Behörden sprechen mochten.

Die sowjetische Populärkultur befeuerte diese Partikularisierung auch ganz unabhängig von Regularien vor dem Stadion. Wie im Bereich der Filmkultur waren sowjetische Fußballfans in den 1960er Jahren bestens über Entwicklungen im westeuropäischen Fußball informiert. Sie wussten, welche Schiedsrichter bei Weltmeisterschaften welche Spiele pfeifen durften.[659] Sie konsumierten Bilder von Fußballfans in Westeuropa und Lateinamerika.[660] Dem „Sport hinter den Grenzen" (*Sport za rubežom*, 1960-1990) war sogar

---

654 Siehe Kapitel 2.
655 Siehe Kapitel 3.2.
656 Vgl. Rajagopalan 2008.
657 Rupprecht, Tobias (2013): Moscow Mambo. Die Kubanische Revolution und ihre Auswirkungen auf die sowjetische Politik, Kultur und Öffentlichkeit. Workshop: Sozialistische Sechziger. Transnationale Perspektiven auf die Sowjetunion & Jugoslawien. Hamburg, 07.02.2013.
658 Vgl. Gatejel 2010, 2009b, 2009a.
659 Vgl. CDAVO, f. 5091, op. 1, d. 3166, l. 79. Siehe Kapitel 5.1.
660 Siehe etwa *Futbol*, 08.03.1964, S. 14.

eine eigene Zeitschrift gewidmet,[661] doch auch in *Futbol* zeigt sich die Erweiterung des Blickfeldes über die sowjetischen Grenzen hinaus.

Mehr noch, zu eben jener Zeit, im Juli 1966, versorgte das sowjetische Fernsehen Fans wie Mirošničenko mit einer Fußball-Überdosis. Die Weltmeisterschaft in England hatte gerade begonnen während der sowjetische Ligabetrieb parallel dazu weiter lief. Der 14. Juli 1966, der Tag also, den Mirošničenko nun zu Hause und nicht im Stadion in Kiev verbrachte, war Fußballtag im *Ersten*, im *pervyj kanal*. Von 11 bis 17 Uhr zeigte der Sender die Spiele des Vortags: Frankreich gegen Mexiko, Italien gegen Chile, Argentinien gegen Spanien und Portugal gegen Ungarn.[662] Alle weiteren Spiele der Weltmeisterschaft zeigte das sowjetische Fernsehen trotz Zeitverschiebung live: die Siege der sowjetischen *sbornaja* gegen Italien (ab 16:50 Moskauer Zeit), Chile (ab 21:20 Uhr) und Ungarn (ab 16:50 Uhr), sowie die Niederlagen gegen die BRD im Halbfinale (ab 21:20) und gegen Portugal im Spiel um Platz drei (ab 21:20 Uhr). Aber auch das Finale zwischen der BRD und England (ab 16:50 Uhr) wurde übertragen.[663] Zusätzlich zur Flut internationaler Fußballbilder zeigte das sowjetische Fernsehen sogar eben jenes Spiel live, zu dem Mirošničenko kein „Eintrittskärtchen" bekommen hatte: Dinamo Kiev gegen Dinamo Tbilisi. Kiev schickte an diesem warmen Sommerabend seinen Widersacher mit 4:0 nach Hause. Es hatte einen fulminanten Start in einer Spielzeit hingelegt, die am Ende mit Meisterschaft und Pokalsieg enden sollte.[664]

Die sowjetische Konsumgeschichte kann ohne weiteres als Geschichte des Mangels erzählt werden. Für den Fernsehfußball und die Sportmedien insgesamt gilt dies allerdings nicht. Zu der massiven Ausgabe von Fernsehgeräten in dieser Zeit gesellte sich eine wahre Flut neuer Printpublikationen, die nach dem Übergang von Chruščev zu Brežnev anhielt.[665] Nicht nur die Angebote vervielfachten sich, auch die Arbeitswelt veränderte sich. Die breite Masse der sowjetischen Bürger verfügte nun über mehr Freizeit, vor allem an Wochenenden, aber auch unter der Woche, und über höhere finanzielle Mittel.[666] Dabei entwickelte sich das Fernsehen bis Ende der 1970er Jahre „zur zeitintensivsten Freizeitbeschäftigung" sowjetischer Bürger, wobei Frauen zu Hause aufgrund tradierter Rollenbilder wesentlich mehr Hausarbeit verrichteten als

---

661 *Sport za Rubežom*, herausgegeben vom Sportkomitee der UdSSR, Moskau 1960-1990.
662 Vgl. Edig et al. 2006, S. 57, 64, 71, 77.
663 Die Programmzeiten sind Ausgaben der *Sovetskaja Rossija* vom Juli 1966 entnommen. Zu diesen Spielen siehe auch Edig et al. 2006, S. 79, 81, 87, 89, 92, 94, 95.
664 Siehe hierzu auch Kapitel 5.1.
665 Siehe hierzu auch Kapitel 3.2.
666 Vgl. Riordan 1977, S. 202.

Männer.[667] Zu Hause schuf der Fußball nun neue spielerische Gegensätze, wie etwa zwischen Frauen und Männern, die dem Zuschauersport eine Prise versöhnlicher Harmlosigkeit hinzufügten. Während der folgende Abschnitt von solch persönlichen Dimensionen des Zuschauersports im Fernsehzeitalter handelt, lassen wir Mirošničenko zurück, der sich nach seinem Erlebnis vor dem Stadion und der massiven Fußballübertragungen im Juli 1966 in einem sicher sein musste: Wollte er in Zukunft sicher dabei sein, dann würde er zu Hause bleiben müssen.

4.2 Vater, Mutter, Kind: Geschlechterrollen vor dem heimischen Fernseher

Eine Gruppe Arbeiterinnen des Nikolaevsker Lederschuhkombinats wandte sich 1960 an das Ukrainische Fernseh- und Radiokomitee. Die lokale Fernsehanstalt in Nikolaev möge eine Änderung der Programmzeiten zurücknehmen. In dem von rund zehn Personen unterschriebenen Brief beklagten die Arbeiterinnen die Programmzeiten des Fernsehens. Früher habe das Fernsehprogramm um 19.30 Uhr begonnen, wodurch „wir Frauen das Essen zubereiten, die Familie ernähren und nach den Kindern sehen konnten, damit die Hausaufgaben gemacht werden". Nun aber, so die Frauen weiter, beginne das Programm zu früh. Der Mann komme „hungrig und böse" [*golodnyj i zloj*] von der Arbeit nach Hause und finde seine Frau, die Familie und Nachbarn, die noch keinen Fernseher hätten, vor demselben. Obwohl Frauen über dasselbe Recht verfügten, an der „Kultur" zu partizipieren, müssten sie nichts desto weniger den Fernsehapparat ausschalten, um sich ihren häuslichen Pflichten zu widmen. Deshalb bitte man darum, das Programm möge doch nicht vor 19 Uhr beginnen.[668] Die Arbeiterinnen machten das Ukrainische Radio- und Fernsehkomitee auf sowjetisch korrekte Weise auf die Folgen aufmerksam, die die Programmgestaltung für das Familienleben sozialistischer Werktätiger ihrer Meinung nach hatte. Ihr Brief erinnert an Debatten, die bald schon in der sowjetischen Presse über schädliche Wirkungen von Fernsehkonsum für sowjetische Bürger geführt wurden.[669] Gleichzeitig deutet er auf entstehende Interessenskonflikte vor dem Fernseher hin, deren Konfliktlinie häufig entlang von Geschlechtergrenzen verlief.

---

667 Riordan 1977, S. 196. Zu Zeitbudget-Analysen sowjetischer Soziologen siehe etwa S. 317. Zu Freizeit und Tourismus in der Sowjetunion siehe etwa Koenker und Gorsuch 2006; Gorsuch 2011; Noack 2005, 2006.
668 CDAVO, f. 4915, op. 1, d. 2729, l. 34. Ein Brief mit einer ähnlichen Bitte findet sich unter l. 36.
669 Vgl. Roth-Ey 2011, S. 204-8.

Als Anton Kuznecov, Fan der Armeemannschaft CSKA, 1968 heiratete, war ihm nicht bewusst, dass seine Erwählte eine glühende Anhängerin von Spartak Moskau war. Fortan unterstützte jeder der Ehepartner eine Mannschaft, die als einer der wichtigsten Widersacher der jeweils anderen Mannschaft galt.[670] Wie hatte es soweit kommen können? Anton erklärte es in unserem Gespräch selbst: „Ich habe sie nicht gefragt. [...] Man hält doch nicht nach einem CSKA-Mädchen Ausschau. Wir haben uns kennengelernt, nun, Du wirst doch mit dem Mädchen nicht über Fußball sprechen, wenn Du mit ihm ausgehst!"[671]

Diese Aussage ist lustig, und sie ist auch interessant. Das sowjetische Fußballfieber bleibt in dieser Erinnerung selbst dann männlich codiert, wenn von weiblichen Fußballfans gesprochen wird. Seine Frau fieberte und fiebert mit Spartak Moskau mit, aber „mit dem Mädchen" wird man doch „nicht über Fußball sprechen".

Auch generell drängten bei meinen Recherchen Männer nach vorne und Frauen wichen zurück. Selbst wenn ich mich mit Frauen unterhielt handelte ihr Sprechen von Männern. Volodymyr Ginda führte mich in Kiev auf den Büchermarkt, wo wir Buchhändler interviewten: Männer.[672] Der Historiker Igor Narskij hielt den sowjetischen Fußball für eine typische Männersache und sich selbst für einen untypischen, wenig fußballaffinen sowjetischen Jugendlichen.[673] Auf einem Fußballplatz am Stadtrand von Kiev trafen sich Männer zum sonntäglichen Kick und gaben nur ungern Auskunft, da ich den Spielfluss störte.[674] Doch inmitten ihrer Wohnsiedlung markierten die verschwitzten Körper ihr Deutungsmonopol in Sachen Fußball. In Interviews erzählten mir Väter von ihren Söhnen und Söhne von ihren Brüdern. Männer erinnerten sich an ihre Schulkameraden, an ihre Freunde in der Nachbarschaft: Jungs. Alle glaubten zu wissen, was auch dem durchschnittlichen Fußballfan anderswo vertraut sein sollte: Der sowjetische Fußball war eine Angelegenheit der Männer.

Doch so einfach ist es nicht. Dem Protagonisten in Petr Fomenkos Film *Fahrten mit einem alten Automobil* (*Poezdki na starom avtomobile*) von 1985, einem Linienrichter, entfährt zwar: „Weißt Du, ich würde eigentlich Frauen

---

670 Anton Kuznecov, Interview mit dem Autor, 24.03.2007.
671 Anton Kuznecov, Interview mit dem Autor, 24.03.2007.
672 Vadim Kovalenko, Interview mit dem Autor, 26.04.2007.
673 Gespräch am Rande einer Konferenz in Berlin. Zu Igor' Narskijs Betrachtungen seiner sowjetischen Jugend siehe auch Narskij 2008.
674 David Denisov, Name geändert, Interview mit dem Autor auf einem Bolzplatz am Stadtrand von Kiev, 27.05.2007.

überhaupt nicht zum Fußball lassen".[675] Doch damit ist sein Problem auch klar benannt: ihre Anwesenheit.[676]

Schon auf den zweiten Blick ist alles voller Frauen. Interviewpartner in Moskau und Kiev erinnern sich, von ihren Großmüttern oder Schwestern Fanschals gestrickt bekommen zu haben.[677] Andere beschreiben gemeinsame Stadionbesuche mit ihren Frauen oder Müttern.[678] Nicht wenige dieser Frauen waren enthusiastische Fußballfans. Es ist kaum abzuschätzen, wie viele Millionen sowjetischer Frauen zu Hause vor dem Fernseher Fußball sahen. Zwar zeigen sowjetische Zeitbudgetuntersuchungen, dass „Frauen [...] dem Sport weitaus weniger Zeit [widmeten] als Männer."[679] Doch angesichts der in der Sowjetunion für Frauen üblichen Dreifachbelastung aus Erwerbsarbeit, Haushalt und Familie sollte dies nicht überraschen.

Mädchen und Frauen schrieben auch eigene Fanbriefe. Ein Brief erreichte die ukrainische Fußballföderation 1966 aus dem ostukrainischen Artemovsk:

> „Es schreibt Ihnen die Schülerin der Klasse 6-B. Chizunenko Larisa. Ich liebe den Fußball sehr. Meine Lieblingsmannschaft ist Dinamo (K.). Ich wäre sehr dankbar, wenn Sie mir ein Photo von Bannikov schicken würden (das ist mein Lieblingstorhüter) [...]".[680]

Die russische Sprache leistet sich für weibliche Fans, anders etwa als das Deutsche, sogar eine eigene Vokabel: *bolel'ščica*.[681] Häufig gingen Frauen in Begleitung zum Fußball, mit ihren Freunden, Männern und Brüdern. Der Fußball war in der späten Sowjetunion männlich codiert (die weiblichen Domänen im Sport harren noch ihrer historiographischen Würdigung). Aber er war keine reine Männersache.

Deshalb kann es hier auch nicht darum gehen, Stereotype zu reproduzieren. Männlichkeit war im sowjetischen Zuschauersport kein Selbstzweck, sondern markierte, wie auch Weiblichkeit für andere Sportarten, dessen Verwurzelung im Volk. Frauen konnten sich also in diesem Sinne auch in der Sowjetunion im Fußballfieber „eine Scheibe der männlichen Sozialisation abschneiden".[682]

---

675 Russ.: „*Ja, znaeš', ja voobšče by ženščiny na futbol ne puskal*". Petr Fomenko, *Poezdki na starom avtomobile*, Mosfil'm, 1985.
676 Zur Verdrängung von Weiblichkeit aus Fußballrepräsentationen siehe am Beispiel Österreichs Marschik 2003, S. 12.
677 Siehe Kapitel 6.
678 Siehe Kapitel 4.
679 Riordan 1977, S. 317.
680 CDAVO, f. 5091, op. 1, d. 3166, l. 239.
681 Zum Frauenfußball in der Sowjetunion siehe Hilbrenner 2006.
682 Selmer und Sülzle 2006.

Die Implikation dessen erschließt sich hier allerdings nur im Kontext der sowjetischen Diktatur. Denn die Codierung des Zuschauersports Fußball als männlich machte ihn zu einer Form sowjetischer Öffentlichkeit, in der sich sowjetische Bürger nicht mehr zu Gliedern eines sozialistischen Kollektivkörpers reduziert sahen. Seit den 1920er Jahren dominierten Männer die Stadionränge bei Fußballspielen.[683] Nun war diese volkstümliche Tradition des Fußballs als Männersache einer von vielen Bereichen, in denen sich Frauen und Männer, Kinder und Eltern vor dem heimischen Fernseher jeweils entfalten konnten. Die sowjetische Fußballkultur hatte bislang nichts mit innernachbarschaftlicher und innerfamiliärer Freizeitkultur zu tun. Doch im Medienzeitalter veränderte sich das Netz, zu dem Fußballfans sich zusammenschlossen, wenn sie das Fieber erspürten.

Die neue Fernsehkultur zu Hause war allerdings nicht nur eine Frage der Geschlechter, sondern auch eine der Generationen. In Interviewnarrativen gesellen sich zu den Erinnerungsbildern der Moskauer Hofjugend der Nachkriegszeit, die ab den 1950er Jahren in Grüppchen vor dem einzigen Fernseher im Freundeskreis saßen und die ersten Fußballübertragungen ihres Lebens verfolgten, zudem Erinnerungen an die ältere Generation. Fedor Ivanovs Großeltern hatten die Fußballleidenschaft bei der Übertragung des Freundschaftsspiels zwischen der Sowjetunion und der BRD im Jahr 1955 recht wunderlich gefunden.[684] Seine Großeltern hätten sich überhaupt nicht für Sport interessiert. Für sie sei es das „erste und letzte Fußballspiel in ihrem Leben" gewesen. Den Großvater hätten eher die überraschenden Reaktionen der anderen Zuschauer um ihn herum beschäftigt als das eigentliche Ereignis.[685] Aleksej Nazarovs Großmutter (Aleksej kam 1946 zur Welt) habe dagegen gerade Länderspiele überaus gern gesehen, obwohl auch sie zu „keinem Zeitpunkt sportlich engagiert" gewesen sei. Aleksej erinnert sich, dass seine Großmutter den Fernseher bekommen habe, nachdem sie in den frühen 1960er Jahren erkrankt sei. Er verweist explizit auf die Erweiterung der Zuschauerschaft bei Fußballereignissen durch den massenhaften Vertrieb von Fernsehern. Seine Frau bestätigte dies: „Dasselbe galt für mich [...]. Ich war keine Stadiongängerin, aber [...] die Weltmeisterschaft, da konnte ich mich völlig entspannt hinsetzen und das ansehen, man könnte sogar sagen, mit Vergnügen."[686] Beide gehören zur großen Gruppe sowjetischer Sportzuschauer, die weder regelmäßig Spiele sah, noch sich über einen längeren Zeitraum ei-

---

683 Vgl. Edelman 2009, S. 49, 61.
684 Fedor Ivanov, Interview mit dem Autor, 11.03.2007.
685 Fedor Ivanov, Interview mit dem Autor, 11.03.2007.
686 Aleksej Nazarov, Interview mit dem Autor, 15.03.2007.

ner bestimmten Mannschaft zugehörig fühlte. Er war zweimal im Stadion, sie ein einziges Mal. Menschen wie sie wären kaum mit dem Fußball in Verbindung gekommen, hätte das Fernsehen keine Spiele gezeigt. Doch sie fanden nach und nach den Weg ins Stadion und veränderten dort die Zusammensetzung der Zuschauer vor Ort. Das Fernsehzeitalter bettete männliche Fußballfans wesentlich stärker in solche Bezüge ein als die frühere Stadionkultur. Es machte fußballinteressierte Männer zu Fernsehfans, die von Frauen, Kindern, Nachbarn und Verwandten mindestens ebenso häufig umgeben waren wie von alkoholisierten Männerfreunden.

Während sie in ihrer Fußballleidenschaft mit dem Kollektiv vereint blieben, konnten Fernsehfans, im Unterschied zur Hofjugend der Nachkriegszeit, etwas freier entscheiden, welcher Mannschaft ihr Herz gelten sollte. Anton Kuznecov freute sich schon lange vor seinem Militärdienst bei der sowjetischen Marine in Kronštadt vor Leningrad über die Siege von Armeemannschaften aus jedweder Stadt und in jedweder Sportart. Am lautesten schlug sein Herz aber für die Mannschaft, um die sich all diese Ableger in seiner Vorstellung gruppierten: um die Fußballabteilung des Moskauer „Zentralen Hauses der Roten Armee".[687] Im Interview sprach er darüber auf eine Weise, die den volkstümlichen Charakter von sowjetischer Zuschauerkultur und auch den Diskurs der Objektivität und Toleranz im sowjetischen Mediendiskurs der 1960er Jahre miteinander verknüpfte. Auf meine Frage, zu welcher Mannschaft er vor seinem Militärdienst hielt, antwortete er:

> „Ich habe schon vor meinem Dienst zu CSKA gehalten (*bolel*). Aber das ist, wie man so schön sagt, wem welche Mannschaft gefällt, es gibt doch viele, die auch für Spartak sind, viele sind auch für Dinamo [...]. Das ist doch so, für diejenige Mannschaft, für die dein Herz schlägt [*duša ležit*], für die fieberst Du dann auch mit."[688]

Anton spricht als „kultivierter" sowjetischer Fußballfan, wie ihn sowjetische Pressedarstellungen ab den 1960er Jahren zeigten, und wie ihn einfache Bürger bereits in zeitgenössischer Fanpost aufgriffen.[689] Der Zuschauersport im Fernsehzeitalter enthielt allerdings Elemente des Alten und des Neuen. Männer wie Anton gingen weiterhin häufig ohne ihre Frauen ins Stadion. Sie sahen zu Hause ebenso häufig mit ihrer Familie, mit Verwandten, mit Nachbarn gemeinsam fern und zogen Kinder auf, die völlig in diesem sowjetischen Fernsehcocktail der 1960er und 1970er Jahre aus selbst organisierter Freizeit, Me-

---

687 Central'nyj Dom Krasnoj Armii, CDKA. Die Geschichte der sowjetischen Armeevereine ist kaum erforscht. Siehe einführend Baumann 1988; Edelman 1993, insbesondere S. 102-10.
688 Anton Kuznecov, Interview mit dem Autor, 24.03.2007.
689 Siehe Kapitel 4.2, 5.

dienkonsum, sozialistischer Ideologie und multi- und transnationalem Bezügen sozialisiert waren.⁶⁹⁰ Hier scheinen zwei unterschiedliche generationale Zusammenhänge auf: eine Generation jener, die aus dem Präfernsehzeitalter in die Fernsehkultur der 1960er Jahre kam, Krieg und Stalinismus als kleine Kinder, oder indirekt über ihre Eltern erlebt hatte auf der einen; und die Generation ihrer Kinder, die schon als „letzte sowjetische Generation" betitelt worden ist, auf der anderen Seite.⁶⁹¹

Ein statischer Generationenbegriff würde hier allerdings nicht weit führen. Denn die sowjetische Fernsehgesellschaft umfasste unterschiedliche Teile der Bevölkerung zu unterschiedlichen Zeiten. Die Versorgung mit Fernsehgeräten erreichte zwar in den 1970er Jahren ihre „Sättigung".⁶⁹² Doch Fernsehgesellschaften entstehen sukzessive und kumulativ. Der Moskauer Fedor Ivanov sah bereits Mitte der 1950er Jahre einzelne Fernsehübertragungen bei Freunden und Bekannten.⁶⁹³ Anton Kuznecov erzählte mir, dass seine Familie bereits in den späten 1960er Jahren zwei Fernseher besaß.⁶⁹⁴ Der wesentlich jüngere Nikolaj Sidorov (*~1960) berichtete dagegen, dass seine Familie in seinem Heimatdorf in der Sumer Oblast', im Nordwesten der ukrainischen Sowjetrepublik erst Anfang der 1980er Jahre einen Fernseher ihr Eigen habe nennen können.⁶⁹⁵ Anton und Nikolaj sind zwei Extrembeispiele einer entstehenden Fernsehgesellschaft der 1960er und 1970er Jahre, in der Söhne und Väter, sowie Frauen und Männer sich erstmals etwas zu sagen hatten, wenn die Rede auf das runde Leder kam.

Nach der Hochzeit teilte sich Anton Kuznecovs junge Familie mit seinen Eltern eine Wohnung. In Antons Beschreibung erscheint er als Organisator der Fernsehabende in den 1970er und 1980er Jahren. Er schlug den anderen folgende Aufteilung vor:

> „Schaut, ihr habt einen Fernseher, und ich habe auch einen. Lasst es uns so machen: Wer Sport möchte bleibt in diesem Zimmer; wer etwas anderes sehen möchte, geht ins andere Zimmer und schaut einen Film oder ein Konzert, was auch immer euch gefällt."⁶⁹⁶

---

690 Siehe Kapitel 5.
691 Yurchak 2005.
692 Roth-Ey 2011, S. 121.
693 Fedor Ivanov, Interview mit dem Autor, 11.03.2007.
694 Anton Kuznecov, Interview mit dem Autor, 24.03.2007.
695 Nikolaj Sidorov, Name geändert, Interview mit dem Autor auf dem Büchermarkt an der Petrivka Metrostation in Kiev, 26.04.2007.
696 Anton Kuznecov, Interview mit dem Autor, 24.03.2007.

Der Kuznecov-Familienverband hatte, wie erwähnt, das zu damaliger Zeit noch seltene Glück zweier Fernseher. Folgerichtig wurden die Wohnräume in zwei Sphären aufgeteilt: eine Sphäre für Sport und eine zweite für Unterhaltungsfilme oder anspruchsvollere Programme. Antons Vorstellung ist idealisiert. Das sowjetische Fernsehen zeigte keineswegs jeden Abend Fußball während es am Wochenende und wie bei der Weltmeisterschaft 1966 in England durchaus auch nachmittags Übertragungen gab.

Auch hinsichtlich der Geschlechtervorstellungen seiner Generation ist Antons Version des familiären Fernsehabends idealtypisch. Wie auch in anderen Interviews mit Fernsehfans der 1960er und 1970er Jahre erweist sich Gender als zentrale kulturelle Kategorie für den Fernsehfußball zu Hause. Der Vergleich mit älteren Narrativen der unmittelbaren Nachkriegsgeneration zeigt, dass dies ein Novum war. In den Erzählungen letzterer liegt der Fokus wesentlich stärker auf den Geschehnissen in den Höfen und auf der Straße während sich erst für die 1960er und 1970er Jahre die Handlung in die Wohnräume hinein verlagert. Anton und seine Frau schauten Sport. Sein Vater betrat von Zeit zu Zeit den Raum und fragte: „Nun, wie haben wir's hier?" Ganz anders die Mutter, die „den Fußball nie gebraucht hatte". Und seine Frau verließ gelegentlich das Zimmer, wenn ihr Verein Spartak spielte: „Jetzt verlieren sie wieder, ich geh rüber und schau mir den Film an."

Retrospektiven in direkter Rede müssen vorsichtig gelesen werden. Geschehnisse verschiedener Zeiten können als Ergebnis einer gelebten, jahrzehntelangen kommunikativen Erinnerung innerhalb der Familie sehr leicht zu einem einzigen Erinnerungsbild verschmelzen,[697] das Kohärenz suggeriert, wo es doch eigentlich um die Vielschichtigkeit menschlicher Phantasie und menschlichen Erinnerns geht. Gleichwohl passen die beschriebenen Geschlechterrollen zu den Parametern der entstehenden Fernsehkultur der 1960er Jahre, die in den 1970er Jahren eine noch größere Verbreitung und stärkere Ausprägung erfuhren. Anton, der während des Krieges geboren wurde, die wilden 1950er Jahre als Jugendlicher erlebte und in der optimistischen Atmosphäre der frühen 1960er Jahre erwachsen wurde, war der Protagonist der Konsumkultur des Fernsehfußballs zu Hause. Er schaute als Einziger konsequent Sport, wodurch er sich ein Wissen aneignete, das ihm automatisch die hegemoniale Position in der Familie einbrachte.[698] Wie mir in einem anderen Interview ohne jede Ironie versichert wurde, „hätte er sich von der

---

697 Vgl. Welzer 2008.
698 Zu hegemonialer Männlichkeit siehe Dinges 2005.

Gemeinschaft der Männer [mužskoe obščestvo] und seiner Identität als Mann losgesagt", wenn er sich nicht für Fußball interessiert hätte.[699]

Diese Deutungsmacht sowjetischer Männer in Bezug auf Fußball lässt sich für die 1970er Jahre, näherungsweise, auch über Briefe an das Ukrainische Radio- und Fernsehministerium belegen. Dies möchte ich in einem kleinen Exkurs skizzieren, bevor ich zum Fernsehabend der Kuznecovs zurückkehre. Die Vorstellung hegemonialer Männlichkeit im Zuschauersport ist in Interviewnarrativen sehr präsent, doch sie lässt sich auch in archivierten Quellen finden. Die Jugendredaktion *Molodaja Gvardija* erhielt etwa im Dezember 1972 567 Briefe. Ein Vielfaches an Reaktionen (3.531 Briefe) rief dagegen ein *futbol'nyj konkurs* hervor,[700] ein Ratespiel im Radio, bei dem um Zuschriften gebeten worden war. Auch beim ukrainischen Fernsehen war die Beliebtheit von Sportübertragungen bekannt. Im März 1972, Dinamo Kiev war zu diesem Zeitpunkt aktueller sowjetischer Meister,[701] berichtete der für die „Massenarbeit mit den Zuschauern" zuständige Redakteur Rancov vom „großen Interesse", das sich in den „zahlreichen" Zuschriften nach Sportübertragungen an die Jugendredaktion zeige.[702] In der Märzpost des Jahres 1975, Dinamo Kiev war mit Lobanovskij als Trainer erneut amtierender Meister,[703] bezog sich die Mehrzahl der Zuschriften an das Ukrainische Radio auf einen Beitrag zum Thema „Berufswahl", aber erneut auch auf ein Fußballratespiel, auf das die Zuhörer mit 2.200 Zuschriften reagierten.

Nicht nur die Breitenwirkung des Fußballs als solche lässt sich damit quantitativ belegen. Die zuständigen Redakteure machten in ihren Zusammenfassungen teilweise auch quantitative Aussagen hinsichtlich der Absender der Briefe. Zum überwiegenden Teil (zu 94,7 %) hätten Jungen die Zuschriften für das Fußballratespiel verfasst und nur zu einem sehr geringen Anteil (5,3%) Mädchen. Man könne deshalb, so der Redakteur weiter, von einem „männlichen Wettbewerb" sprechen.[704] Wie bemerkenswert diese Unwucht ist zeigt die Analyse von 500 Briefen, die fünf Tage nach der Übertragung zum Thema Berufswahl eingegangen seien. Mehrheitlich hätten sich Mädchen der siebten bis zehnten Klasse beteiligt, die aus ländlichen Gebieten stammten. Die Top-Drei aller genannten Berufe waren Schauspieler, Konditor und Stewardess.[705] Beim Thema „Berufswahl" spielte der Fußball nur eine untergeordnete

---

699 Fedor Ivanov und Ol'ga Ivanova, Interview mit dem Autor, 11.03.2007.
700 Vgl. CDAVO, f. 4915, op. 1, d. 6823, l. 84.
701 Vgl. Michailov 1975, S. 53.
702 CDAVO, f. 4915, op. 1, d. 6827, l. 102.
703 Vgl. Ličnosti v sporte. Valerij Lobanovskij 2009, S. 317.
704 CDAVO, f. 4915, op. 1, d. 8196, l. 27.
705 Vgl. CDAVO, f. 4915, op. 1, d. 8196, ll. 18-9.

Rolle. Nur ein Schüler der siebten Klasse wurde mit dem Wunsch zitiert, er wolle gerne Sportler werden und möchte dazu die Adresse einer Sportschule erfahren. So recht Sport getrieben habe er bisher allerdings nicht. „Natürlich", schloss der zuständige Redakteur, „handelt es sich bei der Wahl dieses Jugendlichen nicht um eine ernsthafte Entscheidung".[706] Im Jahr zuvor war nach Ausstrahlung der Sendung „Meine Miliz" von „vielen" Schülern der sechsten bis achten Klasse die Rede, die *milicioner* werden wollten.[707] Fußball und Sicherheitsbehörden waren auch in der Sowjetunion der 1970er Jahre zwei wichtige Bestandteile im Kosmos von Jungen und zwei Elemente einer affirmativen Vorstellung konformer Jugendlichkeit. Gleichzeitig zeigen die Briefe (zumindest für die ukrainische Sowjetrepublik) quantitativ, was Interviewnarrative wie jenes des Moskauers Anton Kuznecov qualitativ zum Ausdruck bringen. Der Zuschauersport war auch im sowjetischen Fernsehzeitalter eine kulturelle Praxis, über die Zuschauer Vorstellungen hegemonialer Männlichkeit imaginierten.

Andere Dokumente verdichten dieses Bild. Auch im Mai 1975 bildete die Jugendpost den Hauptteil der Briefe an das Ukrainische Radio. 73,3 % aller Briefe seien an die Reaktion der *Molodaja Gvardija* adressiert gewesen, wovon der überwiegende Anteil aus Antworten eines erneuten Sportwettbewerbs der Jungen Garde bestand. Dieser Wettbewerb habe sich als „so populär erwiesen", meinte der für den Überblicksbericht an das Ministerium (*obzor pisem*) zuständige Redakteur, dass die *Molodaja Gvardija* „das Zweieinhalbfache" der Anzahl Briefe erhalten habe, die beim Ukrainischen Radio insgesamt „im Vergleichsmonat des Vorjahrs" eingegangen sei. Das Thema Sport hatte auch hier Einfluss auf das Geschlecht der Absender: „In Zusammenhang damit, dass Fußballliebhaber vor allem Männer sind [...], erhielt das Ukrainische Radio (im Mai 1975) 5.156 Briefe oder 73,4% aller Briefe von Männern, und von Frauen 1.667 Briefe – 23,7 %." Ein Jahr zuvor seien dagegen, ohne Fußballwettbewerb, nur „32,2 % der Briefe von Männern" und „59% der Briefe von Frauen" verfasst gewesen.[708] Auch im Durchschnittsalter und in der geographischen Herkunft der Adressaten ergaben sich Unterschiede. 1975, mit Fußballwettbewerb, waren 82,5 % der Absender weniger als dreißig Jahre alt. Im Vorjahresmai galt dies nur für 69,2 %. Zudem hätten Städter aktiver am Fußballwettbewerb teilgenommen als Landbewohner. Dank des Wettbewerbs

---

706 CDAVO, f. 4915, op. 1, d. 8196, l. 21.
707 CDAVO, f. 4915, op. 1, d. 7749, l. 2.
708 CDAVO, f. 4915, op. 1, d. 8196, l. 37. In beiden Fällen addieren sich die Prozentzahlen nicht auf 100%. Dies könnte der Tatsache geschuldet sein, dass aus einigen Briefen das Geschlecht der Absender nicht einwandfrei hervorging.

seien 59 % aller Briefe an das Ukrainische Radio, im Gegensatz zu nur 43,5 % im Mai des Vorjahres, von städtischen Radiohörern geschickt worden.[709]

In den Quantitäten, die solche Fußballwettbewerbe in den 1970er Jahren generierten, zeigt sich, was sich in behördlichen Debatten und in den Medien der 1960er Jahre qualitativ erst andeutete. Der Partizipation von Zuschauern wurde weiterhin ein hoher Stellenwert eingeräumt. Fußball erschien im Radio- und Fernsehministerium als Zugpferd zur Mobilisierung der männlichen Bevölkerungsgruppe, ganz im Sinne des Idealbildes des kultivierten mitfiebernden Fans der Presse. Die Relevanz, die zumindest Redaktionen den Zuhörern beimaßen, verdeutlicht nicht zuletzt die Analyse des Briefmaterials entlang soziokultureller und geschlechtlicher Kategorien. Nebenbei liefern solche Analysen auf nicht repräsentative Weise vorsichtige Belege des weiterhin mehrheitlich urbanen, jugendlichen und männlichen Charakters sowjetischer Fußballzuschauerkultur selbst in der voll etablierten Fernsehgesellschaft der 1970er Jahre.[710] In dieser konnten Vorstellungen sozialer, kultureller, geschlechtlicher oder nationaler Distinktion vor allem aber deshalb entstehen, da nun alle teilnahmen: Junge wie Alte, Städter wie Landbevölkerung, Frauen wie Männer, aber auch die diversen Nationalitäten im Vielvölkerreich.

Die männliche Hegemonie im Haushalt der Kuznecovs beschränkte sich auf den Sport. Wie Anton erklärte, hätten sie auch heutzutage zwei Fernseher in ihrer Wohnung, einen Schwarz-Weiß-Fernseher in der Küche und einen Farbfernseher im Wohnzimmer. Wenn es dort „nichts für sie", seine Frau, im Fernsehen gebe schaue er Fußball im Wohnzimmer, „aber wenn dort was für sie läuft, irgendein Konzert oder so etwas", dann „einverstanden", sagt er dann zu ihr, „ich gehe in die Küche Fußball schauen, schau du dir hier dein Konzert an."[711] In diesem Bild sind die Künste ein weibliches Betätigungsfeld. Sie haben das größere Anrecht auf den Farbfernseher während sich auch in der Raumfrage ein hierarchisches Gefälle von Kunst- zu Sportgenuss zeigt.

Auch das Bild des sowjetischen Fernsehabends stellt einen Bezug zwischen Weiblichkeit und Kunstgenuss her, da sich seine Frau hier nur partiell für Sport interessierte und sporadisch bei den Filmen und den Konzerten im anderen Raum Zerstreuung suchte. Gleichzeitig verstärkt diese flexible Position der Ehefrau Antons Hegemonie als oberster Sportzuschauer der Familie

---
709 Vgl. CDAVO, f. 4915, op. 1, d. 8196, l. 37.
710 Dies ist ein quantitatives Argument. In der Qualität von Fanbriefen, die von weiblichen Absendern stammen, zeigt sich kein grundsätzlicher Unterschied. Im nächsten Kapitel wird davon die Rede sein, dass das Geschlecht qualitativ gesprochen keine wesentliche Kategorie für die Zugehörigkeit zu imaginierten Fanmassen darstellte. Siehe Kapitel 5.
711 Anton Kuznecov, Interview mit dem Autor, 24.03.2007.

(während es gleichzeitig in der Gegenwart eine Frage des Respektes und der Wertschätzung zu sein scheint, dem Kunstgenuss der Frau freien Lauf zu lassen und sich in die Küche zurückzuziehen). Die spontanen Besuche seines Vaters bestätigen darüber hinaus auf der einen Seite die essentialistische Vorstellung eines ewig männlichen Fußballinteresses, deuten auf der anderen Seite aber die fehlende Sozialisation als Fußballfan an (oder genereller als Konsumenten von Populärkultur), die so typisch für diese Generation war, die Stalinismus und Zweiten Weltkrieg durchlebt und überlebt hat, und sich in den entbehrungsvollen Zeiten unmittelbar nach dem Krieg um das Wohl ihrer Familien sorgen musste. Dem entsprechend bestätigt das Desinteresse der Mutter nicht nur die Indifferenz dieser Generation gegenüber Fußball, sondern auch die essentialistische Idee einer fehlenden weiblichen Affinität und Begeisterung.

Die Vorstellung familiärer Geschlechter- und Generationenhierarchien über Fußballkonsum entstand im Kontext einer neuen Medienwirklichkeit, in der sich die Ausdrucksformen des Zuschauersports vervielfältigten. Zusätzlich zu Jubel- und Empörungsgemeinschaften im Stadion bildeten sowjetische Männer nun innerfamiliäre Allianzen und spielerische Geschlechterhierarchien. Zuschauersport als männliche Kulturpraxis führte nun nicht mehr nur zur Masse; er führte auch, weithin formulierbar, zur männlich codierten Selbstbehauptung sowjetischer Bürger. Wie behördliche Vorgaben und Presseartikel die Vorstellung der „Objektivität" und „Friedfertigkeit" der großen Massen im Stadion etablierten, so enthielten auch die Männlichkeitsvorstellungen im Narrativ von Anton, aber auch von anderen Interviewpartnern, implizite und explizite Referenzen auf etwas, das Erik Jensen die „zivilisierende Funktion des weiblichen" Zuschauers nennt.[712] Die Feststellung etwa, dass es ganz im Gegensatz zu heute (2007-2008) damals möglich gewesen sei, Frauen und Kinder mit ins Stadion zu nehmen, ist ein Allgemeinplatz in vielen Gesprächen. Die als gefährlich und feindselig wahrgenommene Atmosphäre Moskauer Fankultur der 2000er Jahre wird einer gutmütigen, interessierten und friedlichen Atmosphäre nicht so sehr der ganzen sowjetischen Vergangenheit, aber doch immerhin des sowjetischen Fußballs gegenüber gestellt.

Fedor Ivanov etablierte die Verknüpfung zwischen gemischtgeschlechtlicher Zuschauerschaft und der Friedfertigkeit ganz zu Beginn unseres Gesprächs. Mit warmer und subtiler Ironie erinnerte er sich an seine Mutter, die ihn alleine aufzog und ihn auch bei seinem ersten Stadionbesuch begleitete:

---

712 Jensen 2002.

„Ja, ich ging ins Stadion mit meiner Mama, die keinerlei Beziehung zum Fußball hatte, aber sie interessierte sich für mich, deshalb hat sie mich auch wirklich ins Stadion begleitet, als ich das so wollte. Damals war das eine vollkommen harmlose Veranstaltung [...]."[713]

Fedor gebrauchte das Bild der alleinerziehenden Mutter mit ihrem Jungen im Stadion ganz explizit und ganz zu Beginn des Gesprächs, um den friedlichen Charakter der weit zurückliegenden Geschehnisse zu unterstreichen.

Abb. 14:   „*Bolel'ščica*". Kiev. Dinamo. 1957. © Central'nyj deržavnyj kinofotofonoarchiv Ukraïny imeni G. S. Pšeničnogo, *CDKU*, 0-73765.

Die Idee der Familie, die in den 1950er bis 1970er Jahren gemeinsam ins Stadion ging, scheint dagegen eher eine Beschreibung der generellen Möglichkeiten zu sein, als dass sie die tatsächliche Zusammensetzung der Stadionmassen widerspiegeln würde. Wenn Frauen auch auf Photographien dieser Zeit zu sehen sind, so blieben sie doch eine Minderheit (siehe Abb. 14). Auch Fedor ging

---

713   Fedor Ivanov, Interview mit dem Autor, 11.03.2007.

bald schon alleine ins Stadion – seine Mutter hatte ihn nur zu Beginn begleitet. Selbst Anton Kuznecovs Frau (das Spartak-Mädchen) ging nur zweimal mit ins Stadion. Wesentlich häufiger schaute sie sich den Auftritt Spartaks im Fernsehen zu Hause an während Anton für das CSKA-Spiel ins Stadion ging. Die beiden Male, die sie ihren Mann begleitete, stand das Derby zwischen beiden Mannschaften auf dem Programm. Anton beschreibt an dieser Stelle im Interview eher persönliche Qualitäten ihrer Fußballkultur: die gegenseitige Neckerei der Ehepartner, nicht die tatsächliche Stadionkultur:

> „Als wir das Stadion verließen, nachdem Spartak gewonnen hatte, sagte sie: ‚Na und was jetzt? Wie haben jetzt die Meinen den Euren [auf die Mütze gegeben]? [*Nu čto? Kak moi, vašich?*]', aber als das nächste Mal Spartak verloren hatte, erinnerte ich sie an ihre Worte. Ich sagte zu ihr: ‚Und wie haben jetzt die Meinen, den Euren? [*A kak moi, vašich?*]'"[714]

Etwas weniger liebevoll zeigte sich der Zuschauersport als Bühne für Neckereien zwischen Ehepartnern schon in sowjetischen Karikaturen: „Erinnerst Du Dich, Emil'", sagt etwa eine kräftige Ehefrau in einer Karikatur beim Betrachten eines Eiskunstlauf-Wettbewerbs im Fernsehen zu ihrem besorgniserregend schmächtigen Mann, „wie Du mich vor der Hochzeit geliebt hast und immer versprochen hast, mich das ganze Leben auf Händen zu tragen?" (siehe Abb. 15).[715]

---

714 Anton Kuznecov, Interview mit dem Autor, 24.03.2007.
715 *Sovetskaja Rossija*, 06.06.1981.

Abb. 15: „Erinnerst Du Dich, Emil', wie Du mich vor der Hochzeit geliebt hast und immer versprochen hast, mich das ganze Leben auf Händen zu tragen?" *Sovetskaja Rossija*, 06.06.1981, S. 4.

Der Fernsehfußball zu Hause war dabei, das Stadion als wichtigsten Ort der Fußballleidenschaft abzulösen. Selbst die Erinnerung an tatsächliche Stadionbesuche begann stark von zu Hause rezipierten Fernsehübertragungen, und von der Zeitungslektüre, beeinflusst zu werden. Wer selten ging, für den prägte die Wohnzimmerperspektive mittelfristig die Erinnerung an das Erleben im Stadion.[716] Erzählungen persönlichen Fernsehkonsums zu Hause sind dabei mit einem dichotomischen Verständnis von privat versus öffentlich schwer zu fassen. Wie sowjetische Wohnsituationen allgemein waren sie recht bevölkerte Ereignisse, in denen sowjetische Männer nicht in jedem Fall Gelegenheit bekamen, in einer Privatheit der Kernfamilie ihre Hegemonie als oberste Sportzuschauer voll auszuspielen, da Nachbarn und Söhne ihnen diese Stellung vor dem Fernsehapparat streitig machten, wenn sie nicht gar von der Frau in die Küche verbannt wurden. Selbst jene, die zunächst regelmäßig ins Stadion gingen wurden irgendwann erwachsen, mitfiebernd, bequem und familiär.

Nicht zuletzt erlaubte es der Fernsehfußball erstmals Vätern auf breiter Linie ihre Fußballliebe an die nächste Generation zu vererben. Anton Novikov

---

716 Zur Rekonstruktion von Stadionwirklichkeiten siehe deshalb eher Kapitel 3.

(geboren 1958) fieberte wie sein Vater für CSKA Moskau, was für beide beinhaltete, gegen Spartak Moskau zu sein. Anton ging häufig mit seinem Vater ins Stadion. Er erinnert sich aber auch an Gelegenheiten, in denen sie gemeinsam vor dem Fernseher litten und von ganzem Herzen wünschten, Spartak möge doch verlieren, um nicht schon wieder einen Titel zu gewinnen. Im Kontext seiner Familie gab es, wie Anton es ausdrückte, „nie eine Alternative": er musste ein Fußballfan werden.[717] Anders als bei Anton Kuznecov stand für ihn und seinen Vater der klassische Moskauer Gegensatz der Gemeinschaften von Spartak und einer der beiden großen Behördenmannschaften, der Armeemannschaft CDKA/CSKA, anstelle des üblicheren Lieblingsgegners von Spartak-Fans der sowjetischen Zeit, Dinamo Moskau, im Vordergrund.[718]

Die Vorstellung eines geschlechtsspezifischen Fußball-Vermächtnisses, das vom Vater zum Sohn weitergereicht wird, findet hier ihren deutlichen Ausdruck. Robert Edelman spricht bereits für die 1930er Jahre von einer Vererbung von Fußballenthusiasmus auf die Söhne von Spartak-Fans.[719] Allerdings muss angesichts millionenfach zerstörter Familienbiographien im Stalinismus in Frage gestellt werden, wie häufig sich, insbesondere in den 1930er bis 1950er Jahren, Väter und Söhne über gemeinsame Fußballleidenschaft verbanden. Gerade in Interviewnarrativen der Nachkriegsjugend dominiert auch eher die Vorstellung gleichgültiger Väter und eines Fußball-Neuanfangs nach Krieg und Stalinismus.[720]

In Anton Novikovs Erinnerung verbündeten sich Vater und Sohn dagegen ein ums andere Mal, um die Mutter auszutricksen [*my postupili chitro*]. Als die Familie nach Bitten der Mutter „einen Film ansehen musste", hätten sich Vater und Sohn in zwei Sessel gesetzt und der Mutter das bequeme Sofa überlassen. Das Sofa habe auf solch eine Weise zum Fernseher gestanden, dass man sich ganz einfach bequem hinlegen konnte, um im Liegen den Film zu sehen. Nur drei Minuten später, nachdem die Mutter eingeschlafen war, hätten die Männer umgeschaltet und ihr Fußballspiel genossen.[721] Der Fußball ermöglichte in dieser Vorstellung eine starke emotionale Bindung zwischen Anton und seinem inzwischen verstorbenen Vater. Die Vorstellung einer kultivierten und höflichen Männlichkeit von Fußballfans ist wiederum, wenn auch in ironisier-

---

717 Anton Novikov, Name geändert, Interview mit dem Autor in einem Park am Leninskij Prospekt in Moskau, 10.04.2008.
718 Siehe Kapitel 2.1 und 2.2.
719 Vgl. Edelman 2009, S. 124.
720 Etwa: Pavel Alešin, Interview mit dem Autor, 08.03.2007.
721 Anton Novikov, Interview mit dem Autor, 10.04.2008.

ter Form, mit dem Fernsehkonsum zu Hause verknüpft: Die Ehefrau und Mutter bekommt das Sofa.

Anders als früher näherte sich die junge Generation angeleitet von ihren Eltern, vor allem ihren Vätern, dem Fußball. Erst das Fernsehen machte die Vererbung von Fußballliebe zu einem Massenphänomen. Anton Kuznecovs Sohn kam 1970 zur Welt. Schon bald sollte Antons Fantoleranz, die er schon unter Beweis stellte, indem er mit einem Spartakmädchen zusammenlebte, erneut auf die Probe gestellt werden. Der langjährige Fan von CSKA nahm seinen Sohn von den frühen 1980er Jahren mit zum Fußball. Er nahm ihn mit zum Eishockey. Er tat wirklich sein Bestes. Und musste im Interview doch zugeben, dass auch sein Sohn ein Fan von Spartak Moskau geworden war, genau wie seine Frau. Anton gestand dies mit trauriger Stimme ein, ironisch den bekümmerten Vater spielend. Auf die Frage, wie das denn für ihn sei, lächelte er und entgegnete mir: „Na, und was jetzt? Soll ich mich mit ihm prügeln? [*Nu a čto, drat'sja s nim?*]"[722]

Dieser Scherz erinnert etwas an eine Karikatur aus sowjetischer Zeit. In umgekehrter Mannschaftskonstellation versuchte ein Vater in einer Karikatur aus dem Jahr 1964 seinen Sohn in Umkehrung idealer kultivierter Verhaltensweisen zu erziehen. Der Vater steht in dieser kleinen Zeichnung bewaffnet mit einem Gürtel in der Mitte des Raumes vor dem Fernseher. Er strahlt in wenigen Strichen eine patriarchale Aura der Selbstzufriedenheit und des Zorns aus. Der Sohn hingegen steht traurig und reuevoll in der hinteren Ecke des Raumes; er lässt die Schultern hängen, denn der Blick zum Fernsehen und zur aufregenden Fußballübertragung ist ihm versagt. Er sagt: „Gut, Papachen, ich werde für Spartak fiebern!" (siehe Abb. 16).[723]

---

722 Anton Kuznecov, Interview mit dem Autor, 24.03.2007.
723 *Futbol*, 10.05.1964, S. 16.

Abb. 16: „Gut, Papachen, ich werde für Spartak fiebern!" *Futbol*, 10.05.1964.

Keines der Interviewnarrative beinhaltet Bilder familiären Konflikts, auch keine intergenerationellen Stereotype, die sich aus einem Generationenkonflikt gespeist hätten. Theoretisch hätten sich familiäre Differenzen natürlich über den Umweg der gängigen Fußballoppositionen ausdrücken können, aber solche Strategien sind in den hier diskutierten Narrativen nicht erkennbar. Dies bedeutet nicht, dass die tatsächliche Fankultur zu Hause nur den hier skizzierten Charakter annehmen konnte. Robert Edelman, selbst jahrzehntelanger Enthusiast des sowjetischen Zuschauersports, spricht von Flüchen, von Trinkgelagen und „Scherzen", die zu Hause „viel offener und respektloser" vorgetragen worden seien als im Stadion. Allerdings, wie Edelman einräumt, gelte dies in erster Linie für „reine Männerrunden".[724] Für solche Runden eröffnete der Fernsehfußball Räume exzessiven Genusses. Für andere aber bot eher der Spieltag im Stadion und das „Schlückchen" Wodka nach gewonnenem (oder verlorenem) Spiel eine Auszeit von der familiären Enge und, dies ist ein Klischee einiger Interviewnarrative, der Strenge der Ehefrau.

4.3 Privilegierte Standpunkte: Beschwerdebriefe im Medienzeitalter

Wer zu Hause das Spiel seiner Mannschaft sah, konnte jubeln, schimpfen und toben wie im Stadion. Er konnte aber auch erbost von Spielverlauf, Kommentator oder Schiedsrichter zu Papier und Stift greifen, um seiner Freude und seinem Ärger auf andere Weise Ausdruck zu verleihen. Der Fernsehfußball

---

724 Robert Edelman, E-Mail an den Autor, 16.10.2009.

öffnete Räume, er brachte Abstand und Nähe, er verflocht ferne Betrachter mit den Ereignissen und vervielfachte dabei die Möglichkeiten, Teil dieser Ereignisse zu werden.

Dies änderte den Charakter des Zuschauersports fundamental. Beschwerdebriefe beschränkten sich zwar nicht auf den Fußball und waren auch keine Erfindung des Fernsehzeitalters. Das sowjetische Radio verringerte bereits in den späten 1950er Jahren das Opernprogramm, „als Reaktion auf eine Flut an Protestschreiben".[725] Doch viel mehr noch als kulturelle Sphären solch distinguierter Art war Fußballkultur Denken in Gemeinschaft und Gegnerschaft; in Unterstützung des Eigenen und Schmähung des Fremden. Durch massenhaft verfasste Beschwerde- und Fanbriefe entstand eine frühe Form der Mannschaftsunterstützung, welche die Möglichkeiten für Teilhabe und Distinktion erweiterte. Diese Phänomene entwickelten sich im Kontext neuer Medienangebote. Aus der bequemen Position ihrer Wohnungen heraus machte es kaum einen Unterschied, ob man sich aus Moskau, Odessa, Leningrad, oder aus Krivoj Rog in alle denkbaren Entscheidungsprozesse einzumischen gedachte. Für lokale Parteiführer, Sportbürokraten und Medien war der zwölfte Mann plötzlich ein Faktor, den es auch am grünen Tisch zu beachten galt. Zumindest lässt sich sagen, dass die Anzahl und Leidenschaft der „Zuschauer", „Fußballliebhaber" und „Fans" einer Stadt auch hinter den Kulissen ein immer häufiger angebrachtes Argument wurden, wenn es um Auf- und Abstieg und um die Erweiterung der sowjetischen Liga ging.[726]

Bereits 1960 waren Beschwerdebriefe sowjetischer Fußballfans ein Massenphänomen. Seit Chruščev hatte die alte Petitions- und Briefepraxis in der politischen Kultur ihre Aufwertung erfahren, sollte sie doch wie in den Vereinigten Staaten von Amerika „die Bevölkerung durch ‚direkte Partizipation' [...] aktivieren".[727] Ihre Bedeutung nahm in den 1970er Jahren noch zu. Zumindest berichtete die Zeitung Izvestija von 300.000 Briefen, die die Redaktion nach dem Ausscheiden der sowjetischen Nationalmannschaft bei der Weltmeisterschaft 1970 erhalten habe.[728] Das Ukrainische Radio erhielt aber auch in einer Woche des Jahres 1960 bereits rund 2.000 Briefe, in einer anderen Woche 1.213 Briefe.[729]

---

725 Roth-Ey 2011, S. 162-3.
726 Siehe etwa die „Briefe von Partei- und Sowjetorganen" an das ukrainische Sportkomitee „über die Aufnahme lokaler Fußballmannschaften in die Klassen A und B", f. 5091, op. 1, d. 3165.
727 Mommsen 1987, S. 233.
728 Vgl. Edelman 1993, S. 135.
729 Vgl. CDAVO, f. 4915, op. 1, d. 2807, ll. 3, 23.

Viele der erhaltenen Briefe sind von Mitgliedern der technischen Intelligenz verfasst.[730] Die „Zeitung lesende Öffentlichkeit spielte" auch in diesem Bereich sowjetischer Populärkultur „eine wichtige Rolle".[731] Doch auch Arbeiter beteiligten sich, indem sie Petitionen unterzeichneten, um die Aufnahme ihrer Mannschaft in die höhere Liga zu erwirken.[732] Fußballfans beschwerten sich über fehlerhafte oder einseitige Presseberichterstattung.[733] Sie störten sich an Programmzeiten[734] und Programminhalten[735] des Fernsehens. Sie kritisierten Schiedsrichterentscheidungen, wie etwa jene Gruppe Odessiter Fußballfans, die sich 1959 beim ukrainischen Schiedsrichterkollegium über die Schiedsrichterleistung beim Derby Černomorec Odessa gegen SKVO Odessa beschwerte.[736] Sie setzten sich für ihre Mannschaften ein, indem sie an das Radio- und Fernsehministerium, an Fußballföderationen, an Schiedsrichterkollegien, an die Redaktionen der Sportzeitungen, an andere Zeitungen oder gar an den Ministerrat der Ukrainischen Sowjetrepublik schrieben.[737]

Fußballfans beteiligten sich an einem virtuellen halböffentlichen Massenereignis, dessen ganzes Ausmaß den Behörden vollständig, vielen der Schreiber aber nur teilweise klar gewesen sein dürfte.[738] Gleichwohl zeigt sich in den Briefen ein ähnliches Selbstbewusstsein, wie es Kristin Roth-Ey für die Briefe sowjetischer Kinofans beschreibt, die kein Problem darin sahen „Informationen einzufordern, ihre Meinung zu äußern und Kritikern zu widersprechen".[739] Mit eben diesem Unterton baten sowjetische Fußballfans in einem Brief an die ukrainische Fußballföderation um Unterstützung für Dinamo Kiev und „erwarteten" zudem die Beantwortung des Briefes „auf den Seiten unserer Zei-

---

730 Siehe auch Kapitel 5.1.
731 Dobson 2005, S. 598.
732 Die Petition zum Aufstieg von Azovec Berdjansk etwa wurde von 768 Fußballfans aus Berdjansk unterzeichnet. CDAVO, f. 5091, op. 1, d. 970.
733 Etwa: CDAVO, f. 5091, op. 1, d. 3205, l. 23. Siehe auch Kapitel 3.
734 Etwa: CDAVO, f. 4915, op. 1, d. 2729, l. 34. Siehe auch eine Bittschrift an den Ministerrat der Ukrininischen Sowjetrepublik. CDAVO, f. 2, op. 13, d. 3878.
735 Etwa: die Beschwerde über eine Wasserballübertragung, die niemanden interessiere. Siehe Roth-Ey 2011, S. 262.
736 Vgl. CDAVO, f. 5091, op. 1, d. 197, l. 10. Die Versammlung wies die Vorwürfe umgehend zurück.
737 Siehe die Bittschrift von ukrainischen Fußballfans an den Ministerrat in Kiev zur Ausweitung der Programmzeiten bei Fußballübertragungen. CDAVO, f. 2, op. 13, d. 3878.
738 Siehe etwa CDAVO, f. 5091, op. 1, d. 3166, l. 113. Siehe auch die Ausführungen zur transnationalen Gemeinschaft um Dinamo Kiev in Kapitel 5.2. Andere Briefeschreiber wussten dagegen bereits in den 1960er Jahren um die Breite dieses Phänomens. Vgl. deshalb den Brief eines Dinamo-Fans aus Taškent. CDAVO, f. 5091, op. 1, d. 1324, l. 48.
739 Roth-Ey 2011, S. 106.

tung *Radjanskij sport*".⁷⁴⁰ Sie fügten sich damit in eine Fußballgemeinschaft um Dinamo Kiev ein, in deren Zentrum die sowjetischen Sportbehörden standen. In diesem hierarchischen Ensemble funktionierte die hier vorgestellte Kommunikation aber durchaus in beide Richtungen. Wie es in einem anderen Brief hieß: „Genossen, wir bitten Sie, sich auf den Seiten der Zeitung *Sovetskij Sport* zum schlechten Auftreten Dinamo Kievs zu äußern."⁷⁴¹ Fußballfans versuchten, konkrete Spielergebnisse zu beeinflussen, indem sie an Schiedsrichterversammlungen schrieben. ‚Den zwölften Mann' brachte erst das Fernsehzeitalter zur vollen Entfaltung.

Blickt man auf die Geschichte praktizierter sowjetischer Körperkultur so hatten sich Nikolaus Katzer zufolge die „frühen Ideale einer die Arbeitswelt und die Freizeit durchdringenden Körper- und Bewegungskultur [...]" im Medienzeitalter seit den 1960er Jahren „erschöpft".⁷⁴² Doch der „Trend vom aktiven zum konsumierten Sport"⁷⁴³ entfaltete in Bezug auf die Vielfalt kultureller Praxis von Fußballfans auch eine immense Dynamik. Dies spiegelt sich nicht zuletzt in der Haltung ganz unterschiedlicher Sowjetbürger in Beschwerdebriefen und Fanpost wider.⁷⁴⁴ Radiozuhörer sind dem Wohl und Wehe des Kommentators gänzlich ausgeliefert. Auch bei Fernsehübertragungen blieb die sowjetische Einrahmung bestehen.⁷⁴⁵ Doch wenn die poststalinistische Sowjetgesellschaft, wie Denis Kozlov schreibt, „nach Ursprüngen und Identitäten" über die bedeutungsarme Anhäufung historischer Fakten suchte,⁷⁴⁶ so luden gerade im Identitätenparadies Fußball fehlerhafte Formulierungen und falsche Beobachtungen des Sportkommentators fortan zu wohlig-selbstgerechter, „faktographischer" Kritik ein.

Bewegte Fernsehbilder suggerierten anders als Radioberichte, dass die richtige Wiedergabe des Ereignisses überprüfbar sei, während sich das Wissen über die Ergebnisse vergangener Spielzeiten über eine Vielzahl neuer Printpublikationen vergrößerte.⁷⁴⁷ Diese erzeugten trotz aller Gerüchte über Spielmanipulationen und verschwiegener und gleichwohl kolportierter Skan-

---

740 CDAVO, f. 5091, op. 1, d. 1324, l. 26. Siehe auch Kapitel 5.1.
741 CDAVO, f. 5091, op. 1, d. 1324, l. 43.
742 Katzer 2009, S. 275.
743 Katzer 2009, S. 275.
744 Siehe Kapitel 5.
745 Zur Entlassung eines Fernsehansagers Mitte der 1950er Jahre siehe Roth-Ey 2011, S. 233. Er hatte „Faulenzer-Generation" anstelle von „Lenin-Generation" gesagt, auf Russisch ein einfacher Versprecher: *„pokolenie lenivcev"*, anstelle von *„pokolenie lenincev"*.
746 Kozlov 2001, hier: S. 578.
747 Siehe neben vielen anderen Esenin 1968, 1974; Michailov 1975.

dale oder Unglücke[748] die Illusion eines „Blick[es] von höherer Warte", der sowjetischen Bürgern in vielen anderen Bereichen des sowjetischen Lebens stets verwehrt geblieben war.[749]

Besonders deutlich veränderte dies die Anforderungen an Sportkommentatoren. Sportzuschauer sahen nun erstmals mit eigenen Augen, was der Kommentator beschrieb. Dieser war nun nicht mehr die alleinige Instanz einer sowjetisch-korrekten und ausgewogenen Berichterstattung. Das Fernsehen konnte begeistern, unterhalten, berieseln und einschläfern; es konnte aber auch eine neue Haltung lehren. Zuschauern ließ es die Wahl, sich über Fernsehinhalte zu ereifern, oder gar als eine Art Kontrollinstanz darauf zu achten, dass der Rahmen sowjetischer *kul'turnost'* auch in der Sportberichterstattung eingehalten werden möge.[750] Sowjetische Bürger konnten sich dazu noch aussuchen, wessen Fehltritt sie brandmarkten und wessen nicht. Sie konnten selbst zu Hause den Fußball mit ganz ähnlichen unflätigen Bemerkungen kommentieren und sich doch gleichzeitig in Briefen über alle möglichen Fehltritte beschweren. Das Fernsehen lieferte ihnen die Antagonisten hierfür auf dem Silbertablett: die Spieler der gegnerischen Mannschaft, den Schiedsrichter und nicht zuletzt den Kommentator.

Der Übergang zum Fernsehzeitalter war für sowjetische Sportkommentatoren besonders anspruchsvoll. Denn der für das Radio allgemein nach Kristin Roth-Ey bereits zuvor etablierte moderate Ton[751] wurde bei Fußballübertragungen im Radio lange nicht angeschlagen. Wenn sich Interviewpartner der Nachkriegsjugend mit verklärtem Gesichtsausdruck an Vadim Sinjavskij erinnern, so steht die Persönlichkeit des Kommentators im Vordergrund, nicht der Inhalt. Kaum ein Befragter ließ es sich entgehen, Sinjavskijs Radioreportagen zu imitieren.[752] Seine Stimme überstrahlt in der Retrospektive die

---

748 Hier könnten zahlreiche Beispiele angeführt werden: die Katastrophe im Moskauer Lenin-Stadion 1982, siehe Kapitel 6.4, 6,5; die Flugzeugkatastrophe 1979, bei der die Mannschaft des usbekischen Pachtakor Taškent ums Leben kam, siehe Malov 2008, S. 336-40; oder etwa Gerüchte über Spielmanipulationen von Seiten Dinamo Kievs, siehe Edelman 1993, S. 176-7.
749 Arnold 1998, S. 398-9.
750 Es geht mir keineswegs darum, dies als ausschließlich darzustellen. Auffällig ist nur seine Verbreitung. In anderen Bereichen der Medienöffentlichkeit konnten zu diesen und zu späteren Zeitpunkten gerade auch Sendungen entstehen, die geprägt waren von „persönlichen und umgangssprachlichen Umgangstönen". Vergleiche etwa Kristin Roth-Eys Darstellung des Kinopanorama, das 1962 eingeführt wurde. Roth-Ey 2011, S. 122-7.
751 Vgl. Roth-Ey 2011, S. 159.
752 Dies gilt insbesondere für die den Armee- und Polizeimannschaften nahestehende Erinnerungskultur an sowjetische Siege. Etwa: Igor' Dobronravov, Interview mit dem Autor, 17.03.2007; Pion Gazanjan, Interview mit dem Autor, 30.03.2008; Fedor Ivanov, Interview mit dem Autor, 11.03.2007. Siehe auch Kapitel 2.2.

Erinnerung an alle Fernsehkommentatoren, die folgten. Dies ist allein deshalb kein Wunder, als Sinjavskijs Radiostimme vom Stalingrader Schlachtfeld ebenso berichtet hatte wie von sportlichen Aufregungen der Vor- und Nachkriegszeit.[753] Der euphorische Moment war hier bedeutsamer als die exakte Wiedergabe der Ereignisse auf dem Platz. Nicht nur, dass im Fernsehzeitalter die Kommentare plötzlich zu den Bildern passen mussten,[754] die Kameras fingen zudem die Kontingenz des Fußballspiels ein, die schon für sich genommen den sowjetisch kultivierten Rahmen in Frage zu stellen vermochte. Schließlich erhöhte sich der Druck auf Kommentatoren auch dadurch, dass das Zentralkomitee im Übergang von den 1950er zu den 1960e Jahren die „Sünden des sowjetischen Radios" öffentlich anprangerte.[755]

Kommentatorenbashing ist ein nicht untersuchtes und mindestens europaweites Phänomen des Fernsehzeitalters. Für die poststalinistische Sowjetunion ist es allerdings besonders interessant, denn hier stellte sich die Frage, wie nach den Verwerfungen der Stalinjahre innersowjetische Zugehörigkeit und Gegnerschaft überhaupt wieder offen artikuliert werden konnten. Der selbstselektive Charakter der vorhandenen Quellen muss beachtet werden, doch für so manchen Bürger boten Fehltritte von Kommentatoren die Möglichkeit, tatsächlich zu „sowjetischen" Fußballfans zu werden. Sie benötigten hierzu nur den Versprecher eines Einzelnen.

Insbesondere die Ikone der Nachkriegsberichterstattung, Vadim Sinjavskij, war dafür geeignet. Die Beschwerde eines gewissen A. Bykov, seines Zeichens Oberstleutnant und „Held der Sowjetunion", ist nur auf indirektem Wege erhalten, da er in einer internen Zusammenstellung von Briefen an das sowjetische Radio- und Fernsehministerium zitiert wird. Bykov kritisierte, dass Sinjavskijs Impulsivität ihn zu Ungenauigkeiten verleite. Allzu weit hatte sich Sinjavskij in seinem Kommentar von den Bildern offenbar nicht entfernt, doch dies zeigt gerade wie sehr die Fußball-Fernsehkultur einlud, sich mittels Faktographie über andere zu erheben. Konkret habe der Kommentator über ein ganzes Spiel hinweg den Spartakspieler Anatolij Vasil'evič Soldatov (*1931) mit einem Spieler CSKA Moskaus verwechselt. Aus Sinjavskijs Sicht handele es sich sicher um „Kleinigkeiten" (*meloči*), doch „der Fernsehzuschauer" erwarte von dem „Genossen Kommentator" nicht nur eine „qualifizierte und interessante Erzählung des Spielverlaufs", sondern auch eine Darstellung „ohne solche Kleinigkeiten".[756] Sinjavskij möge doch lieber beim Radio

---

753 Siehe Kapitel 2.2.
754 Ähnlich beschrieb der Torhüter und spätere Kommentator Vladimir Maslačenko dieses Dilemma. Zitiert nach Kuz'min 2010, S. 243.
755 Roth-Ey 2011, S. 159.
756 GARF, f. P-6903, op. 10, d. 24, l. 24.

bleiben, hieß es in einem anderen Brief, denn beim Fernsehen würde der Widerspruch zwischen Sinjavskijs „persönlichen Urteilen" und den „Tatsachen" auf dem Platz allzu häufig offenbar.[757]

Bykov und andere, die in solchen Zusammenstellungen zu Wort kamen, verkörpern den Inbegriff des sowjetischen Zuschauergewissens. In solchen Übersichten zeigt sich das Bild eines Zuschauers, mit dem die jeweilige Behörde, in diesem Fall das Radio- und Fernsehkomitee, als redaktionelle Collage intern operieren konnte, sicherlich auch um Standards einer rationalen und kultivierten sowjetischen Sportberichterstattung durchzusetzen. Zudem hat hier nicht erst die Auswahl dieser Briefe aus einer Vielzahl anderer eine selektive Wirkung. Das Genre als solches ist selbstselektiv, da bei Briefen an sowjetische Behörden eine herrschaftsnahe Sprache zu erwarten ist.

Um eben diese Sprache und eine neue strukturelle Qualität sowjetischer Fußballkultur im Fernsehzeitalter geht es mir aber: Welche Vorstellungen von Gemeinschaft und Gegnerschaft wurden in halböffentlichen Beschwerden an sowjetische Behörden geäußert? Ein grundlegendes Merkmal sowjetischer Zuschauerkultur im Fernsehzeitalter zeigt sich, bei aller gebotener Vorsicht, mit solchen Quellen, recht deutlich: dieselbe faktographische Haltung, die mir auch in Interviews begegnete und die in der Sprache sowjetischer *kul'turnost'* nun selbst Instanzen wie Vadim Sinjavskij entgegengebracht wurde.

Wesentlich für diese Quellen, wie für das Medium Fernsehen allgemein, ist auch, dass die Grenze zwischen Fußballkultur und anderen gesellschaftlichen Bereichen nun verschwamm. Viele, die sonst wenig mit Fußball am Hut hatten, sahen nun zu. Manche Kritik wurde daher von Zuschauern geäußert, die von Fußballkultur und ihrer Sprache wenig verstanden. „Was sollen", ereiferte sich ein Zuschauer, „solche Phrasen wie ,Maslačenko hat dieses Tor gut abgefangen'. Wäre es ein Tor gewesen, so hätte der Torhüter hier nichts mehr zu halten gehabt".[758] Auch andere Zuschauer ereiferten sich über „für das Fernsehen ungeeignete Ausdrücke" wie „Parčenko verschlief den Pass an den Mitspieler".[759] Während des Spiels habe sich, so ein weiterer Zuschauer, „der Eindruck verdichtet, dass die Kultur russischer Rede nicht zum Gegenstand des Stolzes dieses Menschen", des Kommentators Jan Sparre, gereiche.[760] Dieser verwende nicht nur unsaubere Formulierungen, sondern verbreite auch Werte, die gänzlich „unbegreiflich" seien. Pfeifende Jugendliche auf der Tri-

---

757 GARF, f. P-6903, op. 10, d. 24, l. 26.
758 Russ.: „*Maslačenko chorošo vzjal ètot gol*". GARF, f. P-6903, op. 10, d. 24, l. 24.
759 GARF, f. P-6903, op. 10, d. 24, l. 24. Ein anderer Absender zeigte sich „empört" über die schiere „Menge schlechter Wendungen" (*bezgramotnych oborotov*). l. 26.
760 GARF, f. P-6903, op. 10, d. 24, l. 24. Siehe auch l. 26.

büne habe er etwa mit den Worten kommentiert: „Die Zuschauer geben mit ihren Pfiffen den gerechten Lohn" und „Wenn er auch im Abseits steht, muss er das Tor trotzdem machen".[761]

Neben der Erweiterung der Zuschauerschaft in wenig fußballaffine Milieus zeigt sich hier allerdings noch etwas Zweites: die Verteidigung sowjetischer *kul'turnost'* in Zeiten der Unsicherheit, die auch außerhalb der Fußballkultur eine große Rolle spielte.[762] Auch in anderen Fällen verbanden Zuschauer Kritik an der Sprache mit Kritik an mangelnder Kultur und Anständigkeit. So provozierten „wenig wohlwollende" und „platte" Scherze des Kommentators Viktor Sergeevič Nabutov (1917-1973) einen anderen Fernsehzuschauer aus Kiev. „Der Kommentator" agiere gerade „nicht als Privatperson, sondern als Mensch, dem verantwortliche Sportinstanzen zutrauten, dem Fernsehzuseher bei der Einordnung der Geschehnisse im Stadion zu helfen, ihn zu erziehen, ihm zu erklären, ihm zu lehren."[763]

Langfristig setzte sich nicht der ungestüme Stil Nabutovs durch, sondern die eher abwägende Strategie von Berichterstattern, die darauf achteten, den Rahmen des sowjetisch Sagbaren nicht zu verlassen. Der vielleicht berühmteste von ihnen ist der Radio- und Fernsehkommentator Nikolaj Ozerov, der eben diesen Umstand in seinen Memoiren betont. 1960 kommentierte er das Spiel CSKA Moskaus gegen Dinamo Kiev im Radio. Bei diesem Spiel kam es zu Übergriffen einzelner Zuschauer auf den Schiedsrichter:

> „Was kann man Radiozuhörern diesbezüglich sagen? Ist es nötig, einem mehrmillionenstarken Auditorium von diesen außergewöhnlichen Ereignissen zu berichten? Nachdem ich mich versichert hatte, dass das Spiel [...] nicht zu Ende gespielt wird, sagte ich, der Schiedsrichter habe das Aufeinandertreffen beendet. Eine Entscheidung der Fußballföderation werde nachgeliefert. Geben Sie mir Recht, der Kommentator hatte keine einfache Aufgabe."[764]

Ozerov beschreibt einen Kommentator, der sich nicht mehr, wie Nabutov oder Sinjavskij, vom Gang der Ereignisse mitreißen ließ. Eher haderte er mit den Unwägbarkeiten der Realität, die es erschwerte, dem Zuhörer die Vorstellung eines üblichen sowjetischen Massenereignisses zu vermitteln.

Kommentatoren ernteten nun potentiell Kritik von allen Seiten, zuletzt auch von eingefleischten Fußballfans selbst, die ihre Leidenschaft nun in sowjetische Sprache und in ein Briefcouvert verpacken konnten. Gerade Fußballfans hatten allen Grund, sich in schriftlicher Form über Sportkommentatoren

---

761 GARF, f. P-6903, op. 10, d. 24, l. 25.
762 Vgl. Dobson 2005, S. 590.
763 GARF, f. P-6903, op. 10, d. 24, l. 23.
764 Ozerov 1995, S. 174.

zu beschweren. Denn dies eröffnete ihnen, den „wahre[n] mitfiebernde[n] Fans (*vse istinnye bolelščiki*)",[765] die Gelegenheit, gegen potentielle wie auch tatsächliche Sympathisanten ihrer Gegner zu agitieren und damit ihre Mannschaft ganz offiziell zu unterstützen.

Eben dies hatte ein Gruppe Dinamo-Fans aus Kiev im Sinn. In ihrem Brief an das sowjetische Radio- und Fernsehministerium begrüßten sie zunächst, dass in letzter Zeit verstärkt für Fairplay auf dem Platz (*korektnaja igra*) gekämpft worden sei, gingen dann aber ebenfalls dazu über, den Kommentator Viktor Nabutov zu kritisieren.[766] Die 46 Unterzeichner des Briefes vom Institut Ukrgiprogaza in Kiev kritisierten Aussagen Nabutovs, demzufolge Krutikov von Spartak Moskau nichts anderes übrig geblieben sei, „als seinen Gegenspieler niederzureißen, der ungestüm zum Spartak-Tor durchgebrochen" war. Der Brief schloss mit der Forderung, dass in Zukunft nur mehr hochgradig kultivierte (*vysokokul'turnye*) und kundige Kommentatoren ans Mikrofon gelassen würden.[767] In diesem Brief zeigt sich ein sowjetisch gerahmter Ärger einer größeren Gruppe Kiever Fans.[768] Die Sprache, in der viele dieser Briefe an sowjetische Institutionen verfasst waren, entsprach eher dem Diskurs der Medien als dem Slang der Tribünen. Das wahre Bedeutungsspektrum der Aufregungen zu Hause wird niemals mehr rekonstruiert werden können. Doch in Bezug auf die Frage nach Teilhabe sowjetischer Bürger im poststalinistischen Vielvölkerreich, hatten sich 1960 bereits nennenswerte Interaktionsmöglichkeiten mit dem Geschehen, der Formulierung von Gegnerschaft und vor allem aber dem Einklagen von Wahrhaftigkeit in der Sprache der sowjetischen Sportmedien eröffnet.

In der Verteidigung des „kultivierten" Eigenen zeigt sich auch die Signatur der frühen 1960er Jahre allgemein, als viele Menschen aufgeschreckt durch die Gulag-Entlassungswelle nach Stalins Tod und dem wahrgenommenen Anstieg von Massenunruhen, Hooliganismus und Kriminalität auch nach Erscheinen von Aleksandr Isaevič Solženicyns (1918-2008) *Ein Tag im Leben des Ivan Denisovič* 1962 in Leserbriefen an *Novyj Mir* und andere Zeitschriften „ihre ‚imaginierte Gemeinschaft'" einer kultivierten sowjetischen Öffentlichkeit vor dem Idealtypus Ivan Denisovič verteidigten, „in dem sie immer noch die Ver-

---

765 GARF, f. P-6903, op. 10, d. 24, l. 23.
766 Vgl. GARF, f. P-6903, op. 10, d. 24, l. 23.
767 GARF, f. P-6903, op. 10, d. 24, l. 23.
768 Eine Stichprobe zeigt, dass Fans von Dinamo Kiev noch lange Gelegenheit zu solchen Briefen bekommen sollten. Der erwähnte ehemalige Spartakspieler Maslačenko etwa wirkte nach dem Ende seiner Karriere als Kommentator und durfte sogar das Spitzenspiel Dinamo Kievs gegen Spartak Moskau kommentieren. Siehe *Ukraina sportivna*, Nr. 5, kinožurnal, Kiev 1980. CDKU 7658.

körperung des unkultivierten, fremden ‚Anderen' sahen".[769] Eben auf diese Weise betonten Fans von Dinamo Kiev in vielen anderen Briefen ihren Gegensatz zu Spartak Moskau und ihren Sympathisanten.[770]

All diese Impulse des neuen Fernsehfußballs wirkten auf die Stadionkultur zurück. In Stadionnähe entstanden ebenfalls Räume faktographischer Zuschauerkultur. Sowjetische Fußballfans der 1960er bis 1980er Jahre kannten informelle Treffpunkte, an denen sich Menschen am Spieltag und auch an anderen Tagen einfanden, um über Fußball zu diskutieren. Solche Treffpunkte gab es in jeder Stadt. In Erevan trafen sich Fußballdiskutanten, nach Angaben eines armenischen Ararat Erevan Fans, im Park der 26 Kommissare.[771] In Moskau befand sich der bekannteste Treffpunkt unter der großen Tabelle der sowjetischen Meisterschaft am Moskauer Dinamo-Stadion (siehe Abb. 17). Hierzu fragte mich besagter Anhänger von Ararat Erevan:

> „Kennen Sie das Dinamo-Stadion, das älteste Stadion? [...] Nun, dort hing früher [...] die große Tabelle der Meisterschaft der SSSR. In Moskau haben wir uns dort immer getroffen. Einfach so spontan, woher da nur diese großen Mengen an Menschen kamen, wirkliche Fußballfans, die den Fußball diskutierten (*obsuždali futbol*) und den Fußball erzählten (*rasskazyvali futbol*)."[772]

In diesen Worten schwang eine in den 2000er Jahren in Moskau weit verbreitete Sowjetnostalgie mit.[773] Doch die Betonung von Debattiergeschick, Erzählkunst und Sachverstand muss man auch für den Kontext der 1960er Jahre ernst nehmen. Denn sie verweist auf den Kern des Integrationsangebots, das Fußballpresse und Fußballliteratur der sowjetischen Bevölkerung machten. Im Rahmen neuer Ansätze zur Arbeit mit den Zuschauern gründete etwa das Moskauer Dinamo-Stadion 1960 einen „Debattierklub für Fußballfans" (*ustnyj klub bolel'ščikov*).[774] Auch in anderen Bereichen der sowjetischen Populärkultur suchten Institutionen wie die Sportadministrationen oder auch der Komsomol, die Bevölkerung mit Bildungs- und Freizeitangeboten zu versorgen.[775] Diese Maßnahmen galten der Vermeidung potentieller Empörungsgemeinschaften. So auch der Debattierklub: „Alle vor der Schautafel der Ligatabelle

---

769 Dobson 2005, S. 584, 600.
770 Siehe Kapitel 5.1.
771 Anton Gazanjan, Name geändert, Interview mit dem Autor, in einem Schönheitssalon in Moskau, 27.03.2007.
772 Anton Gazanjan, Interview mit dem Autor, 27.03.2007.
773 Zu Funktionen und Konfigurationen von Nostalgie in der postsowjetischen Gegenwart siehe Oushakine 2007.
774 GARF, f. 9570, op. 2, d. 2929, ll. 131-2.
775 Siehe etwa Tsipursky 2012.

Herumlungernden sind in den Klub ‚Dinamo' eingeladen, wo sie [...] sich mit Fußballspielern unterhalten und Vorträge anhören können."⁷⁷⁶

Abb. 17: Die Tabelle der sowjetischen Fußballmeisterschaft. Moskau. Dinamo-Stadion. 1939. © *Fotoagentstvo Sport-Ėkspress*. Siehe Edelman, Spartak Moscow, S. 98.

Einige folgten diesem Angebot. Im Interview mit Igor' Dobronravov, einem der Gründungsmitglieder, ist die Begeisterung zu spüren, die diese Spielwiese für Fans bedeuten konnte.⁷⁷⁷ Für die meisten Fußballfans spielten solche Klubs allerdings nur eine äußerst untergeordnete Rolle. Anders als die Diskutanten vor dem Stadion, die jeder sah, wurden sie zu keinem wichtigen Motiv sowjetischer Fannarrative. In dieser Hinsicht misslang der Versuch der Sportbehörden, das ungeregelte Treiben durch offizielle Fanklubs zu lenken. Gleichzeitig stellen sich Zeitzeugen heute die informellen Treffpunkte auf eine Weise vor, die sowjetischen Sportbehörden damals nicht missfallen hätte, als sie nach Alternativen für die draußen „Herumlungernden" suchten. Letztere fügen sich ein in eine von Frauen, Nachbarn und Kindern eingerahmte männlich codierte Zuschauerkultur.

---

776 GARF, f. 9570, op. 2, d. 2929, ll. 131-2.
777 Igor' Dobronravov, Interview mit dem Autor, 17.03.2007.

Eine weitere Spielart dieser neuen Zuschauerkultur war das Sammeln der Programmhefte, die den Zuschauern zu sowjetischen Liga- und Pokalspielen, aber auch zu internationalen Begegnungen in sowjetischen Stadien bereitgelegt wurden. Es ist unklar, wann die ersten Fußballfans in der Sowjetunion begannen, diese Hefte von Sportveranstaltungen zu sammeln (siehe Abb. 18). Die erhebliche Ausweitung der Produktion von Fußballliteratur in den 1960er Jahren förderte allerdings nicht nur das Ringen um den besseren Fußballsachverstand, das in den informellen Treffpunkten der Diskutanten zum Ausdruck kam, sondern es begünstigte auch den Drang, durch Kollektionen zu beindrucken. Mit der Zeit fanden auch sie sich an informellen Treffpunkten zusammen, um zur Vergrößerung der eigenen Sammlung doppelte Programmhefte auszutauschen. Ihr wichtigster Treffpunkt in Moskau befand sich ebenfalls im Petrovskij Park, in der Nähe des Dinamo-Stadions.[778] Doch Sammler schrieben auch Briefe an Sammler in anderen Städten der Union, um an seltene Programmhefte zu gelangen.[779] Die Kollektionäre waren neben den beschriebenen losen Diskussionsrunden das erste informelle Fannetzwerk in der Sowjetunion.

Abb. 18: „*Programki*". Aus der Sammlung des Igor' Dobronravov. Eigene Photographie.

---

778 Ich führte Gespräche mit folgenden Autoren und Fanorganisatoren, die zugleich über große Programmheftkollektionen verfügen. Ihre detaillierten Ausführungen zu ihrer Sammlerleidenschaft würden für diese Arbeit zu weit führen und eine eigene Betrachtung verdienen. Igor' Dobronravov, Interview mit dem Autor, 17.03.2007; Georgij Kaljanov, Kollektionär und Fan von Spartak Moskau, Interview mit dem Autor in der Wohnung eines Freundes in Moskau, 19.04.2008; Éduard Nizenbojm, Enzyklopädist von Spartak Moskau, Interview mit dem Autor in einer Bar in der Nähe des Dinamo-Stadions in Moskau, 29.03.2008.
779 Für ein ähnliches Phänomen bei Postkarten von Kinostars siehe Roth-Ey 2011, S. 111.

Viele Kinder der ehemaligen Nachkriegsjugend wurden in der neuen Fußballfernsehkultur und im gemütlichen Fußballkonsum zu Hause sozialisiert. Sie waren die ersten indigenen sowjetischen Pantoffelhelden. Für sie war selbstverständlich, dass es die Rolle des kultivierten Fans nach Stalins Tod erlaubte, Gegnerschaft sagbar werden zu lassen. Was in den 1960er Jahren ein Integrationsangebot sowjetischer Institutionen war, entspricht sowohl dem heutigen Selbstverständnis ehemals sowjetischer Fußballfans als auch der Suggestionskraft des sowjetischen Fernsehens. Als Fußballfans stellten sich sowjetische Bürger die Sowjetunion in Oppositionen vor; sie statteten sich aber auch in einem Bereich der Populärkultur mit einem Hobby-Expertenwissen aus, in dem ihnen, trotz aller Gerüchte über Spielmanipulationen und verschwiegener und gleichwohl kursierender Skandale, die Suggestionskraft der Fernsehbilder das Gefühl eines privilegierten Standpunktes der Objektivität, Transparenz und Nachvollziehbarkeit des Geschehens verlieh. Es gibt einen Zusammenhang zwischen Fernsehrealitäten und den informellen Treffpunkten der Diskutanten. Denn nicht das sowjetische Leben als solches, sondern der Kontext der Fernsehbilder, Stadionerlebnisse und Presseberichte lieferte den Referenzrahmen, innerhalb dessen sowjetische Bürger an diesen informellen Treffpunkten im Streitgespräch ihre Zugehörigkeiten klar markieren konnten.

Empörung blieb immer eine Option. Doch der Fernsehfußball spülte zunächst ganz neue Personengruppen ins Stadion, und diese nahmen nun an zunehmend eingehegten Ereignissen Anteil. Medien und Sportbürokratie versorgten sowjetische Bürger gleichzeitig erstmals mit einer Sprache kultivierter sowjetischer Zuschauerkultur. In Referenz darauf konnten sowjetische Bürger wesentlich freier für ihre Stadt, ihre Republik, oder ihre Nationalität eintreten. Entschied der Schiedsrichter anders, als dies Fans der einen oder der anderen Mannschaft wünschten, so warfen sie ihm mangelnde Objektivität vor. Erschienen die Spieler der gegnerischen Mannschaft zu brutal, beschwerten sie sich über deren unkultivierte Spielweise, ob der Stoß nun legitim war oder nicht. Gefiel ihnen ein Fernsehkommentator nicht, so schrieben sie, er habe sich unflätig ausgedrückt. Die Prämisse einer einheitlichen objektiven Zuschauermasse dämmte, neben konkreten Maßnahmen vor Ort wie Sicherheitsmaßnahmen, Regulierungen des Zugangs und, vielleicht auch die Zuschauererziehung das Phänomen von Empörungsgemeinschaften im Stadion ein. Gleichzeitig gab es sowjetischen Bürgern eine Sprache an die Hand, mit der sie sich als Fußballfans in Briefen ausdrücken und für ihre Mannschaft kämpfen konnten wie niemals zuvor.

Selbst die ersten organisierten Fangruppen der späten 1970er Jahre fügten sich zunächst in den Rahmen der Freizeit- und Fernsehkultur der Breznev-

Jahre ein, bevor sie sich, unter dem Zutun sowjetischer Behörden, von den frühen 1980er Jahren an radikalisierten.[780] Unterzieht man sie einem Gender-Screening, so könnte man ihre in den 1980er Jahren bereits etablierten „Männerbünde" als Reaktion auf die Öffnung verstehen, die der Fernsehfußball zuvor bedeutet hatte: als „einer von den Vätern ebenso wie vom weiblichen Geschlecht befreiten, rein männlichen Form von Gemeinschaft".[781] Für die Mehrheit der Söhne und Väter galt das nicht. Sie warteten bis in die 1980er Jahre hinein noch ruhig und geduldig zu Hause, bis die Mutter eingeschlafen war.

---

780 Siehe Kapitel 6.
781 Brunotte 2005, S. 234. Die *fanatskoe dviženie* erfährt in Kapitel 6 eine ausführliche Einordnung.

5 Unsere Internationale.
Patriotismus, Nationalität und transnationale Fangemeinschaften um Dinamo Kiev, 1960-1970er Jahre

Am 8. November 1966 saß Nikita Naselenko in seiner Leningrader Wohnung wie gebannt vor dem Fernseher. Einige Male schon hatte er mit Schrecken beobachtet, wie sich der Ball dem Tor der Kiever näherte und jedes Mal vor Erleichterung aufgeatmet, als die Gefahr vorüber war.[782] Vor Ort im Moskauer Lužniki-Stadion, wo das Fußballpokalfinale zwischen Torpedo Moskau und Dinamo Kiev stattfand, froren unterdessen gleichermaßen gefesselte Zuschauer in Wintermänteln, Mützen und Schals vor sich hin.[783] Später war in der Presse nachzulesen, dass sich 70.000 Zuschauer dieses Spiel im somit nicht ganz ausverkauften, 103.000 Plätze fassenden Lužniki Stadion angesehen hatten.[784] Als Dinamospieler Andrej Andreevič Biba (*1937) in der 73. Minute das Tor zum vorentscheidenden 2:0 für Kiev erzielte[785] war Nikita Naselenko in Leningrad außer sich vor Freude: Wenngleich er sich in seiner eigenen Wohnung befand, applaudierte er aus vollem Herzen (*gorjačo*).[786] Obwohl sie ihn nicht sehen konnte und ihn aller Wahrscheinlichkeit nach auch nicht kannte, tat Helle Rätsepp in der Region Tartu in der estnischen Sowjetrepublik in diesem Moment exakt dasselbe: Sie applaudierte vor ihrem Fernseher.[787] Später erklärte sie in ihrem Brief an Dinamo Kiev, dass sie es in Zukunft ebenso halten werde. Sie werde Dinamo Kiev auch in Zukunft applaudieren, ob man nun auf ihren Brief antworte, oder nicht.[788] Nikita Naselenko und Helle Rätsepp applaudierten nicht alleine. Wie Naselenko später der Mannschaft schrieb: „Vor unseren Fernsehern applaudierten wir […] gemeinsam mit Tausenden eurer Fans im Moskauer Lenin-Stadion."[789]

Dieses Panorama applaudierender Menschen in mehreren Sowjetrepubliken bringt die integrative Kraft des Fußballs als transnationales und sowjetisches Medienereignis zum Ausdruck. Das Ereignis war transnational, da die Euphorie, welche Dinamo Kiev erfasste, vor den Grenzen sowjetischer Repu-

---

782 Vgl. CDAVO, f. 5091, op. 1, d. 3166, l. 257.
783 Vgl. CDKU, 0-111801.
784 Vgl. *Futbol*, 13.11.1966, S. 2. Zum Sportpark in Lužniki siehe Köhring 2010; Edelman 1993, S. 158-162.
785 Vgl. *Futbol*, 13.11.1966, S. 2.
786 Vgl. CDAVO, f. 5091, op. 1, d. 3166, l. 257.
787 Zur estnischen Fernsehkultur als Sonderfall siehe Roth-Ey 2011, S. 168.
788 Vgl. CDAVO, f. 5091, op. 1, d. 3166, l. 253.
789 CDAVO, f. 5091, op. 1, d. 3166, l. 257.

bliken ebenso wenig Halt machte, wie vor den Begrenzungen im nationalen Selbstverständnis einzelner Bevölkerungsgruppen. Gleichzeitig war es sowjetisch, da die Verfasser dieser Briefe sich auf eine Weise selbst beschrieben, die mit Darstellungen von Zuschauern in der sowjetischen Sportpresse und mit der Idee des sozialistischen Internationalismus korrespondierte: Fans unterschiedlicher Nationalität applaudierten in ihren Wohnungen während des Spiels und schrieben später Gratulationsbriefe an das Polizeiteam aus Kiev, das nicht nur die Hauptstadt einer der nationalen Republiken repräsentierte, sondern auch die Dinamo-Sportorganisation, die dem Innenministerium unterstellt war (siehe Abb. 19).[790]

Abb. 19: Dinamo Kiev und der Pokal. Moskau. Lenin-Stadion. 1966. © *Fotoagentstvo Sport-Ėkspress*.

Dinamo Kiev beendete zwar bereits die erste Spielzeit der 1936 gegründeten Fußballliga auf dem zweiten Platz,[791] doch im Zentrum des Interesses standen gleichwohl zunächst in erster Linie die stets siegreichen Moskauer Mannschaften und ihre Rivalitäten untereinander. Erst in den Jahren nach Stalins Tod forderten ukrainische Mannschaften die Moskauer Dominanz im sowjetischen Fußball heraus. Kiev gewann 1954 als erste ukrainische Mannschaft den Pokal

---

790 Vgl. Edelman 1993, S. 62.
791 Vgl. Evstaf'eva 2012, S. 33.

und 1961 die erste Meisterschaft.⁷⁹² Nach zwei weiteren Pokalerfolgen für eine ukrainische Mannschaft, Šachter triumphierte 1961 und 1962, konnten sich Fußballfans langsam an den Gedanken gewöhnen, dass sich die Gewichte im sowjetischen Fußball verschoben. 1966 applaudierten Dinamo-Fans wie Rätsepp und Naselenko schließlich vor dem Fernseher in einem Moment, der später als „markantester Meilenstein in der Geschichte Dinamo Kievs [...]" bezeichnet wurde.⁷⁹³

Über die größere Reichweite von Massenmedien wurden Fußballspiele, wie das Pokalfinale 1966, zu diskursiven Bezugspunkten für die ganze multiethnische Bevölkerung. Fanidentifikation wurde damit pluralistischer, und die Bedeutung nationaler und transnationaler Bezüge erhöhte sich. Transnationalität meint hier, dass sich die Nationalität sowjetischer Bürger einerseits als zentraler Bezugspunkt für sowjetische Populärkultur der 1960er Jahre erweist,⁷⁹⁴ andererseits aber innerhalb imaginierter Gemeinschaften transzendiert werden konnte.⁷⁹⁵ Diese Begriffe sind dem sowjetischen Fall angepasst. Sie erfassen das imaginierte Überschreiten von Grenzen einiger Sowjetbürger verschiedener Nationalität innerhalb der multinationalen Sowjetunion. Sowjetische Bürger betrachteten ein multinationales, sowjetisch eingerahmtes Ereignis, das Pokalfinale 1966, und brachten über Fanpost zum Ausdruck, dass sie sich mit ihrer ukrainischen, armenischen oder georgischen Sowjet-Nation identifizierten.⁷⁹⁶

5.1 „Sowjetisches Ukrainertum": Dinamo-Kiev-Fans als republikanische Gemeinschaft

Einige Monate vor dem sowjetischen Pokalfinale 1966, die Weltmeisterschaft in England begeisterte gerade Fußballfans auf der ganzen Welt, schrieben einige Fans von Dinamo Kiev aus der L'vover Gebiet an die Sportzeitung *Sovetskij Sport* nach Moskau.⁷⁹⁷ Sie beteuerten ihre Unterstützung für die sowjetische Auswahl⁷⁹⁸ ebenso wie ihre Zuneigung zu den Moskauer Mannschaften

---

792 Vgl. Michailov 1975, S. 25, 35.
793 Michailov 1975, S. 43.
794 Vgl. Patel 2005; Osterhammel 2001, S. 473.
795 Zu Transnationalismus und Geschichtswissenschaft siehe Osterhammel 2001. Für multinationale Dimensionen russländischer Geschichte allgemein siehe Kappeler 2001.
796 Zur sowjetischen Nationalitätenfrage siehe etwa Simon 1986, S. 316-19; Slezkine 1994.
797 Vgl. CDAVO, f. 5091, op. 1, d. 3166, l. 48.
798 1966 kam neben dem Trainer Maslov eine signifikante Anzahl an Spielern der Nationalmannschaft von Dinamo Kiev. Michailov 1975, S. 44; Louis und Louis 1980, S. 33.

Dinamo, Torpedo und Spartak. Nach dieser Einleitung beschwerten sie sich allerdings über den „Genossen Schiedsrichter Chlopotin" und andere Offizielle, deren Entscheidungen es ihrer liebsten Mannschaft, Dinamo Kiev, überaus schwer machten, die Meisterschaft gegen die Moskauer Teams zu gewinnen.[799] Sie setzten sich für ihre Mannschaft ein, billigten aber gleichzeitig offizielle Darstellungen von Fairness und Objektivität.[800]

Dieses Muster zeigt sich in vielen der etwa achtzig Fanbriefe, Telegramme und Postkarten, die die Mannschaft von Dinamo Kiev in ihrer triumphalen 1966er Saison über sowjetische Sportbehörden und die Presse zugesandt wurden.[801] Auf die einführende Geste der eigenen Objektivität folgte die Beschwerde über mangelnde Objektivität in erster Linie von Schiedsrichtern und Journalisten. Fans von Dinamo Kiev drückten so ihre Gefühle innerhalb eines sowjetischen Bezugsrahmens aus: Sie nutzten Darstellungen kultivierten Fanverhaltens, wie es in der Presse beschrieben wurde,[802] und die Vorstellung des sozialistischen Internationalismus, um eine modifizierte Völkerfreundschaft zu formulieren, die, wie beiläufig, im Gegensatz zum Zentrum des sowjetischen Fußballs und der Hauptstadt der Sowjetunion stand: Moskau.[803]

Die Quantität dieses Materials ist außergewöhnlich, denn in Kiev wie in Moskau wurde Fanpost (die andere Mannschaften in gleicher Weise erhielten) für gewöhnlich weggeworfen oder ging nach dem Zusammenbruch der Sowjetunion verloren.[804] Vermutlich wurde ein Gutteil der Fanpost dieses Jahres wegen des großen Erfolgs der Mannschaft archiviert. Gemeinsam mit offiziel-

---

799 CDAVO, f. 5091, op. 1, d. 3166, l. 48.
800 In anderen Bereichen wurde lokale Identität ebenfalls über sowjetische Diskurse ausgedrückt. Viele Arbeiter identifizierten sich etwa mit ihren Industriekombinaten. Meier 2011. Fabriken hatten ihre eigenen Fußballmannschaften. Arbeiter der Lichačev-Autofabrik in Moskau etwa unterstützten gewöhnlich Torpedo Moskau. Lewis Siegelbaum zitiert einen Fangesang dieser Arbeiter: *„Ruki v masle, žopa v myle – my rabotaem na ZILe."* Siegelbaum 2008, S. 10.
801 Beschwerde einer Gruppe Geologen aus Navoj (Uzbekistan) an *Sovetskij Sport* und die Ukrainische Fußballföderation, CDAVO, f. 5091, op. 1, d. 1323, l. 22. Für eine andere Beschwerde, die unterstellte, dass der Schiedsrichter die Moskauer Mannschaft bevorteilte siehe l. 37. Für eine Beschreibung von Zuschauerreaktionen auf eine schlechte Schiedsrichterleistung aus der Perspektive einiger Zuschauer siehe CDAVO, f. 5091, op. 1, d. 3205, l. 23.
802 Zur Dichotomie aus kultivierter und unkultivierter Männlichkeit in der sowjetischen Sportpresse siehe Gilmour und Clements 2002. Siehe auch Kapitel 3.2.
803 Sowjetische Bürger schrieben allerdings aus ganz unterschiedlichen Gründen Fanbriefe. Dinamo-Fan Koršenko etwa beschwerte sich einfach über den Kiever Trainer Maslov. Siehe CDAVO, f. 5091, op. 1, d. 3166, l. 77. Andere baten nur um Photographien oder Autogramme. Siehe ll. 26, 27; 239.
804 Zu methodischen Überlegungen bezüglich der Quellenanalyse siehe Kapitel 1.3.

ler Gratulationspost verschiedener Organisationen, wie etwa der sowjetischen Fußballföderation in Moskau, und Petitionen zur Unterstützung verschiedenster lokaler Mannschaften, bilden diese Briefe die Kategorie „Briefe von Fußballliebhabern" im ukrainischen Staatsarchiv.[805] Insbesondere die Sportpresse hatte Fans zu solchen Briefen ermuntert. *Sovetskij Sport* veröffentlichte etwa unter der Überschrift „der Reporter liest einen Brief" ein Interview mit dem Trainer von Černomorec Odessa, wobei hinzugefügt wurde, dass dieses Interview erst als Reaktion auf Fanpost arrangiert worden sei.[806]

Im Genre Fanpost dienten Kategorien wie Klasse, Beruf, Generation und überraschenderweise auch Gender nicht als Unterscheidungskategorien. In dieser Hinsicht funktionierte Fanpost völlig anders als andere Genres. In Petitionen spielt etwa der Beruf der Absender eine viel wichtigere Rolle, um ihre ideologische Glaubwürdigkeit zu unterstreichen.[807] In Fanpost ist dagegen die Zugehörigkeit zu einer mindestens momentanen Fangemeinschaft von viel größerer Bedeutung. Mit diesem Bestand möchte ich das Spannungsfeld aus sowjetischer und nationaler Identifikation untersuchen. Ich vergleiche die Haltungen in diesen Briefen mit Artikeln der zeitgenössischen Sportpresse und mit retrospektiven Interviewnarrativen ehemaliger Fans.[808]

Die fundamentale Bedeutung der der Frage nach *Wir* gegen die *Anderen*, die Fremden, ist für Dorfbewohner im späten Zarenreich ebenso anerkannt, wie es zum antagonistischen Wesen moderner Ballspiele passt.[809] Dagegen deutet die Fanpost an Dinamo Kiev für die 1960er Jahre auf eine komplexere Natur der Hingabe von Fanmassen hin, die allzu deutliche Antagonismen entschärfte. *Wir* konnte jedweden beinhalten, der die Spielweise Dinamos mochte oder sich in kultivierter Form als Fan äußerte, ungeachtet von Nationalität, Generation, Geschlecht, Mitgliedschaften oder Wohnort. Die mit Medienbil-

---

805 Petitionen und Briefe von „Fußballliebhabern" sind in folgenden Aktenbeständen erhalten: CDAVO, f. 5091, op. 1, d. 202; d. 970; d. 1323; d. 1324; d. 1865; d. 3158; d. 3162; d. 3166.
806 *Sovetskij Sport*, 10.06.1966; siehe ebenfalls 05.11.1966, S. 4 und „perepiska s čitatelem" in *Sovetskij Sport* 14.07.1966, S. 6.
807 Siehe etwa CDAVO, f. 5091, op. 1, d. 3166, ll. 38-40.
808 Oral History ist die beste Methode, um sich diachronen Komplexitäten von Fanidentität zu nähern und um langfristig sich formierende Erinnerungs- und Gefühlsgemeinschaften in den Blick zu nehmen. Dabei ist zu beachten, dass Erinnerung als konstanter Rekonstruktionsprozess und somit als kreativer Akt zu betrachten ist, der in vielen Fällen kommunikativ funktioniert. Da der Fokus hier auf einem konkreten Moment, Herbst 1966, liegt, verwende ich die Interviews an dieser Stelle nur zur Rekonstruktion einfacher Trends. Siehe Halbwachs 1985, S. 136; Welzer 2008; Thompson 1989, S. 118-172; Portelli 2006, S. 63-74.
809 Vgl. Kelly 2003, S. 125; Edelman 2002.

dern korrespondierende Vorstellung fairer, objektiver und kultivierter Zuschauerkultur erlaubte eine indirekte, aber dennoch klare Implikation. Die Gegner Kievs sind in dieser Schreibweise potentiell das von Schiedsrichtern nicht bestrafte unkultivierte Andere; eine Zuschreibung, die wir wie im vorangegangenen Abschnitt erwähnt für nicht befreite kriminelle Gulag-Häftlinge kennen.[810]

Die Nationalität der Absender und auch einzelner Spieler spielte dagegen im Unterschied zu anderen soziokulturellen Kategorien innerhalb des Genres eine wichtige Rolle. Es war aber schwerlich ein Vehikel unmittelbarer Inklusion in die, oder Exklusion aus der offenen Fangemeinschaft der Dinamo-Anhänger. Selbst Moskauer konnten Teil der offenen Masse sein, wenn es dafür auch nur seltene Belege gibt.[811] Nicht viele andere erfolgreiche sowjetische Mannschaften konnten solche Vorstellungen hervorrufen. Kiev repräsentierte als Hauptstadt der ukrainischen Sowjetrepublik eine Stadt und eine Republik, deren inhärente Multinationalität ein natürliches oder essentialistisches, auf eine Nationalität ausgerichtetes Zugehörigkeitsgefühl unterlief, wie es sich etwa beim armenischen Team Ararat Erevan finden lässt. Dies bestätigt sich in dem wiederkehrenden Motiv in Interviews mit Vertretern unterschiedlicher Generation, nach dem Zugereiste (auch anderer Nationalität) bald schon zu Fans von Dinamo Kiev wurden.[812]

Nicht selten richtete sich der Vorwurf parteilichen und unkultivierten Verhaltens in diesen Briefen gegen Schiedsrichter und Journalisten aus Moskau. Während eine Gruppe Fußballfans 1963 anmerkte, dass vor allem „Nicht-Moskauer Mannschaften spürten" wie sehr die Schiedsrichterleistungen zu wünschen übrig ließen,[813] betonte Ivan Rukovic aus Nikolaev in der südlichen Ukraine die saubere Spielweise der eigenen Mannschaft: „Ich fiebere mit Dinamo Kiev, denn Dinamo Kiev spielt kultiviert und höflich (*kul'turno, vežlivo*)."[814] Ein anderer Dinamo-Fan, Gudakov, sorgte sich um seine geringe Bildung, die es ihm verwehrte, diese Normen zu erfüllen: „Genossen, vielleicht

---

810 Vgl. Dobson 2005, S. 588.
811 Der Spartak-Fan Ivan Belov beschwerte sich über mangelnde Objektivität des Schiedsrichters Bachramov und des Kommentators Ozerov beim Spiel Dinamo Kievs gegen Spartak Moskau. Vgl. CDAVO, f. 5091, op. 1, d. 3166, l. 8.
812 Der Dinamo Kiev Fan Boris Šymko etwa (*~1930) war seit 1956 Anhänger von Šachter Doneck, ehe er 1964 in die Kiever *oblast'* zog. Boris Šymko, Name geändert, Interview mit dem Autor auf einem Bolzplatz am Stadtrand von Kiev, 27.05.2007. Der Dinamo-Kiev-Fan Viktor Rasulov (*1965) stammt aus einer gemischt-nationalen Familie mit einem Vater aus Dagestan und einer Mutter aus der Ukraine. Viktor Rasulov, Name geändert, Interview mit dem Autor auf einem Dorffußballplatz nahe Kiev. 27.05.2007.
813 CDAVO, f. 5091, op. 1, d. 1324, ll. 5-6.
814 CDAVO, f. 5091, op. 1, d. 3166, l. 7.

habe ich nicht gut geschrieben [*ne pravel'no* – sic!] und nicht kultiviert [*nekol'turno* – sic!]. Bitte verzeihen Sie mir das [...]"815 Die schiere Nennung von *kul'turnost'* als normativer Kategorie in diesem Brief, die er sich nicht im Stande sah zu erfüllen, entspricht anderen Aussagen, nach denen Fans mediale Darstellungen der Zuschauerkultur reproduzierten, um als einwandfrei sowjetische Fans zu gelten.

Sowjetische Bürger aus der ukrainischen Sowjetrepublik drückten als Fußballfans über solche offizielle Sprachmuster aus, dass sie sich mit ihrer Republik verbunden fühlten. Der oben erwähnte Brief aus L'vov an *Sovetskij Sport* war hierbei recht typisch, denn in ihm bildeten lokaler Patriotismus und sowjetischer Mediendiskurs keinen Widerspruch. Eine Kopie dieses Briefes erreichte auch die Ukrainische Fußballföderation. Er enthielt eine kurze Nachricht „an Kapitän Biba und Dinamo Kiev", die auf Ukrainisch verfasst war: „Wir möchten von euch kein unfaires Spiel sehen. Das steht euch nicht gut zu Gesicht."816

Anders als der russische Brief nach Moskau war auch die Kopie an die Mannschaft auf Ukrainisch. Die Wahl der Sprache allein sollte also der Kombination ukrainischer Identität und sowjetischer Werte eine Brise Authentizität verleihen. In einem anderen bilingualen Brief diente die ukrainische Sprache ebenfalls als Marker für lokalen Patriotismus. Die Sprache wurde nur für ein Gedicht genutzt, das Kievs Erfolg zelebrierte, nicht aber für das Anschreiben, das in ‚neutralem' Russisch verfasst war.817 Standardformulierungen wurden nicht grob imitiert, um lokale Bedeutungen zu ummanteln – wie es etwa in Petitionen für den Aufstieg lokaler Mannschaften der Fall war. Sie konstituierten eher den Bedeutungskern der Briefe. Dies war möglich, da Kommunikation mit sowjetischen Behörden in beiden Sprachen gängig war. So waren etwa 2/3 der Briefe an das Ukrainische Radio 1970 auf Ukrainisch verfasst und 1/3 auf Russisch.818

Diese Briefe enthüllen komplexere Formen von Fanidentifikation als diejenigen, die Robert Edelman für die frühen 1950er Jahre beschrieben hat.

---

815 CDAVO, f. 5091, op. 1, d. 3166, l. 130.
816 CDAVO, f.5091, op. 1, d. 3166, l. 48. Der Brief nach Moskau war in russischer Sprache verfasst.
817 CDAVO, f. 5091, op. 1, d. 3166, l. 175. Die ukrainische Version der Spielernamen wurde bisweilen genutzt, um Zugehörigkeit zur Mannschaft in lokalem Tonfall auszudrücken. Etwa: Andrij Biba anstelle von Andrej Biba. CDAVO, f. 5091, op. 1, d. 3166, l. 168. Ein unüblich uncodierter Ausdruck ukrainischer Identität erschien in einem Brief aus L'vov, der den Ministerrat der Ukrainischen Sowjetrepublik erreichte. Im Brief wurde vorgeschlagen, die Ukrainische Fußballföderation möge die FIFA-Mitgliedschaft anstreben. Anonymer Brief, CDAVO 5091, op. 1, d. 3166, l. 55.
818 Vgl. CDAVO, f. 4915, op. 1, d. 5932, l. 17.

In seiner Darstellung der sowjetischen Zuschauerkultur sieht Edelman objektives Zuschauerverhalten als reine Moskauer Charakteristik. Da es in Moskau mehrere Erstligamannschaften gab, hätten „Fans ihre Loyalitäten auf eine komplexe Mischung von Motiven, Gründen und Werten gegründet". Alle anderen Städte hatten dagegen nicht mehr als eine Mannschaft in der höchsten Liga. Deshalb habe „Loyalität aus einer wesentlich weniger reflektierten und weit weniger anmutigen Unterstützung der Heimmannschaft resultiert" und „Fankultur" sei „nicht das Ergebnis einer Wahl, rational oder irrational" gewesen.[819] Die Analyse von Fanpost zeigt, dass sich die Lage in den 1960er Jahren verändert hatte. Die lokale Heimmannschaft wurde immer noch automatisch unterstützt, aber Loyalitäten zu anderen Mannschaften waren nun eine Frage persönlicher Auswahl, sogar und insbesondere an der Peripherie. Selbstbilder objektiver und fairer Fußballfans waren weit verbreitet. Diese Fairness, um welche die sowjetische Presse warb, ging einher mit Kievs Erfolgen in Meisterschaft und Pokal und den Übertragungen im unionsweiten Fernsehen. Das ist der Grund, weshalb Fans ihre Äußerungen republikanischer Identität eher als konsistent und nicht im Gegensatz zu sowjetischen Idealen sahen.[820]

Ähnliches gilt für Fanbriefe, in denen Fußballfans ihre Mannschaftsunterstützung mit dem Gedenken an den Großen Vaterländischen Krieg verknüpften, um regionalen, ukrainischen Patriotismus auszudrücken. Im Siegestaumel 1966 verbanden ukrainische Dinamo-Fans ihre Glückwünsche ganz allgemein mit Anleihen an sowjetische Diskurse, wenn sie etwa gleichzeitig zu den Oktoberfeiertagen gratulierten.[821] Kriegsreferenzen bilden unter solchen Beispielen einen Sonderfall. Viktor Budjakovs Brief aus Sevastopol war voller Tippfehler: „Wir wünschen ihnen Siig, nur Siig." [sic! – *želaem vam bobedu, tol'ko bobedu* – sic!] Abgesehen von der unfreiwilligen Komik etablierte Budjakov in diesen Zeilen den recht ernst gemeinten Zusammenhang zwischen dem Schicksal Dinamo Kievs und dem Mythos der heldenhaften Verteidigung Sevastopols im Großen Vaterländischen Krieg: „Erinnern Sie sich in schwerer Minute an Sevastopol und sie werden gewinnen", schrieb er vor dem Pokalfinale 1966.[822] Die Verknüpfung von Sport, Körperkultur und der Verteidigung Sevastopols war dabei keinesfalls neu. Bereits 1942 stellte Aleksandr Aleksandrovič Dejne-

---

819 Edelman 1993, S. 99.
820 Ironischerweise verlor Moskau seine herausragende Stellung just in dem Moment, als Fußballspiele in Moskau an der multinationalen Peripherie erstmals breit rezipiert wurden. Für die generelle Ambivalenz des sowjetischen Fernsehens siehe Roth-Ey 2007, S. 281.
821 Siehe beispielsweise Tolja Andronovs und Miša Gomziks Postkarte, CDAVO, f. 5091, op. 1, d. 3166, l. 163.
822 CDAVO, f. 5091, op. 1, d. 3166, l. 9.

ka (1899-1969) die sowjetischen Verteidiger Sevastopols als sozialistische Sportler (*fizkul'turniki*) dar.[823] Budjakov schrieb aus Sevastopoler Perspektive die Unterstützung der besten Mannschaft der Region in den wesentlichen Bezugspunkt für sowjetischen Patriotismus ein. Zu solchen Bezügen zwischen Kriegserinnern und Fußballkultur passt auch, dass sich Parteioffizielle in so manchem Schreiben auf eine „vieltausendköpfige Fanarmee" in ihrer Stadt bezogen, um die Bedeutung ihres Anliegens zu unterstreichen.[824]

Dinamo Kievs Schicksal und sowjetische Erinnerungskultur kamen sich niemals näher, als im Gedenken an das sogenannte „Todesspiel" des Jahres 1942, dem ebenfalls einige Briefe gewidmet waren. Im besetzten Kiev gewann die Mannschaft FC Start, für welche die meisten Vorkriegsspieler von Dinamo Kiev spielten, vom „7. Juni bis zum 16. August 1942" zehn Spiele gegen diverse Gegner.[825] Darunter war auch das Spiel gegen das deutsche Team der „Flakelf" vom 9. August 1942 (siehe Abb. 20), das als Kiever „Todesspiel" (*matč smerti*) seine Mythologisierung erfuhr.[826] Am 18. August wurden neun der Spieler verhaftet. Drei von ihnen, Aleksej Grigor'evič Klimenko (1912-1943), Ivan Semenovič Kuz'menko (1912-1943) und Nikolaj Aleksandrovič Trusevič (1909-1943) wurden im Februar 1943 bei einer Massenerschießung im Konzentrationslager Syrec ermordet. Nikolaj Ivanovič Korotkich (1908-1942) war bereits im September 1942 von der Gestapo exekutiert worden.[827]

---

823 Insbesondere Torhüter symbolisierten die Verteidigung des Vaterlandes neuer sowjetischer Menschen. Diverse Repräsentationen von Torhütern, wie auch die „Verteidigung von Sevastopol" werden diskutiert in O'Mahony 2006, S. 139-50. Dem einen oder anderen mag auch bewusst gewesen sein, dass Spieler Dinamo Kievs im Kinofilm „Der Torhüter" von 1936 anstelle der Schauspieler auf dem Platz zu sehen waren. Evstaf'eva 2012, S. 33. Zu Fußball und Kriegserinnern siehe auch Kapitel 2.2.
824 1966 etwa forderten der Charkover Parteisekretär Peršin und andere ein Relegationsspiel für ihre Mannschaft Avangard: „Unsere Stadt ist sehr groß, in ihr wohnen Millionen Menschen, und so viele von ihnen sind Fans, sie können sich das gar nicht vorstellen. Im größten Frost oder bei Regen stehen sie im Stadion und an anderen Stellen in der Stadt, und interessieren sich für die Spiele ihrer Lieblingsmannschaft. Die Nachricht, dass Avangard von Neuem in der zweiten Untergruppe spielen wird, bereitete unseren Fans großen Verdruss. Dabei spielte doch eine Mannschaft wie der Odessiter Armeeverein die ganze Saison am unteren Ende und wird aber von Neuem in der höchsten Untergruppe spielen [...]." CDAVO, f. 5091, op. 1, d. 3166, ll. 66-7.
825 Evstaf'eva 2012, hier: S. 47.
826 Evstaf'eva 2012, hier: S. 45.
827 Vgl. Evstaf'eva 2012, hier: S. 47-61. Zu biographischen Angaben der Spieler siehe Evstaf'eva 2012, S. 62-68. Im Kontext der Europameisterschaft 2012 in Polen und der Ukraine bemühte sich auch die deutsche Presse um die Rekonstruktion der Geschehnisse 1942. Siehe Thomas Urban, Im tödlichen Abseits, in *Süddeutsche Zeitung*, 21.-22.04.2012, Wochenendbeilage, S. 2.

Neuere Rekonstruktionen der Ereignisgeschichte um diese Fußballspiele im okkupierten Kiev zeigen, dass der Begriff „Todesspiel" nicht geeignet ist, die Geschehnisse zu beschreiben.[828] Nichts desto weniger entfaltete die Mythologisierung des Spiels, der zufolge heroische Spieler (in roten Trikots) die sowjetische Ordnung auf dem Fußballplatz verteidigten und dafür erschossen wurden, bis heute, und auch schon in den 1960er Jahren eine große Dynamik.[829] 1962 zeigte Evgenij Karelovs Film „Die dritte Halbzeit" (*tretij tajm*) die Spieler als antifaschistische sowjetische Helden. 1963 wollten Schüler einer ukrainischen Mittelschule mehr über diese Helden erfahren:

> „Werte Genossen der Ukrainischen Fußballföderation!
> [...] Wir sammeln Material über die Fußballspieler Dinamo Kievs, die im faschistischen Konzentrationslager Syrec zur Zeit des Großen Vaterländischen Krieges heroisch umgekommen sind. Wir bitten Sie, uns alles zu schreiben, was über das ‚Todesspiel' bekannt ist [...]. Wir möchten Sie bitten, uns die Anschrift von Verwandten der umgekommenen Spieler zu schicken, oder von anderen Menschen, die von den tragischen Ereignissen auf direkte oder indirekte Weise betroffen waren [...]."[830]

Der Brief demonstriert, wie gut sowjetische Erinnerungskultur und ukrainische Fußballleidenschaft zusammenpassen konnten. Nicht nur Fußballfans, Lehrer und Schüler waren in diesen Diskurs über das „Todesspiel" involviert. So diskutierte der Vorsitzende der Ukrainischen Fußballföderation den Vorschlag zum Bau eines Denkmals für die am „Todesspiel" beteiligten Spieler in Kiev.[831] Tatsächlich wurde 1971 mit eben solch einem Denkmal ein sichtbares Objekt sowjetischer Identifikation geschaffen.[832]

Diese republikanisch sowjetische Identität kam in Briefen aus unterschiedlichen Gegenden der Ukraine zum Ausdruck. Budjakov erklärte in seinem Brief an Kievs „werten Trainer" Viktor Aleksandrovič Maslov (1910-1977), wie Torpedo Moskau im Pokalfinale zu schlagen sei. Er schlug vor, das davor stattfindende Ligaspiel gegen Šachter Doneck unter Ausschluss der Öffentlichkeit stattfinden zu lassen. Auf diese Weise könne Dinamo Kiev eine neue Taktik erproben, mit deren Hilfe Torpedo im Pokalfinale überrumpelt

---

828 Evstaf'eva 2012; Prystajko 2006; Riordan 2003. Für einen Überblick über Sportereignisse unter deutscher Besatzung siehe Ginda 2010.
829 Zur Geschichte der Mythologisierung des Todesspiels siehe Feindt 2012.
830 Schüler der neunten Klasse, Bajar Mittelschule Nummer Zwei, CDAVO, f. 5091, op. 1, d. 1323, l. 3. Auch andere Schüler schrieben 1966 an Dinamo Kiev. Fehler in Grammatik und Vokabular in anderen Briefen deuten an, dass sie, vermutlich im Unterschied zu diesem, nicht während des Schulunterrichts verfasst wurden. Siehe CDAVO, f. 5091, op. 1, d. 3166, ll. 131; 198; 239.
831 Einer von ihnen schlug vor, es beim Dinamo-Stadion in Kiev zu errichten. CDAVO, f. 5091, op. 1, d. 1323, und d. 3166, l. 142.
832 Vgl. Evstaf'eva 2012, S. 59.

werden solle – er erklärte dabei aber nicht, welche Taktik er im Sinn hatte. Offensichtlich sah Budjakov in Šachter Doneck einen natürlichen Verbündeten Dinamo Kievs und drückte so aus seiner Sevastopoler Position eine Fußballvariante eines „sowjetischen Ukrainertums" aus.[833]

Diese Form von ukrainisch sowjetischem Patriotismus war nicht auf die südliche Ukraine begrenzt. Sieht man sich die Unterschriften an, so wurden etwa fünfzig Prozent aller Telegramme, Briefe und Postkarten an Dinamo Kiev von Ukrainern geschickt. Die meisten von ihnen kamen aus verschiedenen Gegenden und Orten innerhalb der ukrainischen SSR.[834] Briefe aus der Westukraine und der Zentralukraine dominieren den Bestand. Dies passt zu Erklärungen von Dinamo Kiev Fans der 1950er bis 1970er, aber auch zu Aussagen von Mitgliedern der informellen Fanbewegungen junger Fußballfans der frühen 1980er Jahre in Interviews. Boris Šymko, der seit 1964 Fan von Dinamo Kiev ist, bezeichnete „Kiev und Moskau" als „beständige Konfrontation" (*postojannoe protivostojanie*) und als Frage des Patriotismus.[835] David Denisov lebte im Žitomirer Gebiet ehe er nach Kiev ging und dort 1981 sein Bauingenieursstudium abschloss. In Žitomir wie in seinem Studium hätten alle, die sich für Fußball interessierten, vor dem Fernseher gesessen und für Dinamo gefiebert. In jedem Gebiet hätten die Menschen ihre (*svoja*) Mannschaft unterstützt. In Bezug auf Dinamo Kiev und die gesamte Ukraine sieht er aus seiner Žitomirer und Kiever Perspektive aber keine Grautöne: „Ja, die ganze Ukraine hat damals, als es die Sowjetunion noch gab, nur mit dem Kiever Dinamo mitgefiebert."[836]

Diese Aussagen decken sich sowohl mit der vorgestellten Fanpost, als auch mit den Deutungen der Mitglieder einer wesentlich jüngeren Generation. Denn auch organisierte *fanaty* von Dinamo Kiev sympathisierten in den 1980er Jahren mit Mannschaften aus anderen Gegenden der Ukraine. In einem Interview wurde als Grund für die gegenseitige Sympathie organisierter Fans aus L'vov, Dnepropetrovsk und Kiev die gemeinsame Abneigung gegenüber Moskauer Mannschaften genannt. Dementsprechend charakterisierten sie organisierte Fans von Černomorec Odessa als Hauptwidersacher, da diese mit Moskau sympathisiert hätten. Im Unterschied dazu bezeichneten sie Kievs

---

833 Weiner 2001, S. 334.
834 Siehe, zusätzlich zu bereits zitierten Schreiben, den Brief zweier Schüler aus dem Dnepropetrovsker Gebiet und zweier Studenten aus L'vov. CDAVO, f. 5091, op. 1, d. 3166, ll. 175; 198; 252. Fans aus Doneck konstruierten auf ähnliche Weise eine all-ukrainische Identität, indem sie um Spieler Dinamo Kievs baten, die Šachter verstärken sollten. CDAVO, f. 5091, op.1, d. 3166, l. 37.
835 Boris Šymko, Interview mit dem Autor, 27.05.2007.
836 David Denisov, Interview mit dem Autor, 27.05.2007.

Hauptgegner seit dem Ende der Sowjetunion, Šachter Doneck, als neutrales Team.[837] Kiever Fußballdiskurse drehten sich schon 2007 bis 2009, als es noch wesentlich weniger auf der Hand lag als heute, um den Gegensatz zwischen Moskau und der (gesamten) Ukraine und dem Gegensatz Moskaus gegen die multinationale Peripherie, die jene Odessiter vermeintlich unterliefen. Moskauer und ihre Mannschaften bildeten auch aus Kiever Perspektive eine Nationalität eigener Art.[838]

Die Aufteilung des sowjetischen Sportbetriebs zwischen den Sportorganisationen von Dinamo, CSKA, Spartak und anderen hatte jedenfalls für Moskauer Fußballfans eine wesentlich größere Bedeutung.[839] Für Fangemeinschaften anderer Republiken waren Nationalität, Republik oder Peripherie wesentlich bedeutsamere Kategorien ihrer Fanleidenschaft. In der Fernsehkultur des Vielvölkerreichs nutzten Politiker eben diese Fanleidenschaft für ihre Zwecke, sodass die Mannschaften, die sie protegierten, als Identifikationsobjekte genau entlang dieser Kategorien und nicht entlang der klassischen Unterscheidungen des frühen Moskauer Fußballs, zwischen Dinamo und Spartak, dienten. Wenn Ausnahmen auch die Regel bestätigen, was insbesondere bei subjektiven Einstellungen Hunderttausender keine Plattitüde ist, so bestätigen doch Gesprächspartner in Moskau und Kiev, dass es keine Zuneigung zwischen den Dinamo-Mannschaften der beiden Städte gab.[840]

Durch solche Interviews bekommen wir ein komplexeres Gesamtbild der Zugehörigkeitsgefühle und Antagonismen in der Geschichte ukrainischer Fußballfankultur. Die Fanpost an Dinamo sollte uns also nicht zu einer allzu simplifizierten Schlussfolgerung über eine all-ukrainische Anhängerschaft Dinamo Kievs in der gesamten Ukrainischen Sowjetrepublik verführen. Interviews stützen die Belege aus den Briefen aber in zweierlei Hinsicht: Sie bestätigen das starke Dinamo-Fan-Hinterland im Westen und im Zentrum der Ukraine und unterstreichen die konstitutive Wichtigkeit des Kampfes gegen Moskau für die Fanidentitäten um Dinamo Kiev, zumindest nach 1966. Letzten Endes entsagte sich die ukrainische Dinamo-Fangemeinschaft der Formel des *Wir* gegen die *Anderen* nicht vollständig. Jeder gehörte zu den *Anderen*, der es

---

837 Fedor Mel'nikov und zwei weitere fanatische Fans von Dinamo Kiev, Name geändert, Interview mit dem Autor auf einer Dnipro-Insel nahe Gidropark in Kiev, 19.05.2007.
838 Siehe Kapitel 3.1.
839 Gegensätze innerhalb Moskaus wurden in vorangegangenen Kapiteln ausführlich aufgearbeitet. Siehe Kapitel 2.1, 3.1, 4.2.
840 Fans von Dinamo Moskau und Dinamo Kiev bestätigten dies für den gesamten Untersuchungszeitraum. Etwa: Pavel Alešin, Interview mit dem Autor, 08.03.2007; Viktor Rasulov, Interview mit dem Autor, 27.05.2007.

wagte, eine Moskauer Mannschaft in deren Kampf gegen Dinamo Kiev zu unterstützen.

Es ist nur auf den ersten Blick paradox, dass gerade der gesamtsowjetische Charakter der sowjetischen Meisterschaft und Dinamo Kievs zentrale Rolle darin die lokale und republikanische Identifikation erleichterte. Die Bedeutung der eigenen Mannschaft, die Stärke der Identifikation nahm wie bei vielen Fußballfans in anderen Ländern mit der Größe der Gegner zu. Wie es ein ukrainischer Fußballfan ausdrückte: „Am Interessantesten waren die Spiele gegen Spartak, Dinamo Tbilisi, Torpedo Moskau, Zenit Leningrad, nun, damals waren das mächtige (mošnye) Mannschaften, gute waren das."[841] Europapokalspiele steigerten Dinamos Bedeutung noch weiter. Zum Europapokalspiel gegen Celtic Glasgow reiste eine kleine Gruppe Dinamo-Fans aus Černigov nach Kiev, hielt ein Transparent in die Höhe und wurde prompt photographiert. Auf dem Transparent stand: „Černigov erwartet den Sieg".[842]

Im Hinblick auf die Ost- und Südukraine deutet sich über einzelne Interviewkommentare eine ebenfalls starke Bedeutung des lokalen Zusammenhangs gegenüber der republikanischen Ebene an, wenn dies im Rahmen dieser Arbeit auch nicht mit weiterführenden Regionalstudien in so unterschiedlichen und bereits vor den jüngsten Ereignissen 2014 in vielerlei Hinsicht eigenständigen Gegenden wie dem Donbass, der Krim oder der Stadt Odessa unterfüttert werden konnte. Vieles spricht jedoch dafür, dass an diesen Orten nur eine kleine Minderheit für Dinamo fieberte. Der frühere Šachter Doneck Fan Boris Šymko wurde jedenfalls, wie er mir an einem schönen Sonntagnachmittag auf einem Bolzplatz am Kiever Stadtrand erzählte, erst 1964 ein Anhänger Dinamo Kievs, als er aus dem Donbass ins Kiever Gebiet gezogen war. Mitte der 1950er Jahre sei er mit Freunden von Avdeevki ins zwölf Kilometer entfernte Doneck gefahren. Sie hätten zu jenen gehört, die auf die Abraumhalde gestiegen seien, um das Spiel zu sehen (siehe Abb. 20). Bis 1959 sei er für Šachter gewesen, ehe er 1964 in das Kiever Gebiet umgezogen sei: „[...] sodass wir hier, selbstverständlich, schnell zu Dinamo Kiev Fans geworden waren." Mit dem Donbass habe er auch Šachter hinter sich lassen müssen: „Ich war gezwungen, auf Dinamo umzuschalten (pereključit)."[843] Ähnliches gilt auch für den einen oder anderen Sowjetbürger, der aus anderen Sowjetrepubliken nach Kiev zog. Viktor Rasulov, Fan von Dinamo Kiev seit den späten 1979er Jahren, erzählte mir von seinem aus Dagestan stammenden Vater, der eine Ukrainerin

---

841 Boris Šymko, Interview mit dem Autor, 27.05.2007.
842 Russ.: „Černigov ždet pobedu". CDKU, 0-111800. Beim Europapokalspiel zwischen Dinamo Kiev und Celtic Glasgow am 04.10.1967 in Kiev.
843 Boris Šymko, Interview mit dem Autor, 27.05.2007.

geheiratet und sich in Kiev niedergelassen habe. Der Vater habe das dagestanische Dinamo Machačkala unterstützt, sei aber immer auch für Dinamo Kiev gewesen: „Er lebte ja in Kiev."[844]

Abb. 20: Fußball von der Abraumhalde. Doneck. 1930er Jahre. © *Fotoagentstvo Sport-Ėkspress*. Siehe auch Edelman, Spartak Moscow, S. 71.

In der Zusammenschau all dieser Stimmen erscheint es plausibler, Budjakovs Brief nach Kiev normativ und nicht empirisch zu interpretieren: Die Tatsache, dass er in Šachter Doneck einen natürlichen Verbündeten sah, bedeutet nicht automatisch, dass eine Mehrheit in Sevastopol (oder in Doneck) mit ihm einverstanden gewesen wäre. Nichts desto weniger waren die Briefe, die ihren Weg ins Archiv fanden, Versuche, ein „sowjetisches Ukrainertum" zu konstruieren. Budjakov und andere schrieben an die ukrainische Fußballföderation, die den Einfluss und auch den Willen hatte, das beste Team der Republik[845] sowie andere ukrainische Mannschaften zu stärken.[846] Wir sehen hier eine potentiell selbst-selektierte Gruppe von Menschen aus unterschiedlichen Teilen der Ukrainischen Sowjetrepublik, die solch einer Politik zugestimmt hätten

---

844 Viktor Rasulov, Interview mit dem Autor, 27.05.2007.
845 Edelman 1993, S. 174-5.
846 Beispielsweise konstatierte Martynjuk, Vorsitzender der Ukrainischen Fußballföderation, 1966, dass Šachter Doneck mit zusätzlichen Spielern verstärkt worden sei. CDAVO, f. 5091, op.1, d.3166, 141.

und deshalb mit ihren Vorschlägen an die Offiziellen in Kiev herantraten. Wenn sie mit der aggressiveren und sichtbareren Fankultur organisierter Fans der 1980er auch nicht einverstanden gewesen wären, so existierte doch für beide Gruppen das gemeinsame Andere die ganze Zeit. Zu ihm zählte alles und jeder aus Moskau, sowie all jene, die Moskau außerhalb und innerhalb der Ukraine unterstützten.

Diese Lesart eines „sowjetischen Ukrainertums" im Fußball wird unterstützt durch andere Briefe, die von Ukrainern gesendet wurden, die außerhalb der Heimatrepublik lebten. Für sie konnte Dinamo Kievs Triumph ein Zugehörigkeitsgefühl fördern, das älteren landsmannschaftlichen Loyalitätsformen (*zemljačestvo*) ähnelte.[847] Moderne Fernsehübertragungen stärkten die republikanische Ebene, indem sie lose Gemeinschaften von „Landsmännern" überall in der Sowjetunion kreierten. Von Ukrainern verfasste Briefe erreichten Kiev aus solch unterschiedlichen Orten wie dem kirgisischen Frunze in Zentralasien, dem lettischen Riga an der Ostsee und dem georgischen Tbilisi im Kaukasus. Schon drei Jahre zuvor übersendeten „Nordmeer-Matrosen" ihren „Matrosengruß" an die Mannschaft, um ihr in einer Krise zu helfen.[848] Ein anderer Fan aus Taškent hatte gestanden, nicht „ruhig mit ansehen zu können, was mit der Mannschaft geschieht".[849] Nun, im Moment des Triumphes, erreichte eine andere Nachricht in Form eines Telegramms die ukrainische Fußballföderation von Kap Želanija, dem nordöstlichen Teil der nördlichen Insel von Novaja Zemlja im arktischen Meer: „Das arktische Eis leuchtet durch die Flamme Eures Sieges. Herzlich gratulieren wir den Jungs (*rebjata*) zu ihrem Erfolg. Eure arktischen Landsmänner (*zemljaki-poljarniki*)."[850]

Gratulationsbriefe waren Teil eines komplexen halböffentlichen Medienereignisses, an dem sowjetische Bürger von ihrem Wohnort unabhängig partizipierten.[851] Die Teilhabe an solch einer Gemeinschaft war quer durch alle Gesellschaftsschichten möglich. Der Fußball förderte die Kommunikation diverser sowjetischer Institutionen und der Bevölkerung. Behörden waren sich dieser imaginierten Fernbeziehungen von Fangemeinschaften innerhalb der Sowjetunion sehr bewusst – bei weitem nicht nur die Ukrainische Fußballföderation, welche die Briefe an Dinamo Kiev erhielt. Eine Gruppe ukrainischer Fans ersuchte etwa den Vorsitzenden des ukrainischen Ministerrates, Vladimir

---

847 Zur *zemljačestvo* siehe Kelly 2003, S. 125-6.
848 CDAVO, f. 5091, op. 1, d. 1324, l. 46.
849 CDAVO, f. 5091, op. 1, d. 1324, l. 48.
850 CDAVO, f. 5091, op. 1, d. 3166, l. 219. Siehe ll. 225, 233, 241 für Briefe aus Frunze, Riga und Tbilisi.
851 Für einen Brief vom Land siehe CDAVO, f. 5091, op. 1, d. 3166, l. 208.

Vasil'evič Ščerbickij (1918-1990),[852] die Fernsehübertragungen zu erweitern.[853] Bürger wussten nicht nur, an welche Politiker sie sich wenden mussten, um ihre Ziele zu erreichen. Sie wandten sich in dieser Petition ausdrücklich an Ščerbickij als einen Fußballfan, der genauso zu ihrer Fangemeinschaft gehörte, wie sie selbst. Wenn Fußballfans so Parteioffizielle direkter ansprechen konnten, so nutzten diese in gleicher Weise auch die Fußballkultur, um ihre Popularität zu erhöhen.

Wie sehr die Vorstellung einer kultivierten Dinamo-Gemeinschaft dazu einlud, auf Republikebene den Gegensatz zwischen Bevölkerung und Machthabern einzuebnen, schien bereits einige Jahre zuvor in Fanbriefen auf. Die erste Kiever Meisterschaft 1961 und die beiden Pokalerfolge Šachter Donecks hatten Erwartungen nicht nur an die Resultate, sondern auch an den Stil eines „ukrainischen Fußballs" geweckt, auf den Briefeschreiber aus unterschiedlichen Gegenden der Ukrainischen Sowjetrepublik stolz sein wollten. 1963 allerdings beendete Dinamo die Saison, angesichts großer Probleme in der Abwehr nur auf dem neunten Platz.[854] Eine große Gruppe von „Liebhabern des Fußballs" die sich als „Ingenieure und Angestellte" vorstellte, erklärte die Krise bei Dinamo mit der aus Moskau hereingetragenen Brutalität auf dem Fußballplatz. Die Fußballfans zeigten sich in einem Brief an die sowjetischen und ukrainischen Fußballföderationen in Moskau und in Kiev „von der an *chuliganstvo* grenzende[n] Brutalität" beim Meisterschaftsspiel Dinamo Kievs gegen Torpedo Moskau am 13. Juli 1963 bestürzt. Sie „schämten" sich zwar für beide Mannschaften und den Schiedsrichter, der wie auch die anwesenden Verantwortlichen der Fußballföderation das Spiel aus unerfindlichen Gründen nicht abbrach, doch auszugehen schien ihnen die Brutalität von den Gästen aus Moskau, deren „Grobheiten ungeahndet blieben". Kiever Spieler seien dagegen bereits nach der ersten Regelübertretung verwarnt worden. Indem der Brief die Bestrafung der Übeltäter und eine „Spielwiederholung in freundschaftlicher, korrekter Form" einforderte, ließ er seine Autoren als Mitglieder einer sowjetisch kultivierten ukrainischen Fanbewegung erscheinen, die aus Gründen der Fairness und Objektivität mögliches unkultiviertes Verhalten der eigenen Mannschaft auch jederzeit erwähnen konnte.[855]

---

852 Ščerbickij war Vorsitzender des ukrainischen Ministerrats von 1965-1972, Politbüromitglied ab 1971, Erster Sekretär der Kommunistischen Partei der Ukraine ab 1972. Vronskaya und Čuguev 1989, S. 382.
853 Vgl. CDAVO, f. 2, op. 13, d. 3878, l. 49.
854 Vgl. Michailov 1975, S. 39.
855 CDAVO, f. 5091, op. 1, d. 1324, l. 1.

Eine andere Gruppe von Fans sah im eigenen Unvermögen die Ursache für den Misserfolg und forderte in ihrem Brief an Genossen Anton Leonardovič Idzkovskij (1907-1995), dem ehemaligen Torhüter Dinamo Kievs und zu diesem Zeitpunkt Vorsitzenden der Ukrainischen Fußballföderation, die „extremsten Maßnahmen", um aus diesen „Balletaristokraten", die „die moralischen und physischen Eigenschaften und das Verantwortungsgefühl für die Vorreiterposition für den ukrainischen Fußball verloren" hätten, wieder ein „Kollektiv mit Disziplin" zu machen. Der angemahnte „tiefgreifende Umbau" sollte unter anderem durch Entlassung des Trainerteams erreicht werden. Dem ehemaligen Torhüter Idzkovskij „[sollte] wie keinem anderen verständlich sein [...], welchen Schmerz der Misserfolg dieses ruhmreichen Kollektivs" hervorrufe.[856]

Fanpost und Beschwerdebriefe waren allerdings auch auf unterer Ebene geeignet, eine Vorstellung allgemeiner Teilhabe zu erzeugen. Mit offiziellem Briefpapier einer Černovcer „Produktions- und Konstruktionsstätte von Stahlbeton" verfasste ein gewisser V. I. Fedorov „im Namen aller unser Fans" einen sorgenvollen Brief an die ukrainische Fußballföderation. Den rund 200 Fans von Dinamo Kiev „in unserer Fabrik [...] schmerzt nun" – aufgrund der vergangenen Niederlagen der Mannschaft – „schon seit 16 Tagen die Seele". Als Lösung schlug auch dieser Brief die Ablösung des Trainers Viktor Vasil'evič Teren'tev (1924-2004) vor:

> „Und überhaupt, was passiert mit dem ukrainischen Fußball? Sehen Sie sich doch an, wo unsere drei Mannschaften in der Tabelle stehen. Haben die zwei georgischen Mannschaften nicht schon so viele Punkte, wie unsere drei Mannschaften. Ist es nicht Zeit, den Genossen Terent'ev loszuwerden? Solange die Mannschaft noch nicht [...] vom Abstieg [...] bedroht ist. Wir bitten Sie, uns die Gründe für das schlechte Spiel des Kiever Dinamo darzulegen. Wieso haben sie dreizehn Gegentore zugelassen! Und bereits vier schmachvolle Niederlagen hinnehmen müssen."[857]

In diesem wie in anderen Briefen gilt die Mannschaft als Repräsentant der Ukrainischen Sowjetrepublik, und nicht etwa nur ihrer Hauptstadt Kiev und der Dinamo-Sportorganisation. In anderen Briefen setzen sich Bürger auch für ihre lokalen ukrainischen Mannschaften ein.[858] Doch in Bezug auf die sowjetische Meisterschaft stellten sich sowohl Entscheidungsträger als auch einfache Arbeiter und Büroangestellte aus ganz unterschiedlichen Orten vor, zu einer republikweiten Anhängerschaft Dinamo Kievs zu gehören. Als diese „erwarte[te]n" sie, wie es in einem Brief aus Dneprodzeržinsk hieß, von den Kie-

---

856 CDAVO, f. 5091, op. 1, d. 1324, ll. 5-6.
857 CDAVO, f. 5091, op. 1, d. 1324, l. 12.
858 Etwa: CDAVO, f. 5091, op. 1, d. 970, ll. 58-62.

ver Behörden eine „kluge Einmischung, auf dass danach auf dem Feld wieder Zirkuskunststücke mit dem Ball [*cirk s mjačem*] zu sehen" seien.[859] In einem speziellen Brief aus der Westukraine wurde die gesamte Ukrainische Sowjetrepublik als Spielerreservoir der Mannschaft angesehen:

> „Hunderttausend Fußballfans und Anhänger der besten ukrainischen Mannschaft, Dinamo, sind erzürnt wegen des ausbleibenden Erfolges. Die technisch beste und am schönsten spielende Mannschaft spielt [...] ohne den Wunsch zu siegen. Offenkundig ist die Moral der Mannschaft am Boden, aber wer ist daran schuld? Die Trainer und die Fußballföderation. [...] Ja es ist Zeit, sich auch die Verteidigung der Mannschaft anzusehen. Gibt es denn in der Ukraine wirklich keine drei oder vier Abwehrspieler[?]"[860]

In diesen Ukraine-internen Debatten spielte der sowjetische Rahmen, anders als in jenen Briefen, die Gegnerschaft zu Moskau ausdrückten, kaum eine Rolle. Bemerkenswert ist auch, dass diese Briefeschreiber sich mit den Behörden, an die sie schrieben, in Einklang wähnten. Sie glaubten, dort Einfluss nehmen zu können. Und einige von ihnen wussten, was bei Unterschriftenlisten von Fabrikkollektiven unmittelbar einleuchtet: dass sie mit ihren Bitten um Unterstützung nicht die Einzigen waren. Ein in Taškent wohnender Dinamo-Fan äußerte etwa die Hoffnung, dass „mein Brief, so wie eine Reihe anderer, Ihnen helfen wird, sachgerechte Maßnahmen zu ergreifen".[861]

Mehr noch, Randnotizen und interne zwischenbehördliche Vorgänge (wie etwa: „Offensichtlich ist dies die Meinung aller Fans aus der ganzen Ukraine"[862]) belegen, dass solche Briefe durchaus eine gewisse Relevanz für interne Entscheidungsprozesse der Sportbehörden hatten. Wie auch immer die interne Entscheidungsfindung war: Als in der folgenden Saison tatsächlich mit Viktor Maslov ein neuer Trainer auf der Bank Dinamo Kievs Platz nahm,[863] konnten jene Briefeschreiber durchaus den Eindruck gewinnen, dass ihre Stimmen von Gewicht waren. Als sich bald schon die großen Erfolge der Mannschaft einstellten, konnte es für so manchen Fußballfan aussehen, als hätte sein Brief tatsächlich einen Unterschied gemacht.

In späteren Jahren stand die unbedingte Unterstützung des Aushängeschilds des „ukrainischen Fußballs" kaum mehr in Frage. Im Auftrag Ščerbickijs, inzwischen Erster Sekretär der Kommunistischen Partei der Ukrainischen Sowjetrepublik, recherchierten M. Bak und V. Dorochov 1984 mögli-

---

859 CDAVO, f. 5091, op. 1, d. 1324, l. 26.
860 CDAVO, f. 5091, op. 1, d. 1324, l. 14.
861 CDAVO, f. 5091, op. 1, d. 1324, l. 48.
862 CDAVO, f. 5091, op. 1, d. 1324, l. 14.
863 Vgl. Michailov 1975.

che Gründe für die schlechte Performance Dinamo Kievs in den letzten Jahren. Sie beriefen Versammlungen der ersten und zweiten Mannschaft ein, sprachen mit Trainern, mit Spielern, mit Ärzten und mit den Leitern der „Gruppe für komplexe Wissenschaft" und meldeten das Ergebnis ihrer Recherchen dem Ersten Sekretär des Zentralkomitees persönlich.[864] Hochklassige Spieler waren ausgeschieden. Den Sportbehörden wurde „mangelnde[...] Unterstützung" angelastet. Hauptsächlich kritisierte ihr Bericht allerdings den Cheftrainer, Valerij Lobanovskij, dem sie Fehler im Trainingsaufbau bescheinigten. Das Training insgesamt sei für die junge Mannschaft ungeeignet. Die 1974er Mannschaft, für die es konzipiert war, sei in wesentlich besserer körperlicher Verfassung gewesen.[865] Daneben komme es wegen der Vernachlässigung der „politischen Erziehungsarbeit in der Mannschaft nicht zur Herausbildung einer psychologischen Widerstandsfähigkeit", wie sie in jedem Spiel nötig sei.[866] Entscheidend sei die Rolle des Trainerstabes, in dem der Cheftrainer Lobanovskij „alle Fragen eigenmächtig entscheidet". Allerdings erkläre sich Lobanovskij „selbst im Lichte vorliegender Überprüfung mit der Bewertung der offengelegten Mängel nicht einverstanden."[867] Ein Ausweg bestünde nun darin, „zur Vervollständigung der Mannschaft Spieler in die Truppen des Innenministeriums (MVD) einzuziehen [...] und einzelne Spieler aus anderen Meister-Mannschaften" zu holen. Zu diesem Zwecke sei die Unterstützung „administrativer Organe der Kommunistischen Partei der Ukraine, des Kiever Stadtkomitees der Kommunistischen Partei, und des Kommandos der Truppen des Inneren der ukrainischen und moldauischen Sowjetrepublik" unabdingbar.[868]

Viele Dinamo-Fans wussten, welch bemerkenswerter behördlicher Aufwand getrieben wurde, um Dinamo Kiev zu stärken. Dinamo-Fan Vadim Kovalenko aus Kiev bezeichnet Ščerbickijs Patronage selbst in der Rückschau als legitim: „Diese Mannschaft [...] war die Schöpfung des ersten Sekretärs des CK der KP der Ukraine, Ščerbickij [...]. Ob er das Recht hatte aus dieser Mannschaft, nun, sagen wir, sein Bonbon zu machen (*konfetka*)? Er hatte das Recht dazu."[869] Als Mäzen des Vereins bleibt er für Kovalenko Teil der Dinamo-Gemeinschaft. Auf meine Frage nach der daraus resultierenden Popularität Ščerbickijs zeichnete er ein weniger positives Bild: „Wenn man das geschicht-

---

864 CDOGO, f. 1, op. 32, d. 213, l. 36-41. Zur Verwissenschaftlichung des Fußballtrainings bei Dinamo Kiev siehe Braun und Katzer 2010.
865 CDOGO, f. 1, op. 32, d. 213, l. 37.
866 CDOGO, f. 1, op. 32, d. 213, l. 37.
867 CDOGO, f. 1, op. 32, d. 213, l. 39.
868 CDOGO, f. 1, op. 32, d. 213, l. 40. Zu dieser gängigen Praxis der Armee- und Polizeimannschaften siehe Prozumenščikov 2004, S. 360-2.
869 Vadim Kovalenko, Interview mit dem Autor, 26.04.2007.

lich betrachtet, wer weiß schon, kann ich Ščerbickij lieben, nach der Parade im Jahre 1986? Verstehen Sie, als kleine Kinder in einer Umgebung mit hoher Verstrahlung über den *Kreščatik* liefen und "Ruhm der KPdSU!„ riefen. Das ist eine sehr schwierige Frage. Deshalb: in Bezug auf Fußball wurde er geliebt. Denn gegenüber dem Fußball verhielt er sich gut."[870]

Die Einflussnahme hoher Parteimitglieder und die daraus resultierenden Erfolge erklären nicht nur die hohe Popularität der Mannschaft, sondern auch die untergeordnete Bedeutung der organisationalen Zugehörigkeit Dinamos zum Innenministerium und zur Polizei: „‚D' bedeutete für die Ukraine etwas völlig anderes als [...] für Russland. [...]." Dort habe das ‚D' für eine „Moskauer Mannschaft", in der Ukraine dagegen für eine „allgemeinnationale Mannschaft" gestanden. Kovalenko sprach von Dinamo als „nationalem Stolz", da in der Sowjetunion „für jede Republik im Großen und Ganzen Bewohner dieser Republik spielten". Andererseits reflektierte er den multinationalen Charakter der Sowjetrepubliken, indem er ausführte, dass etwa „Dinamo Tbilisi" für die „Bürger der sozialistischen Sowjetrepublik Georgien", nicht aber per se nur für „Georgier" stand.

Der aus der ukrainischen Provinz, aus der Stadt Chmel'nik im Vinnicker Gebiet stammende ehemalige Direktor des Dinamo-Museums in Kiev glaubt für eine Mehrheit zu sprechen, wenn er Dinamo bereits für die 1960er Jahre als „Autorität Nummer Eins" bezeichnet.[871] Nicht alle ukrainischen Fußballfans mögen Dinamo unterstützt haben. In einigen Regionen im Süden und Osten mag es sich dabei nur um eine kleine Minderheit gehandelt haben. Wie klein diese Minderheit aber auch gewesen sein mag, sie ist für sich selbst genommen bereits interessant, denn sie muss als direkte Folge der größeren Reichweite der Fernsehberichterstattung und der Kiever Erfolge betrachtet werden. Nur deshalb hatte Viktor Budjakov in Sevastopol die Gelegenheit, sich mit seinen Landsmännern zu identifizieren, die gegen Torpedo das Pokalfinale bestritten. Bezüglich der möglichen Ebenen öffentlicher Identifikation in der Sowjetunion der 1960er Jahre hatte die größere Reichweite sowjetischer Fernsehübertragungen das Potential, die republikanische Ebene gegenüber der lokalen Ebene der Städte und Gemeinden zu stärken. In Briefen an Dinamo Kiev unterstützten einige Fans Dinamo Kiev, als ob es sich dabei um ihre Nationalmannschaft gehandelt hätte.

---

870 Vadim Kovalenko, Interview mit dem Autor, 26.04.2007.
871 Marko Ivanovič Šemeta (*1951), Interview mit dem Autor in der Taras-Ševčenko-Universität in Kiev, 29.09.2009.

Anders als Kristin Roth-Ey für die Filmkultur zeigt entfernte sich die Fußballkultur damit nicht von ihrem „ideologischen Rahmen".[872] Wendet man sich den Rezipienten zu, so löst sich mancher Widerspruch für den hier untersuchten Zeitpunkt auf. In die Fußballkultur flossen sowjetische *kul'turnost'*, Weltkriegspatriotismus, die ukrainische Sprache und die unterstellte Unterstützung von Mannschaften aus anderen Regionen der Ukrainischen SSR. Die Fußballkultur der 1960er Jahre beinhaltete damit sowjetische Normen ebenso wie Normsetzungen des durch Fernsehübertragungen in die sowjetische Welt hineinströmenden globalen Sports. Doch dies förderte gerade keine ambivalenten Sprechakte, sondern eindeutige Positionierungen, die dem nationalen Selbstverständnis der Völkerschaften im Vielvölkerreich geschuldet sein konnten. Mitte der 1960er Jahre, zum Zeitpunkt des Pokalfinales zwischen Torpedo Moskau und Dinamo Kiev, war jene Fußballsprache bereits voll etabliert, die Gegensätze abmilderte und einzelnen Bürgern doch eine geeignete Lexik an die Hand gab, um sie auszudrücken. Fernsehübertragungen stärkten in den Köpfen von Menschen eine dritte Ebene zwischen der Stadt und der Union, die von nun an das Potential hatte, lokale Identifikation mit der Heimmannschaft zu einer breiteren republikanischen Identifikation mit Dinamo Kiev oder anderen ukrainischen Mannschaften zu transzendieren.

5.2 Mannschaft der Völker: Dinamo-Kiev-Fans als transnationale Gemeinschaft

Neben innerethnischer und regionaler Unterstützung rief Dinamo Kiev eine Begeisterung hervor, welche die Grenzen von Ethnizität und Region überschritt. Zunächst zeigt die regionale Bandbreite der archivierten Briefe, wie sehr sich Zuschauerkultur von einem lokalen zu einem transregionalen und transnationalen Phänomen wandelte. In der Ukrainischen Fußballföderation gingen Briefe aus verschiedenen Gegenden der Ukraine, aber auch aus dem Kaukasus und Zentralasien ein.[873] Diese Briefe zeigen, wie über Fußballübertragungen Gemeinschaften entstanden, die über sowjetische Diskurse der Völkerfreundschaft Menschen unterschiedlicher nationaler Hintergründe verbanden.[874]

Sowjetische Bürger empfanden beim Fußball Loyalitäten, mit denen sie die imperial-geographische Hierarchie ihres Alltags neutralisieren konnten.

---

872 Roth-Ey 2011, S. 130.
873 Nur eine kleine Minderheit der Briefe wurde aus Kiev gesandt. Allerdings könnten sie auch einfach nicht archiviert worden sein, da sie möglicherweise nicht als bemerkenswert genug erachtet wurden.
874 Vgl. Martin 2001, S. 461.

Denn indem sie eine Mannschaft aus einer anderen Sowjetrepublik unterstützten, pflegten sie ein Verständnis von Nationalität, das sowjetische Nationen nicht hierarchisch anordnete, sondern heterogene Allianzen im Vielvölkerreich ermöglichte. Laborarbeiter aus Aserbaidschan wiesen etwa auf die „hohe Spieltechnik und Spielkultur" hin, die Dinamo Kiev 1966 gezeigt habe.[875] Sie unterstützten eine Kiever Mannschaft, die ihnen als kultivierter als das Zentrum erschien.

Indem sie das sichtbare Zentrum dieses Ereignisses betrachteten, wurden Fernsehfans von Dinamo Kiev 1966 Teil einer Gemeinschaft, zu der Fußballfans im Moskauer Stadion und andere Sowjetbürger vor ihren Fernsehern gleichermaßen gehörten.[876] Ehemals „geschlossene" Fan-Massen im Stadion, definiert und limitiert durch moderne Architektur, wurden zu einer „offenen" Fan-Masse, die innerhalb der Sowjetunion keiner räumlichen Einschränkung unterlag.[877] Diese fluide Emotionsgemeinschaft überschritt die öffentliche Wahrnehmungsschwelle nur für einen kurzen Moment, als die Presse knapp über sie berichtete. Zwei Tage nach dem Pokalfinale 1966 erfuhr die mehrere Millionen umfassende Leserschaft der Zeitung *Sovetskij Sport*, dass die „Ränge im V. I. Lenin Stadion nicht überladen gewesen waren, Millionen Fußballbegeisterter" aber das Spiel im Radio oder im Fernsehen verfolgt hätten.[878] Gleichzeitig stellten 70.000 Besucher im Vergleich zum geringen Zuschaueraufkommen bei anderen Spielen im Spätherbst eine beeindruckende Kulisse dar.[879]

Das Bild von Zentrum und Peripherie funktioniert hier nicht nur in rein geographischer Hinsicht. Periphere Identifikation muss im Sinne kultureller Hegemonie und Marginalisierung verstanden werden.[880] In Bezug auf Fußball hatten beispielsweise Zenit Fans in Leningrad genügend Anlass, sich margina-

---

875 CDAVO, f. 5091, op. 1, d. 3166, l. 254.
876 Vgl. Anderson 1987, S. 15.
877 Canetti 1960, S. 12-4. Wie bei Nationen und anderen Gemeinschaften waren individuelle Imaginationen konstitutiv für die Entstehung der beschriebenen Fanmasse. Siehe Anderson 1987, S. 15; Baberowski 2003b, S. 20.
878 *Sovetskij Sport*, 10.11.1966, S. 4.
879 Das Spiel Spartak Moskaus gegen Dinamo Tbilisi etwa sahen Anfang November rund 4.000 Zuschauer. Vergleichbare Spiele im Sommer wurden üblicherweise von mehr als 60.000 Zuschauern besucht (etwa die Partien gegen Ararat Erevan oder Pachtakor Taškent). Siehe *Sovetskij Sport* 24.05.1966, S. 5; 28.05.1966, S. 5; 04.11.1966, S. 5. Angesichts der verbesserten Verfügbarkeit von Fußballspielen durch moderne Massenmedien und auch angesichts der anhaltenden Konstruktion neuer Sportanlagen sollte ein Abfall der durchschnittlichen Besucherzahlen nicht allzu überraschen. *Sovetskij Sport*, 29.10.1966, S. 3.
880 Vgl. Shields 1992, S. 3.

lisiert zu fühlen aufgrund der Dominanz der Moskauer Mannschaften. So überrascht es nicht, dass einige von ihnen sich während der Saison 1966 als Teil der transnationalen offenen Masse der Dinamo Anhänger sahen, als beinahe zum ersten Mal die Peripherie das Zentrum dominierte.[881] Diesen Triumph komplettierten zwei andere periphere Außenseiter, welche die 1966er Saison an zweiter und dritter Position abschlossen: SKA Rostov und Neftjanik Baku.[882]

Im Gegensatz zur Sichtbarkeit der Fangemeinschaften für Behörden, etwa über die eintreffenden Briefe oder auch über Unterschriftenlisten bei Bittschriften, konnten sich diese Dinamo-Fans der Größe und geographischen Verbreitung ihrer Gemeinschaft aber nicht so ohne weiteres bewusst werden. Die lokale Fußballkultur kannte inzwischen Treffpunkte für Fans und Kollektionäre von Spielprogrammen, sowie seit den 1960er Jahren offizielle Fanklubs.[883] Fankultur war als translokales Phänomen aber nur teilweise unter der Oberfläche sichtbar. Fans waren durch Mediensport miteinander verbunden, aber durch den Umstand getrennt, dass öffentliche Kommunikationsformen solcher Gemeinschaften in einer Gesellschaft staatsgelenkter Öffentlichkeit sehr selten waren.[884] Aus *Futbol* und *Sovetskij Sport* wussten Fans von Fanpost und Leserbriefen und sahen sich als Gemeinschaft, die regional verwurzelt, multiethnisch und transnational war.[885] Gleichwohl wussten sie nicht vom ganzen Ausmaß und der Quantität der multiethnischen Stimmen dieses öffentlichen Ereignisses. Dies galt auch für Tofik Allachverdovs bescheidenen, aber dennoch stolzen Brief. Er hielt solch eine Hingabe für etwas Neues:

„Werte Föderation. Ich sehe mit großem Vergnügen das Spiel von Dinamo Kiev. Es ist für Sie sicherlich eigenartig, aber ich schreibe Ihnen aus Baku, das übrigens auch recht erfolgreich ist in dieser Saison, natürlich meine ich das im Vergleich zu vergangenen Meisterschaften. [...] Ich schreibe Ihnen den Brief ohne zu wissen, ob Sie ihn erhalten werden oder nicht. Denn ich kenne Ihre genaue Adresse nicht. Und die herauszufinden, ist gar nicht so einfach. [...]."[886]

Unterschiedliche Wissensgrade waren charakteristisch für halböffentliche Prozesse in der Sowjetunion. So wusste Tofik Allachverdov nicht, dass Briefe aus dem Kaukasus an die Fußballföderation gar nicht mehr ungewöhnlich waren. Alleine im November 1966 erreichten mindestens neun Gratulationsschreiben, Postkarten und Telegramme aus dieser Region Kiev: fünf aus Geor-

---

881 Vgl. CDAVO, f. 5091, op. 1, d. 3166, l. 257.
882 Vgl. Boldyrev und Pavljučenko 1967, S. 6.
883 Siehe Kapitel 3.2.
884 Zu Zensur siehe etwa Nikolaev 2008.
885 Einige Fans beschränkten sich darauf, zum Sieg zu gratulieren. Siehe CDAVO, f. 5091, op. 1, d. 3166, ll. 161, 163, 167.
886 CDAVO, f. 5091, op. 1, d. 3166, l. 148.

gien,[887] zwei aus Aserbaidschan,[888] und zwei aus dem Süden der RSFSR.[889] Tofik Allachverdov war also kein Einzelfall. Die neue Zuschauerkultur vor dem Fernseher produzierte Tonnen von Fanpost. Aber selbst Tonnen von Fanpost versinken im Dunkel der Geschichte, wenn über sie kaum oder nur nummerisch berichtet wird.

Fanbriefe sind eine großartige Quelle; der Umfang des Phänomens innerhalb der Sowjetunion ist beeindruckend. Und doch sprachen die meisten meiner Interviewpartner kaum oder gar nicht von Fanpost, wenn es um die Skizzierung von Fanpraktiken in der sowjetischen Vergangenheit ging. Fanpost ging in das „kommunikative Gedächtnis" meiner Interviewpartner kaum ein.[890] Dem Drang nach Teilhabe und Aktivität mangelte es an Sichtbarkeit und Permanenz, im Unterschied vor allem zu den informellen Fangruppen ab Mitte der 1970er Jahre.[891] Beides, die Fanbriefe von Fernsehfans, wie auch die Auswärtsfahrten jugendlicher *fanaty* Ende der 1970er Jahre, waren Ausdruck desselben Wandels, der in den späten 1950er und frühen 1960er Jahren einsetzte. Die Fanbriefe hatten keinen langfristigen Effekt. Doch sie zeigen unterschiedlichste Bürger der Sowjetunion, die einem unmittelbaren Drang nach Teilhabe nun auch in schriftlicher Form Ausdruck verliehen.

Der transnationale Charakter dieser fluiden Fan-Gemeinschaft wird in einigen Briefen explizit benannt. Im Schreiben Nikita Naselenkos aus Leningrad heißt es etwa: „Sie müssen wissen, dass nicht nur Ukrainer von Ihrer Spielweise entzückt sind, sondern Menschen unterschiedlicher Nationalität."[892] Neben der Aussage als solcher ist bemerkenswert, dass er der Mannschaft etwas Neues zu berichten glaubte. Aus seiner Perspektive war die Unterstützung Dinamo Kievs durch andere Nationalitäten eine neue Entwicklung und die Gemeinschaft, zu der sie sich zusammenschlossen, in der 1966er Saison stark gewachsen.

Das Motiv der Völkerfreundschaft ist auch in anderen Briefen präsent. Valerijan Bedinadze aus Batumi gratulierte der Mannschaft zum 49ten Jahrestag der „sowjetischen Macht" und zu ihrem Erfolg: „Wir [...], die Fußballfans aus Georgien sind stolz auf die Dinamo-Mannschaft aus der Hauptstadt der Ukraine".[893] Valerijan bezog sich über seine Referenz zur Revolution und

---

887 Vgl. CDAVO, f. 5091, op. 1, d. 3166, ll. 1, 6, 206, 207, 211, 220.
888 Vgl. CDAVO, f. 5091, op. 1, d. 3166, ll. 169, 185.
889 Vgl. CDAVO, f. 5091, op. 1, d. 3166, ll. 203, 245.
890 Vgl. Welzer 2008.
891 Siehe hierzu ausführlich Kapitel 6. Zu westlichen Öffentlichkeitskonzepten als Vergleichsfolie siehe etwa: Requate 1999, S. 13.
892 CDAVO, f. 5091, op. 1, d. 3166, l. 257.
893 CDAVO, f. 5091, op. 1, d. 3166, l. 1.

dem Stolz einer sowjetischen Nation auf den Erfolg einer anderen direkt auf die Völkerfreundschaft.[894] Gleichzeitig blieb, wie auch bei der Völkerfreundschaft, die Kategorie der Nationalität der markante Ordnungsbegriff in diesem Schreiben an ein erfolgreiches Team einer anderen Sowjetrepublik.

Auch die Moskauer Mannschaften Spartak, CDKA/CSKA und Dinamo hatten ihre Unterstützer an vielen Orten und in vielen Republiken des Vielvölkerreichs. Mit einem kleinen Exkurs zu einigen Stimmen armenischer Fußballfans möchte ich verdeutlichen, wie sehr die Erfolge Dinamo Kievs in den 1960er Jahren den Status quo der bislang stark Moskau zentrierten Fußballkultur ins Wanken brachten.

Der Armenier Levon Karapetjan stammte aus Tbilisi. Nach dem Krieg, er war erst sieben Jahre alt, fieberte er gleichwohl mit dem damals „überaus beliebten" Armeeverein CDKA Moskau mit. Sein Vater habe in der Roten Armee gedient, „wie es damals hieß", der „besten Armee der Welt".[895] Nicht nur Moskauer hatten Dinamo Moskaus Siege in Großbritannien 1945 enthusiastisch aufgenommen und auch die Moskauer Armeemannschaft CDKA fand bereits außerhalb Moskaus Anhänger. Viele hatten der Roten Armee gerade erst im Siegestaumel 1945 zugejubelt, als sie mit Millionen anderen „wild auf den Stadtplätzen und den Dorfstraßen feierten."[896] Aus Levon Karapetjans spezifisch armenischer Perspektive aus Tbilisi heraus erscheint die Armeemannschaft als fußballerischer Platzhalter einer Roten Armee, die er dezidiert als dem sozialistischen Internationalismus und der Völkerfreundschaft verpflichtet sieht.

Nach der Auflösung CDKAs 1952 habe er sich für Spartak Moskau zu interessieren begonnen. Für eine armenische Minderheitenposition in Tbilisi ist auch dies plausibel. Denn nicht nur wurde die Armeemannschaft nach den Olympischen Spielen 1952 zwischenzeitlich aufgelöst.[897] Spartak gewann in dieser Zeit aller Wahrscheinlichkeit nach für Fans an der Peripherie wegen ihres multinationalen Selbstbildes an Attraktivität. 1949 und 1950 engagierte Spartak den armenischen Trainer Abram Dangulov, den armenischen Stürmer Nikita Simonjan und den Esten Igor Netto. Robert Edelman spricht in diesem Zusammenhang von Spartaks „Multikulturalismus" im Lichte des „Großrussischen Nationalismus".[898] Während sich Spartakgründer Nikolaj Starostin noch in der Verbannung befand lud Spartak alleine durch seine Personalpolitik ganz

---

894 Vgl. CDAVO, f. 5091, op. 1, d. 3166, l. 1.
895 Levon Karapetjan, Interview mit dem Autor, 23.03.2007.
896 Barber und Harrison 2006, S. 239.
897 Siehe hierzu die Ausführungen in Kapitel 2.2.
898 Edelman 2010, S. 228.

unterschiedliche Bevölkerungsgruppen zur Teilhabe ein. Einzig handelte es sich dieses Mal nicht um unterschiedliche soziale Gruppen innerhalb Moskaus, sondern um unterschiedliche Nationalitäten im sowjetischen Vielvölkerreich. Für den armenischen Jungen in Tbilisi war die Unterstützung Spartak Moskaus die zweitbeste Variante. Vielleicht deutet die Beliebtheit der Armeemannschaft in den unmittelbaren Nachkriegsjahren auf eine „symbolische Realität" der Roten Armee als Bezugspunkt dann enttäuschter Hoffnungen nationaler Minderheiten an, die sich nach der Auflösung der Mannschaft 1952 mit Spartak einem Team zuwandten, das im Kleinen lebte, was aus Sicht dieser Milieus im Großen nicht zu funktionieren schien. Spartak repräsentierte hier eine Form sowjetischer Völkerfreundschaft, die unabhängig von Weltkriegseuphorie und Siegesnarrativen funktionierte.

Pion Gazanjan, Dinamo Moskau Fan seit 1945, ist ein geeignetes Referenzbeispiel. Er wohnte bis 1955 ebenfalls im georgischen Tbilisi. Obwohl er später in das armenische Erevan zog und bald auch schon Ararat (und damals noch: Spartak) Erevan zugeneigt war, blieb er zudem Zeit seines Lebens auch Anhänger des Moskauer Polizeiteams. Gerade der Vergleich der beiden armenischen Fußballfans verdeutlicht, wie unterschiedlich die Vorstellungen sein konnten, die sowjetische Bürger auf sowjetische Sportorganisationen projizierten. Levon wechselte von der Armeemannschaft zu Spartak (Moskau), nachdem erstere aufgelöst worden war. Spartak erscheint hier als Bezugspunkt nationaler Minderheiten für einen Armenier in Tbilisi sehr attraktiv. Pion dagegen zog 1955 nach Erevan und feuerte bald schon Spartak (und später Ararat) Erevan an. Dieser Underdog des sowjetischen Fußballs war in Erevan selbst der Bezugspunkt der Titularnation. In diesen beiden Fällen bedeutete es etwas völlig unterschiedliches, ein Fan von „Spartak" zu sein.

Insbesondere Auswärtsspiele Spartak Moskaus waren auch in späterer Zeit etwas besser besucht als die Spiele Dinamo Kievs.[899] Doch es gab nun eben auch eine Elf außerhalb Moskaus, die „eine große Attraktion" für „tausende Sowjetbürger" war.[900] Dinamo Kiev übernahm den Staffelstab völkerverbindender Zuschauerkultur, den der Armeeverein CDKA Moskau nach dem Sieg der Roten Armee seit 1945 innehatte, und der zumindest in der Erinnerung Levon Karapetjans nach der Auflösung dieser Mannschaft auf Spartak Moskau übergegangen war. 1966 fieberte Levon mit vielen anderen Fußballfans dann für Dinamo Kiev. Auch wenn die Liebe speziell armenischer Fans zu Dinamo Kiev 1966 nur ein Strohfeuer war, so zeigt sich in den Schritten seiner Fanlei-

---

899 Vgl. Edelman 2009, S. 282.
900 Edelman 2009, S. 282.

denschaft von CDKA über Spartak zu Dinamo Kiev doch der Wunsch seines Herkunftsmilieus nach völkerverbindendem Ausgleich.

Die Mannschaft, die 1966 Meisterschaft und Pokal gewann, hatte zuvor bei der Weltmeisterschaft in England den vierten Platz erstritten. Bei dieser ersten im Fernsehen übertragenen WM stand der Moskauer Lev Jašin noch im Tor, wichtige Spieler wie der Ukrainer Andrij Biba kamen aber, ebenso wie der russische Trainer, Viktor Maslov, bereits von Dinamo Kiev. Viele Fans an der Peripherie hatten hier gute Gründe zur Identifikation, denn niemals zuvor war eine Republiksmannschaft in der Lage, die Moskauer Teams in schöner Regelmäßigkeit zu besiegen und potentiell auch internationale Erfolge zu erstreiten. Die Zusammenfassung der Saison von 1966 geht wie folgt: zwei Titel, dreiundzwanzig Siege, zehn Unentschieden und nur drei Niederlagen.[901] „Das Spiel geht vorbei – Moskau in Tränen – Torpedo-Spieler in Trauer" hieß es in einem schadenfrohen Telegramm aus Majkop im nördlichen Kaukasus nach dem Pokalfinale 1966.[902]

Wenn in ukrainischen Briefen an Dinamo die Unterstützung der Mannschaft nicht automatisch transnationale Konnotationen beinhaltete, so war Unterstützung von anderen Nationalitäten für dieses „kultivierte" Team von der Peripherie doch sehr wahrscheinlich. Sie konnten sich leicht mit dem Team identifizieren, das gegen Moskauer Mannschaften gewann, welche die Dominanz des Zentrums nicht nur im Sport, sondern auch in Partei und Gesellschaft symbolisierten. Für die Peripherie galt: Die *narodnaja komanda* Spartak befand sich nun, was die Herzen der Fans angeht, im Wettstreit mit einer Polizeimannschaft aus Kiev, welche die Herzen vieler Menschen gerade erst durch ihre kultivierten Siege gegen Moskauer Teams im Sturm erobert hatte und ungeachtet der multiethnischen Zusammensetzung von Spartak zumindest 1966 für viele eine neue *komanda narodov* geworden war, eine Mannschaft für die vielen verschiedenen Völker innerhalb der multinationalen Sowjetunion.

Zumindest in einigen Interviews finden sich Belege, dass auch für Fußballfans in der Ukrainischen Sowjetrepublik die imaginierte Freundschaft zwischen sowjetischen Völkern bei Spielen gegen Moskau funktionieren konnte. Für Viktor Rasulov etwa stand keine Mannschaft so sehr für das Moskauer Zentrum wie Spartak: „Der Spartak-Fußball – Das ist kein Fußball, das ist irgend so ein Unsinn". Auf meine wiederholte Nachfrage entwickelte er folgende Hierarchie des sowjetischen Fußballs, bei der sich zeigt, wie der Gegensatz zu Moskau zu brüchigen Allianzen führen konnte. Spielten Nicht-Moskauer Mannschaften, wie Dinamo Tbilisi, Ararat Erevan, Pachtakor Taškent oder Di-

---
901 Vgl. Michailov 1975, S. 44.
902 CDAVO, f. 5091, op. 1, d. 3166, l. 203.

namo Minsk gegen Spartak, so habe er stets zu diesen Mannschaften gehalten. Spielte Spartak gegen Moskauer Mannschaften, wie Dinamo Moskau, so habe er sich das einfach nur angesehen, und zu keinem gehalten (eventuell mit Ausnahme des unbedeutenden Underdogs Lokomotiv Moskau). Spielten andere Moskauer Mannschaften gegen Nicht-Moskauer Mannschaften, so habe er ebenfalls zu letzteren gehalten. Dinamo Moskau gegen Ararat Erevan? Für Ararat.

Die Nationalität von Spielern und Fans spielte als soziokulturelle Kategorie eine prominente Rolle in Fanpost.[903] Sowjetische Bürger wurden durch Fernsehübertragungen an den unterschiedlichsten Orten angeregt, in Briefen über ihre eigene Zugehörigkeit und jene der Spieler zur selben Nationalität in einer Sprache zu reflektieren, die für sowjetische Sportbürokraten angemessen war – ganz im Gegensatz etwa zu Beispielen von Hetzrufen in den Stadien.[904] Briefe aus der Ukraine mit ihrer Kombination von ukrainischer Identität und sowjetischer Erinnerung belegen diese Annahme. Dasselbe gilt aber auch für eine nennenswerte Anzahl von Briefen aus dem Kaukasus, wo Dinamo Kiev 1966 für eine ziemliche Aufregung sorgte. Einige Monate vor dem Pokalfinale erreichten mindestens neunzehn Briefe aus dem Kaukasus die Ukrainische Fußballföderation. In Tbilisi, im „sonnigen Baku"[905] und Erevan, in Suchumi, Tvarčeli (Abchazische ASSR), Batumi (Adžarische ASSR), Kirovabad (Aserbaidschan), Kirovakan (Armenien)[906] und an anderen Orten der Region[907] waren hitzige Debatten über die Nationalität zweier junger Spieler entbrannt, die erst seit dieser 1966er Saison als Neulinge für Dinamo Kiev aufliefen: Valerij Semenovič Porkujan (*1944) und Vladimir Fedorovič Muntjan (*1946).[908]

Aršavir Avanesov aus Baku etwa schrieb von „zahlreichen Fußballfans", die wegen der scheinbar armenischen Nachnamen Porkujans und Muntjans in Streit geraten waren. Offensichtlich waren die archivierten Briefe nur die Spitze des Eisberges eines generellen Bedürfnisses zur nationalen Distinktion. Einige behaupteten, fuhr Avanesov fort, die beiden Spieler seien moldovischer Herkunft, andere entgegneten, es handele sich um Armenier.[909] Die Ukraini-

---

903 Ein nationales Selbstverständnis bildete sich, wie Gerhard Simon argumentiert, speziell unter gut ausgebildeten Sowjetbürgern in einem Kontext internationaler Begegnungen und einer Kultur des Internationalismus heraus. Simon 1986, S. 318.
904 Siehe Kapitel 3.1.
905 CDAVO, f. 5091, op. 1, d. 3166, l. 120.
906 Vgl. CDAVO, f. 5091, op. 1, d. 3166, ll. 106, 113, 116, 117, 118, 119, 120, 122, 123, 124, 135, 137, 138, 143, 144, 145, 146, 147, 148, 254.
907 Siehe etwa Vasilij Chrustoforovs Brief aus Krasnodar, CDAVO, f. 5091, op. 1, d. 3166, l. 24.
908 Vgl. Michailov 1975, S. 93-4.
909 Vgl. CDAVO, f. 5091, op. 1, d. 3166, l. 113.

sche Fußballföderation versicherte ihren Fans in den Antwortschreiben, dass Muntjan russischer und Porkujan ukrainischer Nationalität sei.[910] Obwohl die beiden Spieler keinerlei Verbindungen zur Armenischen SSR hatten – über Porkujan wurde gesagt er habe keine Verwandten in Armenien während Muntjans Nachname wahrscheinlich moldavischen Ursprungs ist – deutet das Beispiel darauf hin, dass für armenische Fans die Nationalität die alleinige Voraussetzung zur Identifikation auch mit der Fangemeinschaft um Dinamo Kiev bildete. Dieser Umstand war auch außerhalb des Kaukasus weithin bekannt. Ein „Radio Erevan"-Witz, der offensichtlich in den späten 1960er Jahren nach Dinamo Kievs ersten Triumphen erfunden wurde, geht wie folgt: „Frage an Radio Erevan. Was braucht Ararat Erevan, um die Meisterschaft zu gewinnen? Radio Erevan antwortet: ‚Munt*jan*, Porku*jan* und weitere neun *kievljan* (Kiever)'."[911]

Die Lage im Kaukasus war komplex. Hauptwidersacher vieler armenischer Fans von Ararat Erevan im Kaukasus war Dinamo Tbilisi. Zahlreiche georgische Fans wiederum unterstützten Dinamo Kiev.[912] Viele Armenier hätten sich daher nur schwer vorstellen können, den Alliierten ihres Hauptwidersachers zu unterstützen.[913] 1966 komplizierten die scheinbar armenischen Nachnamen von Porkujan und Muntjan natürlich diese Konstellation. Denn sehr wahrscheinlich hätten Armenier ihre Einstellung gegenüber Kiev geändert, wenn dort nur Armenier gespielt hätten.[914] Armenische Fans, die sich ganz auf die Nationalität der Spieler konzentrierten, konnten sich recht spontan dazu entschließen, dieses oder jenes Team, oder auch diesen oder jenen Spieler zu unterstützen. Der Fußballfan Esajan etwa schickte ein Tele-

---

910 Für die Antworten siehe CDAVO, f. 5091, op. 1, d. 3166, l. 107, 114, 115, 121, 134, 136, 139, 140.
911 http://ru.wikipedia.org/wiki/Поркуян, (15.12.2014).
912 Die Geschichte der Zuschauerkultur der georgischen Sowjetrepublik ist allerdings noch nicht systematisch erforscht. Die Frage, was die gegenseitige Unterstützung bedeutete, könnte ein ganzes Bedeutungsspektrum aufwerfen. Zu fragen wäre, ob in diesem Fall die gemeinsame Zugehörigkeit zur Dinamo Sportorganisation doch eine Rolle spielte. Gleichzeitig sind auch fußballerische Varianten einer Freundschaft eines „südlichen Volkes" (*južnyj narod*) mit einem anderen zu erwarten.
913 So argumentierten zumindest zwei armenische Fans von Ararat Erevan, Vater und Sohn, im Schönheitssalon eines gemeinsamen Freundes, der selbst ein Fan von Spartak Moskau ist. Anton Gazanjan, Interview mit dem Autor, 27.03.2007; Pion Gazanjan, Interview mit dem Autor, 30.03.2008.
914 Ohne von diesen Quellen gehört zu haben, erklärte mir die Frau des Cousin des Managers des Schönheitssalon, dass zu sowjetischer Zeit ein armenischer Spieler ausgereicht hätte, um die Unterstützung aller armenischer Fußballfans für dieses Team zu gewinnen.

gramm aus Karaganda (Kasachische SSR), in dem er ausschließlich Porkujan, Sabo und Biba gratulierte.[915]

Über ihre Nationalität integrierten sich armenische Fans manchmal in die transnationale Gemeinschaft der Dinamo Kiev Fans entlang der Peripherie des sowjetischen Imperiums. Allerdings schlossen sie sich dadurch auch die meiste Zeit aus. Der armenische Starstürmer Nikita Simonjan, der in den 1950er Jahren bei Spartak Moskau spielte, war dafür ihr bester Grund. Da sich Fans ihre Gemeinschaft in Opposition zu Moskau und dessen Unkultiviertheit vorstellten, aber nicht in Opposition zu Russen,[916] wurden Armenier zur einzigen Nationalität, die bereits 1966 von der gerade entstehenden transnationalen Fangemeinschaft Dinamos de facto ausgeschlossen war. Als Ararat in den Kampf um die sowjetische Meisterschaft einzugreifen begann wurde Dinamo Kiev für Ararat Fans gar zum Hauptwidersacher. 1973 gewann Ararat seinerseits das Double, mit Simonjan als Trainer, der ein Jahr zuvor von Spartak gekommen war.[917]

Das Gegenbeispiel des ukrainischen Torhüters Spartaks, Vladimir Nikitovič Maslačenko (1936-2010), zeigt hingegen, dass die Nationalität eines einzelnen Spielers nicht zwangsläufig die Zuneigung einer Titularnation mit sich brachte. Sie unterstrich eher die multinationale Zusammensetzung Spartaks, der auch aus ukrainischer Sicht in den 1960er Jahren nicht als russische Mannschaft, sondern als hauptstädtische Mannschaft des imperialen Zentrums wahrgenommen wurde.

Russische Fußballfans im Kaukasus interessierte die Nachnamendebatte gleichermaßen. Zumindest einige russische Nachnamen, wie etwa Vinokurov und Sorokin, finden sich unter den überwiegend georgischen und armenischen Unterschriften.[918] Da einige dieser Briefe kollektiv von Fans unterschiedlicher Nationalität verfasst worden waren, zeigt sich hier eine noch direktere Form transnationalen Fernsehkonsums innerhalb multinationaler Gruppen und

---

915 Vgl. CDAVO, f. 5091, op. 1, d. 3166, l. 189.
916 Es gibt hier Ausnahmen, die der Tatsache geschuldet sind, dass Beobachter den Gegensatz zwischen Moskau und Kiev natürlich auch als Projektionsfläche für Vorbehalte gegen Ukrainer oder Russen im Allgemeinen verwenden konnten. Valentyn Stecjuk etwa schrieb mir, dass sich Georgier deshalb über „Siege Dinamos gefreut hätten, weil sie eben solch ein Verhältnis zu den Russen hatten". Valentyn Stecjuk, E-Mail an den Autor, 09.05.2012. Aus oben genannten Gründen, vor allem aufgrund der multinationalen Zusammensetzung sowjetischer Mannschaften und auch der multinationalen Komposition der Ukrainischen Sowjetrepublik und auch der offensichtlichen Sonderrolle des Moskauer Fußballs würde ich solche Deutungen nicht generalisieren wollen. Moskau war und blieb im sowjetischen Fußball eine Nationalität eigener Art.
917 Vgl. Edelman 1993, S. 161, 170.
918 Vgl. CDAVO, f. 5091, op. 1, d. 3166, l. 146; l. 148.

Freundeskreise, die zumindest in Zentralasien und dem Kaukasus das Spiel zusammen sahen.[919]

Die Debatte um die Nationalität war auch nicht auf die kaukasischen Republiken begrenzt. Diese Tatsache belegen zwei Briefe. Den einen schrieb eine Gruppe Soldaten in der Gegend um Archangelsk.[920] Der andere Brief zeigt, dass die Debatte zumindest in geringem Umfang die Bedeutung von Nationalität als Kategorie sowjetischer Fußballfans nördlich des Kaukasus erhöhte. Ihn schrieb Dinamo-Fan Vladimir Serčienko aus der Krasnodarer Gegend, der sich für die Nationalität zweier anderer Dinamospieler interessierte, Biba und Sabo.[921] Diese Briefe reflektieren indirekt den national-informierten Charakter des Transnationalismus um Dinamo Kiev. Fans versuchten sich der Nationalität der Spieler zu versichern und damit auch der nationalen Verdienste individueller Spieler, wie auch der internationalen Komposition der Mannschaft. Im Fernsehzeitalter wurden sowohl nationale als auch transnationale Zugehörigkeitsformen einer nennenswerten Anzahl sowjetischer Bürger im Kaukasus gestärkt.

Dieser Prozess konnte sogar durch kulturelle Transfers aus Westeuropa noch befeuert werden. In einem speziellen Brief kritisierte der Dinamo Kiev Fan Šandor, dass ein Leningrader Schiedsrichter das Meisterschaftsspiel Kievs gegen Torpedo Moskau gepfiffen habe: „Weshalb wurde kein Schiedsrichter aus einer neutralen Republik, etwa aus Aserbaidschan oder aus Weißrussland, Litauen und so weiter eingesetzt?"[922] Sein Misstrauen gegenüber einem Leningrader Schiedsrichter demonstriert die Bedeutung von Nationalität als Kategorie des öffentlichen Lebens in der Sowjetunion der 1960er Jahre. Es ist gleichzeitig ein Beispiel für kulturelle Transfers und die Interdependenz des globalen Sports, da Šandor die Idee „neutraler Schiedsrichter" von der Übertragung der Weltmeisterschaft in England 1966 hatte.[923] Diejenigen, die den Sieg im Pokalfinale 1966 feierten, konnten eine noch stärkere Integration ihrer sowjetischen Mannschaft in den westlichen Fußball im Rahmen des kommenden Europapokalwettbewerbs kaum erwarten, für den sich Dinamo soeben qualifiziert hatte. Viktor und Aleksej Andreev aus Kiev schrieben hierzu ein kleines Gedicht und schickten es an die Mannschaft:

---

919 Siehe etwa CDAVO, f. 5091, op. 1, d. 3166, l. 146.
920 Vgl. CDAVO, f. 5091, op. 1, d. 3166, ll. 125, 126.
921 Vgl. CDAVO, f. 5091, op. 1, d. 3166, l. 25. Der Ukrainer Andrej Biba war gebürtig aus Kiev. Jožev Sabo stammte aus einer ungarischen Familie in den Karpaten.
922 CDAVO, f. 5091, op. 1, d. 3166, l. 79.
923 CDAVO, f. 5091, op. 1, d. 3166, l. 79. Das Konzept neutraler Schiedsrichter wird bei Weltmeisterschaften und anderen Wettbewerben bis heute praktiziert. Zur Bedeutung des Schiedsrichters für die Entstehung von Emotionsgemeinschaften im Rahmen von Fußballspielen siehe Kapitel 3.1.

Es funkelte das Gold im Kristalle
Doch wir erhoffen und erwarten:
Unsere „Internacionale"
Dass sie im heimischen Kiev erstrahle!

Blesnulo zoloto v chrustale!
No my nadeemsja i ždem:
Svoe „Internacionale"
Zableščet v Kieve rodnom!⁹²⁴

Mitte der 1960er Jahre waren in Westeuropa gerade erst die ersten Fangesänge dokumentiert worden.⁹²⁵ In sowjetischen Stadien wurden bis zu diesem Zeitpunkt noch keine Lieder gesungen, aber die Andreevy hatten dennoch die Idee, eines zu schreiben. Die Idee eines Fanliedes war gleichwohl nicht vollkommen neu. Bereits 1962 hatte *Futbol* anlässlich der Weltmeisterschaft in Chile das „Kleine Lied des Fans" publiziert.⁹²⁶ Es ist wahrscheinlich, dass die Andreevy, wie viele andere Fans auch, von solchen Medienvorbildern inspiriert wurden. Der Inhalt ihres Gedichtes jedenfalls stellt auf den ersten Blick einen Bezug zum sozialistischen Internationalismus her. Seine Struktur, vor allem aber die dritte Zeile, erinnert an das internationale Arbeiterlied, die *Internationale*. Dort „erkämpft" die Internationale „das Menschenrecht", hier „erstrahlt" die Internationale „im heimischen Kiev". Die Andreevy hatten also oberflächlich betrachtet eine Gemeinschaft im Sinn, die voller Stolz ihre Heimmannschaft als Verkörperung sozialistischer Werte imaginierte. Wie in allen anderen Beispielen auch drückten sie lokale Identität durch sowjetischen Diskurs aus.

Diese Lesart des Gedichtes ist allerdings nur die eine Seite der Medaille; und nur Fußballfans kennen die andere Seite dieser *Internacionale*. Jeder Fußballinteressierte, für die Andreevy gilt dies sicherlich auch, hätte gewusst, was mit „Unsere *Internacionale*" auch gemeint war. Mitte der 1960er Jahre war das italienische Team Internazionale Milano⁹²⁷ die erfolgreichste Mannschaft der Welt. 1965 hatte sie sogar das ‚Triple' gewonnen: die italienische Meisterschaft, den Europapokal und den Weltpokal. Sowjetische Fans wussten das sehr genau, da die sowjetische Presse über westliche Fußballereignisse berichtete. 1964 zeigte *Futbol* etwa eine Photographie mit fröhlichen Fans. Die Bildunterschrift erklärte, dass die heißblütigen Fans der Internacionale ihren Sieg über Partizan Belgrad feierten.⁹²⁸ Das Gedicht drückte also die Hoffnung aus, dass der Gewinn der Meisterschaft (Goldmedaillen für die Spieler) und des Pokals (Kristall) den Auftakt für eine erfolgreiche Teilnahme Dinamo Kievs im

---

924 CDAVO, f. 5091, op. 1, d. 3166, l. 256.
925 Vgl. Kopiez und Brink 1998, S. 65-78.
926 Siehe „*Pesen'ka bolel'ščika*", in *Futbol*, 27.05.1962, S. 16.
927 Der Name des Vereins lautet Internazionale Milano. *Internacionale* ist die korrekte Transliteration der Schreibweise im Russischen.
928 Vgl. *Futbol*, 08.03.1964, S. 14.

Europapokalwettbewerb bildeten, in dem sich Dinamo als „Unsere *Internacionale*" (unser Milano) erweisen würde, die nächste Nummer eins in der westlich dominierten Fußballwelt. Ein Fan aus Suchumi äußerte dieselbe Hoffnung. Er wünschte sich, dass „unsere Champions" nun auch den Europapokal gewännen.[929]

Es ist hier wichtig festzuhalten, dass der Fußball für sich selbst genommen als kompetitives, antagonistisches und (zumindest theoretisch) transparentes Spiel seiner reinen Natur nach Verbindungen zum westlichen Sport erforderte. Der Qualität des sowjetischen Fußballs konnte sich nur versichern, wer sich auf den internationalen Wettstreit mit den großen Mannschaften Europas und Lateinamerikas einließ. Gleichwohl bedeutet dies keine gänzliche Absage an die sowjetische Interpretation des Gedichtes „Unsere *Internacionale*". Aus einer unvoreingenommenen Perspektive heraus erscheint Dinamo Kiev als ambivalentes Objekt der Identifikation seiner Anhänger, das zwischen sozialistischem Internationalismus, lokaler Identität und globalem Sport hin und her schwankte. Die Perspektive dieser Briefe war aber überhaupt nicht ambivalent, sondern hochgradig voreingenommen und subjektiv: Dinamo Kievs Fans kümmerten sich nicht um Dichotomien oder Ambivalenzen. Ihre Briefe waren ohne Ausnahme kohärent und unzweideutig gemeint. Selbst im Vorfeld der herbeigesehnten internationalen Wettbewerbe war es für Dinamo Kiev Fans sinnvoll, ihre Fanleidenschaft im Rahmen sowjetischer Diskurse auszudrücken. Da ihr lokales Team die Union im Ausland vertrat, widersprachen sich sowjetischer Patriotismus und lokale oder republikanische Identität auch in diesem Fall keineswegs.

Die größere Reichweite von Fernsehübertragungen prägte die sowjetische Gesellschaft der 1960er Jahre wie kaum eine andere Innovation technologischer, wirtschaftlicher oder politischer Art. Als multinationale Zuschauerschaft verfolgten sowjetische Bürger Fernsehereignisse, die eine Teilhabe ermöglichten, die jenseits klassischer Dichotomien wie „Repression und Widerstand" oder „der Staat und die Bevölkerung" funktionierte. *Wir* und die *Anderen* bedeutete in diesem Fall gegen die vermeintliche Mannschaft des Volkes und andere Moskauer Teams zu sein, und sich mit einer Polizeimannschaft zu identifizieren, die ansonsten für die repressive staatliche Ordnung gestanden hätte. Die Ukrainische Fußballföderation und Institutionen wie der Ministerrat der Ukrainischen SSR bildeten keinen Gegensatz „zum Volk". Wie die Spieler auf dem Platz waren sie gängige Referenzpunkte, während die Fans durch Zensur und räumliche Distanz voneinander getrennt blieben. 1966 waren sie

---

929 CDAVO, f. 5091, op. 1, d. 3166, l. 6.

gerade erst über den Fernsehfußball Teil des Ereignisses mit all seinen translokalen und transnationalen Implikationen geworden. Einige von ihnen schrieben in ihren Briefen, dass etwas Neues in der sowjetischen Zuschauerkultur vor sich gehe. Das transformatorische Potential des Fernsehens lässt sich also hier explizit aus der Perspektive sowjetischer Bürger nachweisen.

Dabei stärkte der Fernsehkonsum die Bedeutung von Region, Republik und Nationalität gegenüber lokalen, urbanen Zusammenhangen. Er steigerte nationales Bewusstsein ebenso wie transnationale Integration. In Fanbriefen beanspruchten sowjetische Bürger die Idee einer kultivierten Zuschauerkultur für sich und schrieben den negativen Teil der Dichotomie, die Vorstellung unkultivierten Verhaltens, ihren Widersachern zu. Sie beschrieben sich selbst in einem Kontext als Gleiche, der ansonsten von der politischen und kulturellen Hegemonie des imperialen Zentrums geprägt war,[930] und konterkarierten damit die etablierte Hierarchie der Nationen des multiethnischen Imperiums.[931] Doch damit war die Nationalität von Spieler und Fans die zentrale Ordnungskategorie, wie es durch die sowjetische Nationalitätenpolitik allen Gegenbewegungen zum Trotz von den Anfängen angelegt war.

Zumindest wenn Dinamo Kiev gegen Moskauer Teams spielte identifizierten sich viele Fußballfans an der multiethnischen Peripherie der Sowjetunion auch in den folgenden Jahren mit dieser Mannschaft (mit Armeniern als wichtige Ausnahme). Dinamo Kiev repräsentierte fortan regelmäßig die Sowjetunion im Ausland und dominierte die Meisterschaft zu Hause. Den Höhepunkt ihrer Popularität dürfte ihr Triumph im Europapokal der Pokalsieger und im Supercup 1975 gebildet haben. Wenn Fußballkreise auch später Valerij Lobanovskij, der die Mannschaft seit 1973 trainierte, für internationale Fehlschläge und fragwürdige Taktik kritisierten (etwa für das langweilige, aber effektive „Auswärtsmodell", nach dem er nur bei Heimspielen auf Sieg, bei Auswärtsspielen aber auf Unentschieden spielen ließ),[932] überstrahlen die Erfolge für ukrainische Anhänger Dinamos dagegen alles. Kievs Triumph im Europäischen Supercup 1975 ist neben dem „Kiever Todesspiel" von 1942 der zentrale Erinnerungsort der ukrainischen Fußballkultur zum Zeitpunkt der Recherchen an dieser Arbeit und, im Gegensatz zu ersterem, in keiner Weise umstritten.[933]

---

930 Für die Sowjetunion als Imperium siehe etwa Beissinger 2006; Yekelchyk 2002.
931 Vgl. Martin 2001.
932 Edelman 1993, S. 174-7.
933 Zur Geschichte des „Todesspiels" als Element einer sportlichen Erinnerungskultur siehe Feindt 2012.

Vielleicht genügen zwei Stimmen, um zu zeigen, wie Dinamo Kievs Erfolge der 1960er und 1970er Jahre in der Erinnerung mit Lobanovskij verknüpft werden: „Lobanovskij, Himmelreich nochmal, das ist unser Idol, das uns für das ganze Leben geblieben ist, solch ein Trainer, mir scheint, das war ein Trainer von Weltrang."[934] Und: „Sie wissen doch, dass wir 1975 den Supercup gewonnen haben, als Lobanovskij am Steuer war, nun, und als die *kievljane* in der Nationalmannschaft der UdSSR spielten, als Lobanovskij die Nationalmannschaft trainierte. Deshalb haben wir natürlich, als wir noch in der Union waren, mit der *sbornaja* mitgefiebert – nicht so sehr für die Nationalmannschaft, wie für unsere *kievljane* (...)"[935] Es ist hier die Unschärfe und Ambivalenz einer ukrainisch dominierten sowjetischen Nationalmannschaft, die es einfachen Bürgern der ukrainischen Sowjetrepublik erlaubte, ohne wenn und aber für die Sowjetunion zu sein.

Der verzaubernde Moment im Herbst des Jahres 1966 erlaubte es sowjetischen Bürgern nicht nur, sich mit sowjetischen Fernsehbildern zu identifizieren, sondern auch regionale, nationale und transnationale Loyalitäten an der Peripherie des Imperiums zu formulieren. Während viele Fans einfach nur ihre Freude und ihre Fußballbegeisterung zum Ausdruck brachten, offenbarten sich aber recht häufig tiefere soziokulturelle Schichten. Im Kontext der späten sowjetischen Diktatur war Fußball zu keinem Zeitpunkt nur ein Spiel. Einfache Bürger benutzten Dinamos Triumph von 1966 um eine Art „gelebten Sozialismus" zu praktizieren, den sie mochten, da er die Hierarchie der Nationen im multiethnischen Imperium unterlief. Hier erscheint zwar eine „Gesellschaft der Angepassten", jedoch eine, die gerade nicht „mit Deformationen [...], mit Doppeldenken, Doppelbödigkeit und Vertrauensverlust" bezahlte.[936] Viele Menschen erfreuten sich eher daran, dass sie Gegnerschaft zwischen Städten, zwischen Republiken und zwischen Nationalitäten auf sowjetische Weise ausdrücken konnten. Denn die Frage nach Zusammenhalt und Gegnerschaft im Vielvölkerreich stellte sich nun grundsätzlich und an jedem Spieltag innerhalb des multinationalen Settings der sowjetischen Ligaspiele, nicht mehr nur innerhalb der seltenen Empörungsgemeinschaften beim Aufeinandertreffen von Mannschaften mit unterschiedlichem nationalem Hintergrund. Es bereitete diesen Dinamo-Fans großes Vergnügen, wenn ihr Team die Moskauer zu Hause demütigte. Sie lebten die „Leidenschaft der Region, [...] gegen das Zentrum Moskau mit seinen großen Möglichkeiten".[937] Und sie freuten sich auf die

---

934 David Denisov, Interview mit dem Autor, 27.05.2007.
935 Boris Šymko, Interview mit dem Autor, 27.05.2007.
936 Dubin 2007, S. 65.
937 Vadim Kovalenko, Interview mit dem Autor, 26.04.2007.

nächste Saison, in der Dinamo die Sowjetunion sogar international vertreten würde. Internazionale Milano war ihr internationaler Standard. Der Rhythmus von „Unserer *Internacionale*" war dennoch sozialistisch. Es war Sozialismus mit einem Lachen.

6 Im Hunderitt zum Auswärtsspiel. Organisierte Fankultur und sowjetische Herrschaft, 1970-1980er Jahre

Der Soldat auf dem Schwarz-Weiß-Bild im Photoalbum sitzt mit baumelnden Beinen auf dem Fenstersims. Schmunzelnd hält er eine Flagge ins Bild. Seiner Kleidung nach ist er ein Vertreter der sowjetischen Ordnungsmacht, aber die rot-weiße Flagge soll zeigen, wofür sein Herz in Wahrheit schlägt: für Spartak Moskau.[938] Die Begeisterung für diesen Verein und seine Fanbewegung ist größer als der Respekt für das Armeebettlaken, aus dem er diese Flagge geschneidert hat. Die Photographie fängt auf den ersten Blick, wie Alexei Yurchak dies nennt, „einen Zustand des gleichzeitigen Aufhaltens innerhalb und außerhalb eines gewissen Kontextes" ein.[939] Der 1965 geborene Soldat Amir Chusljutdinov, in Moskauer Fankreisen besser bekannt unter dem Spitznamen (*klikucha*) „Professor", positioniert sich mit der Spartakflagge als *vne*, als außerhalb der sowjetischen Ordnung; und doch steckt er mit beiden Füßen tief in ihren Stiefeln (siehe Abb. 21).[940]

Abb. 21: „Professor" in der sowjetischen Armee. © Amir Chusljutdinov.

---
938 Amir Chusljutdinov, Interview mit dem Autor, 09.04.2008.
939 Yurchak 2005, S. 128.
940 Vgl. Yurchak 2005.

Im vorigen Kapitel eröffnete der in Fanpost formulierte Gegensatz zwischen Kiev und Moskau einen geographisch weiten Blick auf Gegensätze und Allianzen im Vielvölkerreich. Dieser Abschnitt verengt den Fokus erneut auf die Zuschauerkultur in und um Moskauer und Kiever Stadien. Nach synchroner Komplexität wende ich mich erneut diachronen Linien zu, um zu zeigen, welche Richtung die sowjetische Fußballkultur in den späten 1970er und frühen 1980er Jahren nahm. Dies untersuche ich am Beispiel der mythenumwobenen Ursprünge der bis heute existierenden organisierten Fanbewegung *fanatskoe dviženie*,[941] die ich im Kontext der sowjetischen Mediengesellschaft der späten Brežnevjahre und der „letzten sowjetischen Generation" zu verankern versuche.

Dies ist die Geschichte einer Jugendkultur, die zunächst auf dem Nährboden der Moskauer Stadion- und sowjetischen Fernsehkultur der 1960er und 1970er Jahre entstand, dabei kaum einen Gegensatz zu sowjetisch korrekten, bereits etablierten und von der Sportpresse sanktionierten Fanpraktiken wie einfachen Sprechchören oder seltenen Transparenten bildete, ehe sie in den frühen 1980er Jahren diesem Rahmen entwuchs, der sie hervorgebracht hatte. Ich möchte dies über Interviews mit organisierten Fußballfans rekonstruieren, deren Narrative ich mit Archiv- und Medienquellen, mit behördlichen Stellungnahmen, Zeitungsberichten und Zeitschriftenreportagen, Photographien und Filmmaterial (Pressephotographie, Dokumentation, Kinderfilm, privates Photoalbum) kontextualisiere. Im Modus regelmäßig stattfindender Auswärtsfahrten und Schlägereien entstand eine Moskauer Fankultur, die in ihrer Selbstwahrnehmung westlich inspiriert war, sich inner-sowjetisch aber über die multinationale Peripherie erhob.[942] Moskauer Jugendliche erneuerten damit die Vorstellung eines überlegenen Moskauer Zentrums, die ihre Deutungskraft bis zum Zeitpunkt der Recherchen zu dieser Studie auch außerhalb Moskaus kaum eingebüßt hat.

---

941 Fanat ist eine Entlehnung aus dem Englischen. Sematisch liegt es nahe an *bolel'ščik* und *fan*, weist aber nach Angaben von Trägern dieser Bezeichnung auf eine besonders leidenschaftliche Hingabe hin. Etwa: Amir Chusljutdinov, Interview mit dem Autor, 09.04.2008.

942 Vgl. Jobst et al. 2008, S. 28. Ich konzeptionalisiere informelle Fankultur in ihrer multinationalen Dimension also eher im Sinne der *(post)colonial studies*. Die bloße Beschreibung als „Gegenkultur" inklusive widerständigem Verhalten würde die zentrale Rolle der Auswärtsfahrten und dadurch performativ hergestellten Hierarchien zwischen den Gruppierungen unterschiedlicher Gegenden unterschätzen.

6.1 Sowjetisch, Männlich, Jung: Stadionkultur in Moskau und Kiev im Vergleich

Wer in einer sowjetischen Großstadt der 1970er Jahre aufwuchs, der verbrachte im Unterschied zu vielen Älteren seine Jugend in einer eigenen Familienwohnung mit eigenem Fernseher.[943] Wer sich zudem noch für Fußball interessierte, der wusste, was europäische und lateinamerikanische Fußballfans im Stadion veranstalteten, denn sowjetische Medien zeigten dies seit den 1960er Jahren. Dieser Kontext begünstigte, dass an die Stelle der vorsprachlich rumorenden, pfeifenden, jubelnden und kakophonisch schimpfenden Zuschauermassen der 1930er bis 1950er Jahre von den 1960er Jahren an Zuschauer traten, denen es Freude bereitete, individuell und kollektiv zu ihrer Mannschaft zu sprechen. Erst über einen Vergleich der Zuschauerkulturen Moskaus und Kievs wird jedoch deutlich, weshalb gerade Moskau als Wiege der organisierten Fankultur in der Sowjetunion wahrgenommen wurde.

Zunächst änderte sich im Laufe der 1960er Jahre sowohl in Moskau als auch in Kiev die Zuschauerkultur wesentlich. In Form eines neu erlernten Einwortsatzes entstanden erste Sprechchöre (*„Di-na-mo! Di-na-mo!"*[944]) und auch die ersten Transparente im Stadion waren zu entdecken. Ältere Schmährufe, wie *„den Schiedsrichter zu Seife!"* oder *„der Schiedsrichter ist ein Päderast!"* wurden nun zu folkloristischen Klassikern.[945] Außerhalb des Stadions markierten Fußballhemden, auf die die Namen sowjetischer Fußballmannschaften gedruckt waren, die Fußballbegeisterung ihrer Träger. Eines dieser Hemden ist im Archiv der Forschungsstelle Osteuropa in Bremen im Vorlass Leonid Arinštejns erhalten.[946] Arinštejn trug es „als gewöhnliches Sommerhemd" und „nicht zwangsläufig" wenn er ins Stadion ging.[947] Die Geschichte der sowjetischen Zuschauerkultur ist spätestens seit den 1960er Jahren keine reine Geschichte spontaner Empörungsgemeinschaften mehr, sondern eine Geschichte von Zuschauern, die sich zeigten, ihre Leidenschaft verbalisierten und sich von der applaudierenden, jubelnden oder empörten Masse abhoben, um alleine oder mit anderen ihre Mannschaft zu unterstützen.

Das fiel auch Sportphotographen auf. Der Photograph Baringol'c etwa achtete beim sowjetischen Pokalfinale am 8. November 1966 im Moskauer Lenin-Stadion in Lužniki nicht ausschließlich auf den Spielverlauf. Zumindest für einen Moment sah er in die Ränge. Einige Zuschauer hielten Transparente

---

943 Vgl. Roth-Ey 2007, S. 282.
944 Pavel Alešin, Interview mit dem Autor, 08.03.2007.
945 Siehe hierzu Kapitel 3.1.
946 Vgl. FSO, 01-144.
947 Leonid Arinštejn, E-Mail an den Autor, 09.02.2011.

in die Höhe. Eines bezog sich auf die Goldmedaillen, die Dinamo Kiev nach gewonnener Meisterschaft erst kurz zuvor verliehen worden waren: „Die Medaillen haben wir, den Pokal werdet ihr uns noch geben!!" Auf einem anderen Banner stand geschrieben: „Der Frost wird Torpedo nicht retten. Dinamo wird sich den Pokal holen!!!" Baringol'c machte ein Foto (siehe Abb. 22).[948] Andere Schriftzüge auf Transparenten unterstützten Dinamo Kiev, das 1966 bereits die sowjetische Meisterschaft gewonnen hatte und nun im Pokalfinale stand, in Anspielung auf die Goldmedaillen des sowjetischen Fußballmeisters mit „Dinamo! [Leg das] Gold in den POKAL" und „Die Medaillen haben wir. [Nun] gib uns den Pokal!!!"[949] Bereits zwei Jahre zuvor waren einzelne Transparente auf einer Photographie des Sportphotographen V. Šandrin zu sehen.[950]

Abb. 22: „Der Frost wird Torpedo nicht retten." Pokalfinale. Moskau. Lenin-Stadion. 1966.
© Central'nyj deržavnyj kinofotofonoarchiv Ukraïny imeni G. S. Pšeničnogo, *CDKU*, 0-111801.

Photographen rückten nun einzelne Fußballfans oder kleine Grüppchen ins Bildzentrum, die von einer friedlichen Stadionmasse und von Vertretern von

---

948 CDKU, 0-111801.
949 CDKU, 0-111801. Russ.: „*Dinamo! Zoloto v KUBOK*" und „*Medali est'. Daeš kubok!!!*"
950 Vgl. CDKU, 0-107729, V. Šandrin arbeitete nach Angaben älterer Mitarbeiter des Ukrainischen Nachrichtendienstes Ukrinform für *Sovetskij Sport*.

Miliz oder Militär eingerahmt sind.[951] Produktiver als eine rein dokumentarische Deutung der Inhalte solcher Photographien erscheint mir eine Interpretation, die sich der künstlerischen Gestaltung etwa bei der Auswahl und der Anordnung der Motive bewusst ist. Denn diese Photographien konstruierten eine Vorstellung konformer sowjetischer Zuschauerkultur, und damit aus der Perspektive sowjetischer Medienöffentlichkeit eine Bandbreite von Zuschauerpraktiken auf den Tribünen, die nicht im Gegensatz zur sowjetischen Ordnung stehen mussten. In einer Photographie aus dem Jahr 1964 etwa begrenzen vier Milizionäre das aus Sicht des Photographen nach rechts blickende Publikum. Ein fünfter betrachtet in der Bildmitte voller Begeisterung das Spiel. Er ist emotional bereits völlig mit der Fanmasse verschmolzen, aus der er gleichwohl visuell herausragt. Die vier anderen Sicherheitskräfte am unteren Rand trennen das Publikum vom Spielfeld und auch die Emotionalität der Fans vom externen Betrachter der Photographie. Dabei übernehmen sie von rechts nach links zunehmend die Blickrichtung der Zuschauer (siehe Abb. 23).[952] In einer anderen Photographie aus dem Jahr 1966 verschmelzen die Sicherheitskräfte dagegen nicht mit dem Ereignis. Die erste Zuschauerreihe, die zur Gänze mit Militär besetzt ist, grenzt erneut die Zuschauermasse vom Geschehen auf dem Platz, aber auch vom Betrachter der Photographie ab. Sie liefert den legitimierenden Rahmen sowjetischer Stadionkultur. Deren Freiräume bringt ein einzelner Fan in der Bildmitte zum Ausdruck, der inmitten einer diversen, fröhlichen Männermenge als einzelner stehend das Transparent mit den Worten „Gebt uns ein Tor" in die Höhe hebt (siehe Abb. 24).[953] In beiden Fällen bilden Sicherheitskräfte den Rahmen legitimer Fanleidenschaft. Im ersten Fall liegt die Betonung auf der Emotionalität des Ereignisses, die auch die Sicherheitskräfte selbst mit sich reißt. Im zweiten Fall handelt die Photographie von den Freiräumen sowjetischer Stadionkultur, die sowjetischen Bürgern im Rahmen eingehegter Zuschauermassen zugestanden wurde.

---

951 Auf früheren Stadionphotographien im ukrainischen Archiv für Photographie, Ton und Film sowie im Photoarchiv von Sport-Ekspress Moskau finden sich solche Motive nicht.
952 Vgl. CDKU 0-107729.
953 CDKU 2-85689. Russ.: „*Daeš' gol*".

Abb. 23: Transparente und Miliz. Dinamo Kiev gegen Kryl'ja Sovetov. Moskau. Lenin-Stadion. 1964. © Central'nyj deržavnyj kinofotofonoarchiv Ukraïny imeni G. S. Pšeničnogo *CDK*U, 0-107729.

Abb. 24: „Gebt uns ein Tor" und Soldaten. Dinamo Kiev gegen Zenit Leningrad. Kiev. 1966. © Central'nyj deržavnyj kinofotofonoarchiv Ukraïny imeni G. S. Pšeničnogo, *CDKU*, 2-85689.

Photographien aus Kiev zeigen, dass die dortige Stadionkultur hinter der Moskauer Entwicklung in nichts nachstand. Beim Pokalfinale zwischen Dinamo Kiev und Zarja Vorošilovgrad 1974 blickten sich viele um, als einige Männer ein langes Transparent entrollten. Auf ihm war zu lesen: „ZARJA [etwa: die Morgensonne] wird heute nicht aufgehen – DINAMO wird sich den POKAL holen."[954] Im selben Spiel war auf einem ähnlich langen Transparent zu lesen: „KIEVER! Bringt wie zu Vorzeiten den Pokal nach Hause".[955] Solche Transparente konnten auch Referenzen zur Fernsehkultur beinhalten, wie etwa beim Pokalfinale 1978 zwischen Dinamo Kiev und Šachter Doneck. Fußballfans von Šachter hielten in Anspielung auf die bekannte Zeichentrickserie „Nu Pogodi" vom Wolf, der den Hasen verfolgt, ein Transparent in die Höhe: „DINAMO! NA WARTE!" (siehe Abb. 25).[956] Vermeintlich vergaßen sie dabei, dass der Hase in der Serie am Ende immer entkommt.

Schließlich konnten Transparente auch Bezug auf andere Sportarten nehmen. Das Transparent „šajbu!", das neben weiteren Transparenten in Wochenschauen zu sehen ist, fordert ein Tor und ist gleichzeitig eine Anspielung auf das Eishockey, denn es bedeutet sowohl „Puck" als auch „Treffer".[957]

---

954 CDKU, 0-152288. Russ.: „ZARJA segodnja ne vzojdet – DINAMO KUBOK uvezet." Der Photograph V. B. Berezovskij arbeitete nach Angaben älterer Mitarbeiter des Ukrainischen Nachrichtendienstes Ukrinform für Molod Ukraïny.
955 CDKU 0-152289. Russ.: „KIEVLJANIN! Kak i vstar' privezi domoj chrustal'".
956 CDKU, 0-152212. Russ.: „DINAMO, NU, POGODI".
957 Beim Spiel Dinamo Kievs gegen Spartak Moskau. Ukraina sportivna, Nr. 5, kinožurnal, Kiev 1980, CDKU 7658.

Abb. 25: „Dinamo! Na warte!" Dinamo Kiev gegen Šachter Doneck. 1978. © Central'nyj deržavnyj kinofotofonoarchiv Ukraïny imeni G. S. Pšeničnogo, *CDKU*, 0-152212.

Von den 1960er Jahren an gab es immer wieder Grüppchen von Zuschauern, die Transparente in die Höhe hielten oder sich auch als Diskutanten oder Sammler trafen. Auch sie wollten, wie der Soldat im Eingangsbeispiel, Amir Chusljutdinov, dies der *fanatskoe dviženie* exklusiv attestiert, „aktiver teilhaben [...] am Leben der Mannschaft"; sich abheben von der „grauen Masse", so sie denn die Masse als grau empfanden.[958] Und doch sind all diese Grüppchen heute vergessen und, wenn es auch andere Stimmen gibt, so waren selbst einige Kiever Fans im Interview sicher, dass die *Spartakovskie fanaty* die offene Mannschaftsunterstützung im Stadion erfunden haben.[959]

Amir Chusljutdinov philosophiert heute noch im Internet über die 1970er und frühen 1980er Jahre. Seine Texte finden sich auch auf der Webseite der *Gladiatory*, einer Allianz mehrerer aktiver Hooligan-Gruppierungen Spartak Moskaus.[960] Er ist nun seit mehreren Jahrzehnten ein Protagonist der Fanszene um Spartak und einer der älteren *lidery* oder *avtoritety* der „Bewegung". Seine Autorität bezieht er zu einem Gutteil über seine Kenntnis der Entstehungsge-

---

958 Amir Chusljutdinov, Interview mit dem Autor, 09.04.2008.
959 Fedor Mel'nikov, Interview mit dem Autor, 19.05.2007.
960 http://www.gf96.com/indexggg32.html (15.12.2014). Siehe zu diesen Allianzen auch Kozlov 2008, S. 21.

schichte organisierter Fankultur in der sowjetischen Vergangenheit. Sein Spitzname (*professor*) ist Programm. Amir Chusljutdinovs Schilderung der Frühphase der *fanatskoe dviženie* handelt im Interview von jugendlichen Sowjetbürgern, die wussten, dass „die Staatsmacht die Jugend betrügt". Er beschreibt sich und seine Kampfgefährten als „prägnant" (*jarkij*) und „aktiv" (*aktivnyj*) in stagnierender Umgebung. Er verwendet auf einer Webseite die Kategorie des *zastoj*, der Stagnation, ganz explizit, um herauszustreichen wie progressiv die Spartak-Fanbewegung von Beginn an war.[961] Eine ähnliche Referenz auf ein anarchisches Freiheitskonzept verwendete Dinamo Kiev Fan Aleksandr Ponyrev, der sich bei Auswärtsfahrten wie auf einem „Korsarenschiff" gefühlt habe.[962]

Stimmen wie diese entstammen einer selbst-selektierten Akteursgruppe. Wer unter *fanaty* der Gegenwart nach Interviewpartnern für die 1980er Jahre sucht, trifft ausschließlich auf Personen, die seit mindestens zwei Jahrzehnten Mitglieder einer radikalen Subkultur sind. Viele Beschreibungen des Lebensstils aus den Spartak und Dinamo Kiev Milieus korrespondieren mit weiteren, bereits veröffentlichten Interviewpassagen aus Gesprächen, die Vladimir Kozlov schwerpunktmäßig mit organisierten Fans von CSKA Moskau, Dinamo Moskau und Zenit Leningrad führte.[963] Es zeigt sich hier, dass diese Übriggebliebenen über die Jahre hinweg die Erinnerung an eine gemeinsame Vergangenheit als *fanaty* auf eine Weise kommunikativ konstruieren, die mit Ausnahme kleiner Details von der unterschiedlichen Mannschaftszugehörigkeit unbeeinflusst ist.[964]

Während solchen Retrospektiven die zahlreichen Vorläufer gegenübergestellt werden können, entstand doch Mitte der 1970er Jahre in Moskau etwas Neues. Fankultur lebt vom Dialog der Schlachtgesänge und Schmährufe der Fanmassen unterschiedlicher Mannschaften vor Ort und angesichts der großen Entfernungen innerhalb der Sowjetunion dauerte es, bis solch ein Kontakt von Fangruppen entstand. Einmal im Berufsleben etabliert hatten nicht wenige Fußballfans zwar die Gelegenheit, ihre Mannschaft im Rahmen einer Dienstreise beim Auswärtsspiel zu sehen.[965] Doch sie kamen als einzelne Zuschauer und hatten so keine Gelegenheit, ihre Mannschaft als Fanblock zu unterstützen. Günstige Voraussetzungen gab es allein in Moskau, angesichts der

---

961 http://www.gf96.com/indexggg32.html (15.12.2014).
962 CAGM, f. 3029, op. 1, d. 382.
963 Vgl. Kozlov 2008.
964 Vgl. Welzer 2008.
965 Fedor Ivanov, Interview mit dem Autor, 11.03.2007. Ein Beschwerdebrief sowjetischer Dienstreisender wird in Kapitel 3 diskutiert. CDAVO, f. 5091, op.1, d. 3205, l. 23.

inner-Moskauer Konkurrenz der vier großen Vereine, der Armeemannschaft CSKA, der Mannschaft des Innenministeriums Dinamo, der Mannschaft der Autofabrik Torpedo und der Mannschaft, die als einzige keiner Institution eindeutig zugeordnet war, Spartak.

Nur in Moskau konnten sich Fangruppen in permanenter gegenseitiger Sichtbarkeit und Konkurrenz herausbilden und schärfen. Die ersten Erwähnungen von Fanschals bei einigen jugendlichen Anhängern Spartak Moskaus stammen aus dem Jahr 1972 und verdeutlichen die Bedeutung solcher Gegensätze.[966] Das sowjetische Fernsehen übertrug in diesem Jahr das Finale im Europapokal der Pokalsieger, in dem Dinamo Moskau auf die Glasgow Rangers traf. Die ersten Fanschals bei Spartak, dem Erzrivalen Dinamos, könnten als Kommentierung dieses Spiels gelesen werden, denn kurz vor Schluss der Partie, die Dinamo mit 2:3 verlor, stürmte eine Gruppe schottischer Fußballfans, mit Flaggen und Fanschals bewaffnet, den Platz. Millionen sowjetische Bürger waren vor den Fernsehern versammelt und sahen zu.[967] Doch nur in Moskau konnte man die Widersacher damit ärgern, fortan Schals zu Fußballspielen zu tragen.

Allgemein ist die Entstehung organisierter Fankultur ein Effekt globaler Verflechtung von Kultur via Technologie und Begegnung in ganz unterschiedliche Richtungen.[968] Als Schlüsselereignis gilt etwa die Fußballweltmeisterschaft in England 1966, die im Fernsehen übertragen „prägend für die Fankultur rund um den Globus" gewesen sein soll.[969] In der Tat entstanden in den 1960er und 1970er Jahren organisierte Fankulturen an ganz unterschiedlichen Orten, deren Zugehörigkeitsgefühle wesentlich systematischer über ritualisierte Praktiken und Devotionalien codiert wurden als bei früheren Zuschauergruppen. Obwohl es etwa eine lange Tradition der Mannschaftsunterstützung unter japanischen Baseballfans gab, seien die gegenwärtigen Fanklubs Mitte der 1970er Jahre entstanden, als „urbaner Konsum" zu einem Massenphänomen geworden sei.[970] Auch in Deutschland gründeten sich Anfang der 1970er Jahre Fanklubs der Bundesligavereine.[971]

In Moskau entwickelten sich kleinere Grüppchen erst zu einer zunächst sehr lose organisierten Massenbewegung weiter, als die Traditionsmannschaft

---

966 Ohne den Bezug zu Dinamo nennt dieses Jahr unter anderem Kozlov 2008, S. 60.
967 Vgl. Edelman 1993, S. 192.
968 Globalisierung versteht sich hier als weltweite Verbreitung von Praktiken, Normen und Technologie. Vgl. Sandvoss 2003. Zu Globalisierung und modernem Sport siehe etwa Eisenberg 2004; Guttmann 1994; Keys 2006.
969 Edig et al. 2006, S. 46.
970 Kelly 2004.
971 Vgl. Biermann 2005, S. 33.

Spartak Moskau 1976 aus der obersten sowjetischen Liga abstieg. Einem gängigen Mythos von Sankt Pauli bis Arsenal London zufolge mobilisiert der Misserfolg aufrechte Fans.[972] Doch die Entstehung informeller Fangruppen in Moskau begünstigte eine komplexe Gemengelage, die dieser Mythos nur ungenau einfängt. Hinter Spartak, dem Liebling der Moskauer Sportmedien, scharten sich traditionell die meisten Anhänger in Moskau.[973] Auf seiner ersten (und letzten) Zweitligasaison lagen alle Blicke. In der relativen Stille der zweiten sowjetischen Liga, Spartak hatte hier mit Abstand die meisten Anhänger, erfuhr eine neue, von wenigen bereits praktizierte Fankultur, eine Sichtbarkeit wie unter einem Vergrößerungsglas. In einem gesellschaftlichen Kontext, in dem eine Mehrheit der Moskauer Väter immer schon für Spartak gewesen war, erhielten sie ein nie da gewesenes Gehör und damit bald schon starken Zulauf, der sich mit dem sofortigen Wiederaufstieg und der baldigen Meisterschaft 1979 verstetigte.[974] Die Einführung des Farbfernsehens 1975 könnte zur Sichtbarkeit der Fanmode zusätzlich beitragen haben.[975] Definitiv hatten nun aber jüngere Fußballfans mit Fanschal und Fangesängen eine Antwort in Zwei- und Mehrwortsätzen auf die Abnahme der Zuschauerzahlen durch die Krise der Mannschaft parat, die wie keine andere im Herzen der Moskauer Populärkultur verhaftet war. Dies war zunächst die Rettung der kriselnden Stadionkultur in Moskau und keine Abgrenzung von der Zuschauerkultur der Väter.

Der Abstieg selbst markierte den vorläufigen Tiefpunkt der schwindenden Dominanz Moskaus im Fußball. Seit den 1960er Jahren errangen aufstrebende Mannschaften aus anderen Republiken Erfolg um Erfolg, allen voran Dinamo Kiev.[976] Der sportliche Niedergang hatte sich auch in den Zuschauerzahlen niedergeschlagen. Die vorentscheidende Niederlage Spartaks gegen Černomorec Odessa (0:1) am 22. Oktober 1976 sahen nur gut 1.000 Zuschauer.[977]

Mit Unterstützung maßgeblicher politischer Figuren, wie Viktor Grišin, Vorsitzender des Moskauer Parteikomitees, wurden die Spieler gehalten, ein neuer Trainer, Konstantin Ivanovič Beskov (1920-2006), ehemals Dinamo Moskau, wurde vom Innenminister persönlich abgeordnet und der zuvor entmachtete Gründer Spartaks, Nikolaj Starostin, wurde zurückgeholt.[978] Der folgenden Schubumkehr auf dem Platz entsprach die Schubumkehr auf den Tri-

---

972 Zur leidenden Fankultur um Arsenal London siehe Hornby 2000.
973 Vgl. Edelman 1993, S. 94.
974 Vgl. Bushnell 1990, S. 29-31.
975 Vgl. Roth-Ey 2011, S. 275.
976 Siehe Kapitel 5.
977 Vgl. Edelman 2009, S. 272.
978 Hierzu ausführlich siehe Edelman 2009, S. 274.

bünen, wo eine neue Fanmasse schnell an Zulauf gewann, da sie das Zuschauervakuum mit ihren Sprechchören weithin vernehmbar füllte. Zumindest in den Narrativen organisierter Fußballfans in Moskau, Kiev, Leningrad und anderswo waren die Dominanz Moskaus und die alte Hierarchie zwischen Moskau und dem Rest bald wiederhergestellt.

Die Besonderheit dieser fanhistorischen Konstellation aus kultureller Interdependenz durch Fernsehübertragungen, der inneren Konkurrenz Moskauer Mannschaften und dem sportlichen Misserfolg einer überaus populären Mannschaft verdeutlicht ein Blick nach Kiev, wo zum gleichen Zeitpunkt noch keine informellen Fangruppen entstanden, von denen wir heute noch wissen würden. Auch Kiever Jugendliche hatten Bilder westlicher Fußballfans in Presse und Fernsehen gesehen. Sie gehörten zur selben Generation, der von Amir Chusljutdinov unterstellt wurde, das „Graue" der Sowjetunion als bedrückend empfunden zu haben.[979]

Doch ihre Erinnerungen an Erlebnisse im Kiever Zentralstadion Mitte der 1970er und Anfang der 1980er Jahre handeln von Jubel und Euphorie, nicht von Grauheit, Misserfolg und Stille. So erinnert sich Vadim Kovalenko noch für 1982, mit Kommilitonen im „Sektor Neun" des republikanischen Stadions in Kiev gesessen zu haben, für den sie an ihren Studieneinrichtungen Saisonkarten erstehen hätten können. Er erinnert sich an weiß-hellblaue Schals im Sektor; einen roten Schal, die Farbe Spartak Moskaus, habe dort niemand zu tragen sich getraut, fügte er schmunzelnd hinzu. Sowohl der Farbengegensatz von Fans unterschiedlicher Mannschaften, als auch die noch recht sowjetisch-höflichen Sprechchöre, an die Vadim sich erinnert, ähneln der jungen Moskauer Fankultur der späten 1970er Jahre, von der unten die Rede sein wird. „Sektor Neun bittet um ein Tor!"[980] und „Dinamo Kiev – das ist Klasse; Dinamo Kiev – das ist eine Schule; Dinamo Kiev – das ist die goldene Stunde des sowjetischen Fußballs".[981] Zu diesem Zeitpunkt, 1982, gab es bereits organisierte Fans in Kiev.[982] Aber aus Vadims Perspektive scheint keine Bewegung verantwortlich zu sein für Teamsupport in Form von Fangesängen. Jugendliche konnten sich auch in Kiev Gehör verschaffen. Aber sie wurden nur als Spielart der omniprä-

---

979 Amir Chusljutdinov, Interview mit dem Autor, 09.04.2008.
980 Russ.: „Sektor devjat' prosit gol!"
981 Russ.: Dinamo Kiev – éto klass; Dinamo Kiev – éto škola, Dinamo Kiev – zvezdnyj čas sovetskogo futbola. Vadim Kovalenko, Interview mit dem Autor, 26.04.2007.
982 Dies bestätigen alle Gesprächspartner in Kiev und Moskau. Neben vielen anderen etwa: Aleksandr Ponyrev, Name geändert, Interview mit dem Autor in verschiedenen Parkanlagen in Kiev, 30.05.2007 und 31.05.2007. Dazu finden sich für 1981 auch Belege in Unterlagen der sowjetischen Miliz. DAMVSU, d. 172, t. 1, str. 51.

senten Fußballeuphorie wahrgenommen. Sie konnten keinen Zulauf generieren. Denn alle waren schon da, wenn sie denn Karten ergattert hatten.

Der Dreh- und Angelpunkt der Erinnerungen nicht-organisierter Fußballfans ist deshalb eher die Frage, wem es gelungen war, bei wichtigen Spielen überhaupt dabei zu sein. In der mythisch-anekdotischen Geschichte des Buchhändlers Nikolaj Sidorov erhöht der Kartennotstand die Eigenleistung, die nötig war, um partizipieren zu können. Als Fünfzehnjähriger habe er sein Heimatdorf im Sumer Gebiet (*Sumskaja Oblast'*) im Nordosten der ukrainischen Sowjetrepublik verlassen, um am Technikum in Kiev anzufangen. Im Wohnheim habe er sich mit drei Kollegen ein Zimmer geteilt. Gemeinsam hätten sie sich bereits vor dem Halbfinale des Europapokals der Pokalsieger zwischen Dinamo Kiev und dem PSV Eindhoven entschlossen, für Karten anzustehen. Sie standen abwechselnd in der Schlange. Einer stand, während die anderen drei zum Unterricht gingen oder schliefen. Sie standen dort rund um die Uhr „zwölf Stunden am Tag und zwölf in der Nacht" und warteten auf vier Eintrittskarten, die einer Person maximal ausgehändigt wurden: „Und dann, am vierten Tag bekam ich schon die Eintrittskarten, die Schlange näherte sich der Kasse, und ich nahm die Karten, und buchstäblich zwei oder drei Personen hinter mir hieß es bereits, es gebe keine Karten mehr". So war Nikolaj dabei, als Dinamo gegen Eindhoven das Halbfinale gewann.[983]

Erst nachdem auch das Finale gewonnen war, traf Dinamo Kiev auf Bayern München, den Sieger im Landesmeisterwettbewerb. Dinamos Sieg im Europäischen Supercup am 6. Oktober 1975 sollte der Höhepunkt eines Jahrzehnts der Triumphe werden. Es ist das Ereignis im kollektiven Erinnern von Fußballfans in Kiev. Kein Gespräch über den sowjetischen Fußball kommt ohne eine Referenz auf den *kubok kubkov,* den Pokal der Pokale, aus. Es war daher nicht ungewöhnlich, dass das Gespräch ohne mein Zutun damit begann.[984] Nikolai Sidorov hatte keine Karten, als er sich am Tag der Begegnung mit drei Rubeln in der Tasche auf den Weg zum Stadion machte. Um das Stadion hätten Miliz und Militär vier Truppenkordone gebildet, die nur denjenigen passieren ließen, der eine Eintrittskarte dabei hatte. Quer zu diesen Truppenketten habe allerdings ein langer Bauschuppen gestanden, erinnert sich Nikolaj. Er sei in den Schuppen und seinen langen Dachboden eingedrungen. „Ganz in Spinnenweben" sei er hindurchgekrochen, hinuntergeklettert und habe sich bereits vor den eigentlichen Toren des Stadions befunden: „Aber eine Eintrittskarte hatte ich nicht." Auf der anderen Seite des Zaunes, der das

---
983 Nikolaj Sidorov, Name geändert, Interview mit dem Autor, Büchermarkt Petrivka in Kiev, 26.04.2007.
984 Etwa: Viktor Pavlenko, Interview mit dem Autor, 07.10.2009.

Stadiongelände von der Straße abtrennte, sei eine „taubstumme Frau" gestanden. Die Kontrolleure am Eingang hätten im Gedränge übersehen, ihre Eintrittskarte abzureißen und sie damit zu entwerten. Für seine drei Rubel habe er ihr die noch intakte Karte abgekauft. Die Erinnerung wird zum Märchen, wie es auch dem Sog, den die Euphorie um Dinamo Mitte der 1970er Jahre in Kiev auslöste, angemessen ist. Dies gilt unabhängig davon, ob sich all dies so abspielte oder nicht. Nikolai war im wichtigsten Spiel seiner Mannschaft überhaupt dabei; und über die im Stadion anwesenden Auswärtsfans der Bayern erfährt man von ihm nur Ungefähres und nur auf Nachfrage.[985]

Ein Film des ukrainischen Kinostudios enthält dagegen einige Bilder dieser Gäste aus dem Westen. In der Zusammenfassung des Supercupspiels symbolisieren sie den internationalen Erfolg und die Weltgeltung der sowjetischen Mannschaft. Der kurze Film kontrastiert die farbenprächtigen Bayernfans mit einem sowjetischen Publikum in Zivil.[986] Einige sowjetische Fans halten ein Plakat mit der Aufschrift „Wir begrüßen den Fußballklub Bayerns" in die Höhe. Der Beitrag, in dem die Ästhetik schneller Schnitte, schmissiger Musik und komponierter Bilder eher regiert als die Sorge um die Nachvollziehbarkeit des Spielgeschehens, zeigt Kiever Fans, die gebannt und ruhig mitfiebern. Ein Fan von Dinamo Kiev mit großer Zahnlücke freut sich beim Torjubel mit einem besonders breiten Lächeln. Die Fans der Bayern zeigte der Beitrag dagegen mit Tröte, Trompete und Fanschal. Ein Fan präsentiert den rot-weißen Schal mit ausgestreckten Händen. Die Kameraposition (von unten) unterstreicht noch die Expressivität dieser Fanpraxis. Doch der kurze Film macht die Bayern Fans zu karnelavesquen Kronzeugen des größten Kiever Triumphes aller Zeiten und nicht zu potentiellen Vorbildern für eine subkulturelle Jugendbewegung. Der Film des Kinostudios schmückt sich mit „westlichen" Fußballfans, um Erfolge zu feiern, die Kiev im Gegensatz zu Moskau reihenweise hatte.[987]

---

[985] Nikolaj Sidorov, Interview mit dem Autor, 26.04.2007.
[986] Wie aus einer Übersicht des Sportkomitees und der Propagandaabteilung für Körperkultur und Sport über die Arbeit der Föderation des Sportkinos hervorgeht produzierte das ukrainische Kinostudio die Formate *Ukraina sportivna*, *Radjan'ska Ukraina* und *Molod' Ukraini*, die auch Sportnachrichten enthielten, monatlich. CDAVO, f. 5090, op. 1, d. 1100, l. 53. Es ist mir nicht gelungen, die Herkunft der Bayern-Fans zu rekonstruieren. Eine Anfrage bei einem Bayern-Fanklub brachte nichts ein. Möglich wäre, dass es sich teilweise auch um DDR-Bürger handelte, die als Fans der Bayern nach Kiev reisten. Zu Fußballjugendkultur der DDR siehe etwa Willmann 2007.
[987] Siehe etwa *Ukraina Sportivna*, Nr. 2. k-ž, 1977, CDKU, 6900.

In Interviews beginnt die Geschichte der ersten informellen Jugendfangruppen Kievs erst um das Jahr 1980.[988] In einem Interview mit drei organisierten Fans in Kiev führte meine Frage nach Kiever Ursprüngen auch direkt zu einer internen Debatte darüber, wann Spartak, auf deren neue Fanbewegung Kiever Jugendliche reagierten, denn nun genau abgestiegen sei.[989] Es zeigen sich hier zwei Kristallisationspunkte der organisierten Fanbewegung in Kiev. Fangruppen nahmen sich als solches zum einen als Reaktion auf jugendliche Fans von Spartak Moskau wahr, die in ihren Mannschaftsfarben begonnen hatten, zum Auswärtsspiel nach Kiev zu reisen. Zum anderen fanden einzelne Jugendliche auch in Kiev gerade abseits der großen Fanmassen des Republikanischen Stadions zur informell organisierten Fankultur, indem sie die seit 1978 überraschend in der ersten Liga spielende Eishockeymannschaft Sokol unterstützten.[990] Wie die meisten Fußballfans in Kiev richtete sich ihre ukrainisch-patriotische Fankultur gegen Moskau.[991]

Viktor Zaglada, selbst *lider* im fanaty-Milieu Dinamo Kievs, will als Schüler einer der ersten „zehn-zwanzig-dreißig Menschen" gewesen sein, die bei den Spielen Sokols „gelb-blaue Flaggen [*želto-blakitnyj*] [...] für die Unabhängigkeit der Ukraine" schwenkten. Sie hätten dort, beim Eishockey, die bessere Akustik ausnützen können.[992] Während sich über andere Stimmen nicht so ohne weiteres bestätigen lässt, welche Fahnen jugendliche Fans nun schwenkten,[993] verfügten jugendliche Fans auf Auswärtsfahrt und im kleineren Setting des Kiever Eishockey, im Unterschied zum euphorischen Treiben der Kiever Stadionkultur, über eine Sichtbarkeit, die es ihnen erlaubte, sich von der älteren Generation abzusetzen. Es zeigt sich hier also ein ähnlicher Wirkmechanismus wie für jugendliche Anhänger Spartak Moskaus beschrieben. Bei Fußballspielen Dinamo Kievs reckten sich dagegen Mitte und Ende der 1970er Jahre den rot-weiß gekleideten Fans der Bayern, wie auch des innersowjetischen Hauptwidersachers Spartak Moskau die stolzen nackten Hälse der *kievljane* entgegen.

---

988 Vgl. Kozlov 2008, S. 60-4.
989 Fedor Mel'nikov und andere, Interview mit dem Autor, 19.05.2007. Ebenso: Viktor Vladimirovič Zaglada (*1962), Interview mit dem Autor in einer Sportbar in Kiev, 16.05.2007. Ähnlich: Aleksandr Kabro, E-Mail an den Autor, 10.04.2013.
990 Fedor Mel'nikov und andere, Interview mit dem Autor, 19.05.2007.
991 Vgl. die Ausführungen in Kapitel 5.
992 Viktor Zaglada, Interview mit dem Autor, 16.05.2007.
993 Etwa: http://www.sokol.kiev.ua/page-id-2732.html (15.12.2014).

6.2 Steil in rot-weiß: Spartak-Schals als soziokulturelle Marker

Wie Blätter im Herbst verfärbte sich die Moskauer Fankultur der späten 1970er und frühen 1980er Jahre, bevor sie gefror. Als sich auf der Nordtribüne im Stadion von Lokomotiv, wo Spartak 1976 in der zweiten Liga zunächst spielte, der erste Fanblock Spartak Moskaus bildete,[994] dürfte den beteiligten Jugendlichen kaum klar gewesen sein, dass ihre Fankultur bereits sechs Jahre später untersagt und von sowjetischen Sicherheitskräften bekämpft werden sollte. Zunächst positionierten sich Jugendliche damit kaum gegen Gepflogenheiten sowjetischer Stadionkultur, gegen bestimmte sowjetische Autoritäten oder gar die sowjetische Ordnung. Sie unterstützten auf konforme Weise ihre Mannschaft. Mit Sprechgesängen wie „In der Union gibt es bis jetzt noch keine Mannschaft, die besser wäre als Spartak!"[995] oder „Spartak – das bin ich. Spartak – das sind wir. Spartak – das sind die besten Leute im Land"[996] blieben sie in der Sprache der sowjetischen Sportpresse verhaftet, die seit den 1960er Jahren Fußballfans als kultivierte sowjetische Bürger darstellte.[997]

Dies unterstreichen auch Anleihen der Fangesänge aus populären sowjetischen Liedern.[998] Bei einer Adaption des populären Schlagers „Die Welt ist nicht einfach" (*mir ne prost*) der Gruppe *Samocvety*[999] spricht Jurij Michailov von der Hymne organisierter Spartak-Fans, die praktisch in jedem Spiel gesungen wurde.[1000] *Fanatskij Fol'klor* zufolge, einer inoffiziellen und in geringer Auflage verteilten Broschüre, wurde das Lied 1978 geschrieben.[1001] Im Text positionierte sich die Fangemeinde nicht gegen irgendwelche Autoritäten, sondern gegen andere Mannschaften aus Moskau und Europa. „All die anderen Klubs müssen ihren Tribut zollen – Dinamo, der Pferdestall, Milan und Chaiduk!"[1002] Die Auswahl der Vereine verdeutlicht den Blick jugendlicher Fußball-

---

994 Amir Chusljutdinov, Interview mit dem Autor, 09.04.2008.
995 Russ.: „*V sojuze net ešče poka, komandy lučše Spartaka!*"
996 Russ.: „*Spartak – èto ja. Spartak – èto ty. Spartak – èto lučšie liudi strany!*" Für die Adaption derselben Sprechgesänge durch Fans von CSKA und Dinamo siehe Kozlov 2008, S. 13.
997 Siehe Kapitel 3.2.
998 Zu Fangesängen allgemein siehe Kopiez und Brink 1998.
999 *Samocvety* waren eine der populärsten Musikgruppen unter Jugendlichen in den 1970er und 1980er Jahren. Siehe Alekseev und Burlaka 2001, S. 339.
1000 Jurij Michailov, Interview mit dem Autor, 30.03.2008.
1001 *Fanatskij Fol'klor* ist eine Kollektion von Fangesängen, die Amir („Professor") Chusljutdinov zusammengestellt hat. Die erste Auflage 1996 bestand aus 200 Kopien.
1002 „Pferdestall" ist eine Referenz auf die Armeemannschaft CSKA Moskau. Zu verschiedenen Theorien über den Ursprung der Beleidigung „Pferd" siehe Bushnell 1990, S. 47. Haiduk Split gewann in den 1970er Jahren vier Mal die jugoslawische Meisterschaft. Zur Geschichte des Zuschauersports in Jugoslawien siehe Mills, 2010, 2009.

fans nach Westen, die starke Bedeutung inner-Moskauer Gegnerschaft, aber auch die anfängliche Anschlussfähigkeit der Jugendkultur, ganz ähnlich wie das erwähnte „DINAMO! NA WARTE!" ukrainischer Fans des Jahres 1978, an die offiziellen Klangwelten der sowjetischen Populärkultur.[1003]

Diese Anschlussfähigkeit ist auch das implizite Thema der ersten Darstellung der neuen Fankultur in sowjetischen Medien. Spartak Moskaus Zweitligasaison war bereits vorüber und der Wiederaufstieg geglückt, als die Zeitschrift *Junost'* eine Reportage über die „Arbeiter, aber [...] auch Schüler und Studenten" veröffentlichte, die den Kern der aufkommenden Jugendkultur bildeten (siehe Abb. 26).[1004] Anders als bei früheren Zuschauern, so hieß es in diesem Artikel, beschränkten sich die Reaktionen der „Jungs" auf der Tribüne nicht auf Pfiffe oder Applaus. Sie variierten vielmehr ihre Mannschaftsunterstützung dem Spielverlauf entsprechend. Im Stadion seien Poeten am Werk, während es unter jungen Moskauern ganz generell in Mode gekommen sei, einen rot-weißen Schal zu tragen.

Der Reportage ist eine Photographie anfeuernder junger Spartak-Fans vorangestellt. Ausgehend von der Jahreszahl des Abstiegs, 1976, deutet ein Pfeil mit einer Abwärtsbewegung den zurückliegenden Absturz an. Doch die erhoffte Trendwende 1977 gelingt unmittelbar über den Köpfen der Zuschauer. Es scheint gar, als habe der Sprechchor zum Richtungswechsel des Pfeils entscheidend beigetragen. Insgesamt präsentiert der Artikel diese neuen Fans als junge, anständige und kultivierte Individuen aus dem Herzen der sowjetischen Gesellschaft.[1005] Sowjetische Medien und Behörden hatten zu diesem Zeitpunkt, am Vorabend der ersten Auswärtsfahrten von Spartak-Fans, noch keinen Anlass, über organisierte Fangruppen zu lamentieren. Denn mit einem freien Umgang mit Zeichen und Symbolen im Stadion waren sie seit den 1960er Jahren vertraut. Auch bei dieser neu etablierten Kulturpraxis sowjetischer Jugendlichkeit und Männlichkeit sollte die Einrahmung in die offizielle sowjetische Populärkultur machbar sein, so das implizite Credo des Artikels.[1006]

1003 CDKU, 0-152212. Russ.: „*DINAMO, NU, POGODI*".
1004 *Junost'* 1977, Nr. 12, S. 101.
1005 Vgl. *Junost'* 1977, Nr. 12, S. 101.
1006 Vgl. Gilmour und Clements 2002.

Abb. 26: „Leidenschaften um Spartak". *Junost'* 12 (1977), S. 101.

Die Fanschal-Mode erfasste Ende der 1970er Jahre die Schulen, die Straßen, den öffentlichen Personennahverkehr und machte auch vor den Wohnquartieren nicht Halt. Von einer „Mode" spricht Jurij Michailov, von einer Mode sprach auch der Artikel in *Junost'*. Und diese Mode erfasste Ende der 1970er Jahre viele Jugendliche in Moskau, die teilhaben wollten an einem neuen, aufregenden, farbigen Dresscode. Es war für die meisten eine Schülermode, eine bejahende Teilhabe an der Euphorie, kein Auflehnen, kein Protest und schon gar keine Opposition. Aus losen Gruppenchören im Stadion wurde ein soziokulturelles System lose vernetzter Jugendlicher. Trugen erste Fernsehübertragungen seit den 1950er Jahren die Zuschauerkultur in die Wohnungen, so trugen diese Jugendlichen nun ihre Fanutensilien, die allesamt zu Hause „auf den Knien" hergestellt wurden, in die ganze Stadt, ohne sich dabei zwangsläufig in Abgrenzung zu Autoritäten wie dem Komsomol, der Miliz oder den Eltern zu stellen. Deshalb hatten die Sicherheitskräfte zunächst kaum Anlass die „Blütezeit des Spartak-Fanatismus" (*rascvet spartakovskogo fanatizma*), die nach

Spartaks Meisterschaft 1979 ihren Höhepunkt erreichte, einzuschränken. Sie gestatteten in diesen ersten Jahren nicht nur das später verbotene Tragen der Mannschaftsfarben im Stadion, Fanlieder und Sprechgesänge, sondern sogar Flaggen mit Stöcken (*flagi na drevkach, palkach*).[1007]

Auch Eltern und Verwandte hatten kaum Anlass, dieser Mode zu misstrauen. Sie ließen die Jugendlichen nicht nur gewähren, sondern unterstützten sie geradezu. Bevor etwa Jurij Michailov 1980 zum ersten Mal ins Stadion ging, saß er zu Hause vor dem Fernseher mit einem rot-weißen Fanschal, „den mir meine Mutter strickte, meine Mama [...]".[1008] Seit 1978 trug Jurij den Spartak-Fanschal auf der Straße, auf dem Weg zur Schule und in seiner Freizeit. Er war nicht der Einzige. Er ist überzeugt, dass insbesondere 1979 „in Moskau praktisch nicht ein einziger" Jugendlicher gelebt habe, der keinen solchen Fanschal trug, dass „90% der Schüler seiner Schule einen Fanschal trugen", mit dem sie „in die Schule kamen, ihn dort in der Umkleide zurückließen [...]" und mit dem sie „nach der Schule schon wieder auf die Straße gingen". Über Prozentangaben lässt sich trefflich streiten. Fest steht allerdings, dass zu diesem Zeitpunkt eine karnevaleske Fankultur selbst für jene Jugendliche in Moskau ein Thema war, die sich nicht für Fußball interessierten. Und nur, weil der Vater zufällig zu Dinamo hielt, beantwortete einer von ihnen die Frage „mit wem fieberst Du mit?" vollkommen falsch: „Für Dinamo".[1009] Auch der damalige Direktor des Moskauer Lenin-Stadions in Lužniki (von 1971-1982) erinnert sich an die ersten „Spartak Schal[s] oder die Mütze[n], die es damals im Verkauf gar nicht gegeben" hat, die nur „die Großmutter, oder die Mama" der Spartak-Fans gestrickt haben konnte.[1010] Omas strickten ihren Enkeln polyseme Schals, von denen sie gar nicht wussten, was sie alles bedeuten würden.

Selbst die meisten Jugendlichen machten sich zunächst wenige Gedanken, „was Fanatismus bedeutet und wofür er überhaupt nützlich ist". Sie „kamen, setzten (sich) auf die Tribüne, und das war es".[1011] In der Masse muss also für die späten 1970er Jahre von einer Modeerscheinung recht junger, und kaum furchteinflößender Burschen ausgegangen werden. Jurij war 1980 dreizehn Jahre alt. Amir war zu diesem Zeitpunkt fünfzehn. Und sie fanden es „steil" (*kruto*), sie fanden es „sehr steil" (*očen' kruto*), von „ihren Müttern, Großmüt-

---

1007 Die einzelnen Bilder dieses Absatzes stammen, anders als die Einordnung als Schülermode, von Jurij Michailov, Interview mit dem Autor, 30.03.2008.
1008 Jurij Michailov, Interview mit dem Autor, 30.03.2008. Ebenso Amir Chusljutdinov, Interview mit dem Autor, 09.04.2008.
1009 Nikolay Mitrokhin, Gespräch in der Forschungsstelle Osteuropa Bremen, 04.04.2011.
1010 Viktor Kokryšev, Interview mit dem Autor, 16.04.2008.
1011 Kozlov 2008, S. 7.

tern und Schwestern" einen handgestrickten Fanschal zu bekommen.[1012] Jurij war noch steiler. Er strickte an seinem nächsten Schal zwei Monate. Dann war er 2,5 Meter lang.[1013] Noch steiler will ein *fanat* von CSKA gewesen sein. Sein Schal sei 4,5 Meter lang gewesen, „sieben Mal um den Hals und er baumelt immer noch zu den Füßen."[1014] Ein Schal, phallisch bis zur Bewegungslosigkeit.

Die Jugendkultur entwickelte sich und mit ihr wurde die Frage drängender, wer „steiler" war als andere. Wer ein „steiler" Fan sein wollte, so erscheint es in der Erinnerung, der trug nicht nur einen selbstgestrickten Schal, sondern zerschnitt auch eine sowjetische Flagge, um daraus rote Flicken für die rot-weiße Spartakfahne zu gewinnen.[1015] Die Fanpraxis junger *fanaty* konnte den etablierten sowjetischen Rahmen leicht überschreiten. So zerschnitten einige Jugendliche etwa den *pionerskij galstuk*, das rote Tuch der Pioniere, um Flicken für den rot-weißen Fanschal zu gewinnen.[1016] In Kiev erzählte mir ein Fußballfan vom Diebstahl von Fahnen der offiziellen Dinamo-Sportorganisation.[1017] All dies ergibt sich aus der Konkurrenz unter Jugendlichen und dem Drang, sich als komplettester aller *fanaty* auszustatten:

> „Und Du fragst mich, weshalb brauchst Du eine Flagge, wenn Du schon eine Krawatte hast. Und ich sage Dir: man trug hier seine Krawatte, hier sein rot-weißes Käppi [deutet an Kopf und Brust]. Man trägt ein rotes Hemd und weiße Hosen […], und eine Fahne hat man auch dabei. Man wollte komplett sein. […] Ich ging mit meinem Vater ins Stadion, da waren 30.000 Leute, die alle mit all dem gekleidet waren. Auf die unterschiedlichste Weise. Irgendwelche unverständliche Mützen hatten sie sich gemacht. Das war der Hammer. Das heißt, das war natürlich: wow!"[1018]

Die Quantitäten mögen übertrieben sein. Aber die Anziehungskraft, die dieser zumindest in seiner schillernden Intensität neue Devotionalienkult ausübte, kommt deutlich zum Ausdruck. Viele machten mit, aber andere grenzten sich ab, sodass die Stadt bereits Ende der 1970er und Anfang der 1980er Jahre zu einer Spielwiese konkurrierender Fangruppen, geworden war.

1012 Amir Chusljutdinov, Interview mit dem Autor, 09.04.2008.
1013 Jurij Michailov, Interview mit dem Autor, 30.03.2008. Zu anderen selbst hergestellten Fanutensilien in den späten 1980er Jahren in Dnepropetrovsk siehe Kozlov 2008, S. 5-6.
1014 Sergej Anderson, zitiert nach Kozlov 2008, S. 70.
1015 Jurij Michailov, Interview mit dem Autor, 30.03.2008.
1016 Amir Chusljutdinov, Interview mit dem Autor, 09.04.2008.
1017 Aleksandr Ponyrev, Interview mit dem Autor, 30.05.2007.
1018 Jurij Michailov, Interview mit dem Autor, 30.03.2008.

6.3 Trophäen: Organisierte Fans zwischen Autorität und Gegnerschaft

In der sowjetischen Fernsehgesellschaft war es schon lange möglich, an einem jubelnden *Wir* teilzuhaben oder sich davon abzugrenzen. Auch unter der jungen Generation der 1970er Jahre ließ die Gegenbewegung auf den Hype nicht lange auf sich warten. Bereits 1976 organisierten sich die ersten Fangruppen Dinamo Moskaus. Es folgten 1979 CSKA Moskau und fast gleichzeitig, 1980, Dinamo Kiev, Torpedo Moskau und Zenit Leningrad.[1019] Sie adaptierten die gesamte Fankultur für ihren Verein. Einige CSKA-*fanaty* erkannten etwa ebenfalls den Nutzen des roten Pioniertuchs. Sie zerschnitten es, vernähten es mit blauen Flicken und fertig war der rot-blaue CSKA-Fanschal.[1020] Bis Mitte der 1980er Jahre, so bestätigt John Bushnell, hatten sich mit der wichtigen Ausnahme Zentralasiens und des Kaukasus in der ganzen Sowjetunion informell organisierte Gruppen gebildet.[1021] Denn große Auswärtsfahrten in weit entlegene Gebiete, wie etwa nach Zentralasien waren wesentlich seltener. Selbst bei den größten Auswärtsfahrten Ende der 1980er Jahre seien nur um die 100 Fans von Spartak Moskau angereist, so zumindest Amir Chusljutdinov, und „von CSKA und Dinamo vielleicht 10-15 Personen".[1022] Die Beispiele Moskau und Kiev verdeutlichten bereits, wie wichtig die Begegnung konkurrierender Fangruppen für die Entstehung informell organisierter Fankultur ist. In Zentralasien war diese Voraussetzung lange nicht gegeben.

In Moskau begannen mit der neuen Konkurrenz Auseinandersetzungen, die spätestens ab den frühen 1980er Jahren die Miliz auf den Plan riefen. Die Jagd begann, denn sie war nun eine kulturimmanente Notwendigkeit. Seine Mannschaft aktiv zu unterstützen konnte bald schon bedeuten, die Sichtbarkeit des Gegners im öffentlichen Raum einschränken zu wollen. Ich stütze mich in der folgenden Darstellung dieser neu entstandenen Konstellation schwerpunktmäßig auf die Beschreibungen Jurij Michailovs, die ich mit anderen Aussagen, medialen Darstellungen und schließlich, bei der Diskussion der Folgen für Organisationsstruktur und den behördlichen Umgang, auch mit Archivmaterial unterfüttern möchte. Michailovs Deutung eignet sich hierfür besonders, denn sie bildet eine ideale Schnittstelle der Erkenntnisse anderer Darstellungen und Aussagen, die seine Beschreibungen auf vielfältige Weise stützen. Er ist auch die ideale Ergänzung zu Amir Chusljutdinov, da er im Unterschied zu „Professor" keine zentrale Position in der Bewegung inne hatte

---

1019 Amir Chusljutdinov, Interview mit dem Autor, 09.04.2008. Fanatische Fans von Dinamo, CSKA und Zenit bestätigen diese Daten bei Kozlov 2008, S. 60-4.
1020 Sergej Anderson, zitiert nach Kozlov 2008, S. 66-7.
1021 Vgl. Bushnell 1990.
1022 Amir Chusljutdinov, Interview mit dem Autor, 09.04.2008.

und daher den Übergang einer sowjetischen Mainstream Freizeitkultur zu einer Fansubkultur so scharf zu zeichnen vermochte, wie ich dies sonst nur bei Interviewpartnern erlebt habe, die sich selbst nicht als *fanaty* bezeichnen würden.[1023]

Obwohl es nun Konkurrenz gab, waren die Spartak-*fanaty* im Vorteil, denn sie hätten über „die größte Organisation, die meisten Fans und die größten Massen auf Auswärtsfahrt" verfügt.[1024] Die „Fans von CSKA und Dinamo", dagegen hätten es nicht nur im Stadion und unterwegs, sondern auch in ihren Wohnbezirken, auf der Straße und vor der Schule „schwer" gehabt.[1025] „Wir hatten 1979 eine kleine Bewegung, nur wenige Fans, vielleicht zwanzig oder dreißig Personen", bestätigt ein Fan von CSKA.[1026] Dominanz war alles wenn es darum ging, gegnerische Fans um ihre Fanutensilien zu erleichtern. Der Markierung und Besetzung öffentlicher Räume durch eigene Symbolik, wie dies John Bushnell überzeugend herausgearbeitet hat,[1027] entspricht die Begrenzung der Möglichkeiten der anderen Gruppe(n), den öffentlichen Raum mit ihrer Symbolik zu markieren: „Es geht im Schal ein Mensch; es wird ihm abgenommen der Schal; und schon nannte man es Trophäe."[1028] Wenn Jurij Michailov den *fanaty* von Spartak die „Führungsposition in der Sowjetunion" und in Moskau zuspricht, erscheint vor seinem geistigen Auge eine *mental map* Moskaus, in der der überwiegende Teil der Regionen rot-weiß dominiert war.[1029]

Einzig der Leningradskij Prospekt und seine angrenzenden Regionen fallen ihm auf meine Frage ein, in welchen Gegenden Moskaus denn Fans von CSKA und Dinamo dominiert hätten. Am Leningradskij Prospekt liegt das Dinamo-Stadion, wo Dinamo und CSKA seit jeher ihre Spiele abhielten.[1030] Jurij Michailov kannte und kennt auch drei organisierte Fans von CSKA aus seiner Region im Moskauer Westen. Ständig seien sie verprügelt worden. Und doch hätten sie sich zur Armeemannschaft bekannt, was bei allen „älteren" Spartak-Fans heute Respekt für ihren „Mut" und ihre „Kühnheit" hervorrufe.

„Es ist nicht so, dass [...] sie krankenhausreif geschlagen wurden. Man schlug einmal zu, rupfte ihren Schal aus (*sorvali šarfy*) und sagte zu ihnen ‚du Opfer (*loch*), du Widerling (*čmo*), du Scheusal (*gad*), du Pferd! (*kon'*)' und das war es dann auch. Am

---

1023 Etwa: Andrej Sapožnikov, Interview mit dem Autor, 17.04.2008.
1024 Diese Einschätzung teilen fanatische Fans von CSKA und von Spartak. Siehe Kozlov 2008, S. 64. Amir Chusljutdinov, Interview mit dem Autor, 09.04.2008.
1025 Jurij Michailov, Interview mit dem Autor, 30.03.2008.
1026 Sergej Anderson, zitiert nach Kozlov 2008, S. 64.
1027 Vgl. Bushnell 1990.
1028 Jurij Michailov, Interview mit dem Autor, 30.03.2008.
1029 Zu *mental maps* siehe etwa Conrad 2002.
1030 Vgl. Esenin 1974, S. 103, 177.

nächsten Tag kam einer von ihnen wieder im Schal. Ihm schlug man wieder ins Gesicht, nahm ihm den Schal weg. Doch am nächsten Tag ist er wieder gekommen."[1031]

Mit der Beschimpfung *kon'* (Pferd) am Ende wirkt die Reihe der Beschimpfungen wie ein Crescendo, da dieser gängige Schmähruf für Fans und Spieler von CSKA dezidiert auf den unmittelbaren Konflikt zwischen Fans der Moskauer Mannschaften verweist. *Kon'* entspricht den Beleidigungen *mjaso* (Fleisch) für Spartak, als Anspielung auf Spartaks organisationale Zuordnung zur Gewerkschaft *Piščevik* und der *Promkooperacija* in den späten 1920er und frühen 1930er Jahren, die unter anderem Arbeiter der Lebensmittelindustrie, Fleischer und Marktbudenverkäufer vertraten,[1032] sowie *musor* (Abfall) für Dinamo, einer verbreiteten Beleidigung für die Miliz, die wie Dinamo dem Innenministerium unterstellt war. Neben einer möglichen Anspielung auf Stallungen der Armee in Stadionnähe beschreibt John Bushnell *kon'* als populäre Schmähung der wie Pferde eingefangenen Spieler von CSKA,[1033] von denen viele in der Tat einfach zum Armeedienst rekrutiert worden waren, um die Mannschaft zu verstärken.

Die Semantik des Fanschals begann sich nun zu wandeln, denn konkurrierende Fangruppen waren entstanden. Ein Fanschal konnte nun als Zeichen des Einverständnisses gelesen werden, sich am gewalttätigen Spiel um die Deutungshoheit im öffentlichen Raum beteiligen zu wollen.[1034] Gerade durch die quasi-religiöse Aufladung, die aus individueller Herstellung und intensivem Gemeinschaftsgefühl resultierte, markierte er den Raum für die eine oder andere Mannschaft und konnte gleichzeitig als lohnenswerte Trophäe gelten.

Auch die strukturelle Unterlegenheit von CSKA-Fans in den meisten Gegenden Moskaus und im Stadion kann aller Überzeichnung zum Trotz nicht in Abrede gestellt werden. Eines von Jurij Michailovs Erinnerungsbildern handelt vom Derby Spartak gegen CSKA aus dem Jahr 1981, als mehrere Hundert CSKA-*fanaty* von „drei Kordonen" der Miliz vor Tausenden Spartak-Fans beschützt werden mussten. Die Miliz habe sie unter den Rufen anderer Zuschauer wie „Auf geht's, wir bringen sie um!" von der Metro zum Stadion geführt.[1035] Unter diesen Bedingungen sei um Dinamo und CSKA eine Jugendkultur entstanden, deren Minderheitenposition automatisch die Autorität von den beharrlich für diese Mannschaften einstehenden Jugendlichen angehoben, aber auch aus taktischen Gründen besonders ausgeprägte hierarchische Struk-

---

1031 Jurij Michailov, Interview mit dem Autor, 30.03.2008.
1032 Siehe Kapitel 2.1; Bushnell 1990, S. 45.
1033 Vgl. Bushnell 1990, S. 47.
1034 Jurij Michailov, Interview mit dem Autor, 30.03.2008.
1035 Jurij Michailov, Interview mit dem Autor, 30.03.2008.

turen erfordert habe. Verschiedenen Aussagen zufolge hätten die *fanaty* von Dinamo und CSKA Anfang der 1980er Jahre eine Allianz gegen Spartak gebildet. Sie hätten sich auch einfach „vereinigen müssen", um der massiven Überzahl der Spartak-Fans „standzuhalten".[1036] So kam es auch zu gemeinsamen Aktionen, wie John Bushnell bestätigt, als etwa am 8. September 1980 organisierte Fans von CSKA und Dinamo Fans von Spartak in einen Hinterhalt laufen ließen.[1037] Als sich ab 1994 die „Red-Blue-Warriors" von CSKA herausbildeten hätten einige von ihnen ihre „Kämpferqualitäten" zu nützen gewusst.[1038] Die Freundschaft zwischen den Fangruppen von Dinamo und CSKA überdauerte seitdem die diversen Eskalationsstufen der Geschichte organisierter Fankultur in Moskau. Ihren Anfang hatte sie allerdings in der Minderheitenposition Anfang der 1980er Jahre genommen, als sie gemeinsam versuchten, die rotweiße Spartak-Dominanz aufzubrechen.

Doch auch die Jugendkultur um Spartak war durch die Herausbildung gegnerischer Gruppen aus einer Modeerscheinung zu einer Frage der Autorität einzelner Gruppen und Jugendlicher geworden.[1039] „Geschehnisse" in der Stadt werteten einzelne Jugendgruppen und einzelne Jugendliche in ihrem *rajon*, ihrem Stadtbezirk auf. Und auch umgekehrt erfuhren bestimmte Gruppen und damit ihre *rajony* in der Fanbewegung eine hohe Anerkennung. Ihre Autorität war unter Jugendlichen vieler Bezirke bekannt. Spartak-Fans schöpften also aus zwei Bezugspunkten Autorität und Identität: der stadtweiten Fanbewegung (bei Heimspiel und Auswärtsfahrt) und den aufregenden Erlebnissen, die sie hervorrief, einerseits, und dem *rajon*, aus dem sie stammten, andererseits. Die Differenzierung der Fangruppen nach *rajon* ergab sich nicht nur daraus, dass sich befreundete Jugendliche, die sich aus Schule oder Nachbarschaft kannten, gemeinsam auf den Weg ins Stadion machten. Sie resultierte auch aus der Logik der Verkehrswege in Moskau. Jugendliche kannten sich aus den *električkas* und Metrolinien, mit denen sie am Spieltag aus den Vorstädten und den Stadtteilen zum Stadion fuhren. Mit den „immer gleichen" Menschen sei es immer wieder zu „extremen Situationen" gekommen. Wer diese „kühner, verständiger und stärker" meisterte, dessen Anerkennung in der Bewegung

---

1036 Jurij Michailov, Interview mit dem Autor, 30.03.2008.
1037 Vgl. Bushnell 1990, S. 32.
1038 Jurij Michailov, Interview mit dem Autor, 30.03.2008. In der Tat erschien das erste Banner der Red Blue Warriors nach Angaben einer inoffiziellen Fanseite zur Eröffnung der Spielzeit 1994. Siehe http://pfc-cska.net/forum/36-210-1 (15.12.2014).
1039 „Autorität" ist ein Quellenbegriff der Interviewnarrative fanatischer Fans. Analytisch betrachtet zeichnen sich, Pierre Bourdieu folgend, seine Träger darin aus, über „symbolisches Kapital" zu verfügen, sich selbst als „autorisierte [...] Sprecher" ihrer „Gruppe" darzustellen. Bourdieu 1985, S. 37.

wuchs.[1040] Auf Jurij Michailovs *mental map* der Moskauer Fanbewegung führen rot-weiß eingefärbte Bahnlinien in die Regionen Moskaus und außerhalb, von denen einige größer und einige kleiner aufscheinen. Und selbst wer sich nicht kannte, erkannte anhand der Mannschaftsfarben, ob er die seinen oder die anderen vor sich hatte.

Jeder Spartak *rajon* hatte seine eigenen „Leader" (*lidery*), so auch Jurijs Region im Moskauer Westen. Am hellsten scheint in seiner Vorstellung die „Varšavka" auf, eine „sehr starke Bewegung" an der Warschauer Chaussee. Über „unangefochtene" Autorität bei Spartak verfügte „Sofron". Dieser „physisch und geistig sehr kräftige" Mensch war wie andere Autoritäten älter als durchschnittliche *fanaty* wie Jurij Michailov.[1041] Aus dem äußeren Spiel zwischen den Fangruppen ergaben sich tiefe interne Hierarchien. Diese Aufwertung von Autorität unter und zwischen Fußballfans war in der Fankultur eine neue Entwicklung. Auch Interviewnarrative zu den 1950er und 1960er Jahren berichten von Fußballdiskussionen in der Schule, von den Wegen zum Stadion und von Treffpunkten vor dem Stadion.[1042] Sie berichten für Moskau sogar von einer ähnlichen Mehrheit für Spartak.[1043] Doch die wesentliche Entwicklung der 1960er Jahre, die größere Reichweite von Fernsehübertragungen, veränderte zunächst nur die Zuschauerkultur im Stadion. Nun aber erhöhten Fanschal, Mütze, Fahne, Graffiti und auch Sprechgesänge die Sichtbarkeit von Zugehörigkeiten außerhalb des Stadions. So entstanden „Ereignisse" überall in der Stadt, aus denen sich die Autorität einzelner Fans und Gruppen ergab.

Jurij Michailov erinnert sich an solch ein Ereignis, das Anfang der 1980er Jahre im Kinotheater „Borodino" am Kutuzov-Prospekt seinen Ausgang genommen habe. Dorthin seien sie als Schüler aus verschiedenen Schulen der Region geführt worden, um ihnen Filme zu zeigen, die „irgendein Onkel oder irgendeine Tante" aus der Jugendorganisation oder der Partei mit vielen Worten eingeführt habe. Die meisten der Schüler, die aus verschiedenen Schulen dorthin geführt worden seien, hätten an diesem Wintertag 1981 oder 1982 wie üblich den rot-weißen Schal Spartak Moskaus getragen. Doch im Kino selbst sei plötzlich eine CSKA Gruppe aufgetaucht. Sie zogen ihre rot-blauen Schals an und begannen im Kino ‚*CSKA – čempion*' zu skandieren. Die Spartak-Mehrheit habe diese Störenfriede kurzerhand vertrieben. Vor dem Kino hätten „ich weiß nicht, vielleicht 500 Schals" geschrien: „Wo sind die Pferde, wo ist

---
1040 Jurij Michailov, Interview mit dem Autor, 30.03.2008.
1041 Jurij Michailov, Interview mit dem Autor, 30.03.2008.
1042 Etwa: Anton Gazanjan, Interview mit dem Autor, 27.03.2007.
1043 Vgl. Edelman 2009, S. 95.

CSKA?" Diese waren allerdings verschwunden. Später an diesem Tage, die Menge habe sich bereits aufgelöst, sei Jurij mit einigen anderen von einer CSKA Übermacht gestellt worden: „Sie hatten fünfzig gegen uns, und wir standen nur zu zehnt". Die CSKA-Fans hätten ihre Widersacher bereits aufgefordert, ihre Schals abzugeben; diese hätten sich geweigert; und damit eine kleinere Schlägerei provoziert, als „Belaš" die Szenerie betrat, „einer der *lider Spartaka*". Belaš, auch das ein Spitzname, sei „wesentlich älter" gewesen als Jurij und seine Freunde und habe bereits gearbeitet. Ohne Fanschal löste er die „Situation" allein durch seine Autorität. Er habe sich die Aufmerksamkeit aller herbei gebrüllt, gefragt „wer dort Anführer" sei und den armen CSKA Jugendlichen, der sich darauf meldete, mit den Namen und Spitznamen einflussreicher Fans von CSKA konfrontiert, mit denen er, so drohte Belaš, sich über den aktuellen Vorfall austauschen werde. Er habe vorgeschlagen, sich am folgenden Tag mit zwei gleich starken Gruppen erneut zu treffen, aber „unsere Jungs lasst jetzt mal in Ruhe". Der an Autorität weit unterlegene CSKA Anführer habe sich darauf eingelassen. Wenn Jurij auch später an diesem Tag mit einigen seiner Freunde „einige Kilometer rennen" musste, um Teilen dieser CSKA-Meute erneut zu entkommen, so habe Belaš doch diese eine Situation gelöst.[1044]

Sucht man nach Vorbildern für diese Erinnerung so wird man bei der Kindersendung *eralaš* fündig. In der Folge *futbol'noe obozrenie* besprühen zunächst einige Jungs von CSKA und nach ihnen jugendliche *fanaty* von Dinamo Moskau eine Wand mit den Losungen ,*CSKA – čempion*' und ,*Dinamo – čempion*'. Einer von ihnen sprüht gerade noch das geschwungene Dinamo „D" auf den Boden, als er erwischt wird. Vor dem Kleinen im blauen Pullover und mit blau-weißer Mütze, baut sich ein kräftiger Jugendlicher auf und packt ihn am weißen Schal: „Was bist denn Du? Bist Du vielleicht ein kleiner Narr [*duraček*]? ,*Dinamo – čempion. Dinamo – čempion.*' Was soll das denn für ein Dinamo sein?" Der kräftige Jugendliche zieht die Vokale der entsprechenden Städte in die Länge: „*Kiievskaja? Tbiliiskala? Moskooovskaja?* Oder gar *Miiinskaja?*" Er lässt den armen Dinamo-Fan los, greift sich eine Trompete und gibt damit den Rhythmus für die große Spartakmeute vor, die jetzt erst im Bild erscheint und aus ebenso kleinen Jungs besteht, wie jene von CSKA und Dinamo. Er fragt, sie antworten: „CSKA?" – „*net!*". „Dinamo?" – „*net!*". „Spartak?" – „*daaaaaa!*". Daraufhin rennt die Meute auf die Mauer zu, stößt sie um und erstarrt auf der anderen Seite. Ins Bild kommt ein usbekischer Junge mit schwarz-weißer Tjubetejka-Mütze auf dem Kopf und einem Täfelchen in der Hand. Auf ihm

---

1044 Jurij Michailov, Interview mit dem Autor, 30.03.2008.

steht geschrieben: „*Pachtakor – čempion*".[1045] Diese Kindersendung sehen sich Fans heute noch gerne im Internet an.[1046] Sie greift die Auseinandersetzungen zwischen jugendlichen Fangruppen und die sich entwickelnden hierarchischen Strukturen auf. Insbesondere die Darstellung des *lider* von Spartak korrespondiert mit der Erinnerung Jurij Michailovs; es wäre nicht das erste Mal, dass in der persönlichen Erinnerung tatsächlich Erlebtes mit Bildern aus visuellen Quellen wie Filmen untrennbar verschmolzen ist.[1047]

Dass nun allerdings Anführer hervortraten ergab sich zweifelsohne aus der Logik der jugendlichen Auseinandersetzungen, aber auch der entstehenden Konflikte mit der Miliz. Denn die Autorität dieser *lider* drückte sich auch darüber aus, dass sie im Austausch mit anderen Anführern ihrer Bewegung und auch gegnerischer Fangruppen standen. In Bezug auf Graffiti spricht Viktor „Batja" von Dinamo Moskau etwa davon, sich mit Spartakanführer „Sofron" abgesprochen zu haben, nichts über die jeweils andere Mannschaft zu schreiben.[1048] Wenn diese Aussage auch mit Vorsicht zu genießen ist – von John Bushnell kennen wir die komplexe Lexik des Fangraffitis in Moskau, die ein Umschreiben des Graffitis der Gegner durchaus beinhaltete – so zeigt es doch, dass diese Fankultur einen anderen Charakter als Jugendbanden eines *rajon* angenommen hatten.[1049] Gemeinsame Erlebnisse in der Stadt und im Stadion hoben nicht nur kräftigere über weniger kräftige, sondern auch wissende und kennende Jugendliche über unwissende und schlecht vernetzte. Die Hierarchien innerhalb der organisierten Fankultur waren auch Wissenshierarchien. Anführer wussten, was vor sich ging.

Nicht zuletzt nutzten sie dieses Wissen aber um zu begründen, weshalb *avtoritety* überhaupt nötig waren. Amir Chusljutdinov, selbst solch eine Autorität, nennt etwa *lider* Garanten der „Demokratie" dieser „männlichen Bruderschaft" (*mužskoe bratstvo*). Er erklärt die Notwendigkeit für interne Hierarchie mit äußeren „Feinden", gegen die man habe „kämpfen" müssen. So seien *lidery* erschienen, die „etwas zu sagen hatten" und die diese „Demokratie" vor äußeren Einflüssen bewahrten.[1050] Im Gegensatz zu späteren Zeiten

---

1045 I. Magiton, *Futbol'noe obozrenie, Eralaš*, Central'naja kinostudija detskich i junošeskich fil'mov imeni M. Gor'kogo, 1981.
1046 Siehe etwa http://www.youtube.com/watch?v=_IpFEIqbt_c (15.12.2014).
1047 Siehe ähnlich Welzer 2000.
1048 Viktor „Batja", zitiert nach Kozlov 2008, S. 71.
1049 An das K von CSKA konnte das „*Koni*" (Pferde) angeschrieben werden. Das S von Spartak bildete den mittleren Buchstaben für „*Mjaso*" (Fleisch), das M in Dinamo bildete den Anfangsbuchstaben für „*Musor*", (Mülleimer), eine abwertende Bezeichnung für die Miliz. Siehe Bushnell 1990, S. 45-7.
1050 Amir Chusljutdinov, Interview mit dem Autor, 09.04.2008.

gehörte es allerdings noch kaum zu den Führungsaufgaben, solche Situationen im beiderseitigen Einverständnis künstlich hervorzurufen. *Dogovornye draki*, also organisierte Schlägereien, mag es vereinzelt gegeben haben, zur eigentlichen Ausdrucksform organisierter Fankultur wurden sie in Russland allerdings erst nach dem Ende der Sowjetunion. So trafen sich in der Nähe des Kinotheaters *Borodino* am Kutuzov-Prospekt am Folgetag auch keine gleichstarken CSKA- und Spartakgruppen, um herauszufinden, wer stärker war.[1051]

Die nachvollziehbare Logik der Verkehrswege erleichterte an Spieltagen ein Zusammentreffen mit gegnerischen Fangruppen bereits weit vor dem Stadion. Man könnte aus dem Auge verlieren, dass es den Fanbewegungen ja weiterhin um die Unterstützung der eigenen Mannschaft im Stadion ging. Die Verlagerung von Fankultur nach außen hatte daran nichts geändert. Jugendliche nutzten allerdings ihr Wissen, um gegnerische Fans bereits weit vor dem Stadion abzufangen. Spartaks *fanaty* wussten etwa, in welchen *električkas* CSKA-Fans an Spieltagen zu erwarten waren. An deren Endhaltestellen hätten vor „jedem Spiel [...] bestimmte Fangruppen gewartet, um sie ein wenig zu verprügeln".[1052] Auch durch Stadionbesuche selbst konnte die große Mehrheit der organisierten Spartak-Fans allein durch ihre schiere Masse die Sichtbarkeit ihrer Widersacher einschränken. So sei es „häufig" vorgekommen, dass sie Spiele ihrer Widersacher von CSKA besuchten, um deren Fans am Stadionbesuch zu hindern. Jurij Michailov erinnert sich etwa an ein Spiel CSKA Moskaus gegen Černomorec Odessa, bei dem es von etwa „1.000 CSKA-Fans [...] vielleicht 10 ins Stadion schafften". Die anderen seien „ein wenig geschlagen" worden, oder seien „ohne Fanschal" dort gewesen.[1053] Auch dies wird von Seiten CSKAs bereits für die Zeit seit 1979 bestätigt: „Sie liebten es, zu unseren Spielen zu gehen. [...] Da gab es ein Spiel 1979, da haben sie niemanden [von den CSKA-*fanaty*] auf die Tribüne gelassen."[1054]

Der zentrale Bezugspunkt, über den sich Autoritätsstrukturen in Fangemeinschaften modulierten, war aber die Auswärtsfahrt.[1055] Ob von Moskau nach St. Petersburg oder von Kiev nach Moskau, seit den späten 1970er und frühen 1980er Jahren fuhren Fangruppen „im Hunderitt (*na sobakach*)", das bedeutet mit oder ohne Fahrkarte in Regionalbahnen, zu Auswärtsspielen

---

1051 Jurij Michailov, Interview mit dem Autor, 30.03.2008.
1052 Jurij Michailov, Interview mit dem Autor, 30.03.2008.
1053 Jurij Michailov, Interview mit dem Autor, 30.03.2008.
1054 Sergej Anderson, zitiert nach Kozlov 2008, S. 64.
1055 Dies zeigte sich in ausnahmslos allen Interviews aus dem Lager der *fanatskoe dviženie*.

(siehe Abb. 27 und 28).[1056] Ähnlich wie bei der Länge der Fanschals dienen Schilderungen früherer Auswärtsfahrten und dabei insbesondere jene in Regionalzügen dazu, sich heute innerhalb der Gruppe zu positionieren. Die Nacherzählung von Auswärtsfahrten ist ein wichtiges Sinnstiftungselement dieser Männerbünde. Sowohl in Kiev als auch in Moskau schilderten meine Gesprächspartner Schwarzfahrten, auf denen sie sich frei gefühlt und viel getrunken hätten. Auf den Bahnsteigen hätten sie Verkäufer erschreckt, die in den Provinzbahnhöfen Essen und Getränke anboten.[1057] Zugfahrkarten hätten sie nur bis zum nächstgelegenen Bahnhof gekauft, um daraufhin während der Fahrt mit dem Schaffner Katz und Maus zu spielen.[1058] Man sei bisweilen bei der nächsten Station des Zuges verwiesen worden,[1059] habe sich in vielen Fällen aber auch herausreden können. Jugendliche fanden Ausreden, um überhaupt von ihren Eltern wegzukommen.[1060] Kleine Grüppchen reisten durchs Land, doch in der Stadt des Auswärtsspiels vereinigten sie sich zu einer großen Gruppe.

Abb. 27: „Auswärtsfahrt". Spartak-Fans in Doneck. 1981. © Amir Chusljutdinov.

1056 Wörtlich: „auf dem Hundeschlitten". Fedor Mel'nikov und andere, Interview mit dem Autor, 19.05.2007.
1057 Aleksandr Ponyrev, Interview mit dem Autor, 30.05.2007 und 31.05.2007.
1058 Fedor Mel'nikov und andere, Interview mit dem Autor, 19.05.2007.
1059 Jurij Michailov, Interview mit dem Autor, 30.03.2008; Fedor Mel'nikov und andere, Interview mit dem Autor, 19.05.2007.
1060 Jurij Michailov, Interview mit dem Autor, 30.03.2008.

Abb. 28: „Auswärtsfahrt". Spartak-Fans in Simferopol'. 1986. © Amir Chusljutdinov.

In den ersten Auswärtsfahrten entstanden lose Fanfreundschaften, etwa zwischen organisierten Fans von Zenit Leningrad und Spartak Moskau.[1061] Wesentlich kürzer hielt die Verbindung zwischen Fans von Spartak Moskau und Dinamo Kiev, doch auch sie freundeten sich 1980 zunächst an, als die ersten informell organisierten Fans von Dinamo die Reise der Spartak-Bewegung nach Kiev mit einer eigenen Auswärtsfahrt nach Moskau beantworteten. Dies bestätigen Interviewpartner in Moskau und auch in Kiev.[1062]

Es dürfte auch nicht überraschen, dass bei auswärtsreisenden Jugendlichen zunächst „Generation" oder generationelle Zugehörigkeit die „Nationalität" als wesentliche Distinktionskategorie schlug. Die Gründe, die hierfür heute angegeben werden, variieren. Der Moskauer Jurij Michailov etwa spricht eher von einer „Neutralität" und nicht von einer „Freundschaft". Die Spartak Bewegung habe die Gäste aus Kiev in den Jahren 1980-1982 vor den organisierten Fans von CSKA beschützt. Gesprächspartner in Moskau und in Kiev schildern gegenseitige Betreuungsprogramme („Sie sangen mit uns, feierten, hatten Spaß") und kostenlose Übernachtungen in den Wohnungen der gegnerischen

---

1061 Jurij Michailov, Interview mit dem Autor, 30.03.2008. Der Bruch ereignete sich erst 1997 und hält bis heute an.
1062 Viktor Zaglada, Interview mit dem Autor, 16.05.2007; Jurij Michailov, Interview mit dem Autor, 30.03.2008.

Fans. Die Freundschaft mit Kiev zerbrach 1984, so Jurij Michailov aus Spartak-Sicht, als „Kiev an Stärke zunahm" und sie „die Fans von Spartak bei sich in Kiev angriffen".[1063] Zuvor habe die Größe der Spartak-Bewegung verhindert, als Gegner Kievs in Frage zu kommen. Doch damit denkt er in Antagonismen der Gegenwart. 1980 hatten jugendliche Spartak-Fans kaum einen Grund, in Moskau ankommende Fans aus Kiev als „Bedrohung" anzusehen. Sie hatten eher Anlass, sich zu freuen, dass sich, so nahmen sie es wahr, ihre Fankultur in der Union auszubreiten begann. Dass ihre „Bewegung" nun als das Zentrum des sowjetischen Fußballfanatismus wahrgenommen wurde.

6.4 Die Katastrophe: Das Unglück im Moskauer Lenin-Stadion 1982

Zumindest in Moskau und Kiev wurden Milizionäre bereits 1981 auf eine Subkultur jugendlicher Fußballfans hingewiesen, die zu bekämpfen sei. Im April 1981 sprach eine Kiever Milizinstruktion von der „Fanbewegung" (*fanatskoe dviženie*), deren Mitglieder man an ihren „unverständlichen und vollkommen unnötigen Schals" erkenne. Wie andere informelle Jugendgruppen frönten sie „zügellosen, kapitalistischen" Praktiken; es komme zu Alkoholexzessen und Schlägereien.[1064] Sollten solche „Menschen" im Fanschal aufgegriffen werden, müssten sie festgenommen und wegen „*chuliganstvo* und unanständigem Verhalten zur Rechenschaft" gezogen werden. Die „Arbeits- oder Studienstelle" sei in Kenntnis zu setzen. Die „verantwortlichen Partei- und Komsomolorganisationen" müssten entscheiden, „was mit ihnen geschehen soll".[1065] Aus einer „mehr als zweimaligen Überführung" folge allerdings zwingend der „Ausschluss aus der Bildungsstätte und gleichzeitig aus der Partei und dem Komsomol". Über den Ausschluss hätten die lokalen Partei- und Komsomolzellen zu befinden.[1066] In der bildhaften Sprache, derer sich so mancher *fanat* bedient, wird die folgende, bis etwa 1986 anhaltende Phase wahlweise „die harten Jahre" oder der „Terror" genannt.[1067]

Der Politikwechsel der Sicherheitskräfte ist erklärungsbedürftig. Fest steht, dass Miliz und andere Instanzen nach der Stadionkatastrophe im Moskauer Lenin-Stadion in Lužniki am 20. Oktober 1982 die Kontrollen nur weiter verschärften, um ein bereits zuvor geltendes Verbot organisierter Fankultur und Mannschaftsunterstützung in Moskauer Stadien durchzusetzen.[1068] Fest

---

1063 Für Moskau: Jurij Michailov, Interview mit dem Autor, 30.03.2008.
1064 DAMVSU, d. 172, t. 1, str. 51.
1065 DAMVSU, d. 172, t. 1, str. 52.
1066 DAMVSU, d. 172, t. 1, str. 59.
1067 Jurij Michailov, Interview mit dem Autor, 30.03.2008. Kozlov 2008.
1068 Vgl. DAMVSU, d. 172, t. 1, str. 51.

steht auch, dass sich damit der Gegensatz zwischen sowjetischen Behörden und organisierten Spartak-Fans erst stabilisierte, den die Miliz für die Katastrophe verantwortlich machte. Das harte Vorgehen sowjetischer Behörden gegenüber einer Freizeitpraxis, die zuvor im Rahmen einer konformen Freizeit-, Fußball- und Fernsehkultur der Brežnevjahre entstanden war, kann also nicht im Kontext dieser Katastrophe allein verortet werden.

Noch die späten 1970er Jahre werden allerdings in der *fanatskoe dviženie* als Jahre erinnert, in denen sich sowjetische Sicherheitskräfte neutral verhielten. Ereignisse wie das folgende, wirkten sich noch nicht auf den behördlichen Umgang mit der entstehenden Jugendkultur aus. Am 23. Juli 1977 kam es im Tbiliser Dinamo-Stadion zu einem „Scharmützel" zwischen „Hooligan-Elementen [...], Kräften der Miliz und Truppen des Innenministeriums".[1069] Das georgische Zentralkomitee der Kommunistischen Partei hielt eine Reaktion auch deshalb erforderlich, da sein erster Sekretär, der spätere sowjetische Außenminister Ėduard Amvros'evič Ševardnaze (*1928-2014), im Stadion vor Ort war. Diverse Zeugen bestätigen, dass Ševardnaze selbst mehrmals via Lautsprecheranlage[1070] bat, die anwesenden Milizionäre nicht weiter zu verprügeln.[1071] Schließlich habe er sich selbst auf den Platz begeben, worauf die Menschenmenge sich zerstreute[1072] Dieser Vorfall veranlasste höchste Stellen zu Recherchen, die sogleich ähnliche Ereignisse „in Kutaisi, Cchakaja (heute Senaki, Georgien), Poti, Gali und auch in Tbilisi"[1073] zu Tage förderten. Die Wahrnehmung von Stadiongewalt durch die Sicherheitsbehörden war also bereits geschärft, als sich die Miliz noch gar nicht restriktiv gegen die Moskauer Fangruppen verhielt.

Der eigentliche Politikwechsel lässt sich daher eher im internationalen Klima erneuter Spannungen zwischen den Blöcken, nach der sowjetischen Invasion Afghanistans 1979, nach NATO-Doppelbeschluss und dem westlichen Boykott der Olympischen Spiele von 1980 in Moskau, begreifen, vor allem aber angesichts von Spannungen innerhalb des Warschauer Paktes. In Polen erfuhr die oppositionelle Gewerkschaft Solidarność 1981, im Jahr nach ihrer Gründung, massiven Zulauf. Während die sowjetische Führung, Vladislav Zubok zufolge, im Laufe des Jahres 1981 massiv nach stützenden Kreisen innerhalb

---

1069 Beschluss des CK der KP Georgiens, RGANI, f. 5, op. 73; d. 302; ll. 52-61; 63-5.
1070 Vgl. Akopov, Dienstnotiz an die Hauptredaktion von *Sovetskij Sport*, RGANI, f. 5, op. 73; d. 302; ll. 46-9, hier: 48.
1071 Vgl. Gruppe Kriegsdienstleistender, Brief an das georgische Innenministerium, RGANI, f. 5, op. 73; d. 302; l. 42
1072 Vgl. Akopov, Dienstnotiz an die Hauptredaktion von *Sovetskij Sport*, RGANI, f. 5, op. 73; d. 302; ll. 46-9, hier: 48.
1073 Beschluss des CK der KP Georgiens, RGANI, f. 5, op. 73; d. 302; l. 53.

der Kommunistischen Partei Polens forschte[1074], warnte der einflussreiche KGB-Chef Jurij Vladimirovič Andropov (1914-1984) schon im Frühjahr 1981 vor den schon beobachtbaren Folgen der polnischen Entwicklungen für die westlichen Gebiete der Sowjetunion.[1075]

In der Tat vermittelten einige Zwischenfälle an der westlichen Peripherie der Sowjetunion den Eindruck einer politisierten Jugendgewalt in der Nähe der Stadien. Am 22. September 1980 etwa waren mehrere Tausend Jugendliche nach einem Fußballspiel durch die Innenstadt Tallinns marschiert, da das anschließende Konzert der Punkgruppe Propeller aufgelöst worden war. Auf Verhaftungen folgten weitere Märsche, bei denen sich etwa 2.000 Schüler aus vier Himmelsrichtungen den Gebäuden der Regierung genähert hatten.[1076] Im September und Oktober 1982 berichtete die Litauerin Ė. I. Abrutene der *Associated Press* von Fandemonstrationen in Vilnius „und deren Auflösung" durch die Staatsmacht.[1077] Diese Vorfälle hatten mit dem Treiben jugendlicher Fußballfans in Moskau wenig zu tun, doch wenn zu dieser Zeit unter anderem der Tourismus mit Polen ebenso gestoppt wurde wie Studentenaustauschprogramme,[1078] so lag es nahe, auch jugendliche Fangruppierungen als westlich-bourgeoise Subversion zu bekämpfen.[1079] Es war ein Gesamtbild unterstellter westlicher Infiltration, das aus Sicht der Behörden eine Reaktion erforderlich machte. Gerade innerhalb dieses Wahrnehmungsrahmens begannen sowjetische Behörden 1981, kleinere gewaltsame Zusammenstöße organisierter Fußballfans auf Auswärtsfahrt oder in Moskau neu zu bewerten.

Zu vermuten wäre, dass neben der Miliz auch der Geheimdienst mit der Beobachtung der Fankultur betraut wurde. Zumindest hatte das georgische Zentralkomitee bereits nach dem Tbiliser Vorfall 1977 den Standard gesetzt, demzufolge Innenministerium und KGB „Maßnahmen [...] zum Schutz der öffentlichen Ordnung und zur Unterbindung jeglicher Unruhen ergreifen" sollten.[1080] So ist die Behauptung des für mich im ukrainischen Geheimdienstarchiv zuständigen Mitarbeiters zweifelhaft, für Fanbewegungen sei ausschließlich die Miliz zuständig gewesen. Aus erwähnten Unterlagen des Georgischen

---

1074 Vgl. Zubok 2007, S. 267.
1075 Vgl. Zubok 2007, S. 266.
1076 Vgl. Misiunas und Taagepera 1983, S. 253.
1077 Edel'man et al. 1999, S. 804.
1078 Vgl. Zubok 2007, S. 266.
1079 Zur öffentlichen Darstellung des Boykotts der Olympischen Spiele 1980 siehe Mertin 2003. Zum Afghanistankrieg in der sowjetischen Berichterstattung siehe Meier 2001. Hierbei müsste insbesondere auch die Bekämpfung „kontrapropagandistischer Maßnahmen im Zusammenhang mit der Olympiade 1980" untersucht werden. Siehe etwa Tomilina 2011, S. 186.
1080 Beschluss des CK der KP Georgiens, RGANI, f. 5, op. 73, d. 302, l. 59.

Zentralkomitees ist ersichtlich, dass der Geheimdienst in Fällen von Zuschauergewalt durchaus hinzugezogen wurde, um die Miliz zu unterstützen. Auch wissen wir von anderen Jugendkulturen, dass sich der Geheimdienst bereits in den 1970er Jahren für solche Bewegungen interessierte.[1081] Insgesamt ist festzuhalten, dass ein sich verschärfender Antagonismus organisierter Fangruppen auf sowjetische Behörden traf, die, vom Innenministerium bis hin zum Sportkomitee, zunehmend sensibler auf Erschütterungen der Sicherheitslage reagierten.[1082]

Für die Fragestellung dieser Studie ist von zentraler Bedeutung, wie Vorgaben sowjetischer Organe bei sowjetischen Bürgern als Fußballfans ankamen. Indem die Moskauer Miliz spätestens ab dem Frühjahr 1982 versuchte, über Einlasskontrollen ein Komplettverbot der Fankultur durchzusetzen, indem Ansagen die Zuschauer auf das Verbot von Blockbildung und Fangesängen hinwiesen,[1083] misslang sowjetischen Behörden, anders als in den frühen 1960er Jahren, die Fußballkultur als konforme Freizeitpraxis „sowjetischer Massen" zu erhalten. Angesichts bereits marodierender Jugendgruppen durch Moskau hätten die Behörden die ideologischen Slogans früherer Zeit auch nicht einfach wiederholen können. Fest steht allerdings auch, und wird durch sozialwissenschaftliche Studien untermauert,[1084] dass ein Komplettverbot jeglicher Fankultur häufig kontraproduktiv wirkt und einer Radikalisierung Vorschub leistet.

Noch im Spätherbst 1981, beim Europapokalspiel zwischen Spartak Moskau und dem 1. FC Kaiserslautern, erinnert sich Jurij Michailov, sei „alles in rot-weiß" gewesen. Aber im darauffolgenden Frühjahr, beim Spiel Spartaks gegen Dnepr Dnepropetrovsk in Lužniki, habe man „keinen einzigen Menschen mit *Attributika* mehr ins Stadion gelassen".[1085] Viele hätten ihren Fanschal und andere Utensilien nun verborgen, bis sie auf der Tribüne waren. Nach Beginn der ersten Sprechgesänge habe die Miliz die Tribüne „B", die Tribüne der Spartak-*fanaty* in Lužniki, geräumt.[1086] Der damalige Stadiondirektor Viktor Kokryšev bestätigt, dass die Miliz von dem Moment an eingegriffen habe, in dem sich „Fangruppen [...] zu konzentrieren" begannen. Sie seien „ohne Schals und ohne Mützen" zur Kasse gekommen, „kauften die Eintrittskarten für einen be-

---

1081 Zum Interesse des KGB an jugendlichen Subkulturen siehe Zhuk 2010, S. 2-4.
1082 So wurden Ende Dezember 1981 auch im ukrainischen Sportkomitee Maßnahmen zur „Erziehungsarbeit mit Fußballliebhabern in den Stadien des Landes" diskutiert. CDAVO, f. 5090, op. 3, d. 1510, l. 86.
1083 Vgl. Bushnell 1990, S. 31-2.
1084 Poutvaara und Priks 2007.
1085 Jurij Michailov, Interview mit dem Autor, 30.03.2008.
1086 Jurij Michailov, Interview mit dem Autor, 30.03.2008.

stimmten Sektor und kamen dann mit den Mützen und den Schals" ins Stadion.[1087] Ein angeblich vor der Stadionkatastrophe 1982 aufgesetzter und 1989 veröffentlichter Brief von Oleg Viktorov, einem der zahlreichen Todesopfer der Katastrophe,[1088] prangert im Namen einer „Gruppe junger Fans von Spartak Moskau" das Verhalten der Miliz im Stadion an: „Wir werden am Eingang ständig durchsucht, unsere Taschen werden ausgeleert, man zwingt uns, rotweiße Schals und Mützen abzunehmen. [...] Im Stadion passiert es, dass wir gejagt werden, aus geringsten Anlässen (sogar für Applaus)".[1089] Im Stadion selbst, bestätigt Jurij Michailov, sei die Miliz nach Beginn der ersten Sprechgesänge aktiv geworden: „Sie begannen die Leute einfach herauszuziehen, erst einen, dann den zweiten, dann den dritten, dann eine Reihe nach der anderen." Einen Teil von ihnen hätten sie festgenommen, den überwiegenden Teil aber einfach vom Stadiongelände verjagt.[1090] Nur im Winter habe man damit rechnen können, dass die Miliz „die letzte Mütze nicht vom Kopf nahm".[1091]

Das Umdenken der Miliz verschreckte viele und förderte gleichzeitig die bereits entstandenen Autoritätsstrukturen innerhalb der Jugendgruppen, da es neue „Situationen" erzeugte, mit deren Lösung sich zumindest einige brüsten konnten. Bei Abendspielen durften etwa Jugendliche grundsätzlich nicht ohne die Begleitung Erwachsener ins Stadion. Der zu diesem Zeitpunkt 15jährige Jurij Michailov erinnert sich, dass er sich deshalb nicht nur eine Eintrittskarte kaufen, sondern sich auch einen Erwachsenen suchen musste: „Du suchst irgendeinen Erwachsenen und sagst: ‚Seien sie doch mein Papa und führen sie mich zum Fußball'" (*bud'te moim papoj, provedite menja na futbol*).[1092] Eben dies hätten Freunde ihrem Sohn geraten, erinnert sich die Mutter eines anderen 1982 in Lužniki umgekommenen Achtklässlers.[1093] Nachdem die Miliz begonnen habe, die Zahlenfolge der Eintrittskarten zu überprüfen, so Jurij Michailov weiter, habe er zwei Eintrittskarten kaufen, und einen fremden „Papa" an der Kasse davon überzeugen müssen, eine davon käuflich zu erwerben.[1094] Auch dies ist eine Geschichte, die im kommunikativen Erinnern

---

1087 Viktor Kokryšev, Interview mit dem Autor, 16.04.2008.
1088 http://october20.ru/ (15.12.2014).
1089 Oleg Viktorov, nicht versandter Brief an den *Moskovskij Komsomolec*, zitiert nach Viktor Logunov, Konstantin Medvedkin, Nikto ne chotel ubivat', *Moskovskij Komsomolec*, 21.07.1990, S. 2.
1090 Jurij Michailov, Interview mit dem Autor, 30.03.2008.
1091 Jurij Michailov, Interview mit dem Autor, 30.03.2008.
1092 Jurij Michailov, Interview mit dem Autor, 30.03.2008.
1093 Zitiert nach Aleksandr Prosvetov, Pomnim, in *Sport-Ėkspress*, 23.10.2007.
1094 Jurij Michailov, Interview mit dem Autor, 30.03.2008.

organisierter Fans zum Zeitpunkt der Recherchen unabhängig von der Mannschaftszugehörigkeit kursierte.[1095]

Jurij Michailov erinnert sich, zweimal verhaftet worden zu sein, weil er „im Schal" in Richtung Stadion unterwegs gewesen sei. Man habe ihn aufs Milizrevier gebracht, um seine Daten aufzunehmen. Sie hätten ihn „mit der Eintrittskarte" in „der Kammer" bis zum Ende des Spiels sitzen lassen und ein Telegramm an seine Schule geschickt. Darin habe die Miliz den Schuldirektor und die Lehrer über das Verhalten ihres Schülers vor dem Stadion informiert. Diese hätten Jurijs Eltern in Kenntnis gesetzt, die an ihren Sohn geglaubt, ihn aber eindringlich gebeten hätten, „nicht mehr länger zum Fußball zu gehen". Jurij war ein guter Sohn: „Nun, natürlich, natürlich. Natürlich gehe ich nicht mehr." Als sie 1982 von dem Stadionunglück in Lužniki erfahren hätten – Jurij habe nicht zugegeben, dabei gewesen zu sein – hätten sie seine Fußballmütze aus dem Fenster geworfen.[1096]

Der Komsomol hielt indes, anders als die Miliz, an der Vorstellung fest, die informell organisierte Fankultur könne sowjetisch eingerahmt werden. Es gibt Belege für Moskau wie für Kiev, dass der Komsomol zunächst versuchte, die Anführer der jungen Fangruppierungen auszumachen, um die informellen Fangruppen zu steuern. Anfang der 1980er Jahre, erinnert sich Jurij Michailov, seien die Anführer mit Binden der freiwilligen Milizhelfer ausgestattet worden, um „auf der Tribüne für Ordnung" zu sorgen. Das Vorgehen des Komsomol entsprach Vorschlägen, die das Sportkomitee nach der Stadionkatastrophe unter dem Motto einer „Verstärkung des Kampfes gegen Trunksucht und Alkoholismus" dem CK der KPdSU vorlegte. Gemeinsam mit anderen Behörden, unter anderem dem Sportkomitee, möge der Komsomol „Vorschläge zur Gründung von ‚Klubs der Fans und Kenner des Sports' ausarbeiten."[1097] In solchen Papieren klingt an, dass insbesondere Komsomol und Sportkomitee die Zuschauer durchaus konstruktiv ins sowjetische Boot holen wollten. Einzig war diese Strategie alleine schon deshalb zum Scheitern verurteilt, da sich die Miliz wesentlich restriktiver zeigte, wenn es um zentrale Symbole der neuen Fanmode ging. Dieser teilweise widersprüchliche Katalog an Aktivitäten auf mittlerer und niederer politischer Ebene war weniger der komplex austarierten Komposition des sowjetischen Machtapparats in den ausgehenden Brežnevjahren und den folgenden Jahren des Übergangs geschuldet. Eher waren es unterschiedliche Zielvorgaben für unterschiedliche Behörden, die aus

---

1095 Vgl. Kozlov 2008, S. 90.
1096 Jurij Michailov, Interview mit dem Autor, 30.03.2008.
1097 RGANI, f. 5, op. 88, d. 139, l. 60.

der Perspektive jugendlicher Fans selbst die Strategie der jeweils anderen Behörden lächerlich machten.

Nichts desto weniger übte der Komsomol einen gewissen Einfluss auf die Jugendkultur aus. Schule und Komsomol hatten relativ einfachen Zugriff auf die Anführer der Bewegung, denn sie erfuhren vom Fehlverhalten einzelner Jugendlicher über erwähnte Telegramme der Miliz. Sie konnte der Komsomol zu „organisatorischen Gesprächen" und zur „ideologischen Arbeit" bitten, zumal schon die Farbsymbolik und frühere Nähe Spartak Moskaus zum Komsomol Hoffnung machte, dass sich die verhaltensauffälligen Anführer der Jugendkultur mit etwas Erziehungsarbeit in den Komsomol hätten eingliedern lassen können.[1098] Allerdings sind sich Miliz und organisierte Fußballfans diesbezüglich einig wie selten. Die Einordnung unter das Dach des Komsomol habe nicht funktioniert, so Jurij Michailov.[1099] Die „Erziehungsarbeit im VLKSM" sei „schlecht aufgestellt", pflichtet die Kiever Milizinstruktion von 1981 bei.[1100] Mit einem spezielleren Fokus auf spätsowjetische Jugendkultur müsste die komplexe Positionierung jugendlicher Autoritäten genauer untersucht werden. Zu fragen wäre, inwieweit sie an neu eingeführten Strukturen partizipierten und welche Wirkung eine auf die Anführer der Bewegung hin gerichtete Strategie entfaltete.

Jugendliche Fußballfans waren in ihren Aktionen bereits deutlich eingeschränkt, als es am 20. Oktober 1982 im Moskauer Lenin-Stadion in Lužniki zur Katastrophe kam. Nach starkem Schneeregen war es sehr kalt geworden. Minus zehn Grad. Auf den Tribünen lag Schnee und Eis. Der Administration war es nur gelungen, die Tribünen „A" und „C" räumen zu lassen, sodass nur „16.000 Karten im Verkauf" waren.[1101] Selbst Jurij Michailov unterstellt keine böse Absicht. Der organisatorische Aufwand sei für Miliz und Stadionverwaltung doch viel geringer, wenn man nur eine Tribüne öffne.[1102] Etwa 10.000 Zuschauer hatten sich auf den Weg ins Stadion gemacht, um die UEFA-Pokal-Vorrundenpartie zwischen Spartak Moskau und dem niederländischen FC Haarlem zu sehen.[1103] Die verkauften Eintrittskarten wiesen den Zuschauern grundsätzlich[1104] und auch an diesem Tag[1105] unterschiedliche Tribünen zu, doch nach Aussagen anwesender Fans wurde der überwiegende Teil der Zu-

---

1098 Jurij Michailov, Interview mit dem Autor, 30.03.2008.
1099 Jurij Michailov, Interview mit dem Autor, 30.03.2008.
1100 DAMVSU, d. 172, t. 1, str. 59.
1101 V. Zajkin, Tragedija v Lužnikach. Fakty i vymysel, *Izvestija*, 21.07.1989, S. 6.
1102 Jurij Michailov, Interview mit dem Autor, 30.03.2008.
1103 Vgl. Edelman 2009, S. 294.
1104 Viktor Kokryšev, Interview mit dem Autor, 16.04.2008.
1105 Jurij Michailov, Interview mit dem Autor, 30.03.2008.

schauer auf die Tribüne „C" „getrieben" (*zagnali*), ein geringerer Teil auf die Tribüne „A".[1106] Der Leiter der späteren Ermittlungen hingegen spricht davon, dass sich die Mehrzahl freiwillig für die Tribüne „C" entschieden habe, da diese näher an der Metro liege.[1107]

Die jugendlichen Spartak-Fans hätten sich gesetzt und ihre verborgenen rot-weißen Schals und Kappen herausgeholt.[1108] Einige Zuschauer hätten angesichts der Kälte „heimlich getrunken", erinnert sich ein anderer Augenzeuge.[1109] Fans entfalteten Flaggen und begannen zu skandieren. Als sie daraufhin die Miliz umringte und die ersten Festnahmen durchführte, reagierten einige von ihnen mit einem „Schneeballhagel" aus vereisten Schneebällen und zwangen die Miliz damit zeitweise zum Rückzug.[1110] Auch einen auf der Tribüne anwesenden unbeteiligten Arzt trafen Schneebälle „ungestümer" Jugendlicher.[1111] Von Auseinandersetzungen zwischen Miliz und Jugendlichen spricht auch Amir Chusljutdinov, der zehn Minuten vor Spielende von der Tribüne geflüchtet sei, da die Miliz ihn habe festnehmen wollen.[1112] Der Leiter der Ermittlungen spricht 1989 von 150 Festnahmen nach „Schneeball- [...] und wenigen Flaschenwürfen".[1113]

Viele der Zuschauer auf den „oberen Sektoren" wollten beim Stande von 1:0 kurz vor Spielende die Tribüne verlassen. Zwischen „der ersten und zweiten Etage" führte ein Ausgangstunnel zu den Treppenhäusern, über die das Stadion verlassen werden konnte.[1114] Auch Jurij Michailov hatte sich, vielleicht „wegen der Kälte", vielleicht „damit die Eltern zu Hause nicht schimpfen", schon zum Ausgang begeben, als das 2:0 für Spartak fiel. Doch zu diesem Zeitpunkt stand er bereits mitten in einer Menschenmenge auf der ersten Treppenstufe nach unten.[1115] Ein anderer Zuschauer saß beim 2:0 noch auf seinem Platz. Er sah Zuschauer, die nach dem Tor zurückkommen wollten während

---

1106 Amir Chusljutdinov, Interview mit dem Autor, 09.04.2008; Jurij Michailov, Interview mit dem Autor, 30.03.2008.
1107 V. Zajkin, Tragedija v Lužnikach. Fakty i vymysel, *Izvestija*, 21.07.1989, S. 6.
1108 Amir Chusljutdinov, Interview mit dem Autor, 09.04.2008; Jurij Michailov, Interview mit dem Autor, 30.03.2008.
1109 Aleksandr Prosvetov, Pomnim, *Sport-Ėkspress*, 23.10.2007. Siehe auch V. Zajkin, Tragedija v Lužnikach. Fakty i vymysel, *Izvestija*, 21.07.1989, S. 6.
1110 Jurij Michailov, Interview mit dem Autor, 30.03.2008. Siehe auch Aleksandr Prosvetov, Pomnim, *Sport-Ėkspress*, 23.10.2007; Viktor Logunov, Konstantin Medvedkin, Nikto ne chotel ubivat', *Moskovskij Komsomolec*, 21.07.1990, S. 2.
1111 Lev Alekseevič Borisenko, zitiert nach Sergej Mikulik, Svidetel', kotorogo ne choteli zametit', *Sovetskij Sport*, 22.07.1989, S. 1.
1112 Amir Chusljutdinov, Interview mit dem Autor, 09.04.2008.
1113 V. Zajkin, Tragedija v Lužnikach. Fakty i vymysel, *Izvestija*, 21.07.1989, S. 6.
1114 *Sovetskij Sport*, 08.07.1989.
1115 Jurij Michailov, Interview mit dem Autor, 30.03.2008.

andere zum Ausgang drängten, und entschied sich, noch ein wenig zu warten.[1116] Indessen erfuhr der Direktor des Stadions von einem bei ihm abgestellten *Milicioner*, dass „dort etwas vor sich geht". Er machte sich sofort auf den Weg: „Als ich [nach fünf Minuten] dort ankam, lagen dort nur noch Leichen."[1117]

Im Treppenhaus starben an diesem Abend nach den Ermittlungsergebnissen der Moskauer Staatsanwaltschaft 66 Menschen. 61 Personen wurde zudem teilweise schwer verletzt.[1118] Seit *Sovetskij Sport* 1989 von 340 Toten sprach, ist die offizielle Zahl in der öffentlichen Debatte umstritten. Doch die 2007 geschaltete Web-Gedenkseite *proekt 20oe čislo*, auf der 67 meist minderjährigen Opfern gedacht wird, weicht nur geringfügig davon ab.[1119] Beide Zahlen, 66 wie 67, berücksichtigen allerdings nur diejenigen Opfer, die unmittelbar vor Ort starben. In der Presse kursiert die Geschichte, nach der „Vertretern der Friedhöfe [...] am Tag nach der Tragödie [...] mit Stand 12 Uhr mittags" berichtet wurde, es seien 102 Menschen in Lužniki tödlich verunglückt.[1120] Nimmt man dies als mögliche Untergrenze an, so ergibt sich aus der Summe der vor Ort Gestorbenen (66 oder 67) und der Verletzten (61) eine Obergrenze von knapp 130 Personen.

Die Unschärfe ergibt sich aus der ungenauen Zählweise der Behörden, aber auch aus der fehlenden Presseberichterstattung. Nach der Katastrophe berichtete einzig die Zeitung *Večernaja Moskva* von einem „unglücklichen Vorfall" im Stadion. Knapp und unspezifisch hieß es dort, dass es „als Folge einer Verletzung der Ordnung der Zuschauerbewegung beim Verlassen des Stadions" zu „Verunglückten" gekommen und eine „Untersuchung der Umstände" eingeleitet worden sei.[1121] Für die nächsten sieben Jahre war dies die letzte Meldung über das Unglück. Die fehlende Berichterstattung führte zu einem höchstens diffusen Wissen in der Bevölkerung über den Vorfall. Als etwa die Moskauer Tante zu Besuch in der Provinz im Orlover Gebiet war, erzählte sie ihrer Verwandtschaft von dem Unglück und dem Gerücht, Punks (*panky*) seien

---

1116 Lev Alekseevič Borisenko, zitiert nach Sergej Mikulik, Svidetel', kotorogo ne choteli zametit', *Sovetskij Sport*, 22.07.1989, S. 1.
1117 Viktor Kokryšev, Interview mit dem Autor, 16.04.2008.
1118 V. Zajkin, Tragedija v Lužnikach. Fakty i vymysel, *Izvestija*, 21.07.1989, S. 6.
1119 http://october20.ru/ (15.12.2014).
1120 Tino Künzel, Die schwärzeste Stunde von Luschniki, Moskauer Deutsche Zeitung, 11.06.2005, S. 16. Dieselbe Zahl nennt Amir Chusljutdinov. Amir Chusljutdinov, Interview mit dem Autor, 09.04.2008.
1121 *Večernaja Moskva*, 21.10.1982, S. 3.

verantwortlich gewesen für das Desaster.[1122] Die Vielzahl der Jugendbewegungen in der Sowjetunion der späten 1970er und frühen 1980er Jahre machen eine Verwechslung hier nicht unwahrscheinlich, zumal, wenn man die sich etablierende ähnliche Bandenstruktur vieler dieser Bewegungen zwischen Freundschaft, informellen Zusammenkünften, spontanen Aktionen, jugendkultureller Symbolik und internen Autoritätsstrukturen bedenkt.[1123] Sowjetische Bürger wurden konstant gezwungen, ihre Vorstellungs- und Interpretationskraft einzusetzen, um sich einen Reim auf Geschehnisse zu machen. Nicht einmal „Großmütter, Mütter und Schwestern" konnten in jedem Fall ahnen, was draußen aus ihren selbstgestrickten Fanschals geworden war. Denn als Jurij nach Hause kam erzählte er seinen Eltern nichts. Er erzählte seinen Eltern erst rund 15 Jahre später, dass er an jenem Abend in Lužniki dabei gewesen sei.[1124]

Die Miliz verschärfte nach dem Unglück ihre Kontrollen. Das Moskauer Exekutivkomitee hatte sie nach der Katastrophe angewiesen, „Störungen der öffentlichen Ordnung nicht zuzulassen und entschlossen zu verfolgen".[1125] Zu keinem Zeitpunkt, nicht einmal in diesem Schreiben, wurde Spartak Moskau die Verantwortung zugesprochen. Im sowjetischen Medienkosmos konnte es so etwas wie ‚berüchtigte Fans' dieser oder jener Mannschaft nicht geben, da sie von der Prämisse friedfertiger sowjetischer Massen getragen waren.[1126] Daher, und auch angesichts des Schweigens in der Presse, sind Erinnerungen organisierter Fans plausibel, nach denen die Sicherheitskräfte das kollektive Totengedenken unter allen Umständen verhindern wollten. Die Miliz habe Druck auf alle *lider* ausgeübt, um unter Androhung von Gefängnisaufenthalten geplante Protestaktionen zu unterbinden.[1127] Sie habe Fußballfans festgesetzt, wenn diese „ein schwarzes Band über dem Fanschal trugen". In der Nähe der Metrostation *Sportivnaja* habe sich daraus eine Schlägerei zwischen Miliz und rund zwanzig Fans entwickelt, die sich auf dem Weg zum Friedhof befunden hätten.[1128] Und sie habe solche Festnahmen in den Folgejahren auch bei regulären Spielen und regulären rot-weißen Fanschals in der Nähe des Stadions in

---

1122 Oleg Skorobogatov, Interview mit dem Autor, Park in der Nähe der Baumanskaja Metrostation, 07.04.2008. Zur Einordnung von Punk und Jugendkultur in Osteuropa siehe etwa Häder 2005, S. 457-62.
1123 Vgl. Risch 2005.
1124 Jurij Michailov, Interview mit dem Autor, 30.03.2008.
1125 CAGM, f. 3029, op. 1, d. 382.
1126 Siehe die Herleitung hierzu in Kapitel 3.2.
1127 Jurij Michailov, Interview mit dem Autor, 30.03.2008.
1128 Aleksej Kosygin, Mjasorubka v Lužnikach. Interview mit Aleks Mannanov und Nikolaj Egorov, zitiert nach http://www.october20.ru/site/press.html (15.12.2014).

der Metro fortgesetzt.[1129] Auch bei der Beerdigung habe die Miliz „hinter den Bäumen" gestanden und sei dem Beerdigungszug „von den Häusern der Gestorbenen bis zu den Gräbern gefolgt".[1130] Zum Jahrestag hätten Männer vom KGB „in schwarzen Jacken und Krawatten" am Friedhof gewartet und „nicht einmal erlaubt Blumen niederzulegen."[1131] Auch vor dem Treppenhaus in Lužniki sei dies untersagt gewesen.[1132] Amir Chusljutdinov, der mit anderen zusammen mit Ausnahme seiner Armeezeit jeden Jahrestag am Grab einer Freundin verbrachte, spricht ebenfalls von „so vielen KGBlern und Milizionären" am ersten Jahrestag, „das war schrecklich. Sie standen neben jedem Baum".[1133]

Erst Ende der 1980er Jahre entfachte *Sovetskij Sport* eine Debatte über die Stadionkatastrophe und forderte ein Gedenken ein, das offiziell nicht existierte. Es gebe einen Grund, so hieß es in einem ersten großen Artikel über die Stadionkatastrophe in *Sovetskij Sport*,[1134] weshalb in Lužniki, im Gegensatz zum Moskauer Dinamo-Stadion, im Oktober keine Spiele angesetzt würden: „Sie fürchten schon sehr, [...] dass Blumen auf den Fußballplatz geworfen werden. Blumen zum Gedenken an die Umgekommenen".[1135] Auch unmittelbar nach dem Unglück hätten die Behörden jede Gedenkkultur unterdrücken wollen. Die Särge durften nach Hause gebracht werden, aber nur in Begleitung von Milizionären und nur für vierzig Minuten. Die Miliz habe die Trauergemeinden auch zu den Friedhöfen begleitet, die diese sich selbst hätten aussuchen können. Doch selbst dies wirke im Nachhinein „durchdacht", denn so sei eine zentrale Gedenkstätte verhindert worden.[1136] Dieses Argument wiederholt Amir Chusljutdinov im Interview wörtlich.[1137]

1129 Jurij Michailov, Interview mit dem Autor, 30.03.2008.
1130 Aleksej Kosygin, Mjasorubka v Lužnikach. Interview mit Aleks Mannanov und Nikolaj Egorov, zitiert nach http://www.october20.ru/site/press.html (15.12.2014).
1131 Zitiert nach Aleksandr Prosvetov, Pomnim, *Sport-Ėkspress*, 23.10.2007.
1132 Raisa Viktorova, zitiert nach Tino Künzel, Die schwärzeste Stunde von Luschniki, Moskauer Deutsche Zeitung, 11.06.2005, S. 16.
1133 Amir Chusljutdinov, Interview mit dem Autor, 09.04.2008.
1134 Sergej Mikulik, Sergej Toporov, Černaja tajna lužnikov, *Sovetskij Sport*, 08.07.1989, S. 1; 4. Edelman 1993, S. 199. Dem Artikel in *Sovetskij Sport*, so hieß es an anderer Stelle, sei eine Erzählung über das Unglück vorausgegangen, die der *klub bolel'ščikov Spartaka* in einem seiner Programmhefte 1989 veröffentlicht hatte. Siehe Aleksej Cholčev, So stadiona v Lužnikach uvozili trupy, *Futbol'nyi kur'er*, 01.07.1992, zitiert nach http://october20.ru/ (15.12.2014).
1135 Sergej Mikulik, Sergej Toporov, Černaia tajna Lužnikov, *Sovetskij Sport*, 08.07.1989, S. 1; 4.
1136 Sergej Mikulik, Sergej Toporov, Černaia tajna Lužnikov, *Sovetskij Sport*, 08.07.1989, S. 1; 4.
1137 Amir Chusljutdinov, Interview mit dem Autor, 09.04.2008.

Im Vordergrund des Pressediskurses und auch der persönlichen Erinnerungen steht aber die Rekonstruktion des Geschehens. *Sovetskij Sport* zufolge ereignete sich das Unglück, weil nach dem 2:0 des Spartakspielers Sergej Aleksandrovič Švecov (*1960) in der Nachspielzeit zwei Zuschauermengen im einzigen geöffneten Treppenhaus zusammenprallten; die untere angelockt vom Torjubel; die obere getrieben von Milizionären.[1138] Die Zeitung *Izvestija* gab dem zuständigen Ermittler die Gelegenheit, dies „kategorisch" zurückzuweisen, da „alle Ausgänge beider Tribünen geöffnet" gewesen seien, zu viele zu „leicht" bekleidete Zuschauer gleichzeitig das Stadion hätten verlassen wollen, die Mitarbeiter der Stadionverwaltung ihre Kontrollposten nicht eingenommen hätten und das Tor Spartaks die Situation eher „erleichtert" habe, da es den Druck vom Treppenhaus genommen habe.[1139] *Sovetskij Sport* konterte mit dem Bericht des Chirurgen Lev Alekseevič Borisenko, der als Zuschauer im Stadion war und vor Ort „gebrochene Arme" mit „wollenen Spartakschals" verband, da die ersten Krankenwägen erst „45-50 Minuten nach der Tragödie" eingetroffen seien und nur ein Krankenwagen mit einem Arzthelfer vor Ort gewesen sei. Die Milizionäre hätten einen Ring um ihn, den Arzthelfer und einige Opfer gebildet und niemanden zum Treppenhaus durchgelassen, in dem noch Menschen lagen. Wer auch immer verantwortlich für das Unglück sei, „Hilfe leisten hätten sie nach dem Unglück doch können."[1140] Auch der *Moskovskij Komsomolec* kritisierte 1990 die Sicherheitsbehörden, indem er von einem Kordon aus 15-20 Milizionären sprach, die den Zugang zu einer zweiten Treppe versperrt hätten.[1141]

Insbesondere die Darstellungen in *Sovetskij Sport* erzeugten ein Bild versagender bis zynischer sowjetischer Autoritäten, das in der Sportpresse und in Fankreisen bis heute intakt ist. In *Sport-Ėkspress* hieß es unlängst, die „Miliz" sei „nach allgemeiner heutiger Meinung" verantwortlich.[1142] Diesem Rahmen der sowjetischen und postsowjetischen Sportpresse seit 1989 entsprechen auch die für diese Studie erhobenen Narrative aus der Spartak-Fanbewegung. Dem Überlebenden Jurij Michailov zufolge hätten die Milizionäre die Menschen wie üblich „angetrieben" (*milicija gonit*), schneller hinauszugehen, um den Durchgang freizuhalten. Unten am Ausgang allerdings hätten andere Mi-

---

1138 Sergej Mikulik, Sergej Toporov, Černaia tajna Lužnikov, *Sovetskij Sport*, 08.07.1989, S. 1; 4.
1139 V. Zajkin, Tragedija v Lužnikach. Fakty i vymysel, *Izvestija*, 21.07.1989, S. 6.
1140 Lev Alekseevič Borisenko, zitiert nach Sergej Mikulik, Svidetel', kotorogo ne chotel zametit', *Sovetskij Sport*, 22.07.1989, S. 1.
1141 Viktor Logunov, Konstantin Medvedkin, Nikto ne chotel ubivat', *Moskovskij Komsomolec*, 21.07.1990, S. 2.
1142 Aleksandr Prosvetov, Pomnim, *Sport-Ėkspress*, 23.10.2007.

ORGANISIERTE FANKULTUR UND SOWJETISCHE HERRSCHAFT 259

lizionäre von drei möglichen Ausgängen nur einen geöffnet, der zudem noch mit einem Ausziehgitter so verkleinert worden sei, dass nur „drei Menschen gleichzeitig hindurchgehen konnten". Ihnen sei es nicht darum gegangen, das Unglück zu provozieren, sondern eher, die fanatischen Schneeballwerfer und Skandierer am Ausgang auszusortieren.[1143] Ein anderer Augenzeuge erinnert sich an den „einen Sanitätswagen" und die verspätete „Kolonne Krankenwägen" auf ihrem „Weg zur *Sportivnaja*".[1144] Amir Chusljutdinov schließt pointiert: „Wir wussten [...] dass die Staatsmacht immer schuld ist."[1145] Die Miliz steht hier für die Verderbtheit einer spätsowjetischen Epoche, gegen die ihre Fanbewegung seit ihren Anfängen opponiert habe.[1146] Tatsächlich war aber der strengere Umgang der Miliz zum Zeitpunkt der Katastrophe noch relativ neu und die Spartak-Fanbewegung noch sehr breit aufgestellt. Diese Erinnerungen speisen sich also eher aus einem Diskurs, der während der Perestroika entstand.

6.5 Fangewalt und Hierarchien – Gestern und Heute

Spätestens nach 1982 war der Gegensatz zwischen „sowjetischem" Leben in Schule und Komsomol auf der einen, und „fanatischem" Leben auf Auswärtsfahrt, im Stadion und auf den Straßen Moskaus voll etabliert und die Fankultur nun außerhalb ihrer ursprünglichen herrschaftlich-diskursiven Einrahmung offen für radikalere Ausschläge. Von entscheidender Bedeutung ist, dass sich zu hierarchischen Beziehungen innerhalb einzelner Gruppen nun auch Vorstellungen kultureller Überlegenheit und Hierarchien zwischen Fangruppen im Vielvölkerreich gesellten.[1147] Die multinationale Verfasstheit der sowjetischen Fußballliga begünstigte, dass sich Moskauer Fußballfans im Herzen einer neuen Fankultur wähnten. Als Vertreter der Hauptstadt bildeten sie, ähnlich wie in früheren Imaginationen, eine Nationalität eigener Art, die sich allerdings, im Unterschied zu den frühen Jahren des sowjetischen Fernsehfußballs in den 1960er Jahren, nicht mehr nur um sich selbst drehte, sondern sich nun den anderen dezidiert überlegen fühlte.[1148]

1143 Jurij Michailov, Interview mit dem Autor, 30.03.2008.
1144 Zitiert nach Aleksandr Prosvetov, Pomnim, *Sport-Ėkspress*, 23.10.2007.
1145 Amir Chusljutdinov, Interview mit dem Autor, 09.04.2008.
1146 Amir Chusljutdinov, Interview mit dem Autor, 09.04.2008.
1147 Vgl. Jobst et al. 2008, S. 28.
1148 Vgl. Kapitel 5.

Abb. 29: *Fanaty* und Miliz. Riga. 1987. © Amir Chusljutdinov.

Abb. 30: *Fanaty* und Miliz. Riga. 1987. © Amir Chusljutdinov.

Abb. 31: *Fanaty* und Miliz. Riga. 1987. © Amir Chusljutdinov.

Insbesondere die Auswärtsfahrten entfalteten eine neue Dynamik, indem sich etwa das Verhältnis zwischen organisierten Fans von Spartak Moskau und Dinamo Kiev verschlechterte. Nach Straßenschlachten in Kiev 1987, über die sogar die internationale Presse berichtete,[1149] begrüßten Spartaks *fanaty* im Jahr darauf, so erzählt man sich noch heute, Anreisende Kiever Fans mit einem Steinhagel am Kiever Bahnhof.[1150] Photographien aus diesen Jahren zeigen Fans, die von der Miliz abgeführt werden (siehe Abb. 29, 30 und 31). Auch die Darstellung einer Auswärtsfahrt nach Moskau des Dinamo Kiev Fans Aleksandr Ponyrev erinnert an eine Mission im Feindesland. Fans lösten Kommunikationsprobleme, indem sie sich an vorher abgesprochenen geheimen Treffpunkten an Metrostationen trafen. Ihren Fanschal versteckten sie dabei, um von der Miliz nicht „neutralisiert" zu werden. Sie trugen ihn bis unmittelbar vor dem Stadion nicht, wo bald schon die ersten Schlägereien begannen.[1151] Auswärtsfahrten hatten nun einen anderen Charakter. Wichtiger als das Geschehnis selbst sind die Geschichten, die in Fankreisen darüber erzählt wer-

---

1149 *Los Angeles Times*, 14.11.1987. http://articles.latimes.com/1987-11-14/sports/sp-5299_1_soccer-violence (15.12.2014).
1150 Jurij Michailov, Interview mit dem Autor, 30.03.2008.
1151 Aleksandr Ponyrev, Interview mit dem Autor, 30.5.2007 und 31.05.2007.

den. Denn Hierarchien innerhalb der Fanbewegungen stellen sich nicht zuletzt über die Erinnerung an solche Ereignisse her. So unterscheiden sich die Moskauer und die Kiever Bewertungen der Straßenschlachten in Kiev 1987 deutlich. Jurij Michailov war selbst nicht dabei, hat die informell-offizielle Version aus Spartakperspektive gleichwohl parat:

> *„300 fanatov Spartaka* haben in der Stadt den ganzen Tag alle Kiever verprügelt. Nun, nicht die Kiever, sondern die Fans, die *fanaty* von Kiev. Jene, die dies wollten, haben sie angegriffen, [...] verprügelt [...]. Das war [...] eine große Niederlage für Dinamo Kiev. Und überhaupt hatten sie global betrachtet nicht einen Sieg über Spartak."[1152]

Euphorisch sind allerdings auch Kiever Erinnerungen an die große Schlägerei 1987, denn sie kommen zu einem vollkommen entgegengesetzten Ergebnis. Den Anfang machten die Kiever *fanaty*, erinnert sich einer, der dabei gewesen ist. „Alle zum Bahnhof", sei gerufen worden. „Am Bahnhof und im Bett sind die Kiever stärker als alle anderen", sei danach auch im Stadion zu hören gewesen.[1153] „Das haben sie sich dort ausgedacht", kontert Jurij Michailov in Moskau. „Das hat niemand von Spartak zu hören bekommen".[1154] Allgemein gesprochen erhöhten symbolische, wie auch ganz handfeste Triumphe über die jeweils verfeindete Fangruppe, die Autorität jener, die dabei gewesen sind. Zudem ordneten sie die informell organisierten Fangruppen von Moskau bis L'vov aus der Perspektive einzelner junger sowjetischer Männer hierarchisch an. Jugendliche Fankultur zeigt sich hier als performative Praxis hegemonialer Männlichkeit.[1155]

Auch in der Sowjetunion der 1950er und 1960er Jahren verbanden sich sowjetische Fußballfans im Fußballfieber zu Massen, in denen sie Vorstellungen von Gemeinschaft und Gegnerschaft mittels Gewalt zum Ausdruck brachten. Die Innovation bestand in den 1980er Jahren nicht in der Gewalt als solcher, sondern in den informellen Autoritätsstrukturen, die darüber entstanden. Sie bestand zweitens in den Symbolen und Ritualen globaler Fankultur, von Fanschal bis Auswärtsfahrt, mit denen sie sich verband. Im Kontext der multinationalen Sowjetunion suggerierte dies eine kulturelle Überlegenheit gegenüber all jenen, die daran nicht teilhatten. Auswärtsfahrten hoben Fange-

---

1152 Jurij Michailov, Interview mit dem Autor, 30.03.2008.
1153 Russ.: *„Vse na vokzal!"* und *„Na vokzale i v postele kievljane vsech sil'nee!"*. Fedor Mel'nikov und andere, Interview mit dem Autor, 19.05.2007.
1154 Jurij Michailov, Interview mit dem Autor, 30.03.2008.
1155 Ich verwende hierbei die Vorstellung hegemonialer Männlichkeit nicht im Sinne einer Ausschließlichkeit dieses oder jenes Männlichkeitsentwurfs. Von Interesse ist eher, wie „verschiedene Männlichkeitsentwürfe innerhalb dieses sozialen Feldes miteinander konkurrierten". Meuser und Scholz 2005, S. 213.

walt auch auf eine neue Ebene, indem sie Gewalt nun auch zwischen Fans unterschiedlicher Mannschaften weit entfernter Städte ermöglichten. Innerhalb Moskaus kam es traditionell zu Begegnungen von Fans der diversen Moskauer Mannschaften. Dies hatte auch, wenngleich seltener, zu vereinzelten Übergriffen geführt.[1156] Entscheidend ist also nicht die Rückkehr von Straßengewalt. Entscheidend ist, dass sich Fußballfans nun über Auswärtsfahrten regelmäßig begegneten, und darüber sowohl interne Autoritätsstrukturen reproduzierten als auch Gruppen aus unterschiedlichen Sowjetrepubliken hierarchisch anordneten.

Zunächst reproduzierten Auswärtsfahrten ein hierarchisches Verhältnis zwischen Moskauer Zentrum und „provinziellem" Umland. Amir Chusljutdinov erinnert sich etwa an Eishockeyspiele in Voskresensk im Moskauer Umland:

> „[...] dort waren die Moskauer nicht besonders beliebt, die Leute trugen [...] Arbeitskleidung. Und wir kamen aus Moskau in Jeans, da wurden wir nicht besonders gut aufgenommen. Außerdem waren dort solche Arbeiter, das Volk trank sehr gerne, so. Unter unseren Fans gab es auch viele, die tranken, und entsprechend gab es ständig einen Interessenkonflikt, es kam ständig zu Auseinandersetzungen mit der lokalen Bevölkerung. [...] Das heißt, erstmals gaben wir dort 1978 allen auf die Haube, 1978, 1979 und 1980. Und 1981, 1982 war es schon schwerer, weil sich bereits alle Dörfer gegen uns verbündet hatten, das Volk kam [...] mit dicken Stöcken [...] direkt auf uns zu."[1157]

In der Vorstellungswelt dieser Jugendkultur speisten sich Hierarchien zwischen Zentrum und Peripherie aus Gewalt und einer kulturellen Überlegenheit, die Jugendliche über Kleidung, vor allem aber über die weiter entwickelte Fankultur zu erspüren meinten.

Auf den bald folgenden Auswärtsfahrten in entfernte Republikhauptstädte übersetzten sich diese Wahrnehmungen von der lokalen auf die (multinationale) unionsweite Ebene. Dabei zeigt sich in Interviews ein klarer Zusammenhang zwischen innersowjetischen Abgrenzungen und auch Rassismen auf der einen und privilegierenden westlichen Kulturtechniken auf der anderen Seite: „Ich fuhr von den weiteren Reisen nur einmal nach Tbilisi", erinnerte sich ein Anhänger Kievs im Interview. „Jeder Sprechgesang oder Anfeuerungsruf [der Kiever Fans] wurde vom ganzen Stadion mit so einem Gebrüll, so einem ‚U-U' beantwortet. Nun, wie bei Affen." Ein zweiter Interviewpartner, der dies gehört hatte, verknüpfte diese innersowjetische Abwertung prompt mit der Inspiration, die britische Fankultur bedeutete: „In diesem Zusammenhang, Scheiße nochmal, fällt mir sofort Liverpool ein, als unsere *fanaty*, Scheiße

---

1156 Siehe Kapitel 2, 3.1.
1157 Amir Chusljutdinov, Interview mit dem Autor, 09.04.2008.

nochmal, sich zu irgendeinem Sprechgesang entschlossen. Die Liverpooler *fanaty* wurden sofort, sofort, sofort still, sie hörten zu, hörten sich das bis zum Ende an, applaudierten zwei Sekunden lang, und sangen dann ein Lied, nun, zehn Mal lauter, Scheiße nochmal." Das sei dort eben „eine andere Fankultur", pflichtete der erste bei. Die Vorstellung kultureller Überlegenheit, die sich aus westlicher Fankultur speiste lässt sich also gleichermaßen für *fanaty* in Moskau wie in Kiev nachweisen.[1158]

Anfang der 1980er Jahre begann sich, wie in Westeuropa einige Jahre zuvor, die soziale DNA von Fanmassen erneut zu verändern. Inspiriert durch Medienbilder entstanden in privaten Fernsehkontexten neue Fanpraktiken, eine Kinder- und Jugendmode, über die sich jugendliche Sowjetbürger zu Fanmassen verbanden. Doch sie verbanden sich mit anderen Jugendlichen nun zu informellen Netzwerken, die durch ihren Charakter als Subkultur, durch ihre außerordentlichen Kulturtechniken (Auswärtsfahrt, Schlägerei), durch den Druck von außen und durch hohe Fluktuation bald schon durch steile Hierarchien zwischen den Mitgliedern und zwischen den Fangruppierungen unterschiedlicher Republiken geprägt waren. Fangewalt mag universell sein. Doch das Netz, in dem sich Menschen verfangen, die den Fußball lieben, hatte sich verändert.

In den Jahren nach 1982 gab es durchaus weiterhin Versuche sowjetischer Institutionen, jugendliche Subkulturen einzuhegen. John Bushnell beschreibt wie einzelne Journalisten ab 1984 einen Dialog mit organisierten Fans begannen.[1159] Insbesondere müssten Initiativen der Perestrojka-Jahre in den Blick genommen werden, wie etwa jene von 1986, als sich die *Komsomol'skaja Pravda* mit Punks, Fußballfans und anderen Jugendkulturen auseinandersetzte[1160] und die Probleme einer „formalen Auseinandersetzung mit einer informellen Jugendbewegung" skizzierte.[1161] Ebenso entwickelte sich die Fankultur selbst weiter, wenn sie etwa eigene Programmhefte herausgab. Doch solche Initiativen änderten nichts an den beschriebenen Wirkmechanismen informell organisierter Fankultur. Denn während *Sovetskij Sport* und andere Presseorgane 1989 im Begriff waren, die publizistische Abrechnung mit den

---

1158 Die kulturelle Überlegenheit westlicher Fankultur ist in dieser Vorstellung nicht *per se* mit einer kulturellen Überlegenheit des Westens allgemein gleichzusetzen. Entscheidend sind hier die inner-sowjetischen Ab- und Aufwertungen, nicht so sehr das Verhältnis zum Westen insgesamt.
1159 Vgl. Bushnell 1990, S. 205-35.
1160 *Komsomol'skaja Pravda*, 10.10.1986, S. 2. Vgl. den Artikel der *Komsomol'skaja Pravda* von 1982 über die „falschen Leidenschaften" unter Fußballfans. *Komsomol'skaja Pravda*, 06.11.1982, S. 4.
1161 *Komsomol'skaja Pravda*, 05.10.1986, S.2.

offiziellen Autoritäten der Vergangenheit und der Gegenwart in Gang zu setzen, verwoben immer neue Auswärtsfahrten und Begegnungen innerhalb Moskaus Fankultur und Fangewalt miteinander und schärften damit das Autoritätensystem innerhalb der Gruppierungen.

Im Vakuum der 1990er Jahre kamen dieses System interner Autoritäten und die voll etablierte kulturelle Chimäre aus Mannschaftsunterstützung und subkultureller Gewalt deutlicher als zuvor zum Vorschein. In Bezug auf die 1994 gegründete *Flint's Crew*, die nach Darstellung aus dem Spartaklager im Kontext einer neuen „Welle des Fußball-Chuliganismus", die „Mitte der 1990er Jahre [...] Russland erfasste, [...] die hauptsächliche Kraft auf den Tribünen und außerhalb darstellte", wird zwar im Internet versichert, dass „nicht ein einziger Vertreter der Spartak-Bewegung der 1980er Jahre" Anteil hatte.[1162] Solche Aussagen müssten allerdings kritisch überprüft werden, wie auch generell gefragt werden müsste, wie jüngere *fanaty* im Kontext allgemeiner gesellschaftlicher Zerfallsprozesse, ob nun unter Anleitung der Älteren oder ohne, in diese Subkultur hineinwuchsen und selbst zu Autoritäten wurden;[1163] wie sich Gemeinschaft und Gegnerschaft, Schlägereien, Kämpfe und Kriege zwischen Fangruppen und auch mit anderen radikalen Gruppierungen in den 1990er und 2000er Jahren entfalteten; und wie sich damit eine Subkultur bis weit in die 2000er Jahre reproduzierte, zu der zupackende Fangewalt und variationsreicher Mannschaftssupport gleichermaßen gehören (siehe Abb. 32 und 33).[1164] Bei Vladimir Kozlov ist nachlesen, was ich in Gesprächen mit organisieren Fans immer wieder hörte:

> „*Chulsy* und einfache Leute aus der fanatischen Szene sind sich einig: Wenn durch die Schlägereien von Fußballhooligans keine Unbeteiligten in Mitleidenschaft gezogen werden [...], so gibt es an solchen Schlägereien nichts Schlechtes. Der Hooliganismus ist ein Teil der organisierten Fußballfankultur, ohne ihn kann sie einfach nicht existieren".[1165]

1162 http://www.spartakworld.ru/fans-spartak/5109-fanaty-spartaka-flints-crew.html (15.12.2014).
1163 Auf solche Weise beschreibt etwa Nataliya Danilova die „Militärkultur" von Afghanistanveteranen, die „ihre eigenen Erfahrungen darüber weitergaben, wie man in einer rapide zerfallenden und sich wandelnden sowjetischen Gesellschaft überleben kann". Danilova, Nataliya (2013): Veterans of Soviet Afghan War: Gender Crisis and Re-invention of Identity. Konferenz: Afghanistan, the Cold War, and the End of the Soviet Union. Helmut Schmidt Universität, Universität der Bundeswehr Hamburg, 14.03.2013.
1164 Siehe etwa das Video einer Stadionschlägerei zwischen Spartak-Moskau-Fans und Anhängern von Zenit Sankt Petersburg vom 15.03.2009. http://www.youtube.com/watch?=cf_80p8KWA&feature=related (19.04.2011).
1165 Kozlov 2008, S. 29.

Wenn sich die Bewegungen zum Zeitpunkt der Recherchen auch teilweise in *ul'tra*-Gruppen, welche die Mannschaftsunterstützung im Stadion organisieren, und auf Schlägereien spezialisierte *chulsy* auffächern,[1166] sind die Übergänge doch fließend geblieben und die Verbindungen zahlreich. Diese Verknüpfung organisierter Fankultur und gewalttätiger Subkultur wurde in den frühen 1980er Jahren vollzogen und setzte sich in den 1990er Jahren fort. Wie mir einer der *lider* von CSKA die Frage nach dem Sinn von Schlägereien beantwortete: „Ohne Schlägereien keine Entwicklung"; keine Entwicklung der Bewegungen und ihrer Organisation.[1167] Ein anonymer Anhänger CSKAs erklärte mir hierzu 2007 am Telefon, die Schlägereien hätten sich in Moskau und Sankt Petersburg in der Tat aus den Stadien heraus verlagert und nähmen dort den beschriebenen rein „fanatischen" Charakter an. Während die Gewaltkultur weiter fortbestehe, würden sich immer mehr Familien wieder trauen, die Fußballspiele zu besuchen.[1168]

Abb. 32: Vor der Schlägerei: Die Gastgeber. Dinamo gegen Spartak. Moskau. Dinamo-Stadion. 2007. Eigene Photographie.

1166 Vgl. Kozlov 2008, S. 10.
1167 Russ.: *Bez drakov net razvitija*. Feldtagebuch, 10.04.2008.
1168 Eine Dokumentation dieses Telefonats liegt nicht mehr vor. Es fand während der Recherchen zu einem früheren Artikel zum selben Thema statt. Siehe Zeller 2007.

ORGANISIERTE FANKULTUR UND SOWJETISCHE HERRSCHAFT 267

Abb. 33: Vor der Schlägerei: Die Gäste. Dinamo gegen Spartak. Moskau. Dinamo-Stadion. 2007. Eigene Photographie.

Die Fankultur in Russland ist uneinheitlich und sie verändert sich. Dies liegt angesichts des niedrigen Durchschnittsalters nicht zuletzt an nachrückenden Generationen von Fans. Die Vorstellung einer „reinen" Fangewalt allerdings scheint mir eine Illusion zu sein. Denn das in nunmehr drei Jahrzehnten gewachsene Überlegenheitsgefühl fanatischer Fankultur öffnete die Bewegung, ebenso wie die Verknüpfung aus Mannschaftsunterstützung und Gewalt, gegenüber rechtsradikalen politischen Gruppierungen diverser Art. So nahmen Fußballfans auch im neuen Jahrtausend weithin sichtbar an Ereignissen teil, bei denen die Grenzen zwischen Fangewalt und xenophoben Ausbrüchen radikaler politischer Bewegungen verschwammen.

Bei Ausschreitungen am Rande eines Public Viewings nach der WM-Niederlage Russlands gegen Japan 2002 wurden Medienberichten zufolge im Moskauer Stadtzentrum ein Mann erstochen, ein japanisches Restaurant gestürmt, Milizionäre verprügelt und die Scheiben des Parlaments eingeworfen (siehe Abb. 35).[1169] Stark alkoholisierte Hooligans in paramilitärischen Unifor-

---

1169 Etwa: http://www.magnolia-tv.com/news/2002-06-09/football (22.03.2013); http://www.kommersant.ru/lenta-small.html?d=45167&id_alias=10 (18.07.2007).

men hätten vor Duma und Kreml Losungen wie „Nieder mit Japan" und „Russland den Russen" skandiert.[1170] Andere Berichte sprechen wahlweise von der Unterwanderung der Fans durch rechte Gruppen oder von der rechten Gesinnung vieler russischer Fußballfans.[1171]

Nachdem Spartak-Fan Egor Sviridov Medienberichten zufolge am 6. Dezember 2010 „bei einer Schlägerei mit Kaukasiern ums Leben"[1172] kam, versammelten sich fünf Tage später mehr als 10.000 Menschen, unter ihnen viele Fans von Spartak Moskau, an der *Vodnyj Stadion* Metrostation in Moskau, um seiner friedlich zu gedenken. Doch am frühen Nachmittag verlagerte sich das Geschehen ins Stadtzentrum. Auf dem Manegenplatz „gesellten sich" zu „ultrarechten Fans [...] andere Rechtsradikale".[1173] Eine Bildstrecke auf Spiegel-Online zeigt vermummte Gestalten, Spartakfahnen, knüppelnde Spezialeinsatzkräfte der Polizei, skandierende Menschen mit und ohne Fanschals, bengalische Feuer und Rauch; in unmittelbarer Kremlnähe.[1174] Die Krawalle verlagerten sich alsbald in die Metro und auch in andere Stadtteile, wo Attacken auf *gastarbajter*, eine Wortentlehnung aus dem Deutschen, folgten.[1175] Bei diesem Ausbruch verbanden sich erneut Gewaltpraktiken aus dem subkulturellen Dunstkreis des russischen Ligafußballs mit anderen xenophoben Stimmungen und Strömungen der russischen Gesellschaft. Dies hatten die Anführer der einflussreichen informellen Spartak-Fanbewegung *Fratria* im Vorfeld offiziell zu verhindern versucht, indem sie in Presseaufrufen Spartak-Fans davor warnten, an der Kundgebung am Manegenplatz teilzunehmen.[1176] Diese und andere Distanzierungen[1177] zeigen, dass genau diese Akteursgruppen studieren muss, wer qualitative Aussagen über den Zusammenhang aus Zuschauersport, Rassismus und Gewalt im heutigen russischen Fußball treffen

---

1170 Etwa: http://www.abendblatt.de/daten/2002/06/10/33280.html (20.08.2007).
1171 Siehe etwa Pain 2011.
1172 http://www.aktuell.ru/russland/politik/krawall_in_moskau_soziale_explosion_nicht _mehr_weit_4072.html (15.12.2014).
1173 http://www.aktuell.ru/russland/politik/krawall_in_moskau_soziale_explosion_nicht_ mehr_weit_4072.html (15.12.2014).
1174 http://www.spiegel.de/fotostrecke/fotostrecke-62591-15.html (15.12.2014).
1175 http://www.aktuell.ru/russland/politik/krawall_in_moskau_soziale_explosion_nicht_ mehr_weit_4072.html (20.09.2011). http://www.spiegel.de/fotostrecke/fotostrecke-62591-15.html (29.09.2014).
1176 http://www.sovsport.ru/news/text-item/424132 (16.03.2011).
1177 Nach „einigen unwesentlichen Meinungsverschiedenheiten" innerhalb der „Bewegung" hätten vor geraumer Zeit die *lider* aller unserer *firm[y]* und Vereinigungen, sowie die alten *fanaty*" ein Gespräch geführt, in dem sie sich unter anderem „von jedweden politischen Spielen oder Aktionen" distanzierten: „Unser einziger Glaube und unsere einzige Politik lautet SPARTAK". http://www.fratria.ru/fratria/about/ (16.04.2011).

ORGANISIERTE FANKULTUR UND SOWJETISCHE HERRSCHAFT 269

möchte. Festzuhalten ist gleichwohl, dass Fannetzwerke, andere subkulturelle Gruppen und nationalistische Stimmungen im heutigen Russland in einer komplexen Wechselbeziehung stehen.

Abb. 34: Russland gegen Japan. Nach dem Public Viewing im Zentrum Moskaus. 2002. © *Fotoagentstvo Sport-Ėkspress.*

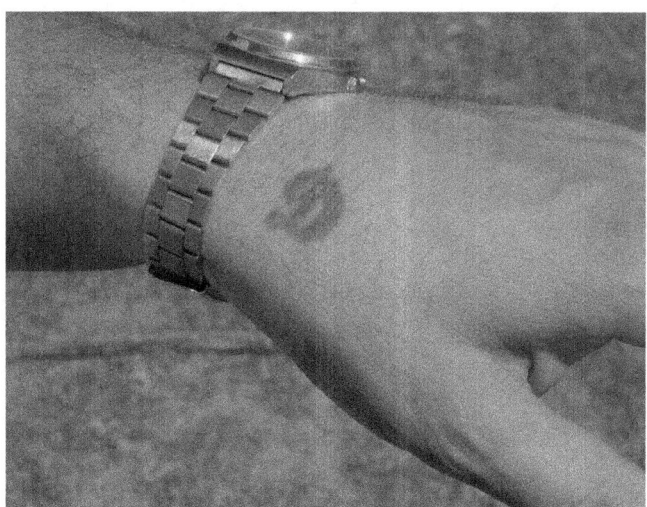

Abb. 35: Dinamo „D" als Tätowierung. Kiev. Gidropark. 2007. Eigene Photographie.

In den letzten Jahren des sowjetischen Vielvölkerstaats begannen Teile der Fußballkultur im Kontext einer komplexen Gemengelage weniger von sowjetisch auf antisowjetisch, sondern von egalitär auf hierarchisch zu kippen. Zunächst prosperierte eine jugendliche Fanmode um Spartak in urbanen Freiräumen und erfuhr dort ungeheuren Zulauf unter Moskauer Jugendlichen. Mit Fanschal, Fangesang und Auswärtsfahrt führte sie frühere Formen der Mannschaftsunterstützung konsequent weiter und eine Zeitlang sah es aus, als würden auch diese Praktiken zu einem „wesentlichen Bestandteil sozialistischer Realität" werden können.[1178] Anfang und Mitte der 1980er Jahre bewegten sich organisierte Fußballfans dagegen schon in zwei zwar miteinander verflochtenen, aber hinsichtlich ihrer Normen, Werte und sozialen Regeln zunehmend klar abgrenzbaren kulturellen Sphären. Mit Graffiti, Fanutensilien, Verfolgungsjagden und Auswärtsfahrten schlossen sie sich einer auch im westlichen Europa blühenden transnationalen Jugendbewegung an; doch als Schüler, Studenten, Arbeiter und Komsomolzen blieben sie in der spätsowjetischen Gesellschaft verhaftet, ohne anderes je gekannt zu haben.[1179]

Zugleich wähnten sich die neuen Moskauer Fangruppen den kulturellen Praktiken von Zuschauern aus anderen Republiken überlegen. Ihre jugendlichen Männerbünde könnte man aus Gender-Perspektive als Reaktion auf die Öffnung des Fußballs für Frauen im Medienzeitalter verstehen.[1180] Da die Moskauer Bewegungen über die größten Auswärtsgruppen verfügten und ihre Mannschaft auch regelmäßig bei Auswärtsspielen in der eigenen Stadt unterstützen konnten, lag nahe, sich mittels Symbolik globaler Fankultur innerhalb des multinationalen Rahmens des Vielvölkerreichs und der sowjetischen Fußballliga über andere zu erheben.

Die maßgeblichen Autoritätsstrukturen der zum Zeitpunkt der Recherchen in diverse Ul'tra- und Hooligan-Gruppierungen untergliederten Fanbewegung(en) entstanden in dieser Zeit. Bei dieser Jugendkultur laufen alle losen Fäden dieser Geschichte zusammen. Der Gegensatz zwischen Spartak auf der einen und Dinamo und CSKA auf der anderen Seite erlebte einen neuen Höhepunkt. Das Gewaltpotential von Empörungsgemeinschaften verknüpfte sich mit Vorstellungen kultureller Überlegenheit, die sich aus transnationalen Bezügen einer zunehmend in den eigenen vier Wänden stattfindenden Zuschau-

---

1178 Yurchak 2005, S. 210.
1179 Zu globalen Einflüssen auf sowjetische und postsowjetische Jugendkulturen siehe Pilkington et al. 2002.
1180 Zu Männlichkeit und Weiblichkeit in der Geschichte des sowjetischen Zuschauersports siehe Kapitel 4.2.

erkultur im Fernsehzeitalter speiste.[1181] Als die Sowjetunion auseinanderbrach blieben zwei Dinge bestehen: das interne Autoritätssystem jugendlicher Subkultur und die eigene Nationalität als einzige potentielle Identifikationsebene. Sowjetische Behörden hatten in den frühen 1980er Jahren großen Anteil an diesem Prozess. Fangewalt und Fankultur verzahnten sich über innere Hierarchien und wurden darüber informell institutionalisiert. Informelle Autoritätsstrukturen bildeten auch die Grundlage für den überaus gewalttätigen Neustart subkultureller Fankultur Mitte der 1990er Jahre.

Vor dem Zusammenbruch allerdings blieben viele fanatische Jugendliche dem sowjetischen Rahmen verhaftet, der ihrer Fankultur überhaupt erst Sinn verlieh. So verließ nur einer meiner Gesprächspartner, Mitglied der Kiever Bewegung, den Komsomol. Indem er seine Fanleidenschaft in Form eines Dinamo-Tattoos permanent am Leib trug und trägt, befand aber selbst er sich noch „innerhalb und außerhalb eines bestimmten Kontextes" (siehe Abb. 35).[1182] Er grenzte sich mit dem „D" der Dinamo-Sportorganisation des Innenministeriums von den Sagbarkeiten des offiziellen Lebens der Sowjetunion ab. Es war der Kontext des Vielvölkerreichs, innerhalb dessen ihre Fankultur die Hierarchie der Nationalitäten und auch der Geschlechter wieder zu etablieren suchte, die im Fernsehzeitalter eingeebnet worden war. Und es waren Staatsorgane selbst, die sich von der sowjetischen Jugend abgewandt hatten; nicht umgekehrt.

1181 Siehe Kapitel 4.
1182 Yurchak 2005, S. 128.

Schlüsse: Fußballfieber, Herrschaft, Gesellschaft

Gemeinschaft und Gegnerschaft bedingen sich. Auch in der sowjetischen Zuschauerkultur der 1950er Jahre konstituierten sich Gemeinschaften in Abgrenzung zu etwas jeweils Anderem. Doch es gab zunächst keine Sprache, mit der sowjetische Bürger als Fußballfans innersowjetische Gegnerschaft jenseits von Stadiongewalt hätten artikulieren können. Ein armenischer Fußballfan schwieg im Tbiliser Dinamo-Stadion, da er Prügel befürchtete.[1183] Russische Armeeoffiziere lästerten über Dinamo Kiev und verstummten, denn der Genosse aus der Ukraine war hinzugetreten.[1184] Alle gemeinsam jubelten ihren sowjetischen Mannschaften bei internationalen Begegnungen zu.[1185] Doch es gibt für die unmittelbaren Jahre nach Stalins Tod kaum Belege für die gegenseitige Artikulation innersowjetischer Gegnerschaft, mit Ausnahme jener Protokolle und Berichte im Archiv, die ein Panorama der Zuschauergewalt mit Übergriffen auf Sicherheitskräfte und die Schiedsrichter in Moskau, Kiev, Erevan, Tbilisi und vielen anderen Städten der Sowjetunion zeichnen.[1186] Innersowjetische Gegensätze waren in den unmittelbaren Jahren nach Stalins Tod noch nicht, oder nur sehr selten, ein Gegenstand bisweilen auch humorvoller Freizeitkultur. Die Frage, wie sich das eigene *Wir* gegenüber dem *Fremden* artikulieren konnte, stellte sich zwar bereits in der Zwischen- und Nachkriegszeit der 1930er und 1940er Jahre. Doch erst als ein nennenswerter Anteil der Bevölkerung an neuen Medien, Radio und Fernsehen, partizipierte, öffneten sich zuvor abgeschlossene Milieus, wodurch sich die Frage neu stellte, wer dieses *Wir* und wer dieses *Fremde* überhaupt hätten sein können.

Mediengesellschaften entstehen sukzessive, einige Jugendliche verbanden sich schon über frühe Radioübertragungen in der unmittelbaren Nachkriegszeit. Doch die überwiegende Mehrheit der sowjetischen Bevölkerung partizipierte erst nach der Katastrophe des Stalinismus an den bunten Publikationen und neuen Medien des sowjetischen Medienzeitalters. Eine neue Zuschauerkultur entstand daher auch von den späten 1950er und frühen 1960er Jahren sukzessive. Die Medien versorgten sowjetische Fußballfans, flankiert von diversen Sicherheits- und Erziehungsmaßnahmen im Stadion, mit einer neuen sowjetischen Fußballsprache, die von kultivierter und unkultivierter Männlichkeit handelte, von einzelnen Übeltätern und friedlichen sowjetischen Mas-

---

1183 Levon Karapetjan, Interview mit dem Autor, 23.03.2007.
1184 Valentyn Stecjuk, E-Mail an den Autor, 21.05.2012.
1185 Zumindest gilt dies für jene Interviewpartner unterschiedlicher Nationalität in Moskau und Kiev, mit denen ich sprechen konnte. Siehe Kapitel 2.4.
1186 Siehe Kapitel 3.1.

sen. Sowjetische Bürger nahmen in Fanbriefen diese *kul'turnost'*-Diskurse der Medien auf. Auch in Interviews zeigt sich, wie sehr dadurch für die erste sowjetische Fernsehgeneration Gegnerschaft sagbar wurde. So stritten dann auch Diskutanten vor den Stadien der Sowjetunion. Zuschauer hielten in den Stadien erste Banner in die Höhe, weit vor der Gründung erster informeller Fangruppen der *fanatskoe dviženie*. Sowjetische Bürger imaginierten nun auf vielfältige Weise ganz unterschiedliche Gemeinschaften, zu denen sie gehören mochten. Wenn die sowjetische Sportpresse etwa davon schrieb, dass einzelne gewalttätige *chuligany* das Wort *bolel'ščik*, „mitfiebernder Fan", entehren würden,[1187] so war das Fußballfieber erstmals etwas, dass es *per se* zu verteidigen galt; und mit ihm auch die Möglichkeit, innersowjetische Gegnerschaft auf sowjetische Weise auszudrücken. Dies wurde ein Wert an sich, da nun innerhalb des multinationalen Settings der sowjetischen Fußballliga insbesondere in den Republiken ganz unterschiedliche sowjetpatriotische Gemeinschaften entstanden, zu denen einfache Arbeiter ebenso gehören konnten wie Parteioffizielle oder Fabrikdirektoren.

Die gängigen Schlagworte für die Sowjetunion der 1960er bis 1980er Jahre scheinen sich auf den ersten Blick auszuschließen. „Entwickelter Sozialismus" behauptet kontinuierlichen Aufbau, wo „Tauwetter" und „Poststalinismus" Abkehr suggerieren. „Stagnation" beschreibt die schlussendliche Sackgasse einer gerontokratischen Herrschaftsordnung, während Kulturhistoriker sich nur noch mit ihren „Dynamiken" zu beschäftigen scheinen. „Später Sozialismus" oder „Späte Sowjetunion" sind leere Periodisierungskategorien, wenn sie nicht gar dazu verwendet werden, den Erfahrungshorizont historischer Akteure zu entwerten oder zu ignorieren. „Sowjetische Normalität" unterstellt unambitioniert, die Sowjetunion sei irgendwann, nach dem Ende von Revolution, Terror und Furor, in eine universalistische Moderne eingetreten, zu der Historiker nur mehr etwas sowjetisches Lokalkolorit hinzufügen müssten.[1188]

Gemeinsam ist diesen Kategorien allerdings ein Kern, der auch in der Geschichte des sowjetischen Fußballfiebers zum Ausdruck kommt. Sowjetische Herrschaft unter Brežnev allgemein bedeutete ein komplexes System von Zugehörigkeit und Gegnerschaft. Viele Personen der Macht setzten nach dem Ende des Stalinismus und den unsteten Jahren danach alles auf Erhalt und nichts auf Reproduktion. Vorhersagbarkeit und Kontrolle traten an die Stelle von „überfallartigen Eingriffen von oben".[1189] Der stärkere Zugriff des Zen-

---

1187 *Futbol*, 21.08.1960, S. 12.
1188 Zur gänzlich anderen, offiziellen Verwendung der Kategorie in der ČSSR siehe Bren 2010, S. 2-3.
1189 Schlögel 2009, S. 27.

trums in späteren Jahren zeigt sich zwar nicht nur bei außenpolitischen Ereignissen wie der Niederschlagung des Prager Frühlings 1968, sondern auch über interne Zentralisierungsprozesse, wie etwa beim sowjetischen Fernsehen. Die Geschichte des sowjetischen Fiebers zeigt indes, dass die multiple Artikulation innersowjetischer Gegnerschaft zu ihr ebenso gehörte, wie Härten nach außen und innen. Eine Mehrheit nahm, all der Wunden und Verwerfungen der Vergangenheit zum Trotz, Anteil an sowjetischen Gemeinschaften und erfreute sich daran, innersowjetische Gegnerschaft auf eine sowjetisch konforme Weise auszudrücken. Viele Sowjetbürger identifizierten sich als Anhänger Dinamo Kievs, oder der Moskauer Mannschaften Spartak, Dinamo, CSKA und vieler anderer Mannschaften mit diversen Herrschaftsebenen der sowjetischen Ordnung.

Die Mehrdeutigkeit des Sports lud zu eindeutigen Positionierungen ein. Sie erzeugte einen leichtfüßigen Modus fluider Konformität, der sogar Töne und Narrative des Dissenses, wie etwa in Retrospektiven einiger Anhänger Spartak Moskaus erzeugen konnte. Stabilität versprachen in der späten Sowjetunion also kulturelle Praktiken, mittels derer sich Zugehörigkeit in fluiden Massen performativ herstellen ließ. In einer Ordnung, die sich auf Revolution (1917) und Sieg (1945) gründete, waren Mobilisierungen solcher Art zentraler Bestandteil der Herrschaftssicherung.

Damit wirkte das Fußballfieber, stärker noch als andere Elemente sowjetischer Populärkultur, auf das sowjetische Leben insgesamt zurück, denn als Fußballfans konnten Bürger, Staatsbürokraten und Parteioffizielle Vorbehalte Moskaus gegenüber Kiev, Vorbehalte Kievs gegenüber Moskau, Vorbehalte der multinationalen Peripherie gegenüber dem Zentrum, Vorbehalte des Zentrums gegenüber der multinationalen Peripherie, Vorbehalte diverser sozialistischer Organisationen untereinander, vom Komsomol bis zu Armee und Innenministerium, dazu nützen, die eigenen Reihen in performativen Akten sowjetischer Zuschauerkultur stets auf das Neue zu schließen und ein sowjetisches Ganzes zu imaginieren.

Die Formel der Dynamiken der Stagnation ist dann hilfreich, wenn sie auf die Rolle von Mobilisierung in der sowjetischen Ordnung hinweist, die im Kontext des Kalten Kriegs und der kulturellen Globalisierung verstärkt über kulturelle Praktiken vonstattenging, die mit westlichen Formeln und Formen angereichert waren. Medien verflochten sowjetische Bürger nicht nur mit Ereignissen innerhalb der Sowjetunion, sondern mit Veranstaltungen überall auf der Welt. Es ist also falsch, von einer Gesellschaft zu sprechen, die über Kulturkontakte jeglicher Art in Bewegung geriet und sich auf diese Weise *per se* von der sowjetischen Ordnung entfernt hätte. Es ist umgekehrt: Vorstellungen eines gemeinsamen sowjetischen Zusammenhangs entstanden im Medienzeitalter erst dadurch, dass sowjetische Bürger in Bewegung gerieten, sich in Bewegung setzten, um sich beispielsweise einer Gruppe Fußballfans anzuschließen. Die sowjetische Gesellschaft existierte in Bewegung, und mit ihr auch Parteioffizielle, so sie denn mitfieberten. Als Protagonisten spätsowjetischer Herrschaft mögen sie eher statisch gewirkt haben; es sei denn, man würde Alterungsprozesse als Ausdruck von Mobilität begreifen. Doch indem Gegnerschaft sich nicht auf den Zuschauersport begrenzte, indem konkurrierende Seilschaften vieler Bereiche des öffentlichen Lebens um Einfluss und Mittel rangen und ihre vertikalen Linien bei Brežnevs „fest gefügte[m] Netzwerk von Erbhöfen und Pfründen" zusammenliefen,[1190] war das sowjetische Fußballfieber Sinnbild für jene unter der Oberfläche brodelnden Prozesse der Verteilung von Ressourcen und Einfluss auf der Wahrnehmungsebene sowjetischer Bürger.

Wo Bewegung ist, finden sich auch Unschärfen. Doch ob und zu welchem Zeitpunkt kulturelle Praktiken nun ein unsowjetischer Charakter zugesprochen wurde, ist kaum zu beantworten, ohne die Deutungsmacht sowjetischer Behörden zu berücksichtigen. Grundsätzlich konnte die Mobilisierung sowjetischer Bürger über das Fußballfieber viele Energien aufsaugen. Auch Nationalisten im Herzen sagten kaum nein, wenn sie als Fußballfans sowjetisch-ukrainischen Patriotismus ausdrücken durften. Dezidiert müsste zwar überprüft werden, wie stark in den Randgebieten der Union, der Westukraine etwa oder dem Baltikum, das Fieber gegen Moskau ausgeprägt war. Doch auch hier fieberten Menschen mit ihren sowjetischen Mannschaften, mindestens wenn Spieler aus ihrer Gegend beteiligt waren.

In den 1960er Jahren versuchten Sportbehörden Fanverhalten zu planen und Empörungsgemeinschaften im Einklang mit neu aufkeimenden *kul'turnost'*-Debatten einzudämmen. Westlich inspiriertes Fanverhalten als solches war hier aber noch nicht als Problem markiert. In den frühen 1980er Jahren scheiterte der Versuch, eine zwischenzeitlich stark mit westlich konnotierten Symbolen angereicherte Jugendkultur mit Hilfe des Komsomol erneut affirmativ sowjetisch einzurahmen und aufzuladen. Doch es waren auch sowjetische Behörden selbst, die in der gerontokratisch-tragikomischen Spätphase der frühen 1980er Jahre das Kind beim Versuch mit dem Bade ausschütteten, den Fanschal aus sowjetischen Stadien zu verbannen. Dies war völlig neu und lag auch nicht auf der Hand, da Elemente westlicher Zuschauerkultur seit den frühen 1960er Jahren widerspruchsfrei in der Sowjetunion rezipiert und

---

1190 Schattenberg 2010, S. 268.

nachgeahmt werden konnten. Spartak Moskau, deren Fans die Miliz in erster Hinsicht einzudämmen versuchte, hatte Anhänger in allen gesellschaftlichen und politischen Segmenten der Sowjetunion. Außerhalb der subjektiven Zuschreibungen einzelner Fußballfans, die in dieser Arbeit einen großen Stellenwert einnehmen, ist es kaum möglich, Fanjubel in seine sowjetischen und unsowjetischen Partikel zu zerlegen. Es sei denn, man verfügte über die ideologischen Sprachformeln und die daraus resultierende Hybris einer sowjetischen Behörde.

In der Logik der spätsowjetischen Populärkultur des Vielvölkerreichs gedacht bedeutete die mit westlich konnotierten Symbolen, wie dem Fanschal, angereicherte Jugendbewegung der *fanatskoe dviženie* aus der Perspektive der Protagonisten etwas anderes. Es ging, mindestens bis zur Stadionkatastrophe im Moskauer Lenin-Stadion 1982, nicht in erster Linie, um jugendliche Opposition zur sowjetischen Ordnung. Die multinationale Verfasstheit der Sowjetunion hob eher eine von Moskau ausgehende westlich-inspirierte Jugendkultur automatisch über kulturelle Praktiken von Fußballfans anderer Republiken. Bedeutsamer als die antisowjetische Jugendkultur, die sich in einzelnen Archivdokumenten und in Interviews findet, erscheint mir der Umstand, dass sich hier eine Fankultur konstituierte, die entlehnte Symboliken sukzessive mit Gewalt verknüpfte und sich dabei überlegen wähnte. Damit fand die Hierarchie der Nationalitäten im Vielvölkerreich zumindest in der Freizeitpraxis einzelner Jugendlicher auf Auswärtsfahrt spätestens Anfang der 1980er Jahre ihre Revitalisierung, nachdem sie im Fernsehfußball seit den 1960er Jahren aus der Perspektive einzelner Fußballfans an der multinationalen Peripherie eingeebnet worden war.

War dies ein Symptom des nahen Endes? Ich würde die Frage verneinen, eher erscheint die Fußballkultur als reflexiver Bereich, aus dem ersichtlich wird, welche Wege der Erneuerung der geltenden Herrschaftsordnung sowjetische Bürger sich vorstellten und aushandelten. In der Perestrojka-Zeit standen sich zwei Denkansätze gegenüber: eine egalitäre Zuschauerkultur der Nationalitäten, Geschlechter und Generationen im Vielvölkerreich; und eine zunehmend hierarchisch verfasste Fankultur, bei der innen über außen, männlich über weiblich, Moskau über Kiev und beide gemeinsam über dem Rest standen. Beide Vorstellungen gingen von einem sowjetischen Rahmen aus, innerhalb dessen sie nur funktionieren konnten. Die Zukunft war aus der Perspektive sowjetischer Fußballfans der 1980er Jahre noch nicht zu Ende.[1191] Doch als der gemeinsame Rahmen schließlich fiel, blieben nur lokale, regionale

---

1191 Siehe das Forschungsprojekt von Walter Sperling „Über Leben in Grosny. Das Ende der Sowjetunion als das Ende von Zivilisation".

und nationale Gegensätze bestehen, die innerhalb dieses Rahmen lange Jahrzehnte eingeübt worden waren. Erst ab der zweiten Hälfte der 1980er und der ersten Hälfte der 1990er Jahre verbanden sich Vorstellungen republikanischer Einheit und informeller Fangemeinschaft ohne den Alleinvertretungsanspruch spätsowjetischer Herrschaft mit im Exil gepflegten oder an diversen Erinnerungsdiskursen angelehnten Nationalismen (Ukraine), bzw. mit postsowjetischen oder postimperialen Abwehrreflexen (Russland). Als die Härte nach außen und innen nachließ, die Zensur fiel und niemand mehr den sowjetischen Konsens einforderte, was blieb? Die „nationalen Formen" der auseinanderfliehenden Nationalitäten im zerfallenden Vielvölkerreich bildeten nun in der Tat „konkurrenzlose Bezugspunkte".[1192] Und neben komplexen, brüchigen Nachfolgestaaten blieben Moskauer Überlegenheitsgefühle, die außerhalb des Referenzrahmens Vielvölkerreich im Kontext post-sowjetischer Diskurse des „Verlustes", des „Traumas" und der „Hoffnungslosigkeit"[1193] zunehmend sinnlos erschienen, ehe sich eine angesichts dieser Brüchigkeit und dieses Traumas bald von nationalistischen Überhöhungen und xenophoben Übersprunghandlungen durchtränkte Fankultur Mitte der 1990er Jahre neu erfand.

1192 Jobst et al. 2008, S. 54.
1193 Oushakine 2009.

Verstaubte Helden

Es gibt da etwas, was die meisten Fußballfans nicht wissen können. Das verstaubte Historikergeschäft ist das aufregendste Gewerbe der Welt. Historikerinnen und Historiker interessieren sich für das flüchtige Wesen der Dinge im Zeitenwandel. Sie blättern durch vergilbtes Papier. Sie suchen nach Spuren einer Vergangenheit, die in der Gegenwart bereits getilgt ist. Sie durchwandern Landschaften, Archive und Bibliotheken, stöbern Zeitzeugen auf, entfernen sich vom gedanklichen Lebensalltag ihrer Umwelt, um der Spezifik ihres Gegenstandes und damit der Vielfalt menschlicher Perspektiven auf das Leben in der Zeit näherzukommen. Die Zeithistoriker unter ihnen stoßen auf Mythen und Geschichten in Küchen, in Parks, in Fastfood-Restaurants, in Fußballstadien, in U-Bahnsystemen oder Einkaufszentren.

Andererseits sitzt man auch ziemlich viel herum. Historiker analysieren Gehörtes und setzen es in Bezug zu Perspektiven, die in Archiven lagern, in alten Zeitungen vermodern oder von anderen Historikern erschlossen wurden. Anders als Ethnologen, interessieren sie sich in erster Linie für diese Tilgung, für den Wandel. Daher verstehen und vermitteln sie wie kaum andere Wissenschaftler die Ungewissheit, die Erbarmungslosigkeit und die Komplexität von Geschehen im unaufhaltsamen Zeitenlauf. Historiker bringen das Hintergrundgeräusch der Zeiten ins Spiel und wissen im Idealfall auch, dass selbst diese Perspektive auf das Leben historisch geworden ist und keinem privilegierten Standpunkt entspricht. All dies kann man nicht alleine machen. Historiker laufen nicht alleine durch die Gegend und sitzen auch nicht nur alleine herum. Man benötigt Hilfe, wenn man sich auf solch ein Abenteuer einlässt: beim Suchen und Finden, beim Diskutieren und Denken.

Nikolaus Katzer, Jörg Baberowski und Hubertus Jahn begeisterten mich für die osteuropäische Geschichte, ermunterten mich zu eigener Forschung und standen mir stets mit Rat und Tat zur Seite. Ich verdanke ihnen alles was folgte. Robert Edelman versorgte mich mit Kontakten in Moskau, mit Material, Ideen und Energie. Ohne ihn wäre diese Arbeit sicherlich nicht in dieser Form entstanden. Das Suchen und Finden begann in Moskau mit Andrej Doronin und Michail Prozumščenikov, die mir halfen, in die Moskauer Archivwelt einzutauchen. Felix Schnell brachte mir das Bestellen bei. Christine Evans lotste mich aus der Ferne durch die Akten des sowjetischen Radio- und Fernsehkomitees. Gabriel Superfin und Galina Potapova verdanke ich Funde im Dissidentenarchiv der Forschungsstelle Osteuropa in Bremen. Kateryna Kobchenko recherchierte für mich einige Quellenangaben. Volodymyr Ginda sondierte die

Kiever Partei- und Polizeiarchive. Er gehört neben Alexandra Köhring, Maike Lehmann und Nikolay Mitrokhin auch zu jenen, die mir Quellen überließen. Vladimir Titorenko und Fedor Uspenskij verdanke ich viele Photographien aus dem Photoarchiv von Sportexpress in Moskau, Amir Chusljutdinov viele Abbildungen aus seinem Photoalbum. Karsten Brüggemann, Ulla Pape, Tanja Penter, Susanne Schattenberg und viele andere gaben mir wertvolle Literaturhinweise. Pavel Alešin, Eugen Bantysh, Ivan Derenko, Luminita Gatejel, Volodymyr Ginda, Aleksandr Gogun, Kateryna Kobchenko, Andrej Kudyrko, Igor' Narskij, Eduard Nizenbojm und Ivan Tol stellten wichtige Kontakte zu Interviewpartnern her. Kateryna Kobchenko und Elena Kuzminykh verdanke ich die Transkription der Interviews. Zusätzlich berieten mich Oleg Skorobogatov, Maria Sulimova, Olga Sveshnikova und viele mehr bei linguistischen Feinheiten. Volodymyr Ginda schleppte mich auf Bolzplätze und Büchermärkte, und zum Honigwodka an den See. Viele Gesprächspartner schenkten mir nicht nur ihre Gedanken und Geschichten, sondern öffneten auch Adressbücher, damit meine Reise weitergehen konnte. Mich verbindet mit den meisten von ihnen nichts, und doch vertrauten sie mir vieles an. Meinen inneren Historiker macht das skeptisch und neugierig; die meisten anderen meiner Teilidentitäten macht es demütig und dankbar. Stellvertretend für alle anderen geht mein herzlicher Dank und Gruß nach Moskau, wo mir einer meiner Interviewpartner anbot, im Falle von Problemen die Betreuer dieser Arbeit mit einem Trupp „unserer Leute" zu besuchen. Vielen Dank. Das ist lieb. Es wird aber nicht nötig sein. Die Promotionsordnung sieht es auch nicht vor.

Das Diskutieren und Denken begann mit Sandra Budy, Alexandra Köhring und Nikolaus Katzer in drei Jahren Sportprojekt an der Helmut-Schmidt-Universität, Universität der Bundeswehr in Hamburg. Robert Kindler diskutierte nächtelang in Berlin, Moskau und Hamburg. Roland Cvetkovski, Luminita Gatejel, Julia Herzberg und Tobias Rupprecht machten die Moskauer Nacht zum Tag. Alexandra Oberländer machte Frühstück und zwang mich mit ihren garstigen Fragen zu einer ersten Version meiner Gliederung. Felix Herrmann überzeugte mich in der Kiever Jugendherberge, dass sowjetische Fußballfans und sowjetische Computer zwei hochgradig korrespondierende Themen sind. Besonderen Dank verdienen die Organisatoren der Kolloquien und Konferenzen, an denen ich teilhaben durfte. Stellvertretend möchte ich hier Anke Hilbrenner danken, die das DFG-Netzwerk zum Sport in Osteuropa auf die Beine stellte. Es sind bisweilen kurze Kommentare und Fragen, die diese Arbeit beeinflusst haben. Dies gilt insbesondere auch für die Teilnehmer meiner Lehrveranstaltungen an der Helmut-Schmidt-Universität. Ich bin ihnen zu besonderem Dank verpflichtet.

Erste Entwürfe der Arbeit lasen, lobten und verwarfen Sandra Dahlke, Moritz Florin, Luminita Gatejel, Nikolay Mitrokhin, Robert Kindler und Markus Zens. Ein Teil des zweiten Kapitels erschien in stark differierender Fassung als „The Second Stalingrad. Soccer Fandom, Popular Memory, and the Legacy of the Stalinist Past, 1955-1966",[1194] knappe Abschnitte des zweiten und dritten Kapitels fanden Eingang in den Aufsatz „Zuschauergewalt im östlichen Europa",[1195] das fünfte Kapitel der Arbeit erschien in einer früheren Fassung als „Our Own Internationale, 1966. Dinamo Kiev Fans between Local Identity and Transnational Imagination"[1196] und erste Entwürfe von Teilen des dritten und des sechsten Kapitels gingen ein in den Aufsatz „Sport als Bühne sowjetischer Weltgeltung? Globale und lokale Strukturen der Sportkultur in der späten Sowjetunion."[1197] Mein Dank gilt hierfür unter anderem Martin Aust, Sandra Budy, Michael David-Fox, Christine Evans, Jörg Ganzenmüller, Alexander Martin, Alexandra Köhring, Maike Lehmann, Elisabeth McGuire, Annette Schuhmann und Hartmute Trepper. Spätere Kapitelentwürfe kommentierten Pia Koivunen, Maike Lehmann, Eva Maurer, Esther Meier, Alexandra Oberländer und Anita Zeller. Zuletzt aber eigentlich zuvorderst gilt mein Dank Julia Herzberg und Moritz Florin, die die gesamte Dissertation lasen und kommentierten, sowie Andreas Umland als Herausgeber der Reihe und Valerie Lange vom ibidem-Verlag.

Am Ende ein Gedanke an die Freunde und Liebsten, die gingen. Und an alle, die kamen und blieben. An meine Eltern, die immer da waren und immer da sein werden. An Jakobs und Junas Lachen und Leuchten. Und an Anitas begleitendes Strahlen. Nicht etwa die *spartakovcy*, nein, die *cellery* sind „die besten Leute im Land". Ihnen ist diese Arbeit gewidmet.

[1194] Zeller 2010.
[1195] Ganzenmüller und Zeller 2013.
[1196] Zeller 2011. Einzelne Teilaspekte zur ukrainischen Fußballgeschichte erschienen zusätzlich auch als Katzer et al. 2013.
[1197] Ähnlich, wenn auch wesentlich skizzenhafter: Zeller 2007.

Redaktioneller Hinweis

Um die Lesbarkeit des Textes zu erleichtern, verwende ich für sowjetische Organisationen nur selten den vollen Namen und kaum Abkürzungen. Wenn die Rede etwa auf das „sowjetische Sportkomitee" kommt, so ist zu berücksichtigen, dass damit in der Tat das „Allunionskomitee für Angelegenheiten der Körperkultur und des Sports beim Ministerrat der UdSSR" gemeint ist.[1198] Mit „ukrainisches Sportkomitee" bezeichne ich den für die ukrainische Sowjetrepublik zuständigen Ableger in Kiev; wobei ich als Eigenleistung des Lesers voraussetze, auch dies als sowjetische Institution zu identifizieren. Bestimmte Organisationen, wie etwa die Armeesportorganisation, wurden in ihrer wechselvollen Geschichte mehrmals umbenannt. Bei genau datierbaren Ereignissen versuche ich, die jeweils korrekte Abkürzung zu verwenden. Für Erinnerungsnarrative, bei denen eine Datierung schwer fallen kann, verwende ich die Abkürzungen synonym. Bei Ortsbezeichnungen folge ich der Schreibweise der Quellen und damit dem zeitgenössischen Kontext, wenn etwa das westukrainische L'viv als L'vov oder das kasachische Almaty als Alma Ata wiedergegeben wird. Russische Bezeichnungen und Eigennamen werden ferner in der Regel mit Hilfe der wissenschaftlichen Transliteration wiedergegeben.

[1198] Russ.: *Vsesojuznyj komitet po delam fizičeskoj kul'tury i sporta pri sovete Ministrov SSSR*. Im Verlauf der sowjetischen Geschichte wurden Institutionen wie das Sportkomitee mehrmals umstrukturiert und umbenannt. Da ich jedoch keine Arbeit zur sowjetischen Sportbürokratie schreibe, möchte ich hier auf einschlägige Literatur und auf archivarische Findbücher verweisen. Zum sowjetischen Sportkomitee siehe Parks 2009. Zu Interferenzen mit der höheren politischen Ebene siehe insbesondere Parks 2007; Prozumenščikov 2004.

Quellenverzeichnis

Archive

Archiv der Forschungsstelle Osteuropa an der Universität Bremen
[FSO]

Fotoagentstvo Sport-Ėkspress Moskau

Central'nyj archiv goroda Moskvy
[CAGM, Zentrales Archiv der Stadt Moskau]
  f. 758, Komitee für Körperkultur und Sport beim Moskauer Exekutivkomitee
  f. 3029, Zentrales Lenin-Stadion des Komitees für Körperkultur und Sport beim Moskauer Exekutivkomitee

Central'nyj deržavnyj archiv hromads'kych ob'ednan Ukraïny
[CDAGO, Zentrales Staatsarchiv der gesellschaftlichen Vereinigungen der Ukraine, ehemaliges Archiv der Partei]
  f. 1, CK der Kommunistischen Partei der Ukraine, Politbüro

Central'nyj deržavnyj archiv vyščych orhaniv vlady ta upravlinnja Ukraïny
[CDAVO, Zentrales Staatsarchiv der höchsten Regierungsorgane der Ukraine CDAVO]
  f. 2, Ministerrat der Ukrainischen Sowjetrepublik
  f. 4915, Staatskomitee der Ukrainischen Sowjetrepublik für Fernsehen und Rundfunk
  f. 5090, Komitee für Körperkultur und Sport beim Ministerrat der Ukrainischen Sowjetrepublik
  f. 5091, Union der Sportgesellschaften und Sportorganisationen der Ukrainischen Sowjetrepublik

Central'nyj deržavnyj kinofotofonoarchiv Ukraïny imeni G. S. Pšeničnogo
[CDKU, Zentrales Staatsarchiv für Kino-, Phono- und Photodokumente in Kiev]

Deržavnyj archiv ministerstva vnutrišnich sprav Ukraïny
[DAMVSU, Staatsarchiv für Innere Angelegenheiten der Ukraine]

Gosudarstvennyj archiv rossijskoj federacii
[GARF, Staatsarchiv der Russischen Föderation]
　f. P-6903, Staatskomitee der UdSSR für Fernsehen und Rundfunk
　f. 7576, Allunionskomitee für Körperkultur und Sport beim Ministerrat der UdSSR
　f. 9415, Hauptverwaltung der Miliz
　f. 9570, Zentralrat der Union der Sportgesellschaften und Sportorganisationen der UdSSR

Rossijskij gosudarstvennyj archiv novejšej istorii
[RGANI, Russisches Staatsarchiv für Neueste Geschichte]
　f. 5, Apparat des CK der KPdSU

Zeitungen und Zeitschriften

Bul'var gordona
Der Spiegel
Futbol
Futbol-chokkej
Hamburger Abendblatt
Izvestija
Junost'
Kommersant
Komsomol'skaja Pravda
Krasnyj Sport
Los Angeles Times
Moskauer Deutsche Zeitung
Moskovskij Komsomolec
Ria Novosti
Russland-Analysen
Sovetskaja Rossija
Sovetskij Sport
Sport-Ėkspress
Sportivna Gazeta
Sport za Rubežom
Süddeutsche Zeitung
Večernaja Moskva

Filme

Semen Derevjanskij, Igor' Zemgano, *Centr napadenija*, Kievskaja Kinostudija SSSR, 1947.

Petr Fomenko, *Poezdki na starom avtomobile*, Mosfil'm, 1985.

Aleksej Gabrilovič, *Futbol našego detstva*, Ėkran (Ostankino), 1984.

I. C. Gol'dštein, *Bez nas oni ne prospjatsja*, Ukrainskaja Studija Chronikal'no-Dokumental'nych Fil'mov, 1963.

I. Magiton, *Futbol'noe obozrenie*, Eralaš, Central'naja kinostudija detskich i junošeskich fil'mov imeni M. Gor'kogo, 1981.

Semen Timoshenko, *Vratar'*, Lenfil'm, 1936.

Internetquellen

http://articles.latimes.com/1987-11-14/sports/sp-5299_1_soccer-violence (15.12.2014).

http://goal.net.ua/encyclopedia/892.html (15.12.2014).

http://october20.ru (15.12.2014).

http://pfc-cska.net/forum/36-210-1 (15.12.2014).

http://ria.ru/spravka/20071020/84723544.html (15.12.2014).

http://ru.wikipedia.org/wiki/Поркуян, (15.12.2014).

http://www.abendblatt.de/daten/2002/06/10/33280.html (20.08.2007).

http://www.aktuell.ru/russland/politik/krawall_in_moskau_soziale_explosio_nicht_mehr_weit_4072.html (15.12.2014).

http://www.fratria.ru/fratria/about/ (16.04.2011).

http://www.gf96.com/indexggg32.html (15.12.2014).

http://www.kommersant.ru/lenta-small.html?d=45167&id_alias=10 (18.07.2007).

http://www.magnolia-tv.com/news/2002-06-09/football (22.03.2013).

http://www.october20.ru/site/press.html (15.12.2014).

http://www.sokol.kiev.ua/page-id-2732.html (15.12.2014).

http://www.sovsport.ru/news/text-item/424132 (16.03.2011).

http://www.spiegel.de/fotostrecke/fotostrecke-62591-15.html (15.12.2014).

http://www.spartakworld.ru/fans-spartak/5109-fanaty-spartaka-flintscrew.html (15.12.2014).

http://www.youtube.com/watch?v=_IpFEIqbt_c (15.12.2014).

Interviews

Die Interviews liegen in Form von Tonaufnahme und Transkription vor. Die meisten Sprecher wurden für diese Arbeit in dem Bemühen anonymisiert, ihre Privatsphäre zu respektieren. Die Klarnamen der anonymisierten Sprecher sind mir bekannt. Ich verwende tatsächliche Namen nur, wenn der Status des Sprechers, etwa als Person des öffentlichen Lebens oder innerhalb einer Fanbewegung, für die Einordnung der Aussagen erforderlich erscheint und der Interviewpartner die Veröffentlichung des Namens ausdrücklich autorisiert hat. In folgender Übersicht verzichte ich auf eine Klassifizierung, durch die Zeitzeugen hinsichtlich ihres Geschlechts, ihrer sozialen Stellung oder ihrer Nationalität sortiert würden. Einige der Narrative sind am Rande eines Fußballspiels, auf einem Büchermarkt und ähnlichem entstanden. Gerade diese Gespräche entsprechen dem fluiden Charakter eines Großteils der Bindungen in der Fußballkultur. Ähnliches gilt für einige E-Mail-Korrespondenzen, die im Laufe der Recherchen zu Stande kamen und hier ebenfalls aufgeführt sind. Ich behandele sie wie andere in dieser Arbeit zitierte Fanbriefe und gebe den Klarnamen des jeweiligen Absenders an.

Es entspricht nicht dem methodischen Ansatz dieser Arbeit, Menschen über weniger als eine Handvoll Kategorien oder in Form einer Kurzbiographie zu klassifizieren. Deshalb beschränke ich mich auf (anonymisierte) Namen, Geburtsdaten und Kategorien aus der Selbstbeschreibung der Gesprächspartner, wie etwa *bolel'ščik, fanat, chuligan* oder *žurnalist*. Die intensive Auseinandersetzung mit biographischen, geschlechtlichen, nationalen oder chronologischen Bezügen aller Art ist den entsprechenden Stellen der Dissertation vorbehalten. Bei anonymisierten Namen verzichte ich zudem auf den Vatersnamen. Bei öffentlich agierenden Gesprächspartnern, wie etwa Sportjournalisten, nenne ich die Art ihrer Aktivität. Die anonymisierten Namen deuten einzig die Nationalität des Sprechers an. In dieser Unschärfe entspricht dies sowohl der multinationalen Populärkultur im poststalinistischen Vielvölkerreich, als auch dem diffusen und oft transnationalen Charakter innersowjetischer Fangemeinschaften.

Alešin, Pavel (*~1941), Sportjournalist, „mitfiebernder Fan" (bolel'ščik) von Dinamo Moskau, Interview mit dem Autor in den Redaktionsräumen von Sport-Ėkspress Moskau, und vor dem ehemaligen Wohnhaus Lev Jašins, 08.03.2007.

Arinštejn, Leonid Matveevič (*1926), Literaturwissenschaftler, Kulturhistoriker und sowjetischer Stadiongänger, E-Mail an den Autor, 09.02.2011.

Chusljutdinov, Amir „Professor" (*1965), Fanorganisator, informelle Autorität und fanat von Spartak Moskau, Interview mit dem Autor in einem Park nahe der Novokuzneckaja Metrostation in Moskau, 09.04.2008.

Denisov, David (*1954), Name geändert, bolel'ščik von Dinamo Kiev, Interview mit dem Autor auf einem Bolzplatz am Stadtrand von Kiev, 27.05.2007.

Edelman, Robert (*1945), Historiker, Autor und größter bolel'ščik Spartak Moskaus auf dem amerikanischen Kontinent, E-Mail an den Autor, 16.10.2009.

Dobronravov, Igor' Stepanovič (*1934), Fußballhistoriker, Enzyklopädist, Kollektionär, ehemaliger Pressesprecher und bolel'ščik von Dinamo Moskau, Interview mit dem Autor in seiner Wohnung in Moskau, 17.03.2007.

Gazanjan, Pion (*1932), Name geändert, bolel'ščik von Dinamo Moskau und Ararat Erevan, Interview mit dem Autor in einem Schönheitssalon in Moskau, 17.03.2008.

Gazanjan, Anton (*1961), Name geändert, bolel'ščik von Ararat Erevan, Interview mit dem Autor in einem Schönheitssalon in Moskau, 27.03.2007.

Ivanova, Ol'ga (*1941), Name geändert, Interview mit dem Autor in ihrer Wohnung in Moskau, 11.03.2007.

Ivanov, Fedor (*1943), Name geändert, bolel'ščik von CDKA/CDSA/CSKA Moskau, Interview mit dem Autor in seiner Wohnung in Moskau, 11.03.2007.

Jaremko, Ivan, Sporthistoriker und Journalist, Gespräch im Zentrum für Stadtgeschichte Ostmitteleuropas L'viv, 24.04.2012.

Kabro, Aleksandr, fanat von Dinamo Kiev, E-Mail an den Autor, 10.04.2013.

Karapetjan, Levon (*1938), Name geändert, Fußballliebhaber, Autor und Anhänger diverser Vereine, Interview mit dem Autor in seiner Wohnung in Moskau, 23.03.2007, und bei einem Spaziergang im Zentrum von Moskau, 30.03.2008.

Kokryšev, Viktor Aleksandrovič (1946-2012), Stadiondirektor des Lenin-Stadions in Lužniki zwischen 1971 und 1982, nach der Stadionkatastrophe 1982 verhaftet, Interview mit dem Autor im Büro der russischen Eishockeyföderation in Moskau, 16.04.2008.

Kovalenko, Vadim (*1964), Name geändert, *bolel'ščik* von Dinamo Kiev, Interview mit dem Autor auf dem Büchermarkt an der Petrivka Metrostation in Kiev, 26.04.2007.

Kuznecov, Anton (*1941), Name geändert, *bolel'ščik* von CDKA/CDSA/CSKA Moskau, Interview mit dem Autor in der Wohnung einer Bekannten in Moskau, 24.03.2007.

Mel'nikov, Fedor (*1965), Name geändert, *fanat* von Dinamo Kiev, Interview mit dem Autor gemeinsam mit zwei weiteren organisierten Dinamo Kiev Fans auf einer Dnipro-Insel nahe Gidropark in Kiev, 19.05.2007.

Michailov, Jurij (*1967), Name geändert, *fanat* von Spartak Moskau, Überlebender der Stadionkatastrophe in Lužniki 1982, Interview mit dem Autor im *Evropejskij Torgovyj Centr* am Kiever Bahnhof in Moskau, 30.03.2008.

Mudrik, Ėduard (*1939), ehemaliger sowjetischer Nationalspieler und Verteidiger von Dinamo Moskau, Interview mit dem Autor in seinem Büro auf dem Gelände von Dinamo Moskau, 06.03.2007.

Nazarov, Aleksej (*1946), Name geändert, sowjetischer Fernsehzuschauer, kein Fußballfan, Interview mit dem Autor in seiner Wohnung in Moskau, 15.03.2007.

Nizenbojm, Ėduard (*1971), Enzyklopädist von Spartak Moskau, Interview mit dem Autor in einer Bar in der Nähe des Dinamo-Stadions in Moskau, 29.03.2008.

Kaljanov, Georgij Nikolaevič (*1954), Kollektionär und Fan von Spartak Moskau, Interview mit dem Autor in der Wohnung eines Freundes in Moskau, 19.04.2008.

QUELLENVERZEICHNIS 291

Novikov, Anton (*1958), Name geändert, *bolel'ščik* von CSKA Moskau, Interview mit dem Autor in einem Park am Leninskij Prospekt in Moskau, 10.04.2008.

Pavlenko, Viktor (*1949), Name geändert, *bolel'ščik* von Dinamo Kiev, Interview mit dem Autor in seinem Büro in Kiev, 07.10.2009.

Ponyrev, Aleksandr (*1968), Name geändert, *fanat* von Dinamo Kiev, *chuligan*, Interview mit dem Autor in verschiedenen Parkanlagen in Kiev, 30.05.2007 und 31.05.2007.

Rasulov, Viktor (*1965), Name geändert, *bolel'ščik* von Dinamo Kiev, Interview mit dem Autor auf einem Dorffußballplatz nahe Kiev, 27.05.2007.

Sapožnikov, Andrej (*1947), Name geändert, *bolel'ščik* von Spartak Moskau, Interview mit dem Autor in seiner Wohnung in Moskau, 17.04.2008.

Šemeta, Marko Ivanovič (*1951), Historiker, ehemaliger Direktor des Dinamo-Museums in Kiev und *bolel'ščik* von Dinamo Kiev, Interview mit dem Autor in der Taras-Ševčenko-Universität in Kiev, 29.09.2009.

Sidorov, Nikolaj (*~1960), Name geändert, *bolel'ščik* von Dinamo Kiev, Interview mit dem Autor auf dem Büchermarkt an der Petrivka Metrostation in Kiev, 26.04.2007.

Stecjuk, Valentyn Michailovič (*1937), Oberstleutnant im Ruhestand und *bolel'ščik* von Dinamo Kiev, E-Mails an den Autor, 09.05., 15.05., 21.05., 23.05. und 08.06.2012.

Šymko, Boris (*~1930), Name geändert, *bolel'ščik* von Šachter Doneck seit 1956 und Dinamo Kiev seit 1964, Interview mit dem Autor auf einem Bolzplatz am Stadtrand von Kiev, 27.05.2007.

Zaglada, Viktor Vladimirovič (*1962), *fanat* von Dinamo Kiev, *lider*, Interview mit dem Autor in einer Sportbar in Kiev, 16.05.2007.

Literaturverzeichnis

Abeßer, Michel: Rezension zu: *Zhuk, Sergei I.: Rock and Roll in the Rocket City. The West, Identity, and Ideology in Soviet Dniepropetrovsk, 1960–1985. Baltimore 2010*, in: H-Soz-u-Kult, 14.12.2010, http://hsozkult.geschich te.hu-berlin.de/rezensionen/2010-4-188 (15.12.2014).

Alekseev, Aleksandr; Burlaka, Andrej (2001): Enciklopedija Rossijskoj Pop-Rok-Muziki. Moskau: KSMO press.

Altrichter, Helmut (2004): „Der Große Vaterländische Krieg." Zur Entstehung und Entsakralisierung eines Mythos. In: Helmut Altrichter, Klaus Herbers und Helmut Neuhaus (Hg.): Mythen in der Geschichte. Freiburg: Rombach, S. 471–93.

Anderson, Benedict (1987): Imagined communities. Reflections on the origin and spread of nationalism. London: Verso.

Anderson, Kathryn; Jack, Dana C. (2006): Learning to Listen. Interview Techniques and Analyses. In: Robert Perks und Alistair Thomson (Hg.): The Oral History Reader. New York: Routledge, S. 129–42.

Armstrong, Gary (2003): Football Hooligans. Knowing the Score. Oxford: Berg.

Arnold, Sabine (1998): Stalingrad im sowjetischen Gedächtnis. Kriegserinnerung und Geschichtsbild im totalitären Staat. Bochum: projekt verlag.

Asaulov, Viktor Fedorovič (2008): Lev Jašin – russkij genij. Moskva: Vagrius.

Autsch, Sabiene (2000): Haltung und Generation. Überlegungen zu einem intermedialen Konzept. In: *Bios* 13 (2), S. 163–80.

Baberowski, Jörg (2003a): Arbeit an der Geschichte. Vom Umgang mit den Archiven. In: Stefan Creuzberger und Rainer Lindner (Hg.): Russische Archive und Geschichtswissenschaft. Rechtsgrundlagen, Arbeitsbedingungen, Forschungsperspektiven. Frankfurt/Main: Lang, S. 13–36.

Baberowski, Jörg (2003b): Der Feind ist überall. Stalinismus im Kaukasus. München.

Baberowski, Jörg (2009): Leben im Ausnahmezustand. Karl Schlögel: Terror und Traum im Jahr 1937. In: *Osteuropa* 59, S. 51–60.

Backes, Gregor (2010): „Mit Deutschem Sportgruss, Heil Hitler!". Der FC St. Pauli im Nationalsozialismus. Hamburg: Hoffmann und Campe.

Balbier, Uta Andrea (2007): Kalter Krieg auf der Aschenbahn. Der deutsch-deutsche Sport, 1950-1972. Paderborn Schöningh.

Barber, John; Harrison, Mark (2006): Patriotic War, 1941-1945. In: Ronald Suny (Hg.): The Cambridge History of Russia. Volume III. The Twentieth Century. Cambridge: Cambridge Univ. Press, S. 217-42.

Barnes, Steven A. (2005): „In a Manner Befitting Soviet Citizens." An Uprising in the Post-Stalin Gulag. In: *Slavic Review* 64, S. 823-50.

Bauer, Joachim (2011): Schmerzgrenze. Vom Ursprung alltäglicher und globaler Gewalt. München: Blessing.

Baumann, Robert (1988): The Central Army Sports Club (TsSKA). Forging a Military Tradition in Soviet Ice Hockey. In: *Journal of Sport History* 1.5, S. 151-66.

Baxmann, Inge (2007): Mayas, Pochos und Chicanos. Die transnationale Nation. München: Fink.

Beissinger, Mark R. (2006): Soviet Empire as ‚Family Resemblance'. In: *Slavic Review* 65, S. 294-303.

Biermann, Christoph (2005): Wenn du am Spieltag beerdigt wirst, kann ich leider nicht kommen. Die Welt der Fußballfans. Köln: Kiepenheuer und Witsch.

Blecking, Diethelm (Hg.) (1991): Die slawische Sokolbewegung. Beiträge zur Geschichte von Sport und Nationalismus in Osteuropa. Dortmund: Forschungsstelle Ostmitteleuropa.

Boldyrev, D.; Pavljučenko, M. (Hg.) (1967): Futbol – Pervenstvo SSSR 1967 goda. Minsk: Polymja.

Bourdieu, Pierre (1985): Sozialer Raum und Klassen. Frankfurt/Main: Suhrkamp.

Bowman, Glenn (2001): The Violence in Identity. In: Bettina E. Schmidt und Ingo W. Schröder (Hg.): Anthropology of Violence and Conflict. New York: Routledge, S. 25-46.

Brändle, Fabian; Koller, Christian (2002): Goal! Kultur- und Sozialgeschichte des modernen Fußballs. Zürich: Orell Füssli Verlag.

Braun, Hans-Joachim; Katzer, Nikolaus (2010): Training Methods and Soccer Tactics in the Late Soviet Union: Rational Systems of Body and Space. In: Nikolaus Katzer, Sandra Budy, Alexandra Köhring und Manfred Zeller (Hg.): Euphoria and Exhaustion. Modern Sport in Soviet Society and Culture. Frankfurt/Main, New York: Campus Verlag, S. 269-94.

Bren, Paulina (2010): The greengrocer and his TV. The culture of communism after the 1968 Prague Spring. Ithaca: Cornell Univ. Press.

Brüggemann, Karsten (2002): Von Krieg zu Krieg, von Sieg zu Sieg. Motive des sowjetischen Mythos im Massenlied der 1930er Jahre. Hamburg: Kovač.

Brüggemeier, Franz-Josef (2004): Zurück auf dem Platz. Deutschland und die Fußball-Weltmeisterschaft 1954. München: Dt. Verl.-anst.

Brüggemeier, Franz-Josef (2005): Eine virtuelle Gemeinschaft. Deutschland und die Fußballweltmeisterschaft 1954. In: *Geschichte und Gesellschaft* 31, S. 610-35.

Brunotte, Ulrike (2005): Der Männerbund zwischen Gemeinschaft und Gesellschaft. Communitas und Ritual um 1900. In: Erika Fischer-Lichte (Hg.): Diskurse des Theatralen. Tübingen: Francke, S. 231-46.

Brussig, Thomas (2007): Schiedsrichter Fertig. Eine Litanei. St. Pölten: Residenz.

Budy, Sandra (2010): Changing Images of Sport in the Early Soviet Press. In: Nikolaus Katzer, Sandra Budy, Alexandra Köhring und Manfred Zeller (Hg.): Euphoria and Exhaustion. Modern Sport in Soviet Culture and Society. Frankfurt/Main: Campus Verlag, S. 71-88.

Burlackij, Fedor Mikhajlovič (1991): Khrushchev and the First Russian Spring. The Era of Khrushchev through the Eyes of his Advisor. New York: Scribner's.

Bushnell, John (1990): Moscow Graffiti. Language and Subculture. Boston: Unwin Hyman.

Butler, Judith (1991): Das Unbehagen der Geschlechter. Frankfurt/Main: Suhrkamp.

Canetti, Elias (1960): Masse und Macht. Hamburg: Claassen.

Canfora, Luciano; Herterich, Christa (2012): Zeitenwende 1956. Entstalinisierung, Suez-Krise, Ungarn-Aufstand. Köln: PapyRossa-Verl.

Chruščev, Nikita (1956): Rede des Ersten Sekretärs des CK der KPSS auf dem XX. Parteitag der KPSS (Geheimrede), zitiert nach 100(0) Schlüsseldokumente zur russischen und sowjetischen Geschichte, http://www.1000do kumente.de/index.html?c=dokument_ru&dokument=0014_ent&object=tr anslation&st=&l=de (15.12.2014).

Cingiene, Vilma; Laskiene, Skaiste (2004): A Revitalized Dream: Basketball and National Identity in Lithuania. In: *The International Journal of the History of Sport* 21, S. 762–79.

Conrad, Christoph (2002): Mental Maps. Themenheft. In: *Geschichte und Gesellschaft* 28 (3).

Conze, Susanne (1999): Arbeiterkörper im Stalinismus. Von Helden, Simulanten und Produktionsdeserteuren. In: Bielefelder Graduiertenkolleg Sozialgeschichte (Hg.): Körper Macht Geschichte. Geschichte macht Körper. Körpergeschichte als Sozialgeschichte. Bielefeld: Verlag für Regionalgeschichte, S. 141–65.

Corsten, Michael (2001): Biographie, Lebenslauf und das „Problem der Generation". In: *Bios* 14 (2), S. 32–59.

Crowley, David; Reid, Susan Emily (2002): Socialist spaces. Sites of everyday life in the Eastern Bloc. Oxford, New York: Berg.

D'Aguiar, Fred (1995): Die längste Erinnerung. Berlin: Berlin-Verl.

Dahlmann, Dittmar (2006): Vom Pausenfüller zum Massensport. Der Fußballsport in Russland von den 1880er Jahren bis zum Ausbruch des Ersten Weltkrieges 1914. In: Dittmar Dahlmann, Anke Hilbrenner und Britta Lenz (Hg.): Überall ist der Ball rund. Zur Geschichte und Gegenwart des Fußballs in Ost- und Südosteuropa. Essen: Klartext Verlag, S. 15–39.

Dahlmann, Dittmar (2008): „Fußball ist nur Fußball" oder „Fußball als Tor zur Welt und als Realitätsmodell". Bemerkungen zum Fußball-Länderspiel Sowjetunion gegen die Bundesrepublik Deutschland am 21. August 1955 im Moskauer Dynamostadion. In: Dittmar Dahlmann, Anke Hilbrenner und Britta Lenz (Hg.): Überall ist der Ball rund. Zur Geschichte und Gegenwart des Fußballs in Ost- und Südosteuropa – Die Zweite Halbzeit. Essen: Klartext Verlag, S. 287–325.

Degot, Ekaterina (Hg.) (2000): Pamjat' tela. Nižnee belo sovetskoj epochi. Moskau.

Dinges, Martin (1998): Formenwandel der Gewalt in der Neuzeit. Zur Kritik der Zivilisationstheorie von Norbert Elias. In: Rolf Peter Sieferle und Helga Breuninger (Hg.): Kulturen der Gewalt. Ritualisierung und Symbolisierung von Gewalt in der Geschichte. Frankfurt/Main: Campus, S. 171–94.

Dinges, Martin (Hg.) (2005): Männer – Macht – Körper. Hegemoniale Männlichkeiten vom Mittelalter bis heute. Frankfurt/Main: Campus.

Dobronravov, Igor' (2006): Spartak Moskva Dinamo. Velikoe protivostojanie. Moskau: Knižnyj klub.

Dobson, Miriam (2005): Contesting the Paradigms of De-Stalinization: Readers' Responses to One Day in the Life of Ivan Denisovich. In: *Slavic Review* 64, S. 580–600.

Dobson, Miriam (2009): Krushchev's Cold Summer. Gulag Returnees, Crime, and the Fate of Reform after Stalin. Ithaca: Cornell Univ. Press.

Dornberg, John (1973): Breschnew. Profil des Herrschers im Kreml. München: Praeger.

Dubin, Boris (2007): Gesellschaft der Angepassten. Die Brežnev-Ära und ihre Aktualität. In: *Osteuropa* 57, S. 65–78.

Duchon, Boris Leonidovič; Morozov, Georgij Nikolaevič (2012): Brat'ja Starostiny. Moskau: Molodaja Gvardija.

Duden, Barbara (1995): The Body as Historical Experience: Review of Recent Works. In: *Central European History* 28 (1), S. 73–80.

Duke, Vic; Slebička, Pavel (2002): Bohemian rhapsody: football supporters in the Czech Republic. In: Eric Dunning (Hg.): Fighting Fans. Football Hooliganism as a World Phenomenon. Dublin: Univ. College Dublin Press, S. 49–61.

Dunning, Eric (1984): Zuschauerausschreitungen. In: Norbert Elias und Eric Dunning (Hg.): Sport im Zivilisationsprozess: Studien zur Figurationssoziologie. Münster: LIT-Verlag, S. 123–32.

Dunning, Eric (2002): Fighting Fans. Football Hooliganism as a world phenomenon. Dublin: Univ. College Dublin Press.

Edele, Mark (2002): Strange Young Men in Stalin's Moscow: the Birth and Life of the Stiliagi, 1945-1953. In: *Jahrbücher für Geschichte Osteuropas* 50, S. 37–61.

Edele, Mark (2006): Soviet Veterans as an Entitlement Group, 1945-1955. In: *Slavic Review* 65, S. 111–37.

Edele, Mark (2008a): Soviet Society, Social Structure, and Everyday Life. Major Frameworks Reconsidered. In: *Kritika* 8, S. 349–73.

Edele, Mark (2008b): Soviet Veterans of the Second World War: a Popular Movement in an Authoritarian Society, 1941-1991. New York: Oxford Univ. Press.

Edel'man, O. V.; Kozlov, V. A.; Miroenko, S. V. (Hg.) (1999): 58I0: nadzornye proizvodstva prokuratury SSSR po delam ob antisovetskoj agitacii i propagande, mart 1953-1958 (i.e. mart, 1953-1991), Moskau: Meždunarodnyj fond demokratija.

Edelman, Robert (1993): Serious Fun. A History of Spectator Sports in the USSR. New York: Oxford Univ. Press.

Edelman, Robert (2002): A Small Way of Saying „No": Moscow Working Men, Spartak Soccer, and the Communist Party, 1900-1945. In: *The American Historical Review* 107 (5), S. 1441–74.

Edelman, Robert (2009): Spartak Moscow. The People's Team in the Workers' State. Ithaca: Cornell Univ. Press.

Edelman, Robert (2010): Romantic Underdogs: Spartak in the Golden Age of Soviet Soccer, 1945-1952. In: Nikolaus Katzer, Sandra Budy, Alexandra Köhring und Manfred Zeller (Hg.): Euphoria and Exhaustion. Modern Sport in Soviet Culture and Society. Frankfurt/Main: Campus Verlag, S. 225-44.

Edig, Olaf; Meuren, Daniel; Selmer, Nicole (2006): Fußballweltmeisterschaft 1966. England. Kassel: Agon Sportverlag.

Eggers, Erik; Kneifl, Matthias (2006): „Wir sind die Eisbrecher von Adenauer gewesen...". Das Fußball-Länderspiel Sowjetunion vs. BRD am 21. August 1955 in Moskau im Kontext der bundesdeutschen Außenpolitik. In: *Sport-Zeiten* (1), S. 109-42.

Eimermacher, Karl (o. J.): Einführung zur Rede des Ersten Sekretärs des CK der KPSS, N. S. Chruščev auf dem XX. Parteitag der KPSS [„Geheimrede"] und der Beschluß des Parteitages „Über den Personenkult und seine Folgen", 25. Februar 1956. Online verfügbar unter http://www.1000dokumen te.de/index.html?c=dokument_ru&dokument=0014_ent&object=context& st=&l=de (15.12.2014).

Eisenberg, Christiane (1999): „English Sports" und deutsche Bürger. Eine Gesellschaftsgeschichte, 1800-1939. Paderborn: Schoeningh.

Eisenberg, Christiane (2004): Fußball als globales Phänomen. Historische Perspektiven. In: *Aus Politik und Zeitgeschichte* 26, S. 7-15.

Elias, Norbert (1976): Über den Prozess der Zivilisation. Frankfurt/Main: Suhrkamp.

Emeliantseva, Ekaterina (2008): „Ein Fußballmatch ist kein Symphoniekonzert". Die Fußballspiele und ihr Publikum im spätzarischen Russland 1901-1913. In: Dittmar Dahlmann, Anke Hilbrenner und Britta Lenz (Hg.): Überall ist der Ball rund. Zur Geschichte und Gegenwart des Fußballs in Ost- und Südosteuropa – Die zweite Halbzeit. Essen: Klartext Verlag, S. 13-43.

Esenin, K. S. (1968): Futbol. Rekordy, paradoksy, tragedii, sensacii. Moskau: Molodaja Gvardija.

Esenin, K. S. (1974): Moskovskij futbol. Moskau: Moskovskij Rabočij.

Evans, Christine (2010): A ‚Panorama of Time': the Chronotopics of Programma Vremia. In: *Ab Imperio* (2).

Evans, Christine (2011): Song of the Year and Soviet Culture in the 1970s. In: *Kritika: Explorations in Russian and Eurasian History* 12 (3), S. 617-46.

Evstaf'eva, Tat'jana (2012): Futbol'nye matči 1942 goda komandy Start v okkupirovannom nemcami Kieve i sud'by ee igrokov. In: Vitalij Nachmanovič (Hg.): Babyn Jar: masovoe ubystvo i pam'jat pro n'ogo. Kiev: Ukr. centr vivčennja istorij Golokostu, S. 32-82.

Evtušenko, Evgenij (2009): Moja futboliada. Poltava: ASMI.

Exner-Carl, Kristin (1997): Sport und Politik in den Beziehungen Finnlands zur Sowjetunion, 1940-1952. Wiesbaden: Harrassowitz.

Feindt, Gregor (2012): Erinnerung an das „Todesspiel von Kiew". Perspektiven für eine Erinnerungsforschung zu Sport in Osteuropa. In: Anke Hilbrenner, Ekaterina Emeliantseva, Christian Koller, Manfred Zeller und Zwicker Stefan (Hg.): Handbuch der Sportgeschichte Osteuropas. Online verfügbar unter http://www.ios-regensburg.de/fileadmin/doc/Sportgeschichte/ Feindt_Erinnerungen .pdf.

Fieseler, Beate (2000): Stimmen aus dem gesellschaftlichen Abseits. Die sowjetrussischen Kriegsinvaliden im „Tauwetter" der fünfziger Jahre. In: *Osteuropa* 52, S. 945-62.

Fieseler, Beate (2003): Der Kriegsinvalide in sowjetischen Spielfilmen der Kriegs- und Nachkriegszeit. In: Bernhard Chiari, Matthias Rogg und Wolfgang Schmidt (Hg.): Krieg und Militär im Film des 20. Jahrhunderts. München: R. Oldenbourg Verlag, S. 199-222.

Figes, Orlando (2008): Die Flüsterer. Leben in Stalins Russland. Berlin: Berlin Verlag.

Fitzpatrick, Sheila (2000): Everyday Stalinism. Ordinary Life in Extraordinary Times: Soviet Russia in the 1930s. Oxford: Oxford Univ. Press.

Fitzpatrick, Sheila (2006): Social parasites. How tramps, idle youth, and busy entrepreneurs impeded the Soviet march to communism. In: *Cahiers du monde russe* (1), S. 377-408.

Florin, Moritz (2013): Sowjetpatriotismus und Nation in Kirgistan, 1941-1991. Dissertation. Universität Hamburg.

Frank, Stephen (1999): Crime, Cultural Conflict, and Justice in Rural Russia 1856-1914. Berkeley: Univ. of California Press.

Frevert, Ute (2009): Was haben Gefühle in der Geschichte zu suchen? In: *Geschichte und Gesellschaft* 35 (2), S. 183-208.

Ganzenmüller, Jörg (2007): Bruderzwist im Kalten Krieg. Sowjetisch-tschechoslowakische Länderspiele im Umfeld des ‚Prager Frühlings'. In: Arie Malz, Stefan Rohdewald und Stefan Wiederkehr (Hg.): Sport zwischen Ost und West. Beiträge zur Sportgeschichte Osteuropas im 19. und 20. Jahrhundert. Osnabrück: fibre, S. 113-30.

Ganzenmüller, Jörg; Zeller, Manfred (2013): Zuschauergewalt im östlichen Europa. In: Anke Hilbrenner, Ekaterina Emeliantseva, Christian Koller, Manfred Zeller und Zwicker Stefan (Hg.): Handbuch der Sportgeschichte Osteuropas. Online verfügbar unter http://www.ios-regensburg.de/file admin/doc/Sportgeschichte/Ganzenmueller_Zeller_Sport_und_Gewalt.pdf.

Gatejel, Luminita (2009a): Sozialistische Volkswagen. Trabant, Lada und Dacia im kalten Krieg. In: *Osteuropa* 59 (10), S. 167-83.

Gatejel, Luminita (2009b): The wheels of desire. Automobility disclosures in the Soviet Union. In: Manfred Grieger: Towards mobility: varieties of automobilism in East and West. Wolfsburg: Volkswagen AG, S. 31-41.

Gatejel, Luminita (2010): A good buy – if you can get one. Purchasing cars under socialist conditions. Hg. v. MWP Working Papers. Robert Schuman Centre for Advanced Studies. Badia Fiesolana, San Domenico (Fl) (EUI working paper / MWP).

Gestwa, Klaus (2003): Reflektierte Archivarbeit – der „Königsweg" osteuropäischer Zeitgeschichte. Die übersichtliche „Welt der Modelle" und die „konstitutive Widersprüchlichkeit" des Sowjetsystems. In: Stefan Creuzberger und Rainer Lindner (Hg.): Russische Archive und Geschichtswissenschaft. Rechtsgrundlagen, Arbeitsbedingungen, Forschungsperspektiven. Frankfurt/Main: Lang, S. 37-50.

Gilmour, Julie; Clements, Barbara Evans (2002): „If you want to be like me, train!": the contradictions of Soviet Masculinity. In: Barbara Evans Clements und Rebecca Friedman (Hg.): Russian Masculinities in History and Culture. Houndmills: Palgrave, S. 210-22.

Ginda, Volodymyr (2010): Beyond the Death Match: Sport under German Occupation between Repression and Integration, 1941-1944. In: Nikolaus Katzer, Sandra Budy, Alexandra Köhring und Manfred Zeller (Hg.): Euphoria and Exhaustion. Modern Sport in Soviet Culture and Society. Frankfurt/Main: Campus Verlag, S. 179-200.

Girard, René (1987): Das Heilige und die Gewalt. Zürich: Benzinger Verlag.

Giulianotti, Richard; Bonney, Norman; Hepworth, Mike (1994): Football, Violence, and Social Identity. London: Routledge.

Giulianotti, Richard; Robertson, Roland (2007): Forms of Glocalization: Globalization and the Migration Strategies of Scottish Football Fans in North America. In: *Sociology* 41, S. 133-52.

Gorjaeva, Tat'jana (2000): Radio Rossii: politiceskij kontrol' sovetskogo radiovescanija v 1920-1930ych godach. Moskau: ROSSPĖN.

Gorjaeva, Tat'jana (Hg.) (2007): „Velikaja kniga dnja ...". Radio v SSSR: dokumenty i materialy. Moskau: ROSSPĖN.

Gorjanov, Leonid (1965): Povest' o vratarjach. Moskau: Sovetskaja Rossija.

Gorsuch, Anne E. (2011): All this is your world. Soviet tourism at home and abroad after Stalin. Oxford, New York: Oxford Univ. Press.

Guttmann, Allen (1994): Games and Empires. Modern Sports and Cultural Imperialism. New York: Columbia Univ. Press.

Guttmann, Allen (2006): Sports Crowds. In: Jeffrey T. Schnapp und Matthew Tiews (Hg.): Crowds. Stanford: Stanford Univ. Press, S. 111-32.

Häder, Sonja (2005): Selbstbehauptung wider Partei und Staat. Westlicher Einfluss und östliche Eigenständigkeit in den Jugendkulturen jenseits des Eisernen Vorhangs. In: *Archiv für Sozialgeschichte* 45, S. 449-74.

Halbwachs, Maurice (1985): Das Gedächtnis und seine sozialen Bedingungen. Frankfurt/Main: Suhrkamp.

Halbwachs, Maurice (1991): Das kollektive Gedächtnis. Frankfurt/Main: Fischer Taschenbuch Verlag.

Harrington, C. Lee; Bielby, Denise D. (2007): Global Fandom/Global Fan Studies. In: Jonathan Gray, Cornel Sandvoss und C. Lee Harrington (Hg.): Fandom. Identities and Communities in a Mediated World. New York: New York Univ. Press, S. 179–97.

Hauswald, Harald; Willmann, Frank (2008): Ultras Kutten Hooligans: Fußballfans in Ost-Berlin. Berlin: Jaron-Verlag.

Herzog, Markwart (2006): Der „Betze" unterm Hakenkreuz. Der 1. FC Kaiserslautern in der Zeit des Nationalsozialismus. Göttingen: Verl. Die Werkstatt.

Herzog, Markwart; Berg, Ulrich von (2002): Fußball als Kulturphänomen. Kunst – Kultur – Kommerz. Stuttgart: Kohlhammer.

Hilbrenner, Anke (2006): Auch in Russland „ein reiner Männersport"? Zur Geschichte und Gegenwart des Frauenfußballs in der Russischen Föderation. In: Dittmar Dahlmann, Anke Hilbrenner und Britta Lenz (Hg.): Überall ist der Ball rund. Zur Geschichte und Gegenwart des Fußballs in Ost- und Südosteuropa. Essen, S. 71–96.

Hilbrenner, Anke (2008): Turnen, Sport und Fußball. Ostjüdische Fußballer in der jüdischen Turnbewegung. In: Dittmar Dahlmann, Anke Hilbrenner und Britta Lenz (Hg.): Überall ist der Ball rund. Zur Geschichte und Gegenwart des Fußballs in Ost- und Südosteuropa – Die Zweite Halbzeit. Essen: Klartext Verlag, S. 201–220.

Hilbrenner, Anke (2010): Soviet Women in Sports in the Brezhnev Years. The Female Body and Soviet Modernism. In: Nikolaus Katzer, Sandra Budy, Alexandra Köhring und Manfred Zeller (Hg.): Euphoria and Exhaustion. Modern Sport in Soviet Society and Culture. Frankfurt/Main, New York: Campus Verlag, S. 295–314.

Hoffmann, David L. (1994): Peasant Metropolis. Social Identities in Moscow, 1929-1941. Ithaca: Cornell Univ. Press.

Hornby, Nick (2000): Fever Pitch. London: Penguin Books.

Jašin, Lev (1976): Zapiski vratarja. Moskau: Biblioteka ogonek.

Jensen, Erik (2002): Crowd Control: Boxing Spectatorship and Social Order in Weimar Germany. In: Rudy Koshar (Hg.): Histories of leisure. Oxford: Berg, S. 79–101.

Jobst, Kerstin; Obertreis, Julia; Vulpius, Ricarda (2008): Neue Imperiumsforschung in der Ostreuropäischen Geschichte. In: *Comparativ* 18 (2), S. 27–56.

Jones, Polly (2008): Memories of Terror or Terrorizing Memories? Terror, Trauma and Survival in Soviet Culture of the Thaw. In: *Slavonic and East European Review* 86, S. 346–71.

Kappeler, Andreas (2001): Russland als Vielvölkerreich. Entstehung, Geschichte, Zerfall. München: Beck.

Kassil', Lev (1946): Devjatnadcat' na devjat'. Futbolisty moskovskogo „Dinamo" v Anglii. Moskau: Molodaja Gvardija.

Katzer, Nikolaus (1999): Die weiße Bewegung in Russland. Herrschaftsbildung, praktische Politik und politische Programmatik im Bürgerkrieg. Köln: Böhlau.

Katzer, Nikolaus (2007): ‚Neue Menschen' in Bewegung. Zum Verhältnis von Sport und Moderne in Russland im 20. Jahrhundert. In: Arie Malz, Stefan Rohdewald und Stefan Wiederkehr (Hg.): Sport zwischen Ost und West. Beiträge zur Sportgeschichte Osteuropas im 19. und 20. Jahrhundert. Osnabrück: fibre, S. 349–69.

Katzer, Nikolaus (2009): Körperkult und Bewegungszwang. Zur gesellschaftlichen Dynamik des frühen sowjetischen Sportsystems. In: Michael Krüger (Hg.): Der deutsche Sport auf dem Weg in die Moderne. Münster: LIT-Verlag, S. 257–83.

Katzer, Nikolaus; Köhring, Alexandra; Zeller, Manfred (2013): Sport als Bühne sowjetischer Weltgeltung? Globale und lokale Strukturen der Sportkultur in der späten Sowjetunion. In: Martin Aust (Hg.): Globalisierung imperial und sozialistisch. Russland und die Sowjetunion in der Globalgeschichte 1851-1991. Frankfurt/Main: Campus Verlag, S. 373-399.

Kelly, Catriona (2003): Popular Culture. In: Nicholas Rzhevsky (Hg.): The Cambridge Companion to Modern Russian Culture. Cambridge: Cambridge Univ. Press, S. 125–58.

Kelly, Catriona (2007a): Children's World. Growing Up in Russia, 1890-1991. New Haven: Yale Univ. Press.

Kelly, Stephen F. (2009): An Oral History of Footballing Communities at Liverpool and Manchester United Football Clubs. Doctoral thesis. University of Huddersfield.

Kelly, William W. (2004): Fanning the flames: fans and consumer culture in contemporary Japan. Albany: State Univ. of New York Press.

Kelly, William W. (2007b): Is baseball a global sport? America's ‚national pastime' as global field and international sport. In: Richard Giulianotti und Roland Robertson (Hg.): Globalization and Sport. Victoria: Blackwell, S. 79-93.

Kessel, Martina (2006): Gefühle und Geschichtswissenschaft. In: Rainer Schützeichel (Hg.): Emotionen und Sozialtheorie. Frankfurt/Main: Campus Verlag, S. 29-47.

Keys, Barbara (2001): The Internationalization of Sport, 1890-1939. In: Frank A. Ninkovich und Bu Liping (Hg.): The Cultural Turn. Essays in the History of U.S. Foreign Relations. Chicago: Imprint publications.

Keys, Barbara (2003): Soviet Sport and Transnational Mass Culture in the 1930s. In: *Journal of Contemporary History* 38 (3), S. 413-34.

Keys, Barbara (2006): Globalizing Sports. National Rivalry and International Community in the 1930s. Cambridge: Harvard Univ. Press.

Keys, Barbara (2007): The Soviet Union, Cultural Exchange, and the 1956 Melbourne Olympic Games. In: Arie Malz, Stefan Rohdewald und Stefan Wiederkehr (Hg.): Sport zwischen Ost und West. Beiträge zur Sportgeschichte Osteuropas im 19. und 20. Jahrhundert. Osnabrück: fibre, S. 131-45.

Kiaer, Christina (2010): The Swimming Vtorova Sisters: The Representation and Experience of Sport in the 1930s. In: Nikolaus Katzer, Sandra Budy, Alexandra Köhring und Manfred Zeller (Hg.): Euphoria and Exhaustion. Modern Sport in Soviet Culture and Society. Frankfurt/Main: Campus Verlag, S. 89-109.

King, Anthony (1998): The end of the terraces. The transformation of English football in the 1990s. London, New York: Leicester Univ. Press.

King, Anthony (2003): The European ritual. Football in the new Europe. Aldershot: Ashgate.

Koenker, Diane; Gorsuch, Anne (Hg.) (2006): Turizm: The Russian and East European Tourist under Capitalism and Socialism. Ithaca: Cornell Univ. Press.

Köhring, Alexandra (2010): ‚Sporting Moscow': stadia buildings and the challenging of public space in the post-war Soviet Union. In: *Urban History* 37, S. 253-71.

Koivunen, Pia (2013): Performing Peace and Friendship. The World Youth Festival in Soviet Cultural Diplomacy, 1947-1957. Dissertation. Universität Tampere.

Kopiez, Reinhard; Brink, Guido (1998): Fußballfangesänge. Würzburg: Königshausen & Neumann.

Kotkin, Stephen (1995): Magnetic Mountain. Stalinism as a Civilization. Berkeley: Univ. of California Press.

Kowalski, Ronald; Porter, Dilwyn (1997): Political Football: Moscow Dynamo in Britain, 1945. In: *The International Journal of the History of Sport* 14, S. 100-21.

Kozlov, Denis (2001): The Historical Turn in Late Soviet Culture: Retrospectivism, Factography, Doubt, 1953-91. In: *Kritika: Explorations in Russian and Eurasian History* 2 (3), S. 577-600.

Kozlov, V. A.; Mironenko, S. V.; Kolerov, M. A. (1996): „Osobaja papka" L.P. Berii. Iz materialov Sekretariata NKVD-MVD SSSR, 1946-1949 gg. Moskau: Gos. Archiv Rossijskoj Federacii.

Kozlov, Vladimir (2008): Fanaty: prošloe i nastojaščee rossijskogo okolofutbola. Sankt Petersburg: Amfora.

Kozlov, Vladimir A. (2002): Mass Uprisings in the USSR: protest and rebellion in the post Stalin years. Armonk: Sharpe.

Kreher, Simone; Vierzigmann, Gabriele (1998): Der alltägliche Prozess der transgenerationalen Bedeutungskonstruktion. In: *Bios* 10 (2), S. 246-75.

Kreisky, Eva; Spitaler, Georg (Hg.) (2006): Arena der Männlichkeit. Über das Verhältnis von Fußball und Geschlecht. Frankfurt/Main: Campus Verlag.

Krylova, Anna (2000): The Tenacious Liberal Subject in Soviet Studies. In: *Kritika: Explorations in Russian and Eurasian History* 1, S. 119–46.

Kucher, Katharina (2003): Der Moskauer Kultur- und Erholungspark. Formen von Öffentlichkeit im Stalinismus der dreißiger Jahre. In: Gabor T. Rittersporn, Malte Rolf und Jan C. Behrends (Hg.): Sphären von Öffentlichkeit in Gesellschaften sowjetischen Typs. Frankfurt/Main: Lang, S. 97–129.

Kuhr-Korolev, Corinna (2005): Gezähmte Helden. Die Formierung der Sowjetjugend, 1917-1932. Essen: Klartext Verlag.

Kuper, Simon (1994): Football against the enemy. London: Orion.

Kuz'min, Georgij (2010): Byli i nebyli našego futbola. Charkiv: Folio.

Lafont, Maria (2007): Soviet posters. The Sergo Grigorian collection. München, London: Prestel.

Lapierre, Brian (2006): In the Shadow of the Thaw. The Control of Marginals in Socialist Societies – Making Hooliganism on a Mass Scale: The Campaign against Petty Hooliganism in the Soviet Union, 1956-1964. In: *Cahiers du Monde Russe* 47, S. 349–76.

Latour, Bruno (2002): Wir sind nie modern gewesen. Versuch einer symmetrischen Anthropologie. Frankfurt/Main: Fischer-Taschenbuch-Verl.

Latour, Bruno (2007): Eine neue Soziologie für eine neue Gesellschaft. Einführung in die Akteur-Netzwerk-Theorie. Frankfurt/Main: Suhrkamp.

Lauretis, Teresa (1987): Technologies of Gender. Essays on Theory, Film, and Fiction. Bloomington: Indiana Univ. Press.

Leh, Almut (2000): Forschungsethische Probleme in der Zeitzeugenforschung. In: *Bios* 13, S. 64–76.

Lehmann, Maike (2012): Eine sowjetische Nation. Frankfurt/Main, Berlin: Campus Verlag.

Lenz, Britta (2005): ‚Polen deutscher Fußballmeister'? – Polnischsprachige Einwanderer im Ruhrgebietsfußball der Zwischenkriegszeit. In: Dittmar Dahlmann (Hg.): Schimanski, Kuzorra und andere. Polnische Einwanderer im Ruhrgebiet zwischen der Reichsgründung und dem Zweiten Weltkrieg. Essen: Klartext-Verlag, S. 237–50.

Lewin, Moshe (1985): The making of the Soviet system. Essays in the social history of interwar Russia. New York: Pantheon Books.

Ličnosti v sporte. Valerij Lobanovskij (2009). Kiev: Izdatel'skij dom ličnosti'.

Livers, Keith A. (2001): The Soccer Match as Stalinist Ritual. Constructing the Body Social in Lev Kassil's The Goalkeeper of the Republic. In: *Russian Review* 60, S. 592–613.

Lo, Dominic (2011): Football, The World's Game: A Study on Football's Relationship with Society. Claremont: Scholarship@Claremont.

Lorenz, Maren (2000): Leibhaftige Vergangenheit. Einführung in die Körpergeschichte. Tübingen: Ed. Diskord.

Louis, Victor; Louis, Jennifer (1980): Sport in the Soviet Union. Oxford: Pergamon Press.

Lovell, Stephen (2007): Generations in Twentieth-Century Europe. Houndmills: Palgrave.

Lovell, Stephen (2011): How Russia Learned to Listen: Radio and the Making of Soviet Culture. In: *Kritika: Explorations in Russian and Eurasian History* 12, S. 591–616.

Lundt, Bea (1998): Frauen- und Geschlechtergeschichte. In: Hans-Jürgen Goertz (Hg.): Geschichte. Ein Grundkurs. Hamburg: Rowohlt, S. 579–97.

Malov, Vladimir I. (2008): Tajny sovetskogo futbola. Moskau: Veche.

Marschik, Matthias (2003): Frauenfußball und Maskulinität. Münster: LIT-Verlag.

Martin, Terry (2001): The Affirmative Action Empire. Ithaca: Cornell Univ. Press.

Matusevich, Maxim (2007): Africa in Russia, Russia in Africa. Three centuries of encounters. Trenton: Africa World Press.

Maurer, Eva (2010): Wege zum Pik Stalin. Sowjetische Alpinisten, 1928-1953. Zürich: Chronos Verlag.

Meier, Esther (2001): Eine Theorie für „Entwicklungsländer". Sowjetische Agitation und Afghanistan, 1978-1982. Münster: LIT-Verlag.

Meier, Esther (2011): Massenmobilisierung in der Ära Brežnev? Das Großprojekt KamAZ/Naberežnye Čelny. Dissertation. Universität Hamburg.

Meisel, Heribert (1954): Tor! Toor! Tooor! Erlebnisse eines Sportreporters. Berlin, München: Gebrüder Weiss Verlag.

Mertin, Evelyn (2003): Der Boykott der Olympischen Spiele 1980 in Moskau in der sowjetischen Presse. In: *Stadion. Internationale Zeitschrift für Geschichte des Sports.* 19, S. 251-61.

Meuser, Michael; Scholz, Sylka (2005): Hegemoniale Männlichkeit. Versuch einer Begriffsklärung aus soziologischer Perspektive. In: Martin Dinges (Hg.): Männer – Macht – Körper. Hegemoniale Männlichkeiten vom Mittelalter bis heute. Frankfurt/Main: Campus Verlag, S. 211-28.

Michailov, M. (1975): Dinamo Kiev. Moskau: Fizkul'tura i sport.

Mills, Richard (2009): „It All Ended in an Unsporting Way": Serbian Football and the Disintegration of Yugoslavia, 1989-2006. In: *International Journal of the History of Sport* 26 (9), S. 1187-1217.

Mills, Richard (2010): Velež Mostar Football Club and the Demise of „Brotherhood and Unity" in Yugoslavia, 1922-2009. In: *Europe Asia Studies* 62 (7), S. 1107-33.

Misiunas, Romuald J.; Taagepera, Rein (1983): The Baltic States. Years of dependence, 1940-1980. Berkeley: Univ. of California Press.

Mommsen, Margareta (1987): Hilf mir, mein Recht zu finden. Russische Bittschriften von Iwan dem Schrecklichen bis Gorbatschow. Frankfurt/Main, Berlin: Propyläen.

Montefiore, Simon Sebag (2005): Stalin. Am Hof des roten Zaren. 4. Aufl. Frankfurt/Main: S. Fischer.

Moscovici, Serge (1984): Das Zeitalter der Massen. Eine historische Abhandlung über die Massenpsychologie. München: Hanser.

Narskij, Igor' V. (2008): Fotokartočka na pamjat'. Semejnye istorii, fotografičeskie poslanija i sovetskoe detstvo. Čeljabinsk: Ėnciklopedija.

Neuberger, Joan (1993): Hooliganism. Crime, Culture, and Power in St. Petersburg, 1900-1914. Berkeley: Univ. of California Press.

Neutatz, Dietmar (2001): Die Moskauer Metro. Von den ersten Plänen bis zur Großbaustelle des Stalinismus (1897-1935). Köln: Böhlau.

Niethammer, Lutz (1983): Fragen – Antworten – Fragen. In: Lutz Niethammer (Hg.): Die Jahre weiß man nicht, wo man die heute hinsetzen soll. Faschismuserfahrungen im Ruhrgebiet, Bd. 1. Berlin: Dietz, S. 392-445.

Nikolaev, Nikolaj N. (2008): TASS upolnomočen...promolčat'. Moskau: Veče.

Nilin, Aleksandr (2004): XX vek. Sport. Moskau: Molodaja gvardija.

Noack, Christian (2005): Tourismus in Russland und der UdSSR als Gegenstand historischer Forschung. Ein Werkstattbericht. In: *Archiv für Sozialgeschichte* 45, S. 477-98.

Noack, Christian (2006): Coping with the Tourist: Planned and ‚Wild' Mass Tourism on the Black Sea Coast. In: Diane Koenker und Anne Gorsuch (Hg.): Turizm: The Russian and East European Tourist under Capitalism and Socialism. Ithaca: Cornell Univ. Press.

Obertreis, Julia; Stephan, Anke (2009): Erinnerungen nach der Wende / Remembering after the Fall of Communism. Oral History und (post)sozialistische Gesellschaften / Oral History and (Post-)Socialist Societies. Essen: Klartext Verlag.

O'Mahony, Mike (2006): Sport in the USSR. Physical culture – visual culture. London: Reaktion Books.

Osterhammel, Jürgen (2001): Transnationale Gesellschaftsgeschichte: Erweiterung oder Alternative? In: *Geschichte und Gesellschaft* 27, S. 464-79.

Osterhammel, Jürgen (2008): Russland und der Vergleich zwischen Imperien. In: *Comparativ* 18, S. 11-26.

Oushakine, Serguei (2009): The patriotism of despair. Nation, war, and loss in Russia. Ithaca: Cornell Univ. Press.

Oushakine, Serguei Alex (2007): „We're nostalgic but we're not crazy": Retrofitting the Past in Russia. In: *Russian Review* 66 (3), S. 451–82.

Ozerov, Nikolaj N. (1995): Vsju žizn' za Sinej pticej. Moskau: Nauka.

Pain, Emil (2011): Die Ereignisse in Moskau vom 11. Dezember 2010. Der ethnische Ausdruck der politischen Krise. In: *Russland-Analysen* (218), S. 2–6.

Parks, Jenifer (2007): Verbal Gymnastics. Sports, Bureaucracy, and the Soviet Union's Entrance into the Olympic Games, 1946-1952. In: Stephen Wagg und David Andrews (Hg.): East plays West. Sport and the Cold War. London, New York: Routledge.

Parks, Jenifer (2009): Red Sport, Red Tape: The Olympic Games, the Soviet Sports Bureaucracy, and the Cold War, 1952-1980. Dissertation, Chapel Hill.

Patel, Kiran Klaus (2005): Transnationale Geschichte – ein neues Paradigma? geschichte.transnational. Online verfügbar unter http://geschichte-transnational.clio-online.net/transnat.asp?type=artikel&id=573&view=pdf&pn=forum (15.12.2014).

Peiffer, Lorenz; Wahlig, Henry (2012): Juden im Sport während des Nationalsozialismus. Ein historisches Handbuch für Niedersachsen und Bremen. s.l.: Wallstein Verlag.

Penter, Tanja (2010): Kohle für Stalin und Hitler. Arbeiten und Leben im Donbass 1929 bis 1953. Essen: Klartext-Verlag.

Peppard, Victor (1982-1983): The Beginnings of Russian Soccer. In: *Stadion. Internationale Zeitschrift für Geschichte des Sports.* 8-9, S. 151–67.

Petrone, Karen (2000): „Life has become more joyous, comrades." Celebrations in the Time of Stalin. Bloomington: Indiana Univ. Press.

Petrone, Karen (2011): The Great War in Russian Memory. Bloomington: Indiana Univ. Press.

Pilkington, Hilary; Omel'chenko, Elena; Flynn, Moya; Bliudina, Ul'iana; Starkova, Elena (2002): Looking West? Cultural Globalization and Russian Youth Culture. Pennsylvania: Pennsylvania State Univ. Press.

Polian, Pavel (2004): Against their will: the history and geography of forced migrations in the USSR. Budapest: Central European Univ. Press.

Portelli, Allessandro (2006): What makes Oral History different. In: Robert Perks und Alistair Thomson (Hg.): The Oral History Reader. New York: Routledge.

Poutvaara, Panu; Priks, Mikael (2007): Hooliganism and police tactics. Should tear gas make crime preventers cry? Bonn: IZA.

Pribytkov, Viktor V. (1995): Apparat. Sankt-Peterburg: VIS.

Prokopf, Andreas (2008): Fußballhooligans in Polen zwischen Papsttreue und Antisemitismus. In: Dittmar Dahlmann, Anke Hilbrenner und Britta Lenz (Hg.): Überall ist der Ball rund. Zur Geschichte und Gegenwart des Fußballs in Ost- und Südosteuropa – Die Zweite Halbzeit. Essen: Klartext Verlag, S. 115–25.

Prozumenščikov, Michail Jur'evič (2004): Bol'šoj sport i bol'šaja politika. Moskau: ROSSPĖN.

Prystajko, Anatolij (2006): Čy buv „matč smerti"? Dokumenty svidčat'. Kiev: EksOb.

Pyta, Wolfram (2009): Sportgeschichte aus der Sicht des Allgemeinhistorikers. Methodische Zugriffe und Erkenntnispotentiale. In: Andrea Bruns und Wolfgang Buss (Hg.): Sportgeschichte erforschen und vermitteln. Jahrestagung der dvs-Sektion Sportgeschichte vom 19.-21. Juni 2008 in Göttingen. Hamburg: Feldhaus Verlag, S. 9–21.

Rajagopalan, Sudha (2008): Leave Disco Dancer Alone! Indian Cinema and Soviet Movie-going after Stalin. New Delhi: Yoda Press.

Raleigh, Donald J. (2006): Russia's Sputnik Generation. Soviet Baby Boomers Talk about their lives. Bloomington: Indiana Univ. Press.

Read, John (1996): Physical Culture and Sport in the Early Soviet Period. In: *Australian Slavonic and East European Studies* 10 (1), S. 59–84.

Reid, Susan E. (2002): Cold War in the Kitchen: Gender and the De-Stalinization of Consumer Taste in the Soviet Union under Khrushchev. In: *Slavic Review* 61, S. 211–52.

Requate, Jörg (1999): Öffentlichkeit und Medien als Gegenstände historischer Analyse. In: *Geschichte und Gesellschaft* 25, S. 5–25.

Riordan, James (1977): Sport in Soviet Society. Development of Sport and Physical Education in Russia and the USSR. Cambridge: Cambridge Univ. Press.

Riordan, James (2003): The Match of Death: Kiev, 9. August 1942. In: *Soccer and Society* 4, S. 87–94.

Risch, William Jay (2005): Soviet ‚Flower Children'. Hippies and Youth Counter-Culture in 1970s L'viv. In: *Journal of Contemporary History* 40, S. 566–84.

Risch, William Jay (2011): The Ukrainian West. Culture and the fate of empire in Soviet Lviv. Cambridge: Harvard Univ. Press.

Rittersporn, Gábor; Rolf, Malte; Behrends, Jan C. (2003): Sphären von Öffentlichkeit in Gesellschaften sowjetischen Typs. Zwischen partei-staatlicher Selbstinszenierung und kirchlichen Gegenwelten. Frankfurt/Main: Lang.

Robertson, Stephen (2005): What's Law Got to Do with it? Legal Records and Sexual Histories. In: *Journal of the History of Sexuality* 14, S. 161–85.

Robinson, Neil (2010), Kommentar zu Simon Kuper, Make Soap from the Ref! Rezension zu Edelman 2009, in London Review of Books, http://www.lrb.co.uk/v32/n11/simon-kuper/make-soap-from-the-ref (15.12.2014).

Roginskij, Arsenij (2009): Fragmentierte Erinnerung. Stalin und der Stalinismus im heutigen Russland. In: *Osteuropa* 59, S. 37–44.

Roth-Ey, Kristin (2004): ‚Loose Girls' on the Loose? Sex, Propaganda and the 1957 Youth Festival. In: Melanie Ilic, Susan E. Reid und Lynne Attwood (Hg.): Women in the Khrushchev Era. Houndmills: Palgrave, S. 75–95.

Roth-Ey, Kristin (2007): Finding a Home for Television in the USSR, 1950-1970. In: *Slavic Review* 66, S. 278–306.

Roth-Ey, Kristin (2011): Moscow prime time. How the Soviet Union built the media empire that lost the cultural Cold War. Ithaca: Cornell Univ. Press.

Ruffmann, Karl-Heinz (1980): Sport und Körperkultur in der Sowjetunion. München: Deutscher Taschenbuch Verlag.

Rüthers, Monica (2009): Kindheit, Kosmos und Konsum in sowjetischen Bildwelten der 1960er Jahre. Zur Herstellung von Zukunftsoptimismus. In: *Historische Anthropologie* 17 (1), S. 56–74.

Sandvoss, Cornel (2003): A Game of Two Halves: Football, Fandom, Television and Globalization. London: Routledge.

Sarasin, Philipp (2003): Geschichtswissenschaft und Diskursanalyse. Frankfurt/Main: Suhrkamp.

Schattenberg, Susanne (2007): „Gespräch zweier Taubstummer?" Die Kultur der chruščevschen Außenpolitik und Adenauers Moskaureise 1955. In: *Osteuropa* 7, S. 27–47.

Schattenberg, Susanne (2010): Von Chruščev zu Gorbačev – Die Sowjetunion zwischen Reform und Zusammenbruch. In: *Neue Politische Literatur* 55, S. 255–84.

Schlögel, Karl (1998): Der „Zentrale Gor'kij-Kultur- und Erholungspark" (CPKiO) in Moskau. Zur Frage des öffentlichen Raums im Stalinismus. In: Manfred Hildermeier und Elisabeth Müller-Luckner (Hg.): Stalinismus vor dem Zweiten Weltkrieg. Neue Wege der Forschung. München: R. Oldenbourg Verlag, S. 255–74.

Schlögel, Karl (2000): Moskau lesen. Die Stadt als Buch. Berlin: Siedler.

Schlögel, Karl (2009): Terror und Traum: Moskau 1937. München: Hanser.

Schmidt, Christoph (2007): Einleitung. In: Julia Herzberg und Christoph Schmidt (Hg.): Vom Wir zum Ich. Individuum und Autobiographik im Zarenreich. Köln: Böhlau.

Schulze-Marmeling, Dietrich (2011): Der FC Bayern und seine Juden. Aufstieg und Zerschlagung einer liberalen Fußballkultur. Göttingen: Verl. Die Werkstatt.

Schwarz, Martin M. (2005): 5 Jahrzehnte Fußball im Originalton. CD 1: die 50er Jahre. Hamburg: Hörbuch Hamburg Verlag.

Selmer, Nicole (2004): Watching the Boys Play: Frauen als Fußballfans. Kassel: Agon Sportverlag.

Selmer, Nicole; Sülzle, Almut (2006): „TivoliTussen" und Trikotträgerinnen – Weibliche Fankulturen im Männerfußball. In: Eva Kreisky und Georg Spitaler (Hg.): Arena der Männlichkeit. Über das Verhältnis von Fußball und Geschlecht. Frankfurt/Main: Campus, S. 122–39.

Šerel', Aleksandr A. (2004): Audiokul'tura XX veka. Istorija, ėstetičeskie zakonomernosti, osobennosti vlijanija na auditoriju. Moskau: Progress-Tradicija.

Sessions, Jennifer E. (2011): By sword and plow. France and the conquest of Algeria. Ithaca: Cornell Univ. Press.

Shields, Rob (1992): Places on the Margin. Alternative Geographies of Modernity. London: Routledge.

Siegelbaum, Lewis H. (2008): Cars for comrades. The life of the Soviet automobile. Ithaca: Cornell Univ. Press.

Simon, Gerhard (1986): Nationalismus und Nationalitätenpolitik in der Sowjetunion. Von der totalitären Diktatur zur nachstalinschen Gesellschaft. Baden-Baden: Nomos Verl.-Ges.

Simonjan, Nikita Pavlovič (1995): Futbol – tol'ko li igra? Moskau: Molodaja Gvardija.

Sinjavskij, Vadim (2007): O samom pamjatnom. In: Tat'jana M. Gorjaeva (Hg.): „Velikaja kniga dnja ...". Radio v SSSR: dokumenty i materialy. Moskau: ROSSPĖN, S. 758–64.

Slezkine, Yuri (1994): The USSR as a Communal Apartment, or How a Socialist State Promoted Ethnic Particularism. In: *Slavic Review* 53 (2), S. 414–52.

Slim, Hugo; Thompson, Paul (2006): Ways of Listening. In: Robert Perks und Alistair Thomson (Hg.): The Oral History Reader. New York: Routledge, S. 143–54.

Smith, Mark B. (2010): Property of Communists: the Urban Housing Program from Stalin to Krushchev. DeKalb: Northern Illinois Univ. Press.

Soskin, Aleksandr (2007): Lev Jašin. Za kulisami slavy. Moskau: Algoritm.

Spaaija, Ramon (2007): Football hooliganism as a transnational phenomenon: Past and present analysis: A critique – More specificity and less generality. In: *Journal of the History of Sport* 24 (4), S. 411–31.

Starostin, Nikolaj (1989): Futbol skvoz' gody. Moskau: Sovetskaja Rossija.

Stephan, Anke (2004): Erinnertes Leben: Autobiographien, Memoiren und Oral-History-Interviews als historische Quellen. In: Digitales Handbuch zur Geschichte und Kultur Russlands und Osteuropas, Bd. 10. Online verfügbar unter http://epub.ub.uni-muenchen.de/627/1/Stephan-Selbstzeugnisse.pdf (15.12.2014).

Suchomlinov, Andrej V. (1998): Ėduard Strel'cov. Tragedija velikogo futbolista. Moskau: Izdat. Patriot.

Suny, Ronald Grigor (1988): The making of the Georgian nation. Bloomington: Indiana Univ. Press.

Thompson, Paul (1989): The Voice of the Past: Oral History. Oxford: Oxford Univ. Press.

Tomilina, Natal'ja G. (2011): Pjat' kolec pod kremlevskimi zvezdami. Dokumental'naja chronika Olimpiady-80 v Moskve. Moskau: Meždunarodnyj Fond Demokratija.

Tsipursky, Gleb (2012): Having fun in the thaw. Youth initiative clubs in the post-Stalin years. Pittsburgh: Center for Russian and East European Studies, University Center for International Studies, University of Pittsburgh.

Turner, Victor (1989): Das Ritual. Struktur und Anti-Struktur. Frankfurt/Main: Campus Verlag.

Vartanjan, Aksel (2001): Ėduard Strel'cov. Nasil'nik ili žertva? Moskau: Terra Sport.

Volkov, Vadim (2000): The Concept of Kul'turnost'. In: Sheila Fitzpatrick (Hg.): Stalinism. New Directions. London: Routledge, S. 210–30.

Vronskaya, Jeanne; Chuguev, Vladimir (1989): A biographical dictionary of the Soviet Union 1917-1988. London: Saur.

Walker, Barbara (2000): On Reading Soviet Memoirs: A History of the „Contemporaries" Genre as an Institution of Russian Intelligentsia Culture from the 1790s to the 1970s. In: *Russian Review* 59, S. 327–52.

Weiner, Amir (2001): Making Sense of War. The Second World War and the Fate of the Bolshevik Revolution. Princeton: Princeton Univ. Press.

Welzer, Harald (2000): Das Interview als Artefakt. Zur Kritik der Zeitzeugenforschung. In: *Bios* 13 (1), S. 51–63.

Welzer, Harald (2008): Das kommunikative Gedächtnis. Eine Theorie der Erinnerung. München: Beck.

Werron, Tobias (2005): Der Weltsport und sein Publikum. In: *Zeitschrift für Soziologie* (Sonderheft „Weltgesellschaft"), S. 260–89.

Werth, Nicolas (2002): Ein Staat gegen sein Volk. Das Schwarzbuch des Kommunismus – Sowjetunion. München: Piper.

Willmann, Frank (Hg.) (2007): Stadionpartisanen. Fans und Hooligans in der DDR. Berlin: Verlag Neues Leben.

Wilson, Jonathan (2006): Behind the Curtain. Travels in Eastern European Football. London: Orion.

Yekelchyk, Serhy (2002): Stalinist Patriotism as Imperial Discourse: Reconciling the Ukrainian and Russian ‚Heroic Pasts', 1939-1945. In: *Kritika: Explorations in Russian and Eurasian History* 3, S. 51–80.

Yekelchyk, Serhy (2006): The Civic Duty to Hate. Stalinist Citizenship as Political Practice and Civic Emotion (Kiev, 1943-1953). In: *Kritika: Explorations in Russian and Eurasian History* 7, S. 529–56.

Yekelchyk, Serhy (2007): Ukraine. Birth of a modern nation. Oxford, New York: Oxford Univ. Press.

Yurchak, Alexei (2005): Everything was forever, until it was no more. The last Soviet Generation. Princeton: Princeton Univ. Press.

Zalesskij, Konstantin Aleksandrovič (2000): Imperia Stalina. Biografičeskij enciklopedičeskij slovar'. Moskau: Veče.

Zeller, Manfred (2007): Im Hunderitt zum Auswärtsspiel. Fußballfans in Russland. In: *kultura. Russland-Kulturanalysen* (3), S. 12–7.

Zeller, Manfred (2010): „The Second Stalingrad": Soccer Fandom, Popular Memory and the Legacy of the Stalinist Past. In: Nikolaus Katzer, Sandra Budy, Alexandra Köhring und Manfred Zeller (Hg.): Euphoria and Exhaustion. Modern Sport in Soviet Culture and Society. Frankfurt/Main: Campus Verlag, S. 201–24.

Zeller, Manfred (2011): „Our Own Internationale", 1966. Dynamo Kiev Fans between Local Identity and Transnational Imagination. In: *Kritika* 12 (1), S. 53–82.

Zhuk, Sergei I. (2010): Rock and Roll in the Rocket City: the West, Identity, and Ideology in Soviet Dniepropetrovsk, 1960-1985. Baltimore: John Hopkins Univ. Press.

Zlydneva, Natalija V. (2005): Telesnyj kod v slavjanskich kul'turach. Moskau: Inst. Slavjanovedenija RAN.

Zubok, V. M. (2007): A failed empire. The Soviet Union in the Cold War from Stalin to Gorbachev. Chapel Hill: Univ. of North Carolina Press.

Index

1

1. FC Kaiserslautern 250

A

Alkohol 104, 105, 107, 247, 252, 267
Andropov, Jurij Vladimirovič 249
Ararat Erevan 23, 84, 112, 117, 176, 186, 202, 207, 208, 209
Arinštejn, Leonid Matveevič 59, 219
Armeeverein s. CSKA Moskau
Arsenal London 69, 71, 227
Ausschreitung 47, 81, 102, 107, 111, 112, 118, 125, 127, 128, 218, 242, 244, 247, 256, 261, 262, 264, 265, 266, 267
Auswärtsfahrt 45, 204, 218, 225, 231, 233, 237, 238, 240, 244, 245, 246, 249, 259, 261, 262, 263, 264, 265, 270, 277
Autogramm 43, 101
Avangard Kerč 103, 140, 141
Avangard Kramatorsk 107, 108

B

Basken 55, 56, 57, 58, 61, 89
Baskische Auswahl s. Basken
Bayern München 229, 230, 231
Berija, Lavrentij Pavlovič 64, 65, 67, 68, 80, 118
Beskov, Konstantin Ivanovič 227
Biba, Andrej Andreevič 181, 187, 207, 210, 211
Bobrov, Vsevolod Michajlovič 69
Brežnev, Leonid Il'ič 100, 150, 274, 276
Bukovina Černovcy 103, 140
Bukovina Užgorod 108, 125
Burevestnik Melitopol' 125

C

Cardiff City 69
CDKA s. CSKA Moskau
CDSA s. CSKA Moskau
Černenko, Konstantin Ustinovič 132

Černomorec Odessa 169, 185, 191, 227, 244
Chelsea London 69
Chimik Severodoneck 109
Chruščev, Nikita Sergeevič 29, 31, 92, 97, 114, 119, 128, 138, 150, 168
Chruščev-Stadion s. Zentralstadion Kiev
Chuliganstvo 30, 43, 113, 122, 135, 136, 143, 175, 196, 247, 265
Chusljutdinov, Amir 217, 224, 225, 228, 237, 243, 254, 257, 259, 263
CSKA Moskau 16, 20, 21, 29, 47, 48, 55, 69, 70, 74, 75, 76, 79, 80, 81, 82, 89, 91, 92, 100, 102, 115, 165, 172, 174, 205, 206, 207, 225, 237, 244

D

Debattierklub 176
Dejneka, Aleksandr Aleksandrovič 189
Demonstration 55, 94, 120, 249
Denkmal 190
Derby 47, 55, 75, 84, 163, 169, 239
Dinamo Gorlovka 52
Dinamo Kiev 16, 23, 27, 37, 58, 64, 84, 100, 101, 114, 115, 117, 119, 120, 126, 128, 129, 145, 147, 150, 158, 169, 170, 174, 176, 181, 182, 183, 184, 185, 186, 187, 188, 189, 190, 191, 192, 193, 194, 195, 196, 197, 198, 199, 200, 201, 202, 203, 204, 205, 206, 207, 208, 209, 210, 211, 212, 213, 214, 215, 220, 222, 223, 224, 225, 227, 228, 229, 230, 231, 237, 246, 261, 262, 273, 275, 281
Dinamo Minsk 208
Dinamo Moskau 20, 21, 37, 48, 55, 57, 64, 69, 71, 74, 82, 84, 86, 88, 101, 102, 114, 127, 147, 165, 205, 206, 208, 225, 226, 227, 237, 242, 243
Dinamo Stalino 52
Dinamo Tbilisi 23, 67, 84, 89, 96, 113, 117, 118, 145, 150, 193, 200, 207, 209
Dinamo-Stadion Kiev 190

Dinamo-Stadion Moskau 52, 53, 55, 57, 58, 61, 62, 63, 65, 66, 75, 76, 92, 100, 176, 178, 238, 257, 266, 267
Dinamo-Stadion Tbilisi 65, 248, 273
Dnepr Dnepropetrovsk 250
Dobronravov, Igor Stepanovič 69, 71, 84, 85, 86, 87, 88, 177, 178

E

Eintrittskarte 53, 61, 66, 74, 92, 124, 125, 129, 145, 148, 229, 230, 250, 251, 252, 253
Eintrittspreise 52, 61, 62
Erinnerungskultur 31, 36, 39, 70, 73, 91, 100, 189, 190
Europäischer Supercup 214, 215, 229, 230
Europameisterschaft 99, 189
Europapokal 24, 136, 193, 211, 212, 213, 214, 226, 229, 250
Europapokal der Nationen 1960 s. *Europameisterschaft*
Evtušenko, Evgenij Aleksandrovič 98
Exekutivkomitee 47, 54, 256
Ežov, Nikolaj Ivanovič 67

F

fanatskoe dviženie 15, 37, 45, 104, 218, 224, 225, 247, 248, 274, 277
fanaty 18, 29, 191, 204, 224, 225, 236, 237, 238, 239, 240, 241, 242, 244, 250, 260, 261, 262, 263, 264, 265
Fangesang 106, 184, 232, 235, 263, 264, 270
Fankultur, organisiert 24, 26, 30, 38, 106, 115, 134, 137, 161, 167, 188, 192, 195, 203, 217, 218, 219, 225, 226, 231, 232, 233, 237, 240, 241, 243, 244, 247, 249, 250, 252, 259, 262, 263, 264, 265, 266, 267, 270, 271, 277
Fanlieder s. *Fangesang*
Fanschal 88, 153, 226, 227, 230, 234, 235, 236, 237, 239, 241, 242, 244, 245, 247, 250, 256, 261, 262, 268, 270, 276, 277
Faschismus 59, 118, 190

faschistisch s. *Faschismus*
FC Liverpool 263
Fernsehen 22, 23, 35, 82, 89, 116, 145, 146, 147, 148, 149, 150, 151, 155, 157, 158, 160, 163, 166, 169, 171, 173, 179, 188, 202, 207, 214, 226, 227, 228, 273, 275
Flaggen 15, 96, 136, 226, 231, 235, 254
Flaschen s. *Wurfgeschoss*
Flint's Crew 265
Fomin, Konstantin Vasilevič 58, 127, 128
Freiwilligentruppen 122, 123, 125
Fußballföderation 43, 103, 109, 121, 122, 125, 129, 131, 133, 141, 143, 153, 169, 174, 185, 187, 190, 194, 195, 196, 197, 198, 201, 203, 208, 209, 213

G

Gender 29, 157, 180, 185, 270
Generation 17, 23, 24, 26, 27, 30, 31, 60, 71, 73, 94, 103, 154, 156, 157, 161, 164, 166, 167, 185, 186, 191, 218, 228, 231, 237, 246, 267, 274, 277
Glasgow Rangers 69, 226
Globalisierung 27, 275
Gorbačev, Michail Sergeevič 132
Gornjak Krivoj Rog 108, 109
Graffiti 29, 241, 243, 270
Großer Vaterländischer Krieg 18, 21, 72, 90, 91, 99, 113, 161, 188, 190

H

Haiduk Split 232
HFC Haarlem 15, 253
Hooligan 265
Hooliganismus s. *Chuliganstvo*
Hooligans 47, 115, 116, 124, 134, 135, 136, 224, 248, 267
Hymne s. *Fangesang*

I

Identifikation 24, 74, 75, 91, 94, 96, 100, 101, 102, 149, 183, 185, 187, 190, 192, 193, 200, 201, 202, 207, 209, 213, 271

Identität 26, 29, 31, 34, 59, 158, 170, 184, 185, 187, 188, 190, 191, 192, 208, 212, 213, 240, 280
Idzkovskij, Anton Leonardovič 197
Il'in, Anatolij Michajlovič 93
Innenministerium s. MVD, Ministerstvo vnutrennych del
Inter Mailand 136, 212, 216
Internationalismus, sozialistischer 96, 182, 184, 205, 212, 213
Internazionale s. Inter Mailand
Internet 224, 243, 265

J

Jakušin, Michail Iosifovič 88, 127, 128
Jašin, Lev Ivanovič 21, 78, 79, 82, 83, 88, 89, 90, 92, 101, 207
Jugend 16, 23, 70, 71, 86, 87, 97, 98, 99, 121, 154, 155, 158, 159, 165, 171, 179, 219, 225, 230, 231, 241, 243, 247, 250, 251, 256, 270, 271, 277
Jugendkultur 26, 30, 218, 233, 236, 239, 240, 248, 250, 253, 256, 263, 264, 270, 276, 277

K

Kaganovič, Lazar' Moiseevič 64, 65
Kajrat Alma-Ata 117
Karpaty L'vov 120
Kassil', Lev Abramovič 69, 70, 79
Katastrophe s. Stadionkatastrophe
KGB, Komitet gosudarstvennoj bezopasnosti 85, 249, 257
Klimenko, Aleksej Grigor'evič 189
Kokryšev, Viktor Aleksandrovič 104, 123, 124, 250
Kolchoznik Poltava 107, 108
Kollektionär 178, 203
Komsomol 21, 33, 35, 44, 48, 50, 51, 54, 58, 66, 67, 102, 176, 234, 247, 252, 253, 258, 259, 270, 271, 275, 276
Korotkich, Nikolaj Ivanovič 189
Kosarev, Aleksandr Vasil'evič 48, 54, 55, 58, 64, 67
Kruglov, Sergej Nikiforovič 112

kultureller Transfer 19, 211
kul'turnost' 27, 31, 32, 45, 86, 94, 127, 134, 135, 171, 173, 174, 187, 201, 274, 276
Kuz'menko, Ivan Semenovič 189

L

Länderspiel 24, 93, 94, 95, 102, 154
Latyšev, Nikolaj Gavrilovič 17, 115
Lenin, Vladimir Il'ič 51, 77, 95
Lenin-Stadion Moskau 15, 16, 17, 42, 47, 48, 49, 100, 104, 107, 114, 115, 123, 124, 130, 136, 138, 181, 182, 219, 220, 222, 235, 247, 250, 251, 252, 253, 255, 256, 257, 277, 290
Lobanovskij, Valerij Vasil'ovič 106, 115, 199, 214, 215
Lokomotiv Moskau 208
Lubjanka 90
Lučaverul Tiraspol' 108, 110, 124
Luftwaffenmannschaft, Voenno-vozdužnye sily (VVS) 64
Lužniki s. Lenin-Stadion Moskau

M

Malenkov, Georgij Maksimilianovič 68, 80
Männlichkeit 26, 27, 34, 73, 74, 133, 134, 135, 153, 158, 159, 161, 165, 233, 262, 273
Maslačenko, Vladimir Nikitovič 173, 210
Maslov, Viktor Aleksandrovič 190, 198, 207
Meisel, Heribert 80
Metallurg Dnepropetrovsk 107
Metallurg Kerč 107, 108, 109
Metallurg Zaporož'e 107, 125
Militär 123, 124, 125, 155, 217, 221, 229, 265
Miliz 15, 16, 24, 35, 44, 48, 59, 65, 70, 85, 104, 108, 109, 112, 114, 118, 120, 122, 123, 124, 125, 138, 141, 145, 148, 159, 221, 222, 229, 234, 237, 239, 243, 247, 248, 249, 250, 251, 252, 253, 254, 256, 257, 258, 259, 260, 261, 267, 277
Ministerrat 43, 169, 195, 213, 283

MKS, Moskovskij kružok sporta 50
Molotov, Vjačeslav Michajlovič 64, 65, 68
Moskauer Kreis des Sports s. MKS,
  Moskovskij kružok sporta
Mudrik Ėduard Nikolaevič 42
Muntjan, Vladimir Fedorovič 208, 209
MVD, Ministerstvo vnutrennych del 20,
  44, 48, 83, 88, 91, 112, 118, 182, 199,
  200, 226, 239, 248, 249, 250, 271, 275
MVD, Ministerstvo vnutrennych del del
  88

N

Nabutov, Viktor Sergeevič 174, 175
Nationalismus 205
Nationalität 24, 26, 27, 37, 43, 45, 102,
  117, 120, 121, 160, 179, 181, 182, 183,
  185, 186, 192, 202, 204, 205, 207, 208,
  209, 210, 211, 214, 215, 246, 259, 271,
  277, 278, 288
Nationalmannschaft 16, 20, 27, 70, 78, 80,
  81, 91, 92, 95, 96, 100, 101, 102, 112,
  131, 168, 200, 215
Neftjanik Baku 203
NĖP, Neue Ökonomische Politik 50
Netto, Igor' Aleksandrovič 48, 205
NKVD, Narodnyj Komissariat
  Vnutrennych Del 68, 112
Nu Pogodi 223

O

Olympia *s. Olympische Spiele*
Olympische Spiele 33, 53, 63, 80, 81, 92,
  102, 205, 248
Ozerov, Nikolaj Nikolaevič 101, 174

P

Pachtakor Taškent 171, 202, 207
Paršin, Nikolaj Ivanovič 92, 93
Partizan Belgrad 136, 212
Patriotismus 21, 62, 72, 93, 99, 100, 101,
  102, 117, 181, 187, 188, 189, 191, 201,
  213, 276
Pavlov, Ivan Epifanovič 54
Perestrojka 34, 39, 264, 277

Petersburger Kreis der Sportliebhaber
  (*Sankt Peterburgskij Kružok Ljubitelej*
  Sporta) 49
Piščevik 54
Platzsturm 44, 102, 118, 121
Porkujan, Valerij Semenovič 208, 209
Proekt 20oe čislo 255
Programmhefte 25, 37, 129, 130, 178,
  264
Promkooperacija 54, 58, 67, 239
PSV Eindhoven 229
Public Viewing 267

R

Radio 22, 27, 41, 43, 56, 57, 60, 69, 70, 71,
  73, 74, 86, 88, 91, 95, 97, 101, 102, 105,
  113, 115, 129, 134, 137, 141, 147, 149,
  151, 158, 159, 160, 168, 169, 170, 171,
  172, 173, 174, 175, 187, 202, 273, 279
Radio Erevan 209
Rassismus 140, 263, 268
rassistisch *s. Rassismus*
Red-Blue-Warriors 240
Roter Platz 55, 64

S

Šachter Aleksandrov 107, 108, 109
Šachter Doneck 23, 186, 190, 191, 192,
  193, 194, 196, 223, 224
šajbu 223
Sal'nikov, Sergej Sergeevič 48
Samocvety 232
Ščerbickij, Vladimir Vasil'evič 196, 198,
  199, 200
Schäfer, Hans 16
Schiedsrichter 16, 17, 19, 35, 42, 43, 103,
  104, 105, 106, 107, 108, 109, 110, 111,
  112, 114, 115, 116, 117, 119, 120, 121,
  124, 125, 126, 127, 128, 129, 131, 132,
  133, 135, 140, 141, 142, 143, 149, 167,
  169, 170, 171, 174, 179, 184, 186, 196,
  211, 219, 273
Schlägerei *s. Ausschreitung*
Ševardnaze, Ėduard Amvros'evič 248

INDEX 323

Simonjan, Nikita Pavlovič 48, 132, 205, 210
Sinjavskij, Vadim Svjatoslavovič 69, 71, 72, 73, 74, 89, 171, 172, 173, 174
SKA Kiev 108, 110, 124
SKA Rostov 203
Sokol Kiev 231
Solženicyn, Aleksandr Isaevič 175
Šostakovič, Dmitrij Dmitrievič 70
Sotkilava, Zurab Lavrent'evič 119
sowjetische Armee s. Militär
Spartak Cherson 108
Spartak Erevan 112
Spartak Moskau 15, 20, 29, 45, 47, 48, 49, 51, 58, 59, 64, 67, 70, 78, 85, 88, 94, 107, 113, 132, 152, 165, 166, 175, 176, 205, 206, 210, 217, 224, 226, 227, 228, 231, 232, 233, 237, 241, 246, 250, 251, 253, 256, 261, 268, 275, 277
Spartak Nal'čik 109
Spartakiade 52
Spätstalinismus 34, 102, 133
Spielabbruch 64, 119
Sportkomitee 42, 44, 56, 57, 58, 61, 65, 67, 80, 90, 123, 124, 126, 128, 129, 142, 250, 252, 283
Sportkommentator 101, 170, 171, 174
Sprechgesang s. Fangesang
Stadiongewalt 41, 43, 45, 103, 105, 115, 117, 121, 131, 137, 140, 143, 248, 273
Stadionkatastrophe 15, 17, 36, 41, 113, 123, 171, 247, 248, 251, 252, 253, 255, 256, 257, 259, 277
Stalin, Iosif Vissarionovič 32, 61, 64, 65, 67, 77, 80, 94, 95
Stalin, Vasilij Iosifovič 64
Stalinismus 17, 23, 27, 32, 34, 49, 59, 67, 70, 73, 92, 127, 156, 161, 165, 273, 274
Starostin, Nikolaj Petrovič 48, 49, 52, 53, 54, 55, 58, 64, 68, 132, 205, 227
Steine s. Wurfgeschoss
Strel'cov, Ėduard Anatol'evič 21, 22, 28
Stroitel' Bel'cy 108
Subkultur 37, 225, 238, 247, 264, 265, 266, 271

sud'ju na mylo 105, 106
Support 228, 265
Suslov, Michail Andreevič 120
Švecov, Sergej Aleksandrovič 258

T

Tauwetter 82, 98, 131, 135, 274
Teren'tev, Viktor Vasil'evič 197
Terror 17, 26, 46, 48, 57, 58, 60, 61, 67, 68, 91, 97, 118, 247, 274
Todesspiel 70, 189, 190
Torhüter 21, 59, 72, 77, 79, 81, 90, 93, 101, 103, 110, 153, 173, 197, 210
Torpedo Moskau 16, 21, 84, 114, 181, 190, 193, 196, 201, 211, 237
Tr. Rezervy Lugansk 107
Trusevič, Nikolaj Aleksandrovič 189

U

UEFA-Pokal 15, 253

V

Vorošilov, Kliment Efremovič 64, 65

W

Walter, Fritz 98
Weltmeisterschaft 149, 150, 154, 157, 168, 183, 207, 211, 212, 226
Wurfgeschoss 47, 108, 109, 110, 112, 114, 117, 140, 141, 254

X

Xenophobie 33, 94, 102, 267, 268, 278

Z

Zaglada, Viktor 231
Žalgiris Vilnius 29
Zarja Vorošylovgrad 223
Zenit Leningrad 193, 222, 225, 237, 246
Zentralkomitee 61, 67, 80, 95, 172, 199, 248, 249, 250
Zentralstadion Kiev 125, 126, 128, 228
Zvezda Kirovograd 108
Zweiter Weltkrieg s. Großer Vaterländischer Krieg

SOVIET AND POST-SOVIET POLITICS AND SOCIETY

Edited by Dr. Andreas Umland

ISSN 1614-3515

1 Андреас Умланд (ред.)
   Воплощение Европейской
   конвенции по правам человека в
   России
   Философские, юридические и
   эмпирические исследования
   ISBN 3-89821-387-0

2 *Christian Wipperfürth*
   Russland – ein vertrauenswürdiger
   Partner?
   Grundlagen, Hintergründe und Praxis
   gegenwärtiger russischer Außenpolitik
   Mit einem Vorwort von Heinz Timmermann
   ISBN 3-89821-401-X

3 *Manja Hussner*
   Die Übernahme internationalen Rechts
   in die russische und deutsche
   Rechtsordnung
   Eine vergleichende Analyse zur
   Völkerrechtsfreundlichkeit der Verfassungen
   der Russländischen Föderation und der
   Bundesrepublik Deutschland
   Mit einem Vorwort von Rainer Arnold
   ISBN 3-89821-438-9

4 *Matthew Tejada*
   Bulgaria's Democratic Consolidation
   and the Kozloduy Nuclear Power Plant
   (KNPP)
   The Unattainability of Closure
   With a foreword by Richard J. Crampton
   ISBN 3-89821-439-7

5 *Марк Григорьевич Меерович*
   Квадратные метры, определяющие
   сознание
   Государственная жилищная политика в
   СССР. 1921 – 1941 гг
   ISBN 3-89821-474-5

6 *Andrei P. Tsygankov, Pavel
   A.Tsygankov (Eds.)*
   New Directions in Russian
   International Studies
   ISBN 3-89821-422-2

7 *Марк Григорьевич Меерович*
   Как власть народ к труду приучала
   Жилище в СССР – средство управления
   людьми. 1917 – 1941 гг.
   С предисловием Елены Осокиной
   ISBN 3-89821-495-8

8 *David J. Galbreath*
   Nation-Building and Minority Politics
   in Post-Socialist States
   Interests, Influence and Identities in Estonia
   and Latvia
   With a foreword by David J. Smith
   ISBN 3-89821-467-2

9 *Алексей Юрьевич Безугольный*
   Народы Кавказа в Вооруженных
   силах СССР в годы Великой
   Отечественной войны 1941-1945 гг.
   С предисловием Николая Бугая
   ISBN 3-89821-475-3

10 *Вячеслав Лихачев и Владимир
   Прибыловский (ред.)*
   Русское Национальное Единство,
   1990-2000. В 2-х томах
   ISBN 3-89821-523-7

11 *Николай Бугай (ред.)*
   Народы стран Балтии в условиях
   сталинизма (1940-е – 1950-е годы)
   Документированная история
   ISBN 3-89821-525-3

12 *Ingmar Bredies (Hrsg.)*
   Zur Anatomie der Orange Revolution
   in der Ukraine
   Wechsel des Elitenregimes oder Triumph des
   Parlamentarismus?
   ISBN 3-89821-524-5

13 *Anastasia V. Mitrofanova*
   The Politicization of Russian
   Orthodoxy
   Actors and Ideas
   With a foreword by William C. Gay
   ISBN 3-89821-481-8

14 Nathan D. Larson
    Alexander Solzhenitsyn and the
    Russo-Jewish Question
    ISBN 3-89821-483-4

15 Guido Houben
    Kulturpolitik und Ethnizität
    Staatliche Kunstförderung im Russland der
    neunziger Jahre
    Mit einem Vorwort von Gert Weisskirchen
    ISBN 3-89821-542-3

16 Leonid Luks
    Der russische „Sonderweg"?
    Aufsätze zur neuesten Geschichte Russlands
    im europäischen Kontext
    ISBN 3-89821-496-6

17 Евгений Мороз
    История «Мёртвой воды» – от
    страшной сказки к большой
    политике
    Политическое неоязычество в
    постсоветской России
    ISBN 3-89821-551-2

18 Александр Верховский и Галина
    Кожевникова (ред.)
    Этническая и религиозная
    интолерантность в российских СМИ
    Результаты мониторинга 2001-2004 гг.
    ISBN 3-89821-569-5

19 Christian Ganzer
    Sowjetisches Erbe und ukrainische
    Nation
    Das Museum der Geschichte des Zaporoger
    Kosakentums auf der Insel Chortycja
    Mit einem Vorwort von Frank Golczewski
    ISBN 3-89821-504-0

20 Эльза-Баир Гучинова
    Помнить нельзя забыть
    Антропология депортационной травмы
    калмыков
    С предисловием Кэролайн Хамфри
    ISBN 3-89821-506-7

21 Юлия Лидерман
    Мотивы «проверки» и «испытания»
    в постсоветской культуре
    Советское прошлое в российском
    кинематографе 1990-х годов
    С предисловием Евгения Марголита
    ISBN 3-89821-511-3

22 Tanya Lokshina, Ray Thomas, Mary
    Mayer (Eds.)
    The Imposition of a Fake Political
    Settlement in the Northern Caucasus
    The 2003 Chechen Presidential Election
    ISBN 3-89821-436-2

23 Timothy McCajor Hall, Rosie Read
    (Eds.)
    Changes in the Heart of Europe
    Recent Ethnographies of Czechs, Slovaks,
    Roma, and Sorbs
    With an afterword by Zdeněk Salzmann
    ISBN 3-89821-606-3

24 Christian Autengruber
    Die politischen Parteien in Bulgarien
    und Rumänien
    Eine vergleichende Analyse seit Beginn der
    90er Jahre
    Mit einem Vorwort von Dorothée de Nève
    ISBN 3-89821-476-1

25 Annette Freyberg-Inan with Radu
    Cristescu
    The Ghosts in Our Classrooms, or:
    John Dewey Meets Ceauşescu
    The Promise and the Failures of Civic
    Education in Romania
    ISBN 3-89821-416-8

26 John B. Dunlop
    The 2002 Dubrovka and 2004 Beslan
    Hostage Crises
    A Critique of Russian Counter-Terrorism
    With a foreword by Donald N. Jensen
    ISBN 3-89821-608-X

27 Peter Koller
    Das touristische Potenzial von
    Kam''janec'-Podil's'kyj
    Eine fremdenverkehrsgeographische
    Untersuchung der Zukunftsperspektiven und
    Maßnahmenplanung zur
    Destinationsentwicklung des „ukrainischen
    Rothenburg"
    Mit einem Vorwort von Kristiane Klemm
    ISBN 3-89821-640-3

28 Françoise Daucé, Elisabeth Sieca-
    Kozlowski (Eds.)
    Dedovshchina in the Post-Soviet
    Military
    Hazing of Russian Army Conscripts in a
    Comparative Perspective
    With a foreword by Dale Herspring
    ISBN 3-89821-616-0

29 Florian Strasser
    Zivilgesellschaftliche Einflüsse auf die
    Orange Revolution
    Die gewaltlose Massenbewegung und die
    ukrainische Wahlkrise 2004
    Mit einem Vorwort von Egbert Jahn
    ISBN 3-89821-648-9

30 Rebecca S. Katz
    The Georgian Regime Crisis of 2003-
    2004
    A Case Study in Post-Soviet Media
    Representation of Politics, Crime and
    Corruption
    ISBN 3-89821-413-3

31 Vladimir Kantor
    Willkür oder Freiheit
    Beiträge zur russischen Geschichtsphilosophie
    Ediert von Dagmar Herrmann sowie mit
    einem Vorwort versehen von Leonid Luks
    ISBN 3-89821-589-X

32 Laura A. Victoir
    The Russian Land Estate Today
    A Case Study of Cultural Politics in Post-
    Soviet Russia
    With a foreword by Priscilla Roosevelt
    ISBN 3-89821-426-5

33 Ivan Katchanovski
    Cleft Countries
    Regional Political Divisions and Cultures in
    Post-Soviet Ukraine and Moldova
    With a foreword by Francis Fukuyama
    ISBN 3-89821-558-X

34 Florian Mühlfried
    Postsowjetische Feiern
    Das Georgische Bankett im Wandel
    Mit einem Vorwort von Kevin Tuite
    ISBN 3-89821-601-2

35 Roger Griffin, Werner Loh, Andreas
    Umland (Eds.)
    Fascism Past and Present, West and
    East
    An International Debate on Concepts and
    Cases in the Comparative Study of the
    Extreme Right
    With an afterword by Walter Laqueur
    ISBN 3-89821-674-8

36 Sebastian Schlegel
    Der „Weiße Archipel"
    Sowjetische Atomstädte 1945-1991
    Mit einem Geleitwort von Thomas Bohn
    ISBN 3-89821-679-9

37 Vyacheslav Likhachev
    Political Anti-Semitism in Post-Soviet
    Russia
    Actors and Ideas in 1991-2003
    Edited and translated from Russian by Eugene
    Veklerov
    ISBN 3-89821-529-6

38 Josette Baer (Ed.)
    Preparing Liberty in Central Europe
    Political Texts from the Spring of Nations
    1848 to the Spring of Prague 1968
    With a foreword by Zdeněk V. David
    ISBN 3-89821-546-6

39 Михаил Лукьянов
    Российский консерватизм и
    реформа, 1907-1914
    С предисловием Марка Д. Стейнберга
    ISBN 3-89821-503-2

40 Nicola Melloni
    Market Without Economy
    The 1998 Russian Financial Crisis
    With a foreword by Eiji Furukawa
    ISBN 3-89821-407-9

41 Dmitrij Chmelnizki
    Die Architektur Stalins
    Bd. 1: Studien zu Ideologie und Stil
    Bd. 2: Bilddokumentation
    Mit einem Vorwort von Bruno Flierl
    ISBN 3-89821-515-6

42 Katja Yafimava
    Post-Soviet Russian-Belarussian
    Relationships
    The Role of Gas Transit Pipelines
    With a foreword by Jonathan P. Stern
    ISBN 3-89821-655-1

43 Boris Chavkin
    Verflechtungen der deutschen und
    russischen Zeitgeschichte
    Aufsätze und Archivfunde zu den
    Beziehungen Deutschlands und der
    Sowjetunion von 1917 bis 1991
    Ediert von Markus Edlinger sowie mit einem
    Vorwort versehen von Leonid Luks
    ISBN 3-89821-756-6

44 Anastasija Grynenko in
    Zusammenarbeit mit Claudia Dathe
    Die Terminologie des Gerichtswesens
    der Ukraine und Deutschlands im
    Vergleich
    Eine übersetzungswissenschaftliche Analyse
    juristischer Fachbegriffe im Deutschen,
    Ukrainischen und Russischen
    Mit einem Vorwort von Ulrich Hartmann
    ISBN 3-89821-691-8

45 Anton Burkov
    The Impact of the European
    Convention on Human Rights on
    Russian Law
    Legislation and Application in 1996-2006
    With a foreword by Françoise Hampson
    ISBN 978-3-89821-639-5

46 Stina Torjesen, Indra Overland (Eds.)
    International Election Observers in
    Post-Soviet Azerbaijan
    Geopolitical Pawns or Agents of Change?
    ISBN 978-3-89821-743-9

47 Taras Kuzio
    Ukraine – Crimea – Russia
    Triangle of Conflict
    ISBN 978-3-89821-761-3

48 Claudia Šabić
    "Ich erinnere mich nicht, aber L'viv!"
    Zur Funktion kultureller Faktoren für die
    Institutionalisierung und Entwicklung einer
    ukrainischen Region
    Mit einem Vorwort von Melanie Tatur
    ISBN 978-3-89821-752-1

49 Marlies Bilz
    Tatarstan in der Transformation
    Nationaler Diskurs und Politische Praxis
    1988-1994
    Mit einem Vorwort von Frank Golczewski
    ISBN 978-3-89821-722-4

50 Марлен Ларюэль (ред.)
    Современные интерпретации
    русского национализма
    ISBN 978-3-89821-795-8

51 Sonja Schüler
    Die ethnische Dimension der Armut
    Roma im postsozialistischen Rumänien
    Mit einem Vorwort von Anton Sterbling
    ISBN 978-3-89821-776-3

52 Галина Кожевникова
    Радикальный национализм в России
    и противодействие ему
    Сборник докладов Центра «Сова» за 2004-
    2007 гг.
    С предисловием Александра Верховского
    ISBN 978-3-89821-721-7

53 Галина Кожевникова и Владимир
    Прибыловский
    Российская власть в биографиях I
    Высшие должностные лица РФ в 2004 г.
    ISBN 978-3-89821-796-5

54 Галина Кожевникова и Владимир
    Прибыловский
    Российская власть в биографиях II
    Члены Правительства РФ в 2004 г.
    ISBN 978-3-89821-797-2

55 Галина Кожевникова и Владимир
    Прибыловский
    Российская власть в биографиях III
    Руководители федеральных служб и
    агентств РФ в 2004 г.
    ISBN 978-3-89821-798-9

56 Ileana Petroniu
    Privatisierung in
    Transformationsökonomien
    Determinanten der Restrukturierungs-
    Bereitschaft am Beispiel Polens, Rumäniens
    und der Ukraine
    Mit einem Vorwort von Rainer W. Schäfer
    ISBN 978-3-89821-790-3

57 Christian Wipperfürth
    Russland und seine GUS-Nachbarn
    Hintergründe, aktuelle Entwicklungen und
    Konflikte in einer ressourcenreichen Region
    ISBN 978-3-89821-801-6

58 Togzhan Kassenova
    From Antagonism to Partnership
    The Uneasy Path of the U.S.-Russian
    Cooperative Threat Reduction
    With a foreword by Christoph Bluth
    ISBN 978-3-89821-707-1

59 Alexander Höllwerth
    Das sakrale eurasische Imperium des
    Aleksandr Dugin
    Eine Diskursanalyse zum postsowjetischen
    russischen Rechtsextremismus
    Mit einem Vorwort von Dirk Uffelmann
    ISBN 978-3-89821-813-9

60   Олег Рябов
     «Россия-Матушка»
     Национализм, гендер и война в России XX века
     С предисловием Елены Гощило
     ISBN 978-3-89821-487-2

61   Ivan Maistrenko
     Borot'bism
     A Chapter in the History of the Ukrainian Revolution
     With a new introduction by Chris Ford
     Translated by George S. N. Luckyj with the assistance of Ivan L. Rudnytsky
     ISBN 978-3-89821-697-5

62   Maryna Romanets
     Anamorphosic Texts and Reconfigured Visions
     Improvised Traditions in Contemporary Ukrainian and Irish Literature
     ISBN 978-3-89821-576-3

63   Paul D'Anieri and Taras Kuzio (Eds.)
     Aspects of the Orange Revolution I
     Democratization and Elections in Post-Communist Ukraine
     ISBN 978-3-89821-698-2

64   Bohdan Harasymiw in collaboration with Oleh S. Ilnytzkyj (Eds.)
     Aspects of the Orange Revolution II
     Information and Manipulation Strategies in the 2004 Ukrainian Presidential Elections
     ISBN 978-3-89821-699-9

65   Ingmar Bredies, Andreas Umland and Valentin Yakushik (Eds.)
     Aspects of the Orange Revolution III
     The Context and Dynamics of the 2004 Ukrainian Presidential Elections
     ISBN 978-3-89821-803-0

66   Ingmar Bredies, Andreas Umland and Valentin Yakushik (Eds.)
     Aspects of the Orange Revolution IV
     Foreign Assistance and Civic Action in the 2004 Ukrainian Presidential Elections
     ISBN 978-3-89821-808-5

67   Ingmar Bredies, Andreas Umland and Valentin Yakushik (Eds.)
     Aspects of the Orange Revolution V
     Institutional Observation Reports on the 2004 Ukrainian Presidential Elections
     ISBN 978-3-89821-809-2

68   Taras Kuzio (Ed.)
     Aspects of the Orange Revolution VI
     Post-Communist Democratic Revolutions in Comparative Perspective
     ISBN 978-3-89821-820-7

69   Tim Bohse
     Autoritarismus statt Selbstverwaltung
     Die Transformation der kommunalen Politik in der Stadt Kaliningrad 1990-2005
     Mit einem Geleitwort von Stefan Troebst
     ISBN 978-3-89821-782-8

70   David Rupp
     Die Rußländische Föderation und die russischsprachige Minderheit in Lettland
     Eine Fallstudie zur Anwaltspolitik Moskaus gegenüber den russophonen Minderheiten im „Nahen Ausland" von 1991 bis 2002
     Mit einem Vorwort von Helmut Wagner
     ISBN 978-3-89821-778-1

71   Taras Kuzio
     Theoretical and Comparative Perspectives on Nationalism
     New Directions in Cross-Cultural and Post-Communist Studies
     With a foreword by Paul Robert Magocsi
     ISBN 978-3-89821-815-3

72   Christine Teichmann
     Die Hochschultransformation im heutigen Osteuropa
     Kontinuität und Wandel bei der Entwicklung des postkommunistischen Universitätswesens
     Mit einem Vorwort von Oskar Anweiler
     ISBN 978-3-89821-842-9

73   Julia Kusznir
     Der politische Einfluss von Wirtschaftseliten in russischen Regionen
     Eine Analyse am Beispiel der Erdöl- und Erdgasindustrie, 1992-2005
     Mit einem Vorwort von Wolfgang Eichwede
     ISBN 978-3-89821-821-4

74   Alena Vysotskaya
     Russland, Belarus und die EU-Osterweiterung
     Zur Minderheitenfrage und zum Problem der Freizügigkeit des Personenverkehrs
     Mit einem Vorwort von Katlijn Malfliet
     ISBN 978-3-89821-822-1

75 Heiko Pleines (Hrsg.)
Corporate Governance in post-
sozialistischen Volkswirtschaften
ISBN 978-3-89821-766-8

76 Stefan Ihrig
Wer sind die Moldawier?
Rumänismus versus Moldowanismus in
Historiographie und Schulbüchern der
Republik Moldova, 1991-2006
Mit einem Vorwort von Holm Sundhaussen
ISBN 978-3-89821-466-7

77 Galina Kozhevnikova in collaboration
with Alexander Verkhovsky and
Eugene Veklerov
Ultra-Nationalism and Hate Crimes in
Contemporary Russia
The 2004-2006 Annual Reports of Moscow's
SOVA Center
With a foreword by Stephen D. Shenfield
ISBN 978-3-89821-868-9

78 Florian Küchler
The Role of the European Union in
Moldova's Transnistria Conflict
With a foreword by Christopher Hill
ISBN 978-3-89821-850-4

79 Bernd Rechel
The Long Way Back to Europe
Minority Protection in Bulgaria
With a foreword by Richard Crampton
ISBN 978-3-89821-863-4

80 Peter W. Rodgers
Nation, Region and History in Post-
Communist Transitions
Identity Politics in Ukraine, 1991-2006
With a foreword by Vera Tolz
ISBN 978-3-89821-903-7

81 Stephanie Solywoda
The Life and Work of
Semen L. Frank
A Study of Russian Religious Philosophy
With a foreword by Philip Walters
ISBN 978-3-89821-457-5

82 Vera Sokolova
Cultural Politics of Ethnicity
Discourses on Roma in Communist
Czechoslovakia
ISBN 978-3-89821-864-1

83 Natalya Shevchik Ketenci
Kazakhstani Enterprises in Transition
The Role of Historical Regional Development
in Kazakhstan's Post-Soviet Economic
Transformation
ISBN 978-3-89821-831-3

84 Martin Malek, Anna Schor-
Tschudnowskaja (Hrsg.)
Europa im Tschetschenienkrieg
Zwischen politischer Ohnmacht und
Gleichgültigkeit
Mit einem Vorwort von Lipchan Basajewa
ISBN 978-3-89821-676-0

85 Stefan Meister
Das postsowjetische Universitätswesen
zwischen nationalem und
internationalem Wandel
Die Entwicklung der regionalen Hochschule
in Russland als Gradmesser der
Systemtransformation
Mit einem Vorwort von Joan DeBardeleben
ISBN 978-3-89821-891-7

86 Konstantin Sheiko in collaboration
with Stephen Brown
Nationalist Imaginings of the
Russian Past
Anatolii Fomenko and the Rise of Alternative
History in Post-Communist Russia
With a foreword by Donald Ostrowski
ISBN 978-3-89821-915-0

87 Sabine Jenni
Wie stark ist das „Einige Russland"?
Zur Parteibindung der Eliten und zum
Wahlerfolg der Machtpartei
im Dezember 2007
Mit einem Vorwort von Klaus Armingeon
ISBN 978-3-89821-961-7

88 Thomas Borén
Meeting-Places of Transformation
Urban Identity, Spatial Representations and
Local Politics in Post-Soviet St Petersburg
ISBN 978-3-89821-739-2

89 Aygul Ashirova
Stalinismus und Stalin-Kult in
Zentralasien
Turkmenistan 1924-1953
Mit einem Vorwort von Leonid Luks
ISBN 978-3-89821-987-7

90 *Leonid Luks*
    Freiheit oder imperiale Größe?
    Essays zu einem russischen Dilemma
    ISBN 978-3-8382-0011-8

91 *Christopher Gilley*
    The 'Change of Signposts' in the
    Ukrainian Emigration
    A Contribution to the History of
    Sovietophilism in the 1920s
    With a foreword by Frank Golczewski
    ISBN 978-3-89821-965-5

92 *Philipp Casula, Jeronim Perovic
    (Eds.)*
    Identities and Politics
    During the Putin Presidency
    The Discursive Foundations of Russia's
    Stability
    With a foreword by Heiko Haumann
    ISBN 978-3-8382-0015-6

93 *Marcel Viëtor*
    Europa und die Frage
    nach seinen Grenzen im Osten
    Zur Konstruktion ‚europäischer Identität' in
    Geschichte und Gegenwart
    Mit einem Vorwort von Albrecht Lehmann
    ISBN 978-3-8382-0045-3

94 *Ben Hellman, Andrei Rogachevskii*
    Filming the Unfilmable
    Casper Wrede's 'One Day in the Life
    of Ivan Denisovich'
    Second, Revised and Expanded Edition
    ISBN 978-3-8382-0044-6

95 *Eva Fuchslocher*
    Vaterland, Sprache, Glaube
    Orthodoxie und Nationenbildung
    am Beispiel Georgiens
    Mit einem Vorwort von Christina von Braun
    ISBN 978-3-89821-884-9

96 *Vladimir Kantor*
    Das Westlertum und der Weg
    Russlands
    Zur Entwicklung der russischen Literatur und
    Philosophie
    Ediert von Dagmar Herrmann
    Mit einem Beitrag von Nikolaus Lobkowicz
    ISBN 978-3-8382-0102-3

97 *Kamran Musayev*
    Die postsowjetische Transformation
    im Baltikum und Südkaukasus
    Eine vergleichende Untersuchung der
    politischen Entwicklung Lettlands und
    Aserbaidschans 1985-2009
    Mit einem Vorwort von Leonid Luks
    Ediert von Sandro Henschel
    ISBN 978-3-8382-0103-0

98 *Tatiana Zhurzhenko*
    Borderlands into Bordered Lands
    Geopolitics of Identity in Post-Soviet Ukraine
    With a foreword by Dieter Segert
    ISBN 978-3-8382-0042-2

99 *Кирилл Галушко, Лидия Смола
    (ред.)*
    Пределы падения – варианты
    украинского будущего
    Аналитико-прогностические исследования
    ISBN 978-3-8382-0148-1

100 *Michael Minkenberg (ed.)*
    Historical Legacies and the Radical
    Right in Post-Cold War Central and
    Eastern Europe
    With an afterword by Sabrina P. Ramet
    ISBN 978-3-8382-0124-5

101 *David-Emil Wickström*
    Rocking St. Petersburg
    Transcultural Flows and Identity Politics in
    the St. Petersburg Popular Music Scene
    With a foreword by Yngvar B. Steinholt
    Second, Revised and Expanded Edition
    ISBN 978-3-8382-0100-9

102 *Eva Zabka*
    Eine neue „Zeit der Wirren"?
    Der spät- und postsowjetische Systemwandel
    1985-2000 im Spiegel russischer
    gesellschaftspolitischer Diskurse
    Mit einem Vorwort von Margareta Mommsen
    ISBN 978-3-8382-0161-0

103 *Ulrike Ziemer*
    Ethnic Belonging, Gender and
    Cultural Practices
    Youth Identitites in Contemporary Russia
    With a foreword by Anoop Nayak
    ISBN 978-3-8382-0152-8

104 Ksenia Chepikova
‚Einiges Russland' - eine zweite
KPdSU?
Aspekte der Identitätskonstruktion einer
postsowjetischen „Partei der Macht"
Mit einem Vorwort von Torsten Oppelland
ISBN 978-3-8382-0311-9

105 Леонид Люкс
Западничество или евразийство?
Демократия или идеократия?
Сборник статей об исторических дилеммах
России
С предисловием Владимира Кантора
ISBN 978-3-8382-0211-2

106 Anna Dost
Das russische Verfassungsrecht auf dem
Weg zum Föderalismus und zurück
Zum Konflikt von Rechtsnormen und
-wirklichkeit in der Russländischen
Föderation von 1991 bis 2009
Mit einem Vorwort von Alexander Blankenagel
ISBN 978-3-8382-0292-1

107 Philipp Herzog
Sozialistische Völkerfreundschaft,
nationaler Widerstand oder harmloser
Zeitvertreib?
Zur politischen Funktion der Volkskunst
im sowjetischen Estland
Mit einem Vorwort von Andreas Kappeler
ISBN 978-3-8382-0216-7

108 Marlène Laruelle (ed.)
Russian Nationalism, Foreign Policy,
and Identity Debates in Putin's Russia
New Ideological Patterns after the Orange
Revolution
ISBN 978-3-8382-0325-6

109 Michail Logvinov
Russlands Kampf gegen den
internationalen Terrorismus
Eine kritische Bestandsaufnahme des
Bekämpfungsansatzes
Mit einem Geleitwort von
Hans-Henning Schröder
und einem Vorwort von Eckhard Jesse
ISBN 978-3-8382-0329-4

110 John B. Dunlop
The Moscow Bombings
of September 1999
Examinations of Russian Terrorist Attacks
at the Onset of Vladimir Putin's Rule
Second, Revised and Expanded Edition
ISBN 978-3-8382-0388-1

111 Андрей А. Ковалёв
Свидетельство из-за кулис
российской политики I
Можно ли делать добро из зла?
(Воспоминания и размышления о
последних советских и первых
послесоветских годах)
With a foreword by Peter Reddaway
ISBN 978-3-8382-0302-7

112 Андрей А. Ковалёв
Свидетельство из-за кулис
российской политики II
Угроза для себя и окружающих
(Наблюдения и предостережения
относительно происходящего после 2000 г.)
ISBN 978-3-8382-0303-4

113 Bernd Kappenberg
Zeichen setzen für Europa
Der Gebrauch europäischer lateinischer
Sonderzeichen in der deutschen Öffentlichkeit
Mit einem Vorwort von Peter Schlobinski
ISBN 978-3-89821-749-1

114 Ivo Mijnssen
The Quest for an Ideal Youth in
Putin's Russia I
Back to Our Future! History, Modernity, and
Patriotism according to Nashi, 2005-2013
With a foreword by Jeronim Perović
Second, Revised and Expanded Edition
ISBN 978-3-8382-0368-3

115 Jussi Lassila
The Quest for an Ideal Youth in
Putin's Russia II
The Search for Distinctive Conformism in the
Political Communication of Nashi, 2005-2009
With a foreword by Kirill Postoutenko
Second, Revised and Expanded Edition
ISBN 978-3-8382-0415-4

116 Valerio Trabandt
Neue Nachbarn, gute Nachbarschaft?
Die EU als internationaler Akteur am Beispiel
ihrer Demokratieförderung in Belarus und der
Ukraine 2004-2009
Mit einem Vorwort von Jutta Joachim
ISBN 978-3-8382-0437-6

117 *Fabian Pfeiffer*
Estlands Außen- und Sicherheitspolitik I
Der estnische Atlantizismus nach der
wiedererlangten Unabhängigkeit 1991-2004
Mit einem Vorwort von Helmut Hubel
ISBN 978-3-8382-0127-6

118 *Jana Podßuweit*
Estlands Außen- und Sicherheitspolitik II
Handlungsoptionen eines Kleinstaates im
Rahmen seiner EU-Mitgliedschaft (2004-2008)
Mit einem Vorwort von Helmut Hubel
ISBN 978-3-8382-0440-6

119 *Karin Pointner*
Estlands Außen- und Sicherheitspolitik III
Eine gedächtnispolitische Analyse estnischer
Entwicklungskooperation 2006-2010
Mit einem Vorwort von Karin Liebhart
ISBN 978-3-8382-0435-2

120 *Ruslana Vovk*
Die Offenheit der ukrainischen
Verfassung für das Völkerrecht und
die europäische Integration
Mit einem Vorwort von Alexander
Blankenagel
ISBN 978-3-8382-0481-9

121 *Mykhaylo Banakh*
Die Relevanz der Zivilgesellschaft
bei den postkommunistischen
Transformationsprozessen in mittel-
und osteuropäischen Ländern
Das Beispiel der spät- und postsowjetischen
Ukraine 1986-2009
Mit einem Vorwort von Gerhard Simon
ISBN 978-3-8382-0499-4

122 *Michael Moser*
Language Policy and the Discourse on
Languages in Ukraine under President
Viktor Yanukovych (25 February
2010–28 October 2012)
ISBN 978-3-8382-0497-0 (Paperback edition)
ISBN 978-3-8382-0507-6 (Hardcover edition)

123 *Nicole Krome*
Russischer Netzwerkkapitalismus
Restrukturierungsprozesse in der
Russischen Föderation am Beispiel des
Luftfahrtunternehmens "Aviastar"
Mit einem Vorwort von Petra Stykow
ISBN 978-3-8382-0534-2

124 *David R. Marples*
'Our Glorious Past'
Lukashenka's Belarus and
the Great Patriotic War
ISBN 978-3-8382-0574-8 (Paperback edition)
ISBN 978-3-8382-0675-2 (Hardcover edition)

125 *Ulf Walther*
Russlands "neuer Adel"
Die Macht des Geheimdienstes von
Gorbatschow bis Putin
Mit einem Vorwort von Hans-Georg Wieck
ISBN 978-3-8382-0584-7

126 *Simon Geissbühler (Hrsg.)*
Kiew – Revolution 3.0
Der Euromaidan 2013/14 und die
Zukunftsperspektiven der Ukraine
ISBN 978-3-8382-0581-6 (Paperback edition)
ISBN 978-3-8382-0681-3 (Hardcover edition)

127 *Andrey Makarychev*
Russia and the EU
in a Multipolar World
Discourses, Identities, Norms
With a foreword by Klaus Segbers
ISBN 978-3-8382-0629-5

128 *Roland Scharff*
Kasachstan als postsowjetischer
Wohlfahrtsstaat
Die Transformation des sozialen
Schutzsystems
Mit einem Vorwort von Joachim Ahrens
ISBN 978-3-8382-0622-6

129 *Katja Grupp*
Bild Lücke Deutschland
Kaliningrader Studierende sprechen über
Deutschland
Mit einem Vorwort von Martin Schulz
ISBN 978-3-8382-0552-6

130 *Konstantin Sheiko, Stephen Brown*
History as Therapy
Alternative History and Nationalist
Imaginings in Russia, 1991-2014
ISBN 978-3-8382-0665-3

131 Elisa Kriza
Alexander Solzhenitsyn: Cold War
Icon, Gulag Author, Russian
Nationalist?
A Study of the Western Reception of his
Literary Writings, Historical Interpretations,
and Political Ideas
With a foreword by Andrei Rogatchevski
ISBN 978-3-8382-0589-2 (Paperback edition)
ISBN 978-3-8382-0690-5 (Hardcover edition)

132 Serghei Golunov
The Elephant in the Room
Corruption and Cheating in Russian
Universities
ISBN 978-3-8382-0570-0

133 Manja Hussner, Rainer Arnold (Hgg.)
Verfassungsgerichtsbarkeit in
Zentralasien I
Sammlung von Verfassungstexten
ISBN 978-3-8382-0595-3

134 Nikolay Mitrokhin
Die "Russische Partei"
Die Bewegung der russischen Nationalisten in
der UdSSR 1953-1985
Aus dem Russischen übertragen von einem
Übersetzerteam unter der Leitung von Larisa Schippel
ISBN 978-3-8382-0024-8

135 Manja Hussner, Rainer Arnold (Hgg.)
Verfassungsgerichtsbarkeit in
Zentralasien II
Sammlung von Verfassungstexten
ISBN 978-3-8382-0597-7

136 Manfred Zeller
Das sowjetische Fieber
Fußballfans im poststalinistischen
Vielvölkerreich
Mit einem Vorwort von Nikolaus Katzer
ISBN 978-3-8382-0757-5

ibidem-Verlag
Melchiorstr. 15
D-70439 Stuttgart
info@ibidem-verlag.de

www.ibidem-verlag.de
www.ibidem.eu
www.edition-noema.de
www.autorenbetreuung.de

www.ingramcontent.com/pod-product-compliance
Lightning Source LLC
Chambersburg PA
CBHW071801300426
44116CB00009B/1159